죽음학 수업

죽음학 수업

초판 1쇄 발행 2025년 6월 13일

지 은 이 손주완
펴 낸 곳 죽음교육연구소
출 판 사 서로북스
출판등록 2014.4.30 제2014-141호
주   소 경기도 파주시 회동길 480 A-407호
전자우편 minkangsan@naver.com
팩   스 0504-137-6584

I S B N 979-11-87254-67-6 (03330)

ⓒ 손주완, 2025, printed in Paju, Korea

이 책은 저작권법에 따라 보호받는 저작물이므로 무단 전제와 복제를 금합니다. 내용의 전부 또는 일부를 재사용하려면 반드시 저작권자와 서로북스 양측의 동의를 받아야 합니다. 책값은 뒤표지에 있습니다.

죽음학 수업

손주완 지음

죽음교육연구소

추천사

　죽음학은 인간 존재와 삶의 본질을 이해하며 성찰하는 학문이다. 유한한 삶 속의 상실과 그로 인한 고통의 의미화를 통해 실존과 영적 깊이를 탐구하는 것을 지향한다.
　삶과 죽음은 우리 모두가 마주해야 할 불가피한 주제이자, 그 과정에서 진정한 인간성을 발견할 수 있는 숭고한 여정이다. 손주완 교수가 이 책에서 제시하는 '죽음학'은 단순히 죽음에 대한 학문적 접근을 넘어, 인간의 존재를 탐구하고 죽음이 우리 삶에 던지는 의미를 성찰하도록 이끌어준다.

　손주완 교수는 신학과 사회복지학, 죽음학을 아우르는 깊이 있는 학문적 기반을 바탕으로, 죽음을 둘러싼 다양한 주제를 섬세하게 다루었다. 동서양 철학에서의 죽음 이해, 존엄한 임종결정, 외상적 죽음과 대처, 그리고 목사인 그가 죽음과 종교의 관계까지 폭넓게 탐구한 이 책은 단순한 지식의 전달을 넘어, 이 책을 만나는 이들에게 죽음에 대한 두려움을 넘어선 영적 성장과 깨달음을 경험하게 할 것이다.

또한 죽음과 대중문화, 예술, 그리고 전통문화 속 추모의 의미를 다룬 부분은 죽음이 단순히 끝이 아니라, 새롭게 이해되고 받아들여질 수 있음을 보여준다. 더불어, 현대 사회에서 빈번히 논의되는 조력자살과 안락사, 죽음불안, 그리고 고독사와 같은 주제는 독자들에게 죽음과 연관된 복잡한 윤리적, 사회적 문제를 깊이 성찰할 기회를 제공한다.

저자는 학문적 깊이와 더불어 인간적 매력으로도 많은 이들에게 존경받는 사람이다. 그는 34년 동안 공동체적 삶을 살아오며 획득한 생명과 농업, 사람과 정의, 삶과 죽음에 대한 다양한 경험을 바탕으로 공감하고 나누는 일상을 실천한다. 소박하고 검소한 삶을 지향하며, 사람들과의 대화를 즐기는 그의 따뜻함과 진솔함은 학자로서의 깊이 있는 통찰을 넘어, 인간적 유대의 가치를 더욱 빛나게 한다. 때로는 단호하고 직설적이지만, 그 안에는 책임감과 진정성이 가득 담겨 있다.

이 책은 죽음에 대한 논의를 단순한 이론적 토대에서 멈추지 않고, 우리가 살아가면서 실천해야 할 윤리적 책임과 영적 성숙에 대해 새로운 관점을 제시한다. 이는 죽음에 대해 고민하는 모든 이들에게 강력한 메시지를 전달하며, 개인적인 내적 성찰뿐만 아니라 함께하는 공동체적 삶에서도 큰 영감을 줄 수 있다.

'죽음학'이라는 어려운 주제를 쉽게 풀어내고, 독자들이 자신의 삶 속에서 이를 적용할 수 있도록 돕는 손주완 교수의 노력에 깊은 감사를 표한다. 그의 따뜻하고 인간적인 매력과 학문적인 성과가 이 책을 통해 더욱 빛을 발하기를 기대하며, 이 여정을 시작하는 모든 이들에게 추천한다.

2025. 5.
한국싸나톨로지협회
회장 **신경원**(N.D, Ph.D)

죽음학에 대한 탐구

한국에서 실천하는 죽음학 공부

인간이면 누구나 살아가면서 우연히 조우하게 되는 사건과 사고, 상실과 죽음을 회피할 수 없다. 우연성과 불확실한 한계상황으로부터 피할 수 없는 것이 인간의 운명이라면, 이제 인간은 그 한계상황과 대면하고 직면하는 기술이 필요하다. 그리고 그 직면의 기술과 힘을 기를 때 인간은 더 이상 수동적이고 객체적 존재가 아니라, 운명을 주체로 받아들이고 결단할 수 있는 주체적 인간으로 전환된다.

최근 죽음학(Thanatology)이 다시 떠오르고 있다. 과거 죽음학에서는 죽음의 담론이 신체생물학적인 범주에서 다루었다면, 최근 한국의 죽음학에서는 죽음이 지닌 가치와 의의를 일상의 삶과 인문 정신에서 탐색하고 있다.

죽음학은 인문 정신을 지향한다. 따라서 죽음은 이제 신체생물학적인 종식(결과)만을 뜻하는 것이 아니라, 상실과 죽음을 통해 삶의 가치와 의의를 물어보는 인문 정신으로 상징화된다. 만일 죽음학의 담론이 신체생물학적인 의미의 범주에서만 논의된다면 이내 죽음학은 일상을 살아가는 인륜성을 도외시한 채, 메마른 개념어에만 매달리게 될 것이다.

그렇다면 죽음학이 인문 정신을 지향한다는 것은 무엇을 의미하는가? 그것은 상실과 죽음을 맞이한 사람이 겪는 아픔과 고통, 눈물을 통해 삶의 소중함과 우선순위가 무엇인지, 무엇을 결단하고 선택해야하는지, 그리고 그것을 통해 무엇이 진정한 인간의 가능성인지 자각하게 함으로써 진정한 주체로 새롭게 변화될 수 있음에 있다.

만일 '죽음을 맞이하는' 사람의 심리적 고뇌와 갈등, 주변 사람들과의 화해 등 삶에서 일어나는 이력은 표백된 채 '죽음'의 추상 명사적 담론들은 상실과 죽음을 맞이한 사람들에게 더 이상 공감을 얻기 힘들다. 신체생물학적인 결과로서의 '죽음'만을 이야기한다면 인간 가능성에 대한 논의가 마치 신체생물학적인 존재의 유무나 기간의 연장이라는 협의의 문제로 전락하거나, 경험되지 않은 것(죽음)에 대해 왈가왈부하는 추상적인 공염불이 될 것이다.

따라서 공염불이 되지 않기 위해서는 우리는 죽음에 질문을 던져야 한다. 상실과 죽음을 맞이한 사람의 실존적 고민이나 아픔, 갈등, 소외, 불안의 문제로 들어가, 삶의 소중함과 가치, 의미를 물어야 한다. 이 질문이야말로 인간다움과 자기다움으로 연결되는 통로이다. 그런 점에서 죽음학은 이제 '실천 동사로서의 죽음학'이 된다. '인간이 인간일 수 있는 가능성과 인간은 무엇으로 살아가는가?'라는 본질적인 질문에 죽음학 공부는 다시 다양한 삶의 지혜로 응답한다.

죽음학 공부는 삶에서 겪게 되는 우연적이고 불확실한 사건과 사고, 상실과 죽음과 같은 한계상황 앞에서, 자칫 수동적이고 객체화되기 쉬운 존재로부터 어떻게 능동적이고 선택적 결단에 의해 주체의 길을 걸어갔는지를 고찰한다.

죽음에 대한 불안은 현존하는 인간으로 하여금 현재의 일상적 삶을 성찰하게 하는 계기를 제공한다. 그리고 그 해결책으로서 삶의 뒷받침할 수 있는 세계관과 존재론을 확립해 나가게 된다. 이 과정에서 인간은 삶과 죽음의 양 극단을 상징하는 현재와 미래, 유와 무, 그리고 형이상과 형이하를 관통하는 인생관을 확립함으로써 죽음에 대한 공포와 불안을 부단히 극복하려고 한다. 따라서 죽음에 대한 공포와 불안의 극복은 다름 아닌 '지금 여기'라는 주어진 현재의 일상적 삶에서 출발한다. 죽음 공부는 이러한 문제의식으로 관통되어 있다고 말할 수 있다.

동양사상에서는 죽음학을 사생학으로 표현한다. 왜 생사학이라 하지 않고 사생학이라고 했을까? '생사학'과 '사생학'의 차이는 강조점이 '사'에 있는가 아니면 '생'에 있는가에 있다. '사'에 강조점을 찍다 보면 죽음이 임박한 상황과 결정이나 의례에 초점이 맞추어진다. 즉 잘 살면 잘 죽을 수 있다는 의미가 전제되어, '웰빙(well-being)'이 곧 '웰다잉(well-dying)'이라는 등식이 암암리 내재해 있어 아무래도 잘 삶에 가치를 더 두는 듯하다. 반면 생에 강조점을 두면, '오늘이 마지막이라면'이라는 '사'의 한계상황을 앞에 둠으로써 삶의 우선순위와 소중함이 어디에 있는지를 순간순간 결정해야 하는(선구적 결단) 주체의 실천적 결단에 초점을 맞추게 된다.

"오늘이 마지막이라면, 나는 누구와 무엇을 할 것인지"를 죽음에게 물어봄으로써 삶의 소중함과 훌륭함을 실천해 가는 것이, 죽음학의 종지(宗旨)라면, '생사학'보다는 '사생학'의 표현이 죽음학을 실천해 나가는데 더 적합해 보인다. 죽음학(사생학)은 '한계상황'에 직면해 있는 인간의 실존적인 고민이나 고통을 어떻게 대면하고 대처할 수 있는지, 그 실천의 방법과 기술을 제공해 주는 학문으로 그 근간은 인간학에 바탕을 둔다는 의미에서 죽음교육은 곧 인문치료를 지향한다. 그런 의미에서 죽음학은 철저히 인간학(Anthropology)에 토대를 두고 '인간다움'을 지향한다.

그런 의미에서 요즘 회자되는 웰-다잉의 진정한 의미는, 죽음의 현상과 사후 세계에 대한 공포와 두려움에 대한 강조에서 비롯되는 것이 아니라, 오히려 웰-리빙의 조건과 가치를 공동성을 기반으로 한 인문주의적 조건과 가치의 측면에서 깊게 성찰하고 그것을 실천적으로 완성하는 것을 가리킨다. 그리고 이 점을 온전히 자각했을 때에 생사의 관문에서 파생되는 공포와 불안은 저절로 탈각된다.

죽음학 공부는 사생관을 통해 그 스스로 죽음을 인륜성의 진화와 성장의 한 참여자로 인식함으로써 죽음을 일상의 삶에서 극복하고자 하는 실천적 삶이라 할 수 있다. 죽음학은 상실과 죽음을 경험한 우리에게 어떻게 삶을 살아가는 것이 더 인간다움의 삶인지를 생각하게 한다. 특히 죽음이 금지된 현대 사회에서 비탄 감정마저 거부되고 왜곡된 나머지 의식은 점점 물질로 대체되고 병리적 감정이 곳곳에 나타나고 있는 상황에서 어떻게 인간다움을 회복할 수 있는지 그 치유의 방법과 절차를 제시한다.

그동안 한국싸나톨로지협회와 한국죽음교육학회, 그리고 한국 죽음학 연구의 요람인 한신대학교 휴먼케어융합대학원 죽음학 석·박사 과정에서 연구하고 강의했던 것을 『죽음학 수업』이라는 제호로 발간할 수 있음을 축하드린다. 이 작은 결실이 다음 후학들에게 자극이 되고 더 큰 울림으로 회자되기를 바란다.

2025년 1월 1일 설날 새해 아침

임병식(철학박사 · 의학박사)
한국죽음교육학회장
한신대 죽음교육연구소장

프롤로그

"인생의 마지막 공부는 죽음 공부다" 다석 유영모 선생께서 하신 말이다. 인생을 살면서 공부하는 것이 끝이 있겠냐마는 그래도 죽기 전에 마지막으로 공부를 한다면 '죽음'을 공부하는 것이 가장 알맞은 공부라고 생각한 것 같다. 그러나 인간은 죽음을 모른다. 또 '죽음을 경험'할 수 없다. 왜냐하면 죽어보지 않았기 때문이다. 만약 죽음을 경험한다면 그 사람은 죽음을 안다고 말할 수 없는 존재가 된다. 그래서 많은 현상학자들은 "죽음은 없다"라고 말한다. 왜냐하면 죽음은 그 자체로 무(無)이며 동시에 인간의 인지 속에서 '알 수 없음'이다. 하지만 그럼에도 불구하고 인간은 끊임없이 '죽음'을 이야기한다. 인류 역사상 '죽음'만큼 인간의 존재론적 문제를 제기한 주제도 드물 것이다. 결국 '죽음' 때문에 인간은 종교도 만들고, 문화도 만들고, 과학도 만들고, 철학도 만든 것이다. 그럼 우리가 죽어보지 않았기 때문에 죽음을 모르는데, 우리는 어떻게 죽음을 이야기하는가? 그것은 타자의 죽음을 통한 '죽음에 대한 경험' 때문에 가능하다. 비록 직접 경험할 수 없으나, 타자의 죽음 즉 가족의 죽음, 친구의 죽음, 이웃의 죽음을 보고 경험함으로써 인간은 자신의 죽음을 생각한다. 가까운 사람의 죽음을 경험한 순간 죽음의 문제는 타자의 문제가 아닌 나의 문제로 다가온다. 나 자신도 언젠가는 죽을 것이라는 죽음에 대한 성찰이다. 바로 이 지점에서 인간은 비로소 자신의 삶을 돌아보게 된다. 즉 미래에 일어날 죽음의 문제를 현재 나의 삶으로 가져옴으로써 지금 자신의 삶에 대한 결단을 요구받게 된다. 죽음이 주는 결단에의 촉구이다.

나에게 죽음이라는 주제가 다가온 순간은 매우 낯선 두려움이었다. 내가 만약 죽게 된다면 어떻게 될 것인가에 대한 상상은 나를 깊은 소외와 불안으로 이끌었다. 낯섦과 소외, 불안과 두려움은 몸서리쳐지는 경험이었다. 죽음에 대한 '떨림'의 경험은 나를 죽음에 대한 공부로 안내했다. 도대체 '죽음이란 무엇인가?'에 대한 질문이었다. 죽음을 공부하기 위해 처음 찾아간 곳이 고려대학교 죽음교육연구센터에서 죽음교육을 운영하는 한국싸나톨로지협회였다. 나는 그곳에서 임병식 교수를 만났다. 의학, 철학, 미학, 신학, 정신분석학 등을 공부한 그의 언어들은 나의 호기심을 자극하기에 충분했다. 인간 존재에 대한 질문들은 죽음의 문제를 넘어서는 담론이었다. 지적 유희를 주기에 충분했다. 처음 시작은 신체생물학적 죽음에 대한 두려움으로부터 출발했다면, 공부의 과정은 인간과 존재, 삶과 의미, 영성과 의례, 고통과 아픔, 상실과 상처, 비탄과 애도로 점차 확대되어 갔다. 종교인으로서 살아 온 나의 삶에 대한 또 다른 성찰이었다. 나는

30여년을 농(農)과 생명, 공동체와 삶을 주제로 현장에서 치열하게 살아왔다. 나의 삶은 그러한 주제들로 대표되었으며, 목사와 설교자로서 종교적 제도 안에 고정되어 있었다. 물론 기존의 기독교적 사유방식 즉 고착화되고, 고정화되고, 규범화되고, 율법화되고 이원화된 '종교성'을 넘어서려는 성향을 가지고는 있었고 나의 사유 또한 매우 자유로운 경향성을 가지고 있었다. 어쩌면 나의 이러한 사유가 나를 죽음학으로 안내했는지도 모른다. 고백된 그리스도와 역사 속에서 생생하게 살아있었던 예수에 대한 관심은 죽음학으로 자연스럽게 연결되었다. 나는 많은 세월 신학적 질문을 멈춘 적이 없다. 비록 신학자는 아니었으나, 나는 이미 나의 삶 속에서 신학자가 되어 있었다. 질문하지 않는 신학은 죽은 것이며, '신학은 인간학'이라는 명제가 나의 삶의 토대였다. 신학이 인간학이듯이 죽음학도 인간학이었다. 결국 인간에 대한 관심, 인간에 대한 성찰, 인간에 대한 질문은 신에 대한 질문과 죽음에 대한 질문으로 통합된 것이다.

인간은 무엇인가? 인간은 사실 우주와 대자연의 아주 작은 일부일 뿐이다. 동물도 식물도, 별들도 그저 생겨났다가 사라지는 존재일 뿐이다. 모든 것은 원자로 이루어져 있으며, 그 원자는 모이기와 흩어지기를 반복하면서 존재하고 있는 것뿐이다. 그리고 언젠가는 모든 것이 사라져버릴지도 모른다. 하지만 신기하게도 그렇게 허무한 인간의 존재, 결국 한 줌의 재로 남을 존재인 인간이 과연 무엇인가? 에 대한 질문은 우리의 인식을 끝없이 확장시켜 나간다. 모든 사물과 '같음'으로서의 인간이, 모든 사물과 '다름'으로서의 존재가 되는 순간이다. 인간만이 사유하고, 인간만이 성찰하며, 인간만이 의미를 찾는다. 그렇다고 인간이 모든 사물을 지배한다는 뜻은 아니다. 왜냐하면 모든 사물도 존재 자체가 의미일 것이다. 하지만 인간은 그 의미를 끊임없이 묻고 또 물음으로 자신의 존재를 발견해 나간다. 그리고 결국 가장 인간다움이 무엇인지에 대한 답을 찾아간다. 그러므로 죽음학은 인간에 대한 질문이며, 인간다움에 대한 발견이다. 이렇듯 나의 죽음학의 여정은 계속되고 있다. 그리고 나의 죽음학은 임병식의 죽음학에 그 출발점을 둔다. 물론 죽음학자 임병식도 누군가의 토대 위에서 자신의 죽음학을 만들어 왔을 것이다. 그의 방대한 지식은 한의학, 동양철학, 종교학, 정신분석학, 언어학, 미학으로부터 왔다. 그 모든 학문은 계속 해석되어 온 학문이다. 학문은 해석된 것을 해석하고 질문하는 것이다. 학문의 본질은 학(學)에 대한 문(問) 즉 '물음'에 있다. 그러므로 나도 해석된 것을, 해석한 것을, 해석한다. 끊임없이 질문함으로 해석한다. 해석은 곧 자신의 언어로의 전환이다. 타자의 학문을 반복하는 것은 타자의 언어일 뿐이다. 타자의 언어를 나의 언어로 바꾸어야 한다. 그래야 나의 학문이 된다. 예수와 석가와 공자와 소크라테스의 언어를 나의 언어로 변환해야 한다. 그들도 그들 이전의 위대한 언어들을 자신의 언어로 해석했을 것이다. 그러므로 원전(原典)은 없다. 원전은 지금 나의 삶과 언어가 원전이 된다. 텍스트(Text)로서의 예수의 언어가 컨텍스트(Context)로서의 나의 삶에 접목될 때 나의 원전 즉 나의 텍스트가 된다. 그래야 나의 학문이 된다. 오류를 걱정하지 마라. 반복적인 해석과 질문을 통해 오류를 줄여나가면 된다. 문제는 태도이고 자세이다. 명사로 고정될 때 더 이상의 진보는 없다. 그 순간 퇴보할 뿐이며 아집에 빠질 수밖에 없다. 그러므로 우리는 계속 해석해 내야 한다. 읽고 또 읽고, 성찰하고 또 성찰하고, 해석하고 또 해석하고, 사유하고 또 사유함으로 나의 학문을 만들어 가는 것이다.

현대 죽음학의 시작을 미국으로 보는 것이 일반적인 견해이다. 물론 죽음에 대한 주제는 인류 역사와 함께 지속되어 왔다. 하지만 죽음을 학문적 연구의 대상으로 삼은 것은 '죽어감의 자각(Awareness of Dying)'으로부터 출발한다. 죽어가는 환자가 임박한 죽음에 대해 경험하는 것을 기록하면서 시작하였다. 즉 '죽어감의 현상'에 대한 연구이다. 그리고 인간의 죽어감과 존엄성에 대한 관심은 호스피스 분야에서 눈부시게 발전하였다. 즉 죽어감의 사건과 현상을 단지 물질적인 관점으로만 보는 것이 아니라, 신체적이고 심리적이고 사회적이고 영적인 관점으로 확대한 것이다. 그래서 나는 이 책을 통해 죽음과 죽어감의 문제를 삶의 문제로 이야기하고자 한다. 이 책은 한신대학교에서 「죽음학 개론」을 강의하면서 준비한 내용을 정리하였다. 제1장 '서설'에서는 죽음에 대한 문화적 관점과 죽음학의 역사와 이론을 소개하고 있다. 제2장 '죽음과 죽음을 맞이함'에서는 당하는 죽음 즉 수동적이고 불가항력적 죽음을 넘어, 주체적이고 능동적인 죽음을 말한다. 우리는 왜 죽음을 공부해야 하며, 동서양 철학에서는 죽음을 어떻게 해석하고 있는지를 살핀다. 제3장 '존엄한 임종 결정'에서는 실천적 분야로서 죽음과 죽어감이 인간의 삶 속에서 어떻게 법적, 윤리적으로 실천되고 결정될 것인가에 대해 말한다. 제4장 '조력자살과 안락사'에서는 21세기에 급격하게 논쟁이 되고 있는 안락사에 대한 문제를 다룬다. 제5장 '죽음과 종교'에서는 각 종교가 죽음을 어떻게 이해하고 있는지를 살펴보고, 종교의 의례 속에서 죽음의 의미를 찾고자 한다. 제6장 '죽음 불안과 영성'에서는 상실의 한계상황과 죽음 불안, 존재의 고통과 죽음학의 영성을 다룬다. 제7장 '외상적 죽음과 대처'에서는 외상적 죽음과 트라우마, 재해와 재난에서의 죽음의 문제 그리고 어떻게 치유하고 회복할 것인가?의 문제를 언급한다. 제8장 '상실비탄애도와 실천'에서는 상실과 실존, 상처와 비탄 그리고 고통의 의미화의 문제를 말한다. 제9장 '인지체계와 죽음공부'에서는 태어나면서부터 품부된 인간의 성향과 기질을 어떻게 인격적 성숙으로 발전시킬 것인가를 탐구한다. 제10장 '자살담론'에서는 증상으로서의 자살과 자살자와 생존자, 유가족의 아픔과 마음을 이해하고 치유하고자 노력한다. 제11장 '죽음에 대한 사회적 이해'에서는 외로움의 시대에 사회적인 죽음을 맞이하는 사람들의 고민을 다뤄본다. 제12장 '죽음교육상담전문가의 자세와 역할'에서는 분석가로서의 상담가들이 죽어가는 자들을 어떻게 대하고 공감할 것인가?의 문제를 말한다. 제13장 '동물의 죽음에 대한 죽음학적 관점'에서는 인간과 동물의 건강한 관계를 통해 반려동물을 바라보는 관점을 점검해 본다. 마지막 제14장에서는 '예레미야의 애가에 대한 영성의 지향성'을 제시해 본다.

　시골 목사였고, 농사를 지었으며, 1,500마리의 닭을 키웠고, 지금도 여전히 노인들과 함께 살아가고 있던 나에게 죽음학이라는 학문과의 조우(遭遇)는 나의 인생 후반기를 바꾸어 놓았다. 나에게 있어서 죽음학은 남을 가르치고자 하는 수단으로서의 학문이 아니다. 나의 죽음학은 나를 돌아보고 나의 삶을 풍성히 만들어가고자 하는 신앙의 과정이다. "나의 기도는 오래 되었다"는 공자의 말이나, "나는 날마다 죽노라"라고 말한 바울의 고백은 오늘날 나에게도 유효하다. 마지막 십자가에서 "다 이루었다"라고 선언한 예수의 언어가 나의 언어가 되기를 기대해 본다. 삶은 부단한 연습과 훈련을 통해 만들어 가는 것이다. 죽음이 임박한 순간에 이르기까지 인간은 자신을 성찰하는 것이다. 성찰은 자신의 모습을 계속해서 살피고(省) 살피는(察) 행위이다. 비록 온전히 이룰 수 없을지라도 멈추지 아니하고, 자신을 살피는 도야(陶冶)의 과정(process)이다. "내가 이미 얻었다 함도 아니요, 온전히 이루었다 함도 아니라, 오직 내가 그리스도 예수께 잡힌 바 된 그것을 잡으려고 좇아가노라"의 고백이 나의 고백이다. '좇아감'으로 내 삶의 희열과 깨달음은 계속해서 생성(becoming)된다. 그 자리에 신은 존재하며, 나의 '존재의 용기'는 빛을 발한다.

　마지막 거친 숨을 몰아쉬는 순간이 언젠가는 나에게도 찾아올 것이다. 그때 나는 내 인생을 어떻게 마무리할 것인지 궁금하다. 한 인간으로 이 세상에 태어나서 숨을 거두는 순간까지의 삶은 경이롭고 위대하다. 그 위대함의 여정에 내가 서 있는 것이며, 나의 주변에 많은 이들이 함께 있는 것이다.

나를 죽음학으로 이끌어 주시고 항상 존중해 주시는 죽음학자 임병식 교수님, 넓고 큰 마음으로 나의 자리를 만들어 주셨던 신경원 교수님, 죽음에 대해 강의할 수 있도록 처음으로 맡겨주셨던 박미연 관장님 그리고 고려대학교 죽음교육연구센터에서 함께 동학(同學)의 길을 걸어가시는 연구원 선생님들, '교수'라는 호칭으로 나를 불러 준 한신대학교 휴먼케어융합대학원 교수님들과 원우님들에게 깊이 감사한다. 또한 목사로서의 삶에 동행하며, 함께 살아가고 있는 따뜻한 친구들과 동료들에게도 감사한다. 35년 동안 변함없이 내 옆에서 자리를 지켜주었던 사랑하는 아내 명남이와 내 삶의 든든한 버팀목인 연합이와 민주, 민경, 민제, 연호 그리고 흔쾌히 우리 식구가 되어준 효원이에게도 감사한다. 마지막으로 나의 부모님과 형제들, 졸저(拙著)를 책으로 만들어 꼴을 갖추게 해준 민대홍 목사와 용기를 준 친구 이승갑 교수, 늘 격려와 칭찬을 아끼지 않았던 이범성 교수와 박종환 교수에게도 감사한다.

2025년 흰 눈 내리는 앞산을 바라보며
손주완

차 례

추천사 / 신경원 4
죽음학에 대한 탐구 / 임병식 7
프롤로그 / 손주완 12

제1강 죽음학 서설(序說) 29
   1. 죽음과 언어 30
   2. 죽음과 대중매체 33
   3. 죽음과 예술 34
   4. 한국의 전통 문화 속에서의 추모 37
   5. 「Thanatology」에 대하여 39
   6. 죽음학의 역사와 이론 40
   7. 죽어감에 대한 대처 43
   8. 죽음에 대한 문화적 이해 44

제2강 죽음과 죽음을 맞이함 47
   - 동·서양철학에서의 죽음이해 -
   1. 인간에 대한 질문 48
   2. 이러한 시대에 우리는 왜 죽음을 공부해야 하는가? 50
   3. 죽음에 대한 두려움과 불안 51
   4. 죽음과 죽어감이란? 54

5. 서양철학의 관점에서 본 죽음이해　56

6. 동양철학의 관점에서 본 죽음이해　59

7. 신학적 죽음이해　62

8. 죽음학에서 바라본 죽음의 의미　64

제3강 존엄한 임종결정　67

1. 임종결정에 대한 역사적·현대적 관점　68

    1) 죽음의 역사에 대하여　68

    2) 치료와 완화 돌봄　71

    3) 돌봄의 목적　73

2. 임종결정의 윤리적·법적 문제　75

    1) 대표적인 사건들　75

    2) 사전의료계획과 환자의 자기결정권　76

    3) 돌봄과 생명의 윤리에 대하여　78

    4) 현대 생명 윤리의 기초　80

3. 영적 돌봄에 대하여　81

    1) 영적 돌봄에 대한 언어적 접근　81

    2) 돌봄의 행위와 주체성의 의미　83

    3) 돌봄의 수단(파레시아)　85

    4) 영적 돌봄의 지향(아타락시아와 퀘렌시아)　87

제4강 조력자살과 안락사　89

1. 미국에서의 안락사 논쟁과 관련된 사건들　91

2. 행위자는 누구인가?　93

3. 행위의 의도　95

4. 의사 젝 케보키언 사건　97

5. 한국에서의 조력 존엄사 논쟁　99

6. 최근 동향/ 외국에서의 시행과 논쟁 100
7. 기독교(가톨릭과 개신교) 내에서의 논쟁 102
8. 인공영양과 수분공급에 관한 의견 106
9. 찬성과 반대의 근거가 되는 개념들 108
10. 죽음학에서 본 안락사 109

제5강 죽음과 종교 그리고 의례 113

1. 죽음학과 종교 114
2. 종교적 죽음 이해 118
   1) 불교 : 윤회적 세계관, 회신멸지(灰身滅智) 118
   2) 유교 : 역사적 세계관, 기산신멸(氣散神滅) 120
   3) 기독교 : 초월적 세계관, 소천영광(召天榮光) 122
   4) 동학 : 내재적 세계관, 향아설위(向我設位) 124
3. 종교와 의례(Ritual) 126
4. 한국의 전통장례와 곡(哭)의 의미 129
5. 종교와 죽음학 132

제6강 죽음불안과 영성 135

1. 존재의 고통과 죽음불안 136
   1) 고백1. 죽음에 대한 떨림 - 1인칭의 관점으로 136
   2) 인간은 왜 죽음불안을 느끼는가? - 상실의 한계상황 137
   3) 우환의식과 존재의 용기 139
   4) 죽음 불안은 왜 존재의 고통과 연결되는가? - 나와 대상 141
2. 죽음 불안의 사막에서 영성(靈性)의 우물을 찾다 145
   1) 21세기는 영성의 시대인가? 145
   2) 고백2. 종교적 체험을 넘어 영성으로 148
   3) 'Text'로서의 예수와 'Context'로서의 죽음학 149

3. 죽음학의 영성은 무엇인가? 150
   1) '물질성'을 팔고, '영성'을 사다 150
       - 중지(中止)를 통해 주체의 영성으로
   2) 자신의 고통을 '말함'이, 의미화의 영성으로 154
   3) 화해와 용서의 행위를 통해, 실천의 영성으로 156
   4) 자기-원인적 동일성을 넘어, 타자를 향한 영성으로 157
   5) 내가 맞이해야 할 나의 죽음(재귀적 관점으로) 158
       - 마지막 죽음의 순간에 무엇이 남는가?

제7강 외상적 죽음과 대처(coping) 161

1. 외상적 죽음과 트라우마 162
   1) 외상적 죽음(Traumatic Death)의 정의 162
   2) 트라우마(Trauma)의 개념과 상담가들 163
   3) 외상에 대한 평가의 기준 165
2. 가족, 사회 시스템과 외상적 죽음 167
   1) 안정적인 애착형성의 어려움 167
   2) 관계성 질문과 가족의 역할 168
       (외상적 상실과 화해하기 위한 가족시스템 접근)
   3) 가족 내에서의 외상 후 성장 169
   4) 외상적 죽음이 생존자들에게 미치는 영향 171
   5) 지속적 비탄장애와 병리적 비탄 173
3. 외상적 죽음과 재해(대규모 외상과 죽음) 174
   1) 한국 사회와 재해 174
   2) 구조대원들이 직면하는 문제 175
   3) 상담자가 직면하는 문제 177
4. 외상적 죽음에 대한 윤리적 법적 문제들 179
   1) 법적 문제와 진단문제 179

2) 윤리적 개입의 문제　180

　　3) 어린이들에 대한 개입　182

　　4) 희생자와 생존자의 권리　184

　5. 외상적 죽음과 치유의 자리　185

　　1) 항상성의 회복(본래의 자기 자신으로 돌아오기)　185

　　2) 의미화의 과정(해석의 과정 만들기)　186

　　3) 기억의 회복(추모의 공간으로서의 문화적 다양성)　187

　6. 외상에 대한 불안감정의 관계와 치료 이론　189

　　1) 체계이론　189

　　2) 실존주의적 관점　189

　　3) 인지행동치료　190

　　4) 외상후 성장과 내러티브 재구성　191

제8강 상실·비탄·애도와 실천　195

　1. 상실에 대하여　196

　　1) 사별과 상실　196

　　2) 우연히 만나는 상실의 한계상황　199

　　3) 상실과 실존 그리고 결단　200
　　　　- '상실이 상처로, 상처가 실존으로'

　　4) 상처 입은 치유자　204

　2. 비탄과 애도에 대하여　205

　　1) 비탄에 대한 글자 해석　205

　　2) 죽음학에서 비탄이라는 용어　206

　　3) 비탄과 애도에 대한 학자들의 주장　208

　　4) 유기적 관계성　213

　3. 고통의 의미화 - 재귀적(再歸的) 실천　215

　　1) 고통에서 쾌(快)로　215

2) 의미에로의 의지 216

   3) 고통의 구조화 219

   4) 의미화의 실천 221

제9강 인지체계와 죽음공부 225

   1. 품부(稟賦)된 기질 226

   2. 자각(自覺) 230

   3. 증진(增進) 231

   4. 도야(陶冶) 232

   5. 인지체계 234

   6. 음(音)과 악(樂), 성(聲)과 청(聽) 235

   7. 죽음공부 236

제10강 자살담론에 대하여 239

   1. 증상으로서의 자살, 재귀적 몸부림 240

   1) 자살이란 무엇인가? 240

   2) 인간은 왜 자살을 하는가? 242

   3) 자살생각-심리부검 244

   4) 종교는 자살을 어떻게 보는가? 248

   5) 자살에 대한 질문 251

   6) 자살의 시작은 고통이며, 은유이다. 253

   2. 자살에 대한 예방적 접근 256

   1) 베르테르 효과와 파파게노 효과 256

   2) 예방을 위한 다양한 노력들 258

   3. 자살유가족 아픔이해 263

   1) 자살로 인한 외상과 애도 과정 263

   2) 자살유가족을 돕기 위한 매뉴얼 265

4. 어느 노인의 자살 이야기 267

제11강 죽음에 대한 사회적 이해 273
   1. 21세기는 외로움(Loneliness)의 시대이다. 274
   2. 죽음은 개인적 사건인가? 사회적 사건인가? 277
   3. 사회적 죽음이란? 278
   4. 외로운 죽음을 예방하자! 고립사와 무연고사 280
   5. 마지막 한계상황에서의 돌봄과 간병 살인 284
   6. 죽음의 장소로서의 병원사와 재택사(Dying In Place) 288
   7. 위기의 사회에서 우리는 죽음학을 어떻게 실천할 것인가? 291

제12강 죽음교육상담전문가(Thanatologist)의 자세와 역할 293
   1. 평가와 개입 294
   2. 분석가와 분석주체 296
   3. 싸나톨로지스트가 된다는 것 299
   4. 임종환자가 진정으로 바라는 것들 302
   5. 죽음교육상담전문가는 무엇을 보고, 무엇을 듣고, 무엇을 말할 것인가? 304
   6. 죽음교육상담전문가의 윤리적 실천들 308

제13강 동물의 죽음에 대한 죽음학적 관점 313
   - 동물의 죽음과 죽음에 대한 인식의 문제를 중심으로 -
   1. 전제와 한계 314
   2. '죽음'에 대한 일반적인 이해 315
   3. 동물신학의 근거 317
      1) 후설의 현상학, 지향성 317
      2) 화이트헤드의 과정사상에 기초한 과정-관계적 신학 319
   4. 동물의 '죽음'과 '죽음인식'에 대한 관점들 322

1) 두 가지 시선 322

   2) 언어의 관점으로 본 죽음인식 323

   3) 동물의 죽음인식과 애도 가능성 327

   4) 동물인지와 진화인지 328

   5) 동물을 위한 종교적 의례 331

5. 마치는 글 - 죽음학과 동물의 죽음, 그 상관관계 334

   1) 모든 존재는 변한다 334

   2) 생명의 동근원성과 나누어져 다름 335

   3) 죽음 앞에서 두려워할 필요가 없다 336

제14강 예레미야 애가(哀歌)에 대한 상실과 비탄의 죽음학적 관점 339
   - 영성과 의미를 중심으로 -

1. 비탄과 영성 340

2. 예레미야와 비탄 341

3. 예레미야 애가에 대하여 343

4. 역사적 배경 344

5. 비탄과 영성의 관점에서 본 예레미야 애가 347

6. 예레미야 애가를 통해 영성 그리고 의미 찾기 348

7. 오늘날에도 예레미야 애가는 계속 된다 355

참고문헌 357

제1강

죽음학 서설(序說)

죽음학 수업

제1강 죽음학 서설(序說)

1. 죽음과 언어

'죽음'이라는 말은 어떻게 생겨났을까? 한자로 死亡이며, 그리스어로 thanatos이다. 그리스 신화에 수면의 신 힙노스(hypnos)와 그의 형제 타나토스 즉 죽음의 신이 등장하는데, 사람들은 타나토스를 '죽음'이라는 말의 총칭으로 사용하였다.[1]

현대사회에서 사람들은 죽음에 대한 언어를 사용할 때 직접적인 표현으로서의 '죽음'이라는 말을 회피하려고 한다. 가장 대표적인 표현이 '돌아가셨다'이다. 물론 '돌아가셨다'라는 말이 갖는 종교적·철학적 의미가 일부분 있는 것도 사실이다. 인간이 하늘(神, 하느님, 조상 등)로부터 왔으니, 다시 그곳으로 돌아간다는 의미와 인간의 본래적 상태 또는 참된 어떤 상태로 돌아간다는 의미 등 다양한 해석이 가능한 표현이다. 하지만 이러한 표현들은 '인간이 죽는다'라는 신체·생물학적으로 가장 원초적인 상태를 피해가는 표현이다. '죽었다'는 말은 아주 구체적이고 실체적인 언어이다. 생명이 '끝났다'라는 말이고, 이제는 다시 살아날 수 없다는 생물학적인 언어이다. 지구상에 존재하는 모든 생물체는 죽는다. 생물(生物) 즉 살아있는 모든 존재는 죽는다. 인간도 그 범위에 포함된다. 그러므로 매우

---

[1] '죽다'라는 우리말의 어원은 '죽을 쑤다'에서 온 것으로 보고 있다. '죽'의 사전적 정의는 곡식이나 고기를 오래 끓여 무르게 만든 음식을 말하는데, 이미 생명이 끊어져 회생의 가능성이 없는 상태에서 표현된 것이라고 볼 수 있다.(한겨레 말모이) 즉 생명 활동이 정지된, 끝난 상태를 말한다.

본능적이고 자연적인 표현이다.

하지만 사람들은 그 말을 외면하고 회피한다. 왜 그럴까? 그것은 그 사실을 인정하고 싶지 않거나, 받아들이고 싶지 않거나, 아니면 두렵거나 불편하기 때문이다.[2] 그래서 완곡어법을 사용한다. 애써 외면하는 것이다. 완곡(婉曲)은 '순하게, 예쁘게 포장해서, 구부려서, 정직하지 않게' 라는 말이다. 직접이 아니라 간접이며, 은유(隱喩)이다. 오히려 이러한 표현이 익숙하고 대중적인 언어로 자리 잡았다.[3]

은유적인 완곡어법의 용어들은 죽음으로부터 찾아올 아픔과 상실 그리고 고통을 완화시키고자 하는 의도를 담고 있다. 즉 직접적이고 위협적인 언어를 회피함으로써, 죽음을 외면하고자 하는 인간의 심리가 내재되어 있다. '죽는다'라는 동사는 그 생물체의 실존과 관련되어 있다. 하지만 회피된 언어를 통해 실존을 외면하고, 그 충격으로부터 보호하고, 보호받고자하는 자기 방어적 선택이다. 그래서 많은 경우의 어린아이들이 부모나 형제의 죽음을 경험했을 때, 어른들은 아이들에게 '잠을 잔다'[4] 라고 말을 하거나, '멀리 여행을 갔다'고

---

[2] 『죽음의 부정』 E. 베커, 노승영 역, 한빛비즈, 2019년, p11-p27. 베커는 죽음과 관련한 인간의 행동에 대해 1) 인간은 기본적인 불안을 다스리고, 죽음의 공포를 부정하려는 생물학적 욕구를 가지고 있으며, 2) 죽을 운명 앞에 무기력한 존재로 있다는 것이 공포의 근원이며, 3) 죽음의 공포를 무의식에 묻어두려고 하며, 4) 죽음의 공포가 실제로 인간 조건에 보편적인 것이 사실이라는 점을 강조한다.

[3] 예를 들어, 중세시대 교수형을 당하는 사람의 발밑에 있던 양동이(bucket)를 걷어차는 행위로부터 유래된 '버킷을 차다(kicked the bucket)' 라는 이 말은 목을 매고 자살을 하는 것을 은유적으로 표현한 것이었으며, 현대 사회에서는 죽기 전에 하고 싶은 일을 대표하는 용어로 '버킷리스트'라는 대중적 용어로 사용되었다. 또한 의료 현장에서 의료진은 '잃었다(lost)' 또는 '숨을 거두었다(expire)'라고 사용한다.

[4] 특히 어린아이들의 충격을 완화시키기 위해 반려동물의 경우 '안락사 시켰다' 또는 '죽었다'라는 언어 대신에 '잠들었다(put to sleep)' '천국으로 여행을 떠났다'

표현한다. 충격을 완화시키고, 슬픔을 위로하고자 하는 태도이다.

하지만 결국에는 죽음이라는 실존적 현실에서 벗어나고자 외면하고 회피하는 언어이고, 행위이다. 그리고 그 현실을 받아들이기까지 많은 시간이 필요하게 되며, 때로는 긴 시간이 지나도록 '죽었다'라는 현실을 받아들이지 못하고, 상실의 고통과 슬픔 속에서 헤어 나오지 못하는 경우도 있다. 그러므로 우리는 '죽음'이라는 직접적이고 구체적인 명제에 마주서야 한다. 외면과 회피를 걷어내고 직면해야 한다. 물론 때로는 외면과 회피가 필요하다고 느낄 수도 있다. 하지만 그것은 실존에 대한 대답을 연기(延期)하는 것일 뿐이다. 이와 같이 죽음에 대한 언어(language about death)와 죽음에 관련한 언어(death-related language)는 같은 것을 의미하고 있는 것 같으나, 다른 의미이다. 전자는 죽음과 관련한 적절한 감정을 말하는 것이고, 후자는 행위와 관련한 강한 사회적 메시지를 반영하고 있다.[5]

라고 말한다. 신약성서 마가복음 5:35-39에서도 회당장 딸의 죽음을 전해들은 예수는 헌화하며, 울며, 심히 통곡하는 사람들을 향해 '이 아이가 죽은 것이 아니라 잔다'라고 표현한다. 죽음에 대한 표현에서 잠을 자는 것으로 표현한 표현법은 서양 역사에서 매우 대표적인 은유이다. 물론 이러한 표현이 죽음 이후에 다시 부활한다는 기독교의 신앙과 연결되어 있다고 해석할 수 있다. 왜냐하면 잠을 잔다는 것은 다시 깨어날 것을 전제하고 있기 때문이다. 그래서 때로는 '영원히 잠들다'라는 대체적인 표현이 사용되기도 한다.

5 『죽음학교본』임병식, 손주완 외, 한국싸나톨로지협회, 가리온, 2023년, p59-p61. '죽음에 대한 언어'는 죽음을 대하는 사람들의 태도와 감정을 표현하는데 있고, '죽음과 관련한 언어'는 사회적인 메시지를 전달하고자 할 때 죽음이라는 단어를 사용함으로 그 내용을 더 고조시키고 강조하고자 하는데 사용된다. 후자는 죽음의 궁극성(ultimacy)과 종말성(finality)을 이용하는 것이다. 대표적인 표현으로 '죽도록 사랑해' '무서워 죽겠다' '웃겨 죽겠다' 등의 표현들이 있다.

2. 죽음과 대중매체

인간은 죽음과 늘 가까이 살고 있다. 그럼에도 인간은 죽기를 원하지 않는다. 하지만 사회와 문화는 항상 죽음을 언급한다. 인간의 일상생활 속에 등장하는 대중매체의 많은 분야들도 죽음의 이야기들을 생산 또 재생산해 낸다. 죽음과 관련된 대중매체의 표현들은 거의 매일 등장한다. 뉴스는 살인사건, 전쟁, 재해, 테러 등의 내용들을 쏟아낸다. 과학과 통신기술의 발달, 미디어의 발달은 지구 반대편에 있는 사람들의 죽음 이야기를 거의 실시간으로 우리에게 전송해 준다. 또한 죽음과 관련된 자극적인 이야기들은 사람들의 관심을 끌기에 충분하다. 미디어 회사(방송사, 신문사 등)들은 죽음과 관련한 사건들을 앞 다투어 보도함으로, 자신들의 저널리즘을 실현하는 것이라고 생각한다. 소위 '국민의 알 권리'라는 명분으로 포장하여, 때로는 선정적으로 보도하기도 한다. 유명인으로서 한 개인의 죽음 사건은 그 사람의 죽음과 관련한 수많은 이야기와 사연들이 있을 것이고, 또한 공개되지 않기를 원하는 매우 사(私)적인 사정과 인간으로서 보호받고 싶은 자신의 존엄과 관련한 내용들이 있을 것이다. 하지만 때때로 대중매체는 죽음을 맞이한 개인의 존엄성을 무시한 채, 언론보도라는 이름으로 낱낱이 까발리기도 한다. 이러한 대중매체의 죽음과 관련한 보도들은 피해자들과 유족들에게 또 다시 아픔을 준다. 자극성과 선정성이 사람들의 관심을 불러일으키고, 미디어 회사들의 광고 수익과 연결되어 있다는 점이 우리를 불편하게 한다. 그러면 무엇이 보다 더 중요한 부분인가? 여기서 중요한 질문을 해 보고자 한다. "사람들이 죽음의 의미를 알아가는 것에 대해, 과연 언론 미디어가 도움을 주고자 하는가?"이다. '단순히 자극적인 보도로 사람들의 관심을 끌고자 하는 것이 목적인가?'이다. '죽음의 사건을 보도함에 있어서 죽은 자의 삶과 존엄성을 고려하고 있는지?' '그 죽음의 의미를 어떻게 표현할 것인지?' '살아남은 자들에 대한 배려와 관심을 고려하고 있는지?'에 대한 질문을 함께 던져야 한다.

이렇듯 죽음과 관련한 대중매체의 보도, 프로그램 편성, 드라마나 영화, 최근에는 웹툰과 게임 등에서도 죽음은 매우 중요한 주제로 사람들에게 전달된다. 죽음이 소재가 된다는 것이 죽음에 대한 거부와 외면을 감소시킬 수 있다고도 볼 수 있으나, 대부분의 경우 죽음에 대한 비현실적인 감각을 갖게 만들고, 오히려 죽음의 문제에 둔감해 지는 부작용도 나타난다고 볼 수 있다. 대중매체를 통해 죽음에 대한 관심을 갖는 것은 중요한데, 오히려 실제 피해자들의 아픔과 고통에 대한 공감이 아니라, 술자리에서 소비되는 안줏거리 정도로 전락하기도 한다.

3. 죽음과 예술

인류역사상 죽음과 관련된 문학과 예술작품은 수없이 많다. 그것은 당연한 결과이다. 인류가 원시 사회를 벗어나 문명사회로 접어들면서 인간, 삶, 죽음 등의 문제는 근본적인 주제였기 때문이다. 특히 죽음은 종교와 깊은 연관을 갖게 되었고, 죽음과 종교에 관한 시, 음악, 그림 등 다양한 분야에서 인류는 역사적 유물들과 작품들을 남기게 되었다. 구석기 시대 인류 최초의 동굴벽화로 알려진(약 32,000년 전) 프랑스 쇼베 동굴벽화와 사람들에게 많이 알려진 라스코, 알타미라 동굴벽화 등에는 인간과 동물 그리고 인간의 자의식과 죽음에 대한 철학적 고민을 엿볼 수 있는 내용들이 담겨져 있다. 이렇듯 죽음에 대한 인류의 이해는 문명이 고도화되면서 훨씬 더 높은 수준의 작품들로 발전하게 된다. 중세시대 유럽의 미술 작품들 속에 나타난 죽음의 상징과 그림들은 지금도 죽음에 대한 사유의 모티브로도 많이 사용되고 있다.

죽음에 관한 음악의 표현들은 오래전부터 사용되어져 왔다. 고대 문명에서 종교적 행위와 음악의 사용은 밀접한 관련을 가지고 있었으며, 종교의 대표적 주제인 '죽음'은 음악적 표현 양식을 통해 전수되었다. 대표적인 양식이 '애가(哀歌)'이다. 애가는 의례(儀禮)와 관련한 관습이라고 할 수 있다. 애가는 죽은 자를 위한 진혼곡(鎭魂曲)이며, 동시에 슬퍼하는 자들을 위한 위로의 음악이다. 유족의 상실감과 아픔을 위로함과 동시에 죽은 자와 산 자를 다시 연결해 준다. 음악을 통해 아픈 기억을 소환해 내어, 위로를 전해준다. 죽은 자와 공유했던 행복했던 순간들을 기억하게 하면서, 동시에 언젠가는 우리도 죽을 수밖에 없는 존재임을 깨닫게 한다. 예를 들어 기독교 장례에서 사용되는 장례와 관련된 찬송가들은 죽은 자를 추모하고, 그들이 천국의 소망을 가지고 영광스러운 곳으로 옮겨갔음을 고백하며, 하느님의 위로와 은혜를 통해 살아있는 자들이 슬픔을 슬퍼할 수 있도록 안내한다. 이렇듯 종교음악, 대중음악, 고전음악들[6]은 음악적 경계를 넘나들며, 죽음과 관련한 인간의 아픔과 슬픔, 상실과 고통을 표현하고 위로한다.

문학 작품 속에서의 죽음 이야기는 호머의 서사시 『일리아드』로부터 시작해서 현대의 작품인 톨스토이의 『이반 일리치의 죽음』에 이르기 까지 다양하다. 문학 작품에서의 죽음은 인간에 대한 탐색 그리고 죽음에 대한 의미를 찾으려는 노력이다. 죽음의 불확실성과 '이해할 수 없음'의 사건들 속에서 인간이 겪는 고뇌와 삶의 의미 탐색 그리고 죽음을 받아들이는 마지막 순간까지를 표현하는 등 다양한 내용들로 구성된다.[7]

무거운 주제인 죽음과 유머[8]는 전혀 어울리지 않을 것 같으나, 의외로 많은 이들이 사용한다. 죽음에 대한 공포를 진정시키고, 감당하기 어려운 슬픔과 고통을 이겨내 보고자하는 기제이다. 금기된 죽

---

[6] 『죽음학교본』 p64. 클래식 음악 중 쇼팽의 '장송 행진곡(funeral march)', 헨델의 '죽음 행진곡(dead march)', 모차르트의 '레퀴엠(Requiem)' 중 눈물의 날(lacrimosa)'은 죽음과 관련된 고전 음악이다. 한국의 대중가요 중 1954년에 발표된 '봄날은 간다'는 전쟁이라는 극한적 상황에서 인간의 사랑, 그리움, 희망 그리고 전쟁에 나가 죽지 않고 돌아오기를 바라는 봄날에 대한 은유적 표현이 녹아있다고 해석할 수 있다. 장사익의 '꽃구경'은 죽음을 향해 가는 어머니의 마음과 아들의 슬픔을 표현한 노래이다.

[7] 『죽음학교본』 p65.

[8] 『죽음학교본』 p67. 죽음이라는 심각한 상황에서 무거움을 가벼움으로 대체하여, 지금 자신의 상태가 괜찮다고 말하는 것이며, 견딜만하다고 표현하는 골계미(滑稽美)는 두려움과 불안을 감소시키는데 도움을 줄 수 있다. 골계미는 진지한 것을 가볍게 만들고, 우아한 것을 실추시키는 방식으로 현실적 가치를 통해 그것을 부정함으로써 발생하는 미의식이다. 결국 골계미는 현실적인 것이 이상적인 것보다 열세한 상황에서 현실적인 것을 추구할 때 나타난다. 골(滑)은 '미끄럽다, 익살스럽다'라는 뜻을 가지고 있고, 계(稽)는 '상고(詳考)하다. 헤아리다' 등의 뜻이다. 즉 골계(滑稽)는 익살을 부리는 가운데 어떤 교훈을 주는 일을 의미한다.

음의 언어들을 떠올림으로 비탄과 슬픔 너머에 있는 희망을 이야기하기도 하며, 불가역적 상황인 죽음의 상황에서 자신을 통제하고, 자신의 평정심을 유지하게 해 준다.

4. 한국의 전통 문화 속에서의 추모[9]

한국의 전통문화에서 죽음에 대한 개인 또는 가족, 더 나아가 마을 등의 집단적인 치유는 굿을 통해 재현되고 의미화 되었다. 이렇게 죽음에 대처하는 종교의 역할은 상례, 제례, 사령굿, 천도제 등이 있다. 특히 굿은 죽은 자를 부르는 초혼, 죽은 자와의 대화, 한풀이 등의 내용을 통해 추모의 기능을 담당하였다. 굿의 형식에는 음악과 춤이 동반되었으며 이러한 문화적 행위와 양태는 한국의 전통 사회 속에서 죽은 자를 보내는 사람들에 대한 치유의 역할을 한 것이다. 이 기능은 가족의 애도 과정을 돕고, 위기로부터 벗어나 일상과 사회로 복귀하도록 돕는 역할이다.[10]

특히 무교(巫敎)는 한국의 전통 사회에서 사회적 약자를 돕는 기능을 감당하였다. 유교(儒敎)의 제사가 남성 중심, 경제적·사회적 성공 중심, 가문 중심에서 진행된 반면, 무교는 여성의 참여, 소외된 사람들(서민, 천민 등)의 문제, 가난한 사람들과 마을 단위의 공동체적 성격을 가지고 있다. 즉 소위, 정상적[11] 인생을 살지 못하고 억울

---

9 이 글은 필자가 죽음학 연구 과정에서 발표했던 내용을 중심으로 재구성하였다.
10 『죽음학교본』 p67-68. 한국 전통문화에서의 죽음과 종교의 관계 특히 '굿'에서의 한(恨)풀이 기능은 현대 사회에서 발생하는 갑작스럽고 예기치 못한 외상적 죽음을 경험하는 유가족들을 위한 애도의 기능과 연결되어 있다고 볼 수 있다.
11 '정상적'이라는 관점은 주류 기득권의 관점이다. '정상성'과 '비정상성'의 구분

하게, 갑자기, 예기치 못한 죽음을 경험한 사람들을 위로하기 위한 행위였다. '비정상적'이라는 낙인(烙印)이 새겨진 사람의 영혼은 가족들에게 붙어서 탈이 날 가능성이 크기 때문에, 사후에라도 달래거나 정상성을 회복시켜서 안주시키는 기능을 무교가 담당했다. 또한 비극적 인생에 대해 긍정적 가치를 부여하여, 죽은 이들도 최선을 다해 인생을 살았다는 점을 부각시키고, 그 가족들을 위로하는 것이다. 지배적인 종교에서 폄하하는 비정상적 죽음은 생존한 가족들에게 죄책감을 주고 불안을 증폭시킨다.

예를 들어 영남 지방에서 성행했던 오구굿의 경우 그 전체적인 흐름은 신령을 청(請)해서 즐겁게 하고 배웅하는 구조를 가지고 있다. 망자(亡者)의 혼을 불러서(넋대 혹은 넋상자를 통한 전환의식) 설법을 듣고, 망자가 갖고 있는 비원(悲願)을 듣고, 함께 춤과 노래로 망자의 혼을 즐겁게 한다. 참여자(생존 유가족)는 망자의 비원을 들으며 슬픔과 분노를 표현하고, 무당의 춤과 노래를 듣고 따라하며 위로를 경험한다. 그리고 바리데기[12]에 의탁을 하며, 망자의 혼은 떠나고 가족들과 사랑하는 사람들은 망자와 이별한다. 즉 죽은 대상에 대한 감정을 극적으로 표현하고, 그 대상과 이별하는 과정에서 경계

은 그 사회의 권력구조에 기반한 편견과 왜곡의 언어일 수 있다. 부득이 이 글에서는 전통사회의 고착된 관점을 그대로 사용하였다.

12 죽은 이의 넋을 저승으로 보낼 때 무당이 부르는 노래.

선[13]을 경험하도록 한다.[14]

5. 「Thanatology」에 대하여

이 말은 1,800년 중반부터 영어 단어로 만들어져 사용되기 시작하였다. 이탈리아 죽음학의 개척자 캄피오네(F. Campione)는 인간 존재와 모든 분야의 지식을 다루는 '실존주의적인 문제'라고 말하였고, 카스텐바움(R. Kastenbaum)은 죽음을 포함하는 인생학이라고 표현하였다. 또한 죽음과 그 대처에 대한 심리적인 매커니즘의 현상에 관한 연구라고 정의하였다. 그러므로 죽음학은 매우 광범위하다. 철학, 윤리학, 의학, 종교학, 신학, 심리학, 사회학 등의 학문들과 서로 융(融)·통섭(統攝)되는 학문이다.

싸나톨로지스트(Thanatologist)는 죽음학자, 죽음교육전문가라고 번역할 수 있다.[15] 죽음학에 대한 현대적 연구는 1959년 Feifel이 출간한 『죽음의 의미』(The Meaning of Death)에서 출발한다. 그리고 세계적인 명성을 얻은 E. 퀴블러 로스의 『죽음과 죽어감』

---

13 이 용어는 문화적 해석의 관점에서 이해해 볼 수 있는데, 영어의 liminal 즉 문턱, 경계의 의미로 해석해 볼 수 있다. 즉 죽음과 삶의 경계를 경험함으로써 죽음의 의미를 이해하고 해석하는 과정이라고 설명할 수 있다. 문화인류학자 빅터 터너는 이전과 이후의 가운데 있는 전이과정의 개념으로 설명하고 있다. 일반적으로 통과 제의와 의례의 관점으로 사용한다. 문턱은 A도 B도 속하지 않는 독특한 영역 즉 경계를 의미한다.

14 「전통적 위기상담○ 로서 오구굿 - 죽음에 대한 한국적 위기 목회 상담의 과제」 반신환, 한국실천신학회, 『신학과 실천』 제13호, 2007년, p107-p128. 무속 종교는 한국의 문화와 역사에서 비참하게 사망한 사람들의 가족들에게 관심과 보살핌을 제공하는 역할을 감당해 왔다.

15 『죽음학과 임종의학 개론』 김달수, 한국죽음준비교육학회, 인간사랑, 2020년, p21-p22. 싸나톨로지스트를 '임종의학전문가' 또는 '임종치유전문가'라고 명명하기도 한다.

(Death and Dying, 1969년) 그리고 보울비(Bowlby)의 『상실과 애착』(1981년), Corr의 『죽음 결정 과업』(1991년), 워든(Worden)의 『비탄 상담』(2002년) 등으로 이어진다. 한국에서는 싸나톨로지를 '죽음학', '임종(臨終)학', '사망학', '생사(生死)학' '사생학' 등으로 표현한다. 하지만 우리는 '죽음학'이라는 명칭으로 사용하고자 한다.[16]

6. 죽음학의 역사와 이론

죽음학 연구의 시작은 예측적 비탄의 개념을 도입했던 린드만(Lindmann)의 '비탄반응에 관한 연구'(1944)로 보고 있다. 그 이후 페이펠(1959), 시슬리 손더스(1959, 호스피스 설립자), 와이즈만과 해켓(1962)의 연구들이 나왔다. 그리고 죽어감에 관한 연구의 지속 가능한 개념을 도입하는데, 글래서와 스트라우스(Glaser & Strauss)가 공헌하였다. 1965년에 나온 『죽음의 자각, Awareness of Dying』에서 죽어가는 환자가 임박한 죽음에 대해 경험하는 내용을 기록하였다. 그들은 임종환자에게서 나타나는 네 가지 다른 자각을 분류하였고, 그것이 오늘날까지 학문적 내용으로 사용되고 있

---

16 『죽음학교본』 p69-p70. 죽음학은 1960년 초 시작된 죽음인식운동(death-awareness movement)에서 출발한다. 그래서 죽음학은 '죽음 인식', '죽음의 준비', '죽어가는 사람 돌봄', '죽어가는 자와 돌보는 자의 관계 정립', '못다 해결한 인간관계의 해결', '직면한 죽음에서 희망 찾기', '죽음을 맞이하는 방법' 등의 내용으로 개념화 된다. 2024년 한국 사회에서의 죽음학은 '죽음과 죽음을 맞이함', '존엄한 임종결정', '상실·비탄·애도', '외상적 죽음과 대처', '평가와 개입', '죽음교육', '죽음학-임상-실천'의 7가지 영역을 다루며, 인간의 고통, 종교와 영성, 감정과 외상, 인지체계와 외상치료, 말하기와 글쓰기, 인지도식과 감정발현, 자각과 알아차림, 화해와 용서 등 인간학적인 바탕에서 연구하고 공부하는 과정이라고 볼 수 있다.

다. 첫째, 닫힌 자각(closed awareness)이다. 죽어가는 사람이 임박한 죽음을 전혀 눈치 채지 못하지만, 외적·내적 단서들에 반응하면서 오래 지속되지 않는다. 둘째, 의심스러운 자각(suspected awareness)이다. 임박한 죽음을 의심하면서, 의료진과 가족에게 확인하려고 한다. 셋째, 상호회피(mutual pretense) 상태이다. 환자와 가족이 서로 임박한 죽음을 알고 있지만, 회복될 수 있는 척 한다. 가장 일반적인 경우에 속한다. 넷째, 개방적 자각(open awareness)이다. 모두가 죽음의 가능성에 대해 인식하고 논의한다. 1967년 서드나우(sudnow)의 『임종: 죽어감의 사회적 조직 Passing On: The Social Organization of Dying』에서 사회적 죽음(social death)의 개념이 도입되었고, 가족과 의료진이 코마 상태의 환자를 마치 죽은 것처럼 대하는 태도에 대한 현상을 말한다.[17]

시슬리 손더스에 의해 시작된 성 크리스토퍼 호스피스(런던)는 '죽어감과 인간의 존엄성'에 대한 현대적 개념의 공헌이라고 할 수 있다. 죽어감의 사건을 단지 물리적인 관점으로만 보는 것이 아니라, 심리사회적이고 가족적이며 영적인 의미의 개념을 주장하였다.[18] 특히 죽어감에 대한 돌봄의 문제에 있어서, 신체·생물학적 통증에만 초점을 맞추지 않고, 전체적인 차원의 돌봄의 문제를 제기한 것이다. 그것은 고통을 줄이고 증상을 무력화시키기 위한 노력뿐만 아니라, 죽어가는 사람의 사회적, 영적 충만함을 고려하여 임종과 돌봄의 현장을 가정과 가족 즉 관계적 개념으로 발전시키려 하였고,

---

17 『죽음학교본』 p107-108.
18 『죽음학교본』 p108.

그러한 노력은 임종환자를 대하는 태도를 보다 더 인간학적 개념으로 향상시킨 것이라고 평가할 수 있다.[19] 현대 호스피스의 목표인 신체적, 심리적, 사회적, 영적 돌봄이라는 개념을 정착시킨 것이다. 그 이후 호스피스 운동은 미국과 캐나다 등에서 '가정 돌봄 모델(home care model)', 병원을 중심으로 한 '완화 돌봄 모델(palliative care model)'로 발전하였다. 더 나아가 임종 환자를 돌보기 위한 직접적 혹은 간접적인 행위들과 보완적이고 대체적인 의료 요법들을 받아들였다.[20]

죽음학의 개념을 세계적인 관심의 주제로 확장시킨 인물이 바로 엘리자베스 퀴블러 로스이다. 초창기에는 대중의 관심을 끌지 못했지만, 그녀의 책 『죽음과 죽어감』이 대중적인 인기를 끌게 되면서, '부인-분노-타협-우울-수용'이라는 개념은 죽음을 공부하는 사람들에게 기본적인 개념으로 자리 잡았다. 이것은 죽어가는 환자에 대한 인간적인 치료와 자연적인 죽음에 대한 관심을 불러 일으켰다.[21] 물론 그 이후 여러 학자들이 Kübler-Ross의 단계 이론이 갖는 문제점에 대해 평가(Doka, 1993)하고 있고, 근거가 불확실하다는 주장도 있으며, 개인적인 차이에 따라 다르게 나타난다는 의견들이 있는 것

---

19 『죽음교육교본』 임병식, 신경원, 가리온, 2017년, p40-p44. 근대 사회의 의료제도가 질병에 대한 치료(cure)에 전념하느라, 돌봄(care/보살핌)에는 상대적으로 등한시 해왔다. 그러므로 훌륭한 의료진과 임종관련 전문가들은 인간에 대한 돌봄과 감정의 치유(healing)까지 담당할 수 있어야 한다.

20 『죽음학교본』 p109. 보완요법(complementary approach)은 식이요법이나 심상(imagery)요법과 같은 치료법이며, 대체요법(alternative approach)은 바디워크(bodywork), 침술, 고통완화요법 등을 포함하는 치료법이다.

21 『죽음과 죽어감』 E. 퀴블러 로스, 이진 역, 청미, 2018년, p31-p84.

은 사실이다.[22] 또한 그녀도 그 이론이 반드시 단계적이고 직선적이 아니라고 설명하였다. 하지만 죽음에 대한 세계적인 관심을 불러일으키는 데에 공헌을 한 것은 사실이다.

7. 죽어감에 대한 대처

인간의 죽음은 노화의 과정을 거쳐 도달한다. 물론 갑작스럽고 예측하지 못한 상황에서의 죽음도 있다. 하지만 일반적으로 죽어감의 과정은 자연스러운 노화와 질병의 상관관계 속에서 진행된다. 주로 심장질환, 암, 뇌혈관 질환, 호흡기질환으로 인해 일어난다. 현대 사회의 죽음은 죽어감의 과정에 대한 예측을 빗나가게 만든다. 의료의 발달은 죽어감의 궤도(dying trajectory)를 예측하기 어렵게 만든다. 과거 전통 사회에서의 죽어감은 거의 대부분 집에서 이루어졌고, 마지막 순간까지 의료적인 행위와 조치가 이루어지지 않았으며, 예측되는 궤도에 따라 죽어감이 진행되었다. 즉 예측가능성을 통해 자신의 죽음이 임박할 것이라는 것을 알고, 자신의 삶을 어떻게 마무리할 것인가에 대한 기회가 제공된 것이다.

죽어감이 단지 신체·생물학적인 과정이 아닌 삶의 의미와 성숙을

---

22 1972년 와이즈만(Weisman)은 '부인(denial) 단계'에 대한 연구를 통해, 환자들이 증상, 진단, 임박한 죽음의 순서로 부인한다는 사실을 강조하였다. 또한 부인(denial)이 항상 부정적인 것이 아니며, 부인은 환자들이 치료에 참여하게 하고, 희망을 품게 하는 역할을 한다고 보았다. 그것을 '중간지식(middle knowledge)'이라고 하였다. 그는 '환자가 죽음을 수용하느냐 혹은 부인하느냐?'가 아니라, 언제, 누구와 함께, 어떤 상황에서 죽음의 가능성을 논의하느냐?'가 더 중요하다고 보았다. 중간지식은 정서 상태이며, 심적 상태이다. 그것은 선택과 결정을 하기 이전에 갖는 공백의 상태이며, 가능성의 상태이다. 공백과 가능성은 죽음을 맞이하는 사람이 타자에 의해 결정된 상태가 아니라, 스스로 주체적인 결정과 선택을 할 수 있는 가능성의 상태라고 볼 수 있겠다.

경험하는 과정이라면, 죽어감에 대한 의료적 접근을 넘어서는 정신적 과정을 중요한 대처와 궤도로 인식해야 한다는 것이다. 이에 대해 퀴블러 로스의 『Death: The Final Stage of Growth』(1975)와 바이락(Byrock, 1997)의 『Dying Well: The Prospect for Growth at the End-of-Life』에서 생명의 유한성을 깨닫고, 자신의 외적인 모습을 넘어, 삶의 진정한 의미가 무엇인지를 찾아가는 과정으로써의 죽어감의 대처를 이야기하고 있다.[23] 죽어가는 환자가 고통에서 벗어나게 되면, 성숙해 질 수 있는 가능성과 남은 삶에서 사랑과 화해의 순간을 획득할 수 있는 시간을 가지게 된다고 볼 수 있다. 물론 이러한 시간은 의도된 목적에 의해 이루어져서는 안 될 것이다. 죽어가는 환자의 주체적 결단과 가족들의 진정한 관계가 이루어질 때 가능한 일이다.

8. 죽음에 대한 문화적 이해

과거 전통 사회에서는 죽음의 문화가 사람들의 일상생활 속에 가깝게 자리 잡고 있었다. 대가족(大家族) 제도에서는 기본적으로 어린 아이와 장년 그리고 노인과 임종기 환자가 한 공간에서 일상을 공유하며 살았다. 아이들은 누가 가르쳐주지 않아도 자신들의 가정과 마을에서 일어나는 죽음의 과정을 몸으로 느낄 수 있었다. 죽음의 사건이 발생하면, 상·장례(喪·葬禮)의 모든 과정이 죽음에 대한 교육이었다. 노화, 임종, 입관, 하관, 의례 등의 과정을 통해 생애주기에 대

---

23 『죽음학교본』 p110.

한 교육을 습득한 것이다. 죽음을 맞이한 사람과 같은 공간에 머물며, 마지막 순간까지 함께 했다. 하지만 현대 사회에서 죽음은 우리의 일상과 괴리(乖離)되어 있다. 장례식장과 시신을 모셔둔 영안실은 분리되어 있으며, 유족들은 장례의 참여자가 아니라 관찰자가 되었고, 상조회사와 화장장(火葬場)의 시스템은 유족들을 손님으로 전락시켰다. 죽음이 인간으로서 겪어야 하는 존재론적 사건이 되어야 하는데, 오늘날의 죽음은 서비스업의 고객이 된 사건이 되었다. 물론 이미 시대가 변했고, 전통 사회로 회귀할 수는 없을 것이다. 하지만 죽음이 외면되고 회피되고 처리되는 현대의 죽음 문화는 죽음의 문제를 우리의 삶으로부터 단절시키게 된 안타까운 현실이 된 것이다.

21세기 한국 사회는 고령사회, 장수사회, 다사(多死)가 되었다. 한국인의 기대수명은 2021년 기준 83.6세이며, 1970년 62.3세에 비해 무려 20년 이상 수명이 늘어났다.[24] 2025년이면 전 국민의 20%가 65세 이상이 되는 초고령 사회로 진입하게 된다. 2023년 출생자는 약 23만명이며, 사망자는 약 37만명이 되어 이미 출생자와 사망자의 수가 역전되었다. 이러한 사회가 된 것은 의료의 발달, 영양과 위생의 개선 등 사회의 발전과 함께 이루어졌다. 1900년대 초중반까지만 해도 유아사망은 흔히 발생하는 일이었으나, 지금은 그 비율이 매우 낮다. 또한 전염병과 같은 집단적인 사망을 발생시키는 현상도 감소하였고, (물론 코로나19로 인해 일시적인 사망이 증가하기는 했으나) 급성 전염성 질병에 의한 죽음보다는 노년기까지 살아

---

24 『준비하는 죽음, 웰다잉 동향』 강명구, 손주완 외, 웰다잉문화운동, 2023년, p12-p23.

남아 만성적인 질병에 의해 사망하는 비율이 증가한 것이다. 더 나아가 의학과 과학의 발달에 의해 생명을 연장하거나, 질병을 극복하고, 노화를 방지하는 다양한 기술들이 등장하고 있다. 이러한 변화는 때로 의학기술이 죽음을 무기한 연기하는 수단으로 작용되기도 한다.

모든 인간은 죽는다. 아직까지는 100%의 명제이다. 하지만 인류가 진화되어 감에 따라 어떠한 변화가 일어날지 모른다. 죽음을 무기한 연기하고, 삶을 영원히 유지하는 것이 인간에게 어떠한 관점으로 다가오게 될지 궁금하다. 인류 역사와 인간의 종교, 철학, 문화 속에서 죽음은 인간의 인간다움을 획득하는데 있어서 중요한 주제이다. 죽음이 있기 때문에 우리는 삶을 생각하며, 존엄함과 의미, 가치와 정신성을 이야기 한다. 죽음은 자연의 일부이며, 한계상황으로서의 죽음은 한 개인의 자기 성찰의 과정이며, 모든 사회 구성원의 공동체적 사건이다. 죽음을 통해 존재의 의미를 찾아가는 것이 바로 죽음학의 길이다.

제2강

죽음과 죽음을 맞이함
- 동·서양철학에서의 죽음이해 -

죽음학 수업

제2강 죽음과 죽음을 맞이함
- 동·서양철학에서의 죽음이해 -

1. 인간에 대한 질문

1) 4차 산업혁명과 AI 시대의 인간

2016년 세계경제포럼 회장 클라우스 슈바프에 의해 지칭된 제4차 산업혁명은 인공지능과 빅데이터를 바탕으로 '초연결성', '초지능화', '융합화'의 시대를 만들어 가고 있다. 모든 것이 상호 연결되고, 보다 지능화된 사회로 변화되어 간다는 특징을 가지고 있다. 4차 산업혁명은 지금까지 인류가 경험하지 못한 획기적인 기술의 진보를 통해 인간의 삶을 바꾸어 가고 있다. 우리는 지금 AI와 함께 살고 있으며, 서로 연결된 자동차와 집, 그리고 융합된 사물과 인간[25], 챗GPT의 지식과 정보의 홍수 속에 있다. 더 나아가 가상 세계(Virtual Reality)와 현실 세계가 하나가 되는 세상(CPS, Cyber-Physical System)을 맞이하고 있다. 이러한 세상에서 우리는 실제(Reality)란 존재하는가? 인간이란 무엇인가?라는 질문[26]을 던지게 된다.

---

[25] 「뇌-컴퓨터 인터페이스(BCI) 기술 및 개발 동향」 전황수, 한국전자통신연구원, 『전자통신동향분석』 제26권, 2011년, p123-p133. 인터페이스(interface)는 두 시스템 간에 정보를 전달하는 물리적 매개체 또는 소프트웨어 프로그램의 총칭이다. 즉 사물과 사물, 인간과 기계(컴퓨터) 사이에서 의사소통이 가능하도록 만들어진 물리적·가상적 매개체들을 모두 포괄하는 개념이다. 특히 BCI(Brain-Computer Interface)는 인간의 두뇌와 컴퓨터를 직접 연결해 뇌파를 통해 컴퓨터와 기계를 작동하는 방식이다. 최근 들어 전신마비 환자의 재활, 치매 치료 등의 분야에서 각광 받고 있다. 이러한 개념은 인지과학, 뇌과학 등 관련 학문 분야와의 융합을 통해 점점 더 진보하고 있다.

[26] 『사피엔스』 유발 하라리, 조현욱 역, 김영사, 2015년, p561-p586. 저자는 호모사

2) Homo Hundred 시대의 인간

한국 사회는 전체 인구가 감소하게 되는 시대[27]로 이미 진입하였고[28], 2025년 초고령 사회(65세 이상의 인구가 전체 인구의 20%를 넘는 사회)에 접어들게 되었다. 인구 감소의 시대와 함께, 100년을 사는 Homo Hundred의 시대에 다가섰다. 이러한 시대에 우리는 더 고립되고, 더 외롭고, 더 가난하고, 더 위험한 사회를 맞이하고 있다. 기계에 의해 대체되는 사회는 인간을 더 소외시키고 있으며, 초연결성의 시대에 사람들은 더 외로움을 느끼게 된다. 인간으로서 갖는 가치와 의미는 인간성의 상실과 해체로 인해 더 퇴색되고 있다. 사회적 혐오와 무차별적 범죄는 인간에 대한 존엄성을 훼손하고 있으며, 1인 가구의 증가와 고독사(고립사)의 증가, 자살률의 증가는 풍요와 화려함의 불빛 속에서 고립의 시대를 맞이하고 있음을 보여주고 있다. 빈부격차는 점점 더 커지고 있으며, 자본주의는 이 시

피엔스가 스스로의 한계를 초월 중이며, 유기화합물에서 비유기 화합물(기계, 컴퓨터 등)의 영역으로 옮겨 간다고 주장한다. 그렇다면 그것은 과연 인간인가? 그리고 그곳에 저장된 마음(의식, 지식, 기억 등)은 과연 인간의 마음인가? 전통적으로 인간에 대한 개념은 영(혼)과 육을 가진 실체로서의 존재를 생각해 왔다. 하지만 가상 세계에 대한 개념이나, 인간과 기계의 결합 개념은 인간 존재에 대한 근본적인 질문이다. 즉 호모사피엔스를 넘어서는 새로운 인류의 등장을 이야기하고 있다.

27 『인구 감소 사회는 위험하다는 착각』우치다 타츠루 외, 김영주 역, 위즈덤하우스, 2019년, p11-p45. 물론 이러한 인구 위기론에 대해 반론을 제기하는 주장들도 있다. 일본과 한국 그리고 세계 선진국들의 인구 감소와 출산율(출생율) 저하는 인류가 스스로 생존하기 위해 선택하는 생물학적이고, 생태계적인 집단행동이라고 말한다. 즉 생태계가 평형을 이루기 위해 선택한 방식이라는 것이다. 그러므로 이 평형을 통해 현재의 기아(飢餓)나 환경 문제 등을 해결해 나갈 수 있다고 본다.

28 통계청의 발표에 의하면 한국 인구가 2020년 5,184만명 즉 정점(頂點)에서, 2023년 5,177만명으로 감소되었다.

대의 모든 도덕적 가치들을 집어 삼키고 있다.[29] 또한 파편화된 삶을 살아가는 현대인들은 자신의 존재가 자율적인 존재라는 왜곡된 이미지[30] 속에서 살고 있다. 인간은 '온전히 자율적일 수 없는 존재임'을 망각한 것이다. 인간은 태어나면서부터 죽을 때까지 의존적 삶을 살 수밖에 없다. 가족과 마을, 사회라는 내·외부적 상호성(相互性)에 기반하여 살아가는 존재임에도 불구하고, '개인주의화'된 외로움과 고독의 사회로 자신을 밀어 넣고 있다.

2. 이러한 시대에 우리는 왜 죽음을 공부해야 하는가?

인간은 누구나 죽는다는 것을 알고 있다. 하지만 자신이 죽을 것이라고 생각하지 않고 산다. 그런 의미에서 인간의 무의식은 영생을 꿈꾸는지도 모른다.[31] 또한 인간은 죽음과 삶의 양가적(兩價的) 감정의 욕망 속에서 산다.[32] 고통을 끝내기 위해 죽음을 생각하는 동시

---

29 암울한 전망의 미래 사회에 대한 문제는 인구 감소의 문제보다 오히려 빈부, 계층 간의 격차 확대, 사회적·국가적·민족적 혐오와 갈등의 사회가 되는 것이라고 볼 수 있다. 소수는 점점 더 돈을 독점하고, 다수는 점점 더 가난해지는 '디커플링'(decoupling) 현상을 말한다. <coupling은 '연결하는 것'이란 뜻인데, 경제 분야에서는 동조화(synchronization)를 말한다. 디커플링은 커플링의 반대말로시 차별화(differentiation) 또는 탈(脫)동조화를 뜻한다.> 그러므로 결국 인간에 대한 문제로 귀결(歸結)된다. 인간은 본래 공동체적 존재였다. 인간의 공동체성은 수렵과 채집 사회에서부터 수십 만 년을 이어온 형태였다. 즉 소유와 독점의 윤리에서 벗어나, 나눔과 공동체의 윤리로 전환될 때 문제를 해결해 나갈 수 있다.

30 『죽어가는 자의 고독』 노르베르트 엘리아스, 김수정 역, 문학동네, 2022년 개정판. p59-p65.

31 『좋은 죽음 나쁜 죽음』 EBS<데스>제작팀, 책담, 2019년, p20. 프로이트는 '사실은 어느 누구도 자신의 죽음을 믿지 않는다. 우리 모두는 무의식 속에서 자신의 불멸을 확신하고 있다.' 라고 말했다.

32 인간이 갖는 양가적 욕망 즉 생의 충동(리비도)과 죽음의 충동(타나토스)이다. 프로이트가 말한 '죽음본능'(death instinct)에 정확하게 일치하는 라틴어는 '리비도 모리엔티(libido morienti)이다. 즉 죽어가고자 하는 욕망이다.

에, 살고자하는 욕망의 감정을 가지고 있다. 그러므로 그 누구도 죽음과 삶에 대해 함부로 얘기할 수 없다. 어떠한 삶도, 어떠한 죽음도 쉽게 평가하거나 비난해서는 안 된다. 이제 우리는 죽음과 죽어감에 대한 성찰[33]을 통해 두려움과 불안을 극복하고, 지금 이곳에서의 삶을 생각해 보고자하는 것이다.

죽음교육은 한 인간이 죽음을 맞이하기 전에 자신의 삶을 품위 있게 완결(마무리)하도록 안내하는 것이다. 즉 자신에 대한 성찰을 통해 삶을 의미 있게 재구성하는 것이다. 죽음을 외면하거나, 부정하거나, 회피하지 않고, 당당하게 직면하도록 돕는 과정이다. 죽음에 대한 직면(直面)과 대면(對面)은 자신의 존재에 대한 '알아차림', 그리고 나와 관계를 맺고 있는 모든 존재에 대한 '화해와 용서'를 가능하게 한다. 그렇게 함으로써, 삶의 마지막을 주체적이고 능동적으로 마무리할 수 있게 돕는 것이다.

3. 죽음에 대한 두려움과 불안

오랜 세월 동안 죽음은 두려움으로 인해 터부(taboo)되어 왔다. 죽음에 대한 두려움과 불안은 인간만이 갖는 감정이다. 인간은 '삶이 두려워 사회를 만들고, 죽음이 두려워 종교를 만들었다'(H. Spencer)는 유명한 말이 있다. 모든 동물은 생로병사(生老病死)의

---

[33] 성찰(省察)은 살피고 살피는 행위를 말한다. 인간은 끊임없이 자신을 돌아보고, 살피며, 깨달음과 믿음의 길을 가야 한다. 반복적이고, 습관적인 행위를 통해 수행하고, 훈련하는 과정이다. 그렇게 함으로써 성숙한 인간, 성화(聖化)된 인간이 되는 것이다. 죽음학을 통해 인간의 본성을 발견하고, 자기 자신의 본래적 의미를 체득(體得)하고자 하는 뜻으로, '죽음과 죽어감에 대한 성찰'이라고 표현하였다.

과정을 통해 죽음에 이른다. 하지만 동물은 죽음에 관한 지식을 가지고 있지도 않으며, 자신이 죽을 것이라는 사실을 인식(認識, 認知, cognition, awareness)하지 못한다. 그러므로 인간에게 문제가 되는 것은 실제로 죽는다는 사실이 아니라, 인간만이 죽음에 대한 지식을 가지고 있다는 점이다.[34] 죽음에 대한 지식은 자신의 죽음을 예견하게 하고, 두려움을 갖게 한다. 즉 죽음에 대한 두려움이 죽음을 '거부'하고, '금지'하게 하는 것이다. 그 두려움은 기본적으로 자신의 존재가 '소멸(消滅)될 것'에 대한 두려움 그리고 불안의 감정이다.[35, 36]

하지만 실제로 죽음에(이)[37] 임박한 사람에게 있어서 죽음은 그리 공포스럽지 않다는 주장이 있다. 디거리(Diggory)와 오스만(Othman)에 의하면[38], 사람들이 죽음을 두려워하는 이유는 '소멸'

---

34 『죽어가는 자의 고독』 p11.
35 『존재의 용기』 폴 틸리히, 차성구 역, 예영커뮤니케이션, 2006년, p67-p96. 인간은 죽음이 존재한다는 사실을 알았을 때, 큰 슬픔과 허무를 경험한다. 그것은 '비존재(non-being)의 위협' 때문이다. 즉 한 존재(a being)가 비존재의 가능성을 가지고 있다는 자각(awareness)을 하게 될 때, 불안의 상태를 경험하게 된다. 두려움과 불안은 구별되기는 하지만 분리되지 않는다. 두 가지는 서로 내재적이다. 그러므로 불안에서 자기긍정의 용기로 나아가야 한다. 왜냐하면 근본불안 즉 위협의 근원은 '무(無)'이기 때문에 불안의 대상이 될 수 없다.
36 『죽음과 죽어감』 E. 퀴블러 로스, 이진 역, 청미, 2019년, p36. "죽음은 우리 인간에게 여전히 두렵고 끔찍한 사건이다. 비록 우리 자신이 어느 정도 극복했다고 믿는다 해도, 죽음에 대한 두려움은 인간이라면 누구나 지니고 있는 공통적인 감정이다."
37 '에'와 '이'의 차이는 누가 주어(主語)인가의 문제이다.
38 『죽음학교본』 임병식, 손주완 외, 한국싸나톨로지협회, 2023년. p85-p86. 현상학적 관점에서 보더라도 죽음은 마치 '깨어나지 않는 잠'과 같다. 살아있는 동안 우리의 의식은 항상 어딘가를 지향한다. 하지만 잠을 자는 동안 우리의 의식은 지향을 멈춘다. 그리고 깨어나면 다시 의식은 어딘가를 지향한다. 죽음은 단지 우리의 의식이 영원히 멈추는 것이다. 그러므로 두려움의 대상이 될 필요는 없다. 우리는 죽음을 맞이하기 위해, 은폐(closed)가 아니라, 열린 자각(open)을 갖

때문이 아니라, 소중하게 여기는 자신의 '삶의 목표'를 성취하지 못하도록 기회를 앗아가 버리기 때문이라는 것이다. 즉 자신의 존재가 소멸될 것에 대한 두려움보다는, 자신의 삶의 의미가 단절될 것이라는 두려움이 더 크다는 것이다. 그러므로 인간은 죽음의 순간에 그다지 두렵지 않으며, 오히려 순간적인 행복감과 충만감[39]이 발현될 수 있다는 것이다. 또한 죽음불안을 극복했다면, 그것은 죽음을 이해하고, 온전히 받아들였기 때문이다. 소크라테스의 말처럼 죽음에 대한 이해가 없기 때문에 두려움을 느낀다고 본 것이다.

결국 죽음에 대한 공포는 우리가 죽음을 맞이하고, 준비하는데 있어서, 별 도움이 되지 않는다. 준비된 죽음, 아름다운 죽음, 품위 있는 죽음을 맞이하기 위해서 우리는 막연한 공포와 두려움을 걷어내고, 죽음을 직면하여, 미래에 발생하게 될 죽음의 사건을 '오늘·현재·지금의 시간'으로 가지고 와서, 선구적 결단을 실천해야 한다. 선구적 결단에 대해 하이데거는 죽음을 향한 존재인 인간이 미래에 있을 죽음을 현재로 가지고 와서 '질문'함으로 자신의 존재를 비로소 인식한다고 말한다. 즉 시간성 안에서 자신의 존재를 찾아낸다.[40] 그

도록 의료진과 가족들이 협력해야 한다. 그래야 화해와 용서가 가능하며, 유촉(遺囑) 즉 죽은 뒤의 일을 부탁하는 것이 가능하다.

39 연구에 의하면, 죽음 직전 인간의 뇌는 평소보다 훨씬 강력한 전기신호를 내뿜게 된다. 산소 호흡기를 달고 연명치료를 받던 환자의 뇌파를 분석했는데, 산소 호흡기 제거 후 약 500초 남짓 최대 250Hz에 가까운 '감마파'가 발생했다. 감마파는 큰 행복을 느끼는 데 영향을 준다. (글로벌 No1 과학 뉴스 사이언스 조선, 조선비즈, 2023.5.2.) 다른 연구들에서도 '도파민'이나 '세로토닌'의 발생을 입증하기도 한다. 결국 인간은 죽음의 마지막 순간에 행복감과 충만감을 느낄 수 있을지도 모른다.

40 『존재와 시간』 M. 하이데거, 전양범 역, 세계사상전집, 동서문화사, 1992년, p14-p41.

러한 결단은 자신의 존재에 대한 철학적이고, 영적인 대답을 얻어낼 때, 비로소 삶의 의미로 연결된다. 그러면 다음과 같이 질문을 해보자. 질문1. "죽음"이란 무엇이라고 생각하는가? 질문2. 가까운 사람의 죽음을 경험한 적이 있는가?[41]

4. 죽음과 죽어감이란?

죽음과 죽어감에 대한 성찰의 시작은 타자의 죽음이 아닌 자신의 죽음에 대한 질문이다. 하지만 자신의 죽음은 아직 일어나지 않은 사건이다. 또한 만약 자신의 죽음이 일어났다면, 자신의 죽음에 대해 질문을 할 수 없게 된다. 그러므로 인간은 타자의 죽음을 통해 자신의 죽음을 생각한다. 그렇지만 타자의 죽음은 항상 나와 관련이 없는 사건으로 귀결된다. 물론 그 사건으로 인해 아픔, 상실, 고통을 경험할 수 있으나, 종국적으로 그것은 나의 사건이 아니다. 그렇다면 죽음과 죽어감에 대한 진정한 성찰은 결국 미래에 일어날 자신의 죽음을 현재로 가지고 오는 수밖에 없다.

'죽음(Death)'은 명사형이다. 즉 고정된 형태를 가리킨다. 임상적 의미에서 죽음은 생명 활동의 종식이다. 생물학적 개념으로 죽음은

---

41 『죽음의 인문학』 조태구 외, 모시는 사람들, 2022년, p13-p43. 자신의 죽음은 '1인칭'적 죽음의 사건이다. 내가 사랑했고, 나와 관계를 맺고 살았던 사람의 죽음은 '2인칭'적 죽음의 사건이다. 그리고 내가 직접적으로 알지는 못하지만, 유명인의 죽음이나 사회적 이슈로 알려진 죽음은 '3인칭'적 죽음의 사건이다. 결국 2인칭과 3인칭의 죽음은 타자의 죽음이다. 1인칭의 죽음 즉 나의 죽음은 '죽음을 경험하는 것'이지만, 타자의 죽음은 '죽음에 대해 경험하는 것'이다. 저자는 프랑스 현상학자 미셸 앙리의 말을 통해 죽음은 결국 '관념'임을 말한다. 죽음을 맞이하기 전에는 죽음은 없는 것이며, 죽은 후에는 자신의 죽음을 인식할 존재가 없기 때문에 '죽음은 없다'라고 선언한다.

세포의 소멸이다.[42][43] 죽음의 순간 이후 세포는 모든 기능을 중지하고 분해를 시작한다. 분해는 소멸이다. 물론 소멸은 원자의 순환[44]을 전제한다. 하지만 눈에 보이는 실체로서의 인간은 사라진다. 이러한 임상적이고 생물학적 죽음의 형태는 모든 동식물에게 동일하게 적용된다. 그런 의미에서 명사형의 죽음은 수동적인 사건이다. 생명활동의 중지로써 죽음은 피동적이며, 불가항력적 사건이다.

하지만 '죽어감(Dying)'은 동사형이다. 동시에 능동적 사건이다. '죽음'은 인간이 거부할 수 없는 불가역적 사건이지만, '죽어감'은 인간이 주체성을 가지고 자신의 사건으로 만들어 갈 수 있다. 즉 죽음에 잘 다가서는 일이며, 자신의 삶과 죽음의 의미를 만들어 갈 수

---

42 『죽음학과 임종의학개론』 김달수, 인간사랑, 2020년, p26-p33. 세포의 죽음은 세포의 생성과 죽음이 반복되다가, 사멸되는 세포가 많아지면 죽음에 이르게 된다. 이런 현상을 세포 예정사(Apoptosis, Programmed cell death)라고 말한다. 생물학적으로 인간은 외부로부터 물질과 에너지를 받아들이고, 번식을 하며, 환경의 변화에 응답하고 적응하면서 진화하는 존재인데, 이러한 생명체의 일정한 상태를 유지하고자 하는 항상성(Homeostasis)이 파괴가 될 때, 죽음에 이른다. 의학적 또는 임상적으로 본다면, 심폐기능의 정지, 뇌의 사망(腦死)을 죽음으로 규정한다.

43 '신체·생물학적 죽음'은 '임상적 죽음'과 '생물학적 죽음'으로 구분할 수 있다. 임상적 죽음의 징후는 혈액순환이 멈추고, 호흡이 정지되는 것을 통해 알 수 있다. 이러한 임상적 사망 후에도 약 5-15분 동안 뇌의 활동은 지속된다. 그리고 대뇌피질의 전기신호 중단은 뇌의 완전한 죽음을 표시한다. 생물학적 죽음의 정의는 조직과 세포의 모든 기능과 과정이 완전히 중단되는 것을 말한다. 세포와 조직은 임상 사망과 같은 시간에 죽지 않으며, 각 장기의 수명은 완전한 산소 결핍까지 일정 시간동안 유지된다.

44 『하늘과 바람과 별과 인간』 김상욱, 바다출판사, 2023년, p21-p23, p48. "물리학적 관점에서 보면 세상은 원자와 진공으로 이루어져 있다. 원자라는 입자들이 모여 만물을 이룬다. 원자는 모였다가 흩어지기를 반복한다. 인간도 죽음을 통해 자신의 원자를 자연으로 그대로 돌려보낸다. 그 원자들은 다시 다른 형태로 모여 다른 사물을 이룬다. 결국 '나'라는 원자들의 '집합'은 죽음과 함께 사라지겠지만, '나'를 이루던 원자들은 다른 '집합'의 부분이 될 것이다. 이렇게 우리는 우주의 일부가 되어 영원불멸한다."

있는 능동적 행위이다. 그러므로 '죽어감'은 '임종(臨終)'의 의미를 내포하고 있다. 자신의 죽음 즉 마지막(終)을 기꺼이 받아들이는(臨) 행위이다. 즉 '죽어감'은 '죽음을 맞이함'으로 해석해야 한다. 죽음을 맞이하는 행위는 결국 의미 추구의 완결을 지향한다. 이렇듯 죽음과 죽어감의 의미를 구분하여 바라보면, 우리에게 일어나는 죽음의 사건은 부정에서 긍정으로, 피동에서 능동으로, 객체에서 주체로, 거부에서 수용으로 전환(轉換)될 수 있다. 주체가 된다는 것은 자기가 자신의 주인(self-sovereignty)이 된다는 것을 말한다.

5. 서양철학의 관점에서 본 죽음이해

철학자들은 죽음을 어떻게 이해할까? 철학자들은 죽음으로 삶을 이해하려고 한다. 왜냐하면 철학은 죽음 이후에 대해 관심을 갖지 않는다. 그것은 종교의 영역이기 때문이다. 즉 내가 살아있는 동안은 아직 죽지 않았고, 내가 죽은 후에는 나는 이미 존재하지 않기 때문이다. 그러므로 죽음은 경험할 수 없는 영역이다. 삶과 죽음이 상이한 것이 아니라 동일한 것임을 강조한다. 죽음은 삶의 최종적 귀결점이며, 죽음의 의미를 묻는 것은 삶의 의미를 묻는 것과 분리될 수 없다고 본다. 철학적으로 죽음에 대해 묻는 것은 죽음의 의미에 대한 물음이며, 죽음에 대한 인식론적 질문이다.[45] 즉 죽음에 대한 사유(思惟)이다. 인간의 본질에 대한 존재론적 질문 속에 삶과 죽음

---

45 『죽음에 관한 철학적 고찰』 구인회, 한길사, 2015년. p21-p23, p192. 죽음은 우리 삶의 최종적 귀결점이며, 죽음의 의미를 묻는 것은 삶의 의미를 묻는 것과 분리될 수 없다.

은 동일하다. 철학의 목적은 인간에 대한 이해이기 때문이다.

서양철학의 대표적 고전인 플라톤의 『파이돈』에, 소크라테스가 사형당하기 전날 감옥에서 그의 제자들과 나눈 대화가 나온다. 스승의 죽음을 슬퍼하는 제자들에게 소크라테스는 "죽음이란 단지 영혼과 육체의 분리이며, 철학은 영혼을 돌보는 일이다. 그러므로 죽음은 오히려 육체의 구속에서 벗어나 자유를 얻게 되는 것이니, 슬퍼하지 말라"고 말한다. 즉 철학을 통해 영혼이 육체에서 해방되는 것을 일생 동안 추구해 왔다는 것이다. 철학은 죽음을 연습해 온 과정이라고 보는 것이다. 육체는 분해되어 소멸되지만, 영혼은 완전한 자유를 얻게 되는 것이고, 죽음을 연습해 왔으므로 죽음은 철학의 완성이라고 말한다.[46] 즉 죽음은 육신의 굴레에서 벗어난 영혼이 진리로 충만 된 세계로 이주하는 것이며, 순수한 사고와 추론을 통해 그것을 획득할 수 있는 것으로 보았다.[47] 소크라테스에게 영혼은 로고스(Logos)이다. 그것은 정신, 이성, 언어, 지성, 지혜, 절제, 용기, 정의 등을 포괄한다. 그리고 로고스를 실현하는 탁월한 능력을 강조한다. 그것이 '인간다움'이고, 자신과의 진실한 대화를 통해서 가야할 세계이다. 자신과의 진실한 대화는 삶과 죽음 앞에서, 부단한 수행과 연습을 통해 실천해야할 덕목이다. 그러므로 소크라테스 철학에 있어서 삶과 죽음은 양분될 수 없다. 소크라테스는 삶의 의미와

---

46 『동서양의 인간이해』 한자경, 서광사, 2001년, p192-p201.

47 『죽음교육의 본질에 관한 연구』 백미화, 고려대학교대학원 교육학과박사학위 논문, 2024년, p8-p12. 소크라테스는 절대적인 좋음, 善, 정의로운 어떤 것(Idea, 原型, 本)들을 추구하였으며, 죽음을 통해 인간의 영혼이 육체의 영향으로부터 완전히 해방된 상태에서 가능하다고 보았다.

훌륭함을 죽음에게 물어봄으로써, 적극적으로 죽음을 맞이하고 삶의 의미를 완결할 수 있었다.[48]

〈죽음이란 무엇인가〉라는 강의로 세계적 명성을 얻은 셸리 케이건은 인간을 육체와 영혼으로 이루어진 존재로 보는 이원론적 관점과 인간은 그저 육체에 불과하다고 보는 물리주의적 관점으로 나누어 설명한다. 이원론적 관점에서 인간의 죽음은 영혼과 육체의 분리이며, 물리주의적 관점에서 인간의 죽음은 다양한 기능의 중지이다. 케이건은 철학자의 시선으로 볼 때 인간의 죽음은 신비로운 것이 아니며, 인간의 육체는 살아서 움직이다가 파괴되는 것, 결국 이것이 죽음에 관한 전부라고 이해한다.[49] 케이건의 이해는 유물론적 관점과 연결되어 있다. 물리주의적 인간은 신체와 정신(영혼)을 모두 포함하는 기능적 종합체로 보는 것이다. 그러므로 마치 컴퓨터나 자동차가 사용되다가 그 기능이 완전히 망가지면 폐기되는 것과 같다. 물리학자 스티븐 호킹도 인간이 죽는 순간이란 마지막으로 뇌가 깜빡이다가 멈추는 과정이며, 그 뒤엔 아무것도 없다고 말한다.[50] 케이건은 죽음의 4가지 특성을 말한다. 첫째, 죽음의 필연성(必然性,

---

48 『죽음학교본』 p91-p95.

49 『죽음이란 무엇인가』 셸리 케이건, 박세연역, 엘도라도, 2012년, p266, p507, p375-p398. 예일대학교 철학교수인 케이건은 다음과 같이 말한다. "우리는 죽는다. 때문에 잘 살아야 한다. 죽음을 제대로 인식한다면 인생을 어떻게 살아야 하는지에 대한 행복한 고민을 할 수 있다. 나아가 두려움과 환상에서 벗어나 죽음과 직접 대면하기를 바란다. 그리고 또 다시 사는 것이다." 케이건은 '영혼'이라는 단어를 사용하지만, 그것은 형이상학적 개념이 아니라, 물리적인 인간 안에 포함된 정신으로 이해한다. 인간의 죽음은 그 이후 원자로서 존재한다는 측면에서 여전히 존재한다고 본다.

50 『호킹의 빅퀘스천에 대한 간결한 대답』 스티븐 호킹, 배지은 역, 까치, 2019년, p74. 호킹은 인간이 죽으면 단지 먼지로 돌아가는 유물론적 존재라고 주장한다.

inevitability)이다. 즉 반드시 죽는다는 것이다. 둘째, 죽음의 가변성(可變性, variability)이다. 즉 얼마나 살지 모른다는 것이다. 셋째, 죽음의 예측불가능성(豫測不可能性, unpredictability)이다. 즉 언제 죽을지 모른다는 것이다. 넷째, 죽음의 편재성(遍在性, ubiquity)이다. 즉 어디서 어떻게 죽을지 모른다는 것이다. 그러므로 죽음은 보편적이며, 삶과 상호적이다. 모든 인간은 삶을 영위한 후 죽음을 맞이하며, 결국 존재한다는 것은 삶과 죽음의 특정한 조합으로 이루어진 형이상학적 합성물로 보는 것이다. 그리고 그 조합이 가지고 있는 가치를 말하고 있다.

6. 동양철학의 관점에서 본 죽음이해

선진유학(先秦儒學)의 생사관을 고전(古典)에 나오는 몇 가지 단어들을 중심으로 이해해 보자.[51] 첫째, 수(壽)와 고종명(考終命)이다. 수(壽)가 생물학적 수명을 가리킨다면, 고종명(考終命)은 천부적으로 부여된 수명 안에서 주어진 사명(使命)을 마치고 편안히 죽음을 맞이할 때 수반되는 심리적이고 정신적인 안정을 함축한다. 즉 인간의 신체·생물학적 죽음을 넘어 삶과 죽음의 의미적 종결을 죽음에 대한 중요한 태도로 보았다. (尙書)[52]

---

51 『죽음학교본』 p95-p105.
52 『서경』 김학주 역, 명문당, 2023년, p296-p294. 서경(書經) 제4편 주서(周書)에서는 오복(五福)을 수(壽), 부(富), 강녕(康寧), 유호덕(攸好德), 고종명(考終命)이라고 한다. 즉 고(考)는 상고(詳考)하고, 생각하고, 살피고, 궁구(窮究)하는 행위를 말한다. 자신의 삶과 죽음을 생각하고, 자신을 돌보는 훈련의 행위(melete)로 해석해 볼 수도 있다.

둘째, 미지생(未知生) 언지사(焉知死)이다. 공자와 자로(子路) 사이에 나눈 대화에 나오는 유명한 말이다. 자로가 귀신을 섬기는 것에 대해 묻자 아직 삶을 알지 못하는데, 어찌 죽음을 알겠는가? 라고 대답하였다. 공자는 귀신의 존재에 대해 인정하고, 존중하는 마음을 가지고는 있었으나, 죽은 귀신의 문제에 집착하지 말라고 말한다. 공자는 현실과 무관한 세계와 대상에 대해 무관심한 태도를 견지하는 것으로 본다. 하지만 이것은 죽음을 올바르게 이해하기 위한 선결요건으로, 생의 본질을 강조하고자 하는데 있다고 보는 것이 맞다.[53] 오히려 현재의 삶 속에서 도(道)를 얻는 것(朝聞道, 夕死可矣) 즉 도를 실현하는 것이 더 중요한 삶의 지향성이라고 본다.[54] 즉 공자가 말하는 도의 실현이란 인간이 덕성(德性)과 천명(天命)[55]을 주체적으로 자각함으로써 얻는 세계를 말한다. 그것은 인(仁)으로 대변되는 인문주의적 가치와 이상을 추구하는 삶이다.[56]

셋째, 군자왈종(君子曰終), 소인왈사(小人曰死)이다.[57] 공자의 제자

---

53 生死一如, 生死如一, 生死不二, 生死不異의 관점은 불교적 세계관에서 왔다. 불교의 세계관은 고대 인도와 힌두교의 영향을 받았으며, 중국의 노자, 장자, 공자 등 동양적 세계관과도 연결된다.

54 『논어』 김영 편역, 청아출판사, 2018년, p49.

55 『논어』 박기봉 역주, 비봉출판사, 2003년, p41-p43, p450-p451. 공자는 논어 요왈(堯曰)편에서 "명을 알지 못하면 군자가 될 수 없다"고 말한다.(不知命, 無以爲君子) 그래서 위정(爲政)편에서 오십의 나이에 천명을 깨달았다(知天命)고 술회하고 있다.

56 『논어』 p169. 夫仁者, 己欲立而立人, 己欲達而立達. 공자에게 있어서 인(仁)을 실천하는 방법은 자신이 서고 싶으면 남을 세워주고, 자신이 현달(顯達)하고 싶으면 남을 현달하게 해주는 길이다. 기독교의 황금률(남에게 대접받고자 하는 대로 먼저 남을 대접하라)과 같은 개념으로 이해할 수 있다. 그러므로 유교의 인(仁)은 기독교의 사랑(agape)의 개념과 연결된다.

57 『예기』 권오돈 역해, 홍신문화사, 1982년, p55-p56.

인 자장(子張)이 병이 깊어지자 그의 아들인 신상(申祥)을 불러서 다음과 같이 말한다. "군자가 죽는 것은 '마친다(終)'라고 말하고, 소인이 죽는 것은 '죽는다(死)'라고 말한다. 내 오늘이 그날인 것 같구나." 즉 죽음의 두 가지 방식을 가르친다. 신체생물학적인 죽음을 넘어 인격적 주체인 자신의 삶을 완결 짓는 방식을 의미한다. 군자의 죽음은 임종(臨終)이 되어야 한다. 당하는 죽음이 아니라 스스로 당당히 걸어 나가 맞이하는 죽음이다. 마지막 순간까지 자신이 주체가 되어 자신의 삶을 마무리하고 의미를 부여하는 행위이다. 그것은 결국-지금-현재-날마다-여기에서 죽음에 대해 끊임없이 묻는 '우환의식(憂患意識)'의 삶이다.[58] 자신의 몸과 마음을 훈련하는 수기(修己)를 통해, 주체성을 가지고, 종신(終身)토록 우환(憂患)을 실천하는 것이다.

넷째, 득기사(得其死), 불득기사(不得其死)이다. 공자가 그의 제자 자로(子路)에 대해 이야기하면서, 그의 성격이 강직하고 용맹스러워 '자로는 온전하게 죽지 못하겠구나!(不得其死然)'라고 표현하였다. 득기사(得其死)는 죽음다운 죽음, 온전한 죽음을 의미한다. 즉 논어에서 말하는 得其死는 서경(書經)의 수(壽)와 고종명(考終命)과 유호덕(攸好德)을 포함하는 개념이다. 공자의 관점에서 윤리적 차원의 자아를 완성하는 삶이 바로 온전한 죽음에 이르는 것이라고 보았다. 이것은 인륜적 삶의 추구와 실현을 의미한다. 삶의 가치와 의의는

---

58 www.ugyo.net, 유교백과사전, 우환의식의 개념은 공자, 맹자 혹은 주역에까지 소급된다. 유교의 우환의식은 종교적 공포의식이나 기독교의 원죄의식과 달리 인간의 순선(純善)한 본성(本性)에 대한 자각에 입각한 자기 긍정을 통해 자신의 도덕적 완성에 책임을 지려는 의식 형태이다.

오직 인륜성(人倫性)을 매개로 해서만 구현되는 것이다. 인(仁)과 의(義)와 예(禮)와 지(知)를 삶 속에서 실현하고, 그 마지막에 군자로서 죽음을 맞이하는 삶을 온전한 죽음으로 이해한 것이다. 결국 공자는 삶과 죽음의 본질을 도덕적·윤리적 天命을 주체적으로 자각(自覺)하고, 사상적 전회(轉回)를 통해, 능동적으로 획득(獲得)해 나가는 것으로 보았다.

7. 신학적 죽음이해

중세 기독교 세계관에서는 영혼을 신과 인간을 이어주는 매개체로 이해하였다. 즉 신의 형상을 닮은 영혼이 육체와 분리될 때, 죽음을 맞이하는 것으로 이해했으며, 그 영혼이 천국에 간다는 믿음으로 인해, 죽음에 대한 준비를 하라고 가르쳤다. 당시 유행했던 라틴어 '모르스 세르타, 호라 인세르타'(Mors Certa, Hora Incerta)[59]는 '인생에서 가장 확실한 것은 죽는다는 사실이며, 가장 불확실한 것은 그 죽음의 때를 알지 못한다'는 의미이다. 신앙적으로 죽음을 준비하라고 강조한 것이다.

가톨릭 신학자이며, 사제인 칼 라너는 『죽음의 신학』에서 죽음을 다음과 같이 말한다. 첫째, 전인(全人)과 관련된 사건으로 이해하고 있다. 즉 모든 인간은 죽음을 맞이한다는 보편성과 육체와 영혼의 분리(자연 본성적 측면)로서의 죽음, 그리고 나그네살이의 종료(죽음의 위격〈位格〉적 측면)로서의 죽음을 말한다. 둘째, 죽음을 죄

---

59 라틴어 Mors는 죽음(명사)이고, Certa는 확실한(형, certain/ 반대어는 Incerta, uncertain)의 뜻이며, Hora는 시간(명)이다.

의 결과로 본다. 최초의 인간 아담의 범죄로부터 인간에게 찾아 온 죽음은 하느님이 주는 벌(罰)의 결과이다. 하지만 하느님은 인간에게 그 죽음으로부터 벗어날 수 있는 구원의 사건을 제시하고 있다. 셋째, 그리스도인에게 죽음은 그리스도와 함께 죽는 것을 말한다. 그리스도인은 그리스도와 함께 죽고, 그리스도와 함께 사는 것이다. 이러한 사건은 성례전을 통해 계속 반복되는 신비적이며, 신앙적인 고백의 사건이다.[60]

죽음은 모든 인간에게 존재론적으로 주어진 운명이며, 한계상황이다. 인간은 태어날 때가 있었기 때문에 죽을 때가 있다. 성서의 인간 존재에 대한 신학적 이해는 존재론적 필연성과 소여성(所與性)[61] 즉 하나님으로부터 우리에게 주어진바 삶과 죽음을 나타낸다. 그러므로 죽음은 불가역적(不可逆的) 사건이다. 이러한 죽음에 대한 인식은 욥기와 시편의 많은 구절에 나타나고 있다. 또한 죽음의 신학은 '죄에 대한 결과'를 말한다. 즉 죄와 죽음의 인과관계를 강조한다. 구속사적 관점의 바울 신학은 죄로 인해 죽을 수밖에 없는 인간이 물리적인 사건으로써의 죽음을 경험하게 된다는 것을 강조한다. 그리고 예수 그리스도의 십자가 사건을 통해 죽음의 문제를 극복하는 우주적 사건으로 승화시킨다.

죽음의 신학에서 말하는 죽음은 삶과의 철저한 단절이 아니라, 새로운 형태의 삶으로 통과하는 사건으로 이해한다. 또한 죽음의 신학

---

60 『죽음의 신학』 칼 라너, 김수복 역, 가톨릭출판사. 1982년, p12-p31.
61 소여성(gegebenheit)은 의식작용에 주어진 사실에 대해, 그 이전에 주어진 경험의 내용과 범주로 인정하고 판단하는 것을 말한다.

은 삶의 유일회성(唯一回性)과 불가역성이 삶의 허무성(虛無性)으로 나타난다고 본다. 그러므로 이 세상에서 경험하는 삶의 허무함은 하느님의 세계에 대한 기대와 소망으로 충족된다. 또한 새로운 형태의 삶으로 전환하는 것은 하느님이 만드신 세계에 대한 찬미로 이어진다. 비록 허무하고 유한한 존재이지만, 하느님이 주신 삶에 대한 가치를 고백하는 것이다. 그것은 생명과 죽음조차도 통치하시는 하느님의 다스림에 대한 고백이다. 즉 하느님은 생명과 죽음을 지배하시는 "모든 것 안에서 모든 것(panta en pasin)"이 되신 분이다.[62]

8. 「죽음학」에서 바라 본 죽음의 의미

첫째, 죽음을 사(死)의 관점이 아닌 종(終)과 명(命)의 관점으로 바라보는 것이다. 사(死)는 일반적으로 신체생물학적인 죽음을 의미한다. 즉 자연적인 신체의 죽음이다. 이러한 죽음은 동물에게도 동일하게 일어난다. 생로병사(生老病死)의 과정을 거쳐서 수명이 다하면 죽음에 이른다는 의미이다. '사(死)'는 인간학적 가치와 의미론적 가치를 부여하기 어렵다. 그냥 자연의 순리이며, 원리일 뿐이다. 모든 존재는 그렇게 우주와 자연의 법칙에 따라 그저 죽음 즉 사(死)를 맞이할 뿐이다. 하지만 명(命)은 인간으로서 갖는 삶의 의미와 자신의 존재 가치에 대한 과정이다. 명(命)은 동물에게는 나타나지 않는다. 유교적 의미로는 정명(正命)이며, 기독교적 의미로는 부

---

62 『죽음의 신학』김균진, 대한기독교서회, 2002년, p141-p150. "그러므로 죽음의 세계도 하느님을 벗어난 독립된 영역이 아니며, 하느님은 생명과 죽음을 지배하는 분이다."

르심(Calling)이며, 소명(召命)이다. 자신이 이 세상에 왜 태어났는지를 알고 깨닫는 과정이다. 자신이 살아가는 삶의 의미와 이유를 실현하는 것이다. 그러한 과정의 죽음은 사(死)와 다르다. 인류 역사의 성현들은 그러한 삶을 살았고, 그러한 죽음을 맞이하였다. 종(終)은 '마침'인데, '당하는 마침'이 아니라, 주체적으로 자신의 삶을 마치는 행위이다. 어떻게 자신의 인생을 정리하고, 어떤 모습으로 죽음을 맞이할 것인지를 스스로 결정하고 실행하는 것이다. 이에 대해 죽음학자 임병식은 "종(終)은 주체가 덕성과 인륜성을 추구하는 범위 안에서, 즉 자율적으로 결단할 수 있다는 점에서 주체화된 죽음으로 규정할 수 있다. 이 점을 누구보다도 분명하게 천명한 사람은 공자였다. 따라서 공자는 잘 죽는다는 것이란 좋은 삶을 영위하는 것이며, 좋은 삶이란 인륜성(人倫性)의 실현과 완성을 의미하는 것"이라고 말한다.[63]

둘째, 죽음을 인문 정신에 입각하여, 의미적·관계적 관점으로 바라보는 것이다. 모든 사람은 죽는다. 모든 사물도 죽는다. 하지만 그 죽음에 대한 해석은 다양하다. 죽음에 대한 해석을 인문학적 관점으로 바라보자는 것이다. 융·통섭(融·通涉)을 통해 인문학적 관점을 실현하는 것이다. 인문 정신의 기본은 인간에 대한 사랑이다. 인문학적 통섭은 삶과 죽음의 완성을 지향한다. 즉 인간에 대한 사랑을 바탕으로, 삶을 완성하고, 의미를 실현하며, 관계를 회복하는 것이다. 기독교의 핵심 개념인 '사랑' 즉 아가페(Agape)적 사랑의 실천이

---

63 「주자는 어떻게 죽음의 불안을 극복했는가?」 임병식, 『동양철학』 제43집, 2015년, p27.

며, 완성이다. 예수는 십자가의 죽음, 즉 완전한 죽음의 사건을 통해 아가페를 실현한다. 파괴, 절망, 고통, 상실, 단절의 삶이 아니라 회복, 사랑, 충만, 의미, 구원의 완성을 이루는 것이다. 인문 정신의 지향은 상실, 아픔, 고통, 눈물 속에서도 우선순위를 결단하고, 진정한 삶의 가능성을 자각하는 것이다. 삶의 소중함과 가치 그리고 삶의 의미를 탐색하고 추구하는 것이다. 그것은 자신과의 화해이며, 타자와의 화해를 실천하는 것이다.

셋째, 죽음에 대한 질문을 통해 '나는 누구인가?'에 대한 대답을 얻는 것이다. 나는 누구이고, 나는 무엇 때문에 살아가는가? 정말 '나다움'은 무엇인가? 인간으로서 인간답게 산다는 것은 무엇인가? 에 대한 대답을 찾아가는 것이다. 이러한 질문을 통해 인간의 실존을 회복하는 것이다. 우리는 태어나는 순간부터 이 세계 즉 상실의 세계에 던져진 존재이다. 그 가운데에서 자신을 발견해 나가는 것이 죽음의 의미이다. 즉 죽음에게 질문을 던짐으로 나를 찾아가는 자기 성찰의 과정이다.

제3강

존엄한 임종결정

죽음학 수업

제3강 존엄한 임종결정

1. 임종결정에 대한 역사적·현대적 관점

1) 죽음의 역사에 대하여

죽음과 관련하여 그 역사를 연구한 대표적인 책은 필립 아리에스의 『죽음의 역사』이다. 그는 죽음에 대한 태도를 '길들여진 죽음, 자신의 죽음, 타인의 죽음, 금지된 죽음'으로 설명하고 있다.[64]

첫째, 길들여진 죽음이다. 거의 1천 년을 넘게 중세 시대를 중심으로 나타난 죽음에 대한 태도이다. 인간은 자신의 죽음이 임박함을 안다. 그것은 초자연적 신비로운 체험이 아니라, 자연적으로 느끼는 감정이며, 내적인 확신이다. 길들여진 죽음의 시대에 사람들은 자신의 침실과 자신의 침대에서 죽음을 맞이하였다. 역사적으로 횡와상(橫臥像)의 그림이나 조각에서 볼 수 있듯이 손을 앞으로 교차하고, 머리는 동방을 향하여(서구 기독교 문화에서는 예루살렘 방향을 의미했으며, 우리나라에서는 북쪽 즉 북망산을 향하는 관습이 있다) 누워 있게 된다. 죽음을 맞이하기 전, 삶에 대한 회한의 시간을 갖고, 슬픔의 애가(哀歌)를 부른 후, 침상의 주변에 모여, 마지막 시간을 갖는다. 신에게 자신의 죄를 용서해 달라고 고백하고, 살아있는 자들에게 신의 은총이 임하기를 기도한다. 결국 인간은 죽음 앞에서 화해와 용서의 시간을 가졌던 것이다. 그리고 사면(赦免) 즉 죄의 용서와 죽은 자를 위한 기도(Libera)를 행한다. 이러한 전통은 19세

---

64 『죽음의 역사』 필립 아리에스, 이종민 역, 동문선, 1998년, p21-p97.

기초 까지도 내려왔다. 즉 성찬과 사제, 가족들, 친지들 심지어 어린 아이까지 죽어가는 자의 방을 방문하였다. 수 세기 동안 이어져 온 죽음에 대한 태도는 죽음이 우리의 일상과 늘 가까이 있었으며, 가족적이고 친숙한 죽음이었다. 이 '친숙성'과 '가족성'을 아리에스는 '길들여진 죽음'이라고 명명한다. 길들여진 죽음의 시대는 죽어가는 자와 살아있는 자의 공존의 의미가 드러난다. 한국 사회에서도 조선시대와 근현대 사회까지 농촌에서는 길들여진 죽음과 비슷한 친숙성과 가족성이 이루어진 죽음의 의례와 태도가 이어져 왔다.

둘째, 자신의 죽음이다. 길들여진 죽음에서 보여주는 사회적 개념과 분리되어 죽어가는 사람에게 초점을 맞춘 죽음의 태도이다. 12세기에 나타난 이러한 태도는 자신의 고유한 실존의 중요성을 보여준다. 즉 죽어가는 순간에 일어나는 일 중 특히 종교적 세계에 대한 결산이었다. 신 앞에서 자신의 인생을 결산하고, 자신의 인생에 대한 의미를 찾고자 하는 죽음이었다. 물론 여기에서의 의미는 매우 종교적 행위였다.(예를 들어, 유대인은 죽기 전 '쉐마' 즉 이스라엘아 들으라, 이슬람교도는 신성한 신의 이름을, 불교인은 아미타불을 부르는 행위 등) 죽어가는 자가 자신의 역할을 강화하여, 죽음의 행위에 있어서 중심에 있게 되었다는 뜻이다. 현대적 개념으로 해석해 본다면, (내용은 조금 다르지만) 존엄한 임종 결정의 모티브와 같다고 하겠다. '자신의 죽음'이 주는 의미는 죽음이 가장 확실하게 자신을 깨달을 수 있는 장소와 시간을 주었다는 것이다. 즉 자신의 죽음을 발견한 것이다.

셋째, 타인의 죽음이다. 이러한 태도는 생존자의 관점에 초점을 맞춘 것이다. 18세기 이후 서구 사회에서 죽음을 찬양하고 극화(劇化)하려는 낭만주의적인 죽음의 관점이 등장한다. 즉 타인의 묘와 묘지에 대한 숭배, 죽음과 사랑, 죽음과 성행위, 죽음과 고통 등 낭만적이고 에로틱한 미(美)의 개념으로 죽음이 다루어졌다. 한국 사회에서도 폐병 환자의 사랑, 시한부 인생을 사는 소녀의 이야기(황순원의 소나기) 등 마치 죽음이 애절한 사랑의 소재로 다루어지기도 하였다. 타인의 죽음은 죽음 이후에 나타나는 의례, 의복, 습관, 관습 등을 통해 과도한 슬픔이 의식화(儀式化)되는 관점이라고 하겠다.

넷째, 금지된 죽음이다. 죽어가는 자는 고립된다. 자신의 침실이 아닌 기관과 병원에서 죽음을 맞이한다. 의료가 발달하고 의료사회화가 진행되어 죽음은 일상으로부터 분리되어 연기된다. 죽고 싶어도 죽을 수 없는 '금지'가 일어난다. 집에서 있으면 그냥 자연스럽게 죽게 될 텐데, 현대인들은 죽기 위해 병원을 향하고, 병원은 오히려 죽음을 거부하게 한다. 죽음이 의료의 실패가 되어 의료는 기술을 발전시켜 죽음을 금지시킨다.

죽음은 양가적(ambivalent)이다. 죽음은 자연적 사건이며, 동시에 거부하고자 하는 대상이다. 죽음은 반드시 찾아오는 것이지만, 인간은 끊임없이 거부하고자 한다. 죽음은 받아들여야하는 실체인데, 두려운 대상이 되어 회피되고, 억압되고, 연기된다. 즉 멀고도 임박한 죽음[65]이다. 죽음이 멀리 있기를 원하나, 죽음은 임박하다.

---

65 『죽음학교본』임병식, 손주완 외, 한국싸나톨로지협회, 2023년, p184.

2) 치료와 완화 돌봄

임종 결정이란 죽어가는 과정에서 일어나는 죽음의 방식, 죽음의 시기, 죽어가는 자와 관계된 사람들에 의해 이루어지는 선택이다. 예를 들어, 생명을 유지하기 위한 처치를 할 것인지? 음식과 물을 계속 공급할 것인지? 자발적 안락사를 선택할 것인지? 스스로 식사를 끊는 단식(斷食)존엄사를 선택할 것인지?[66] 등에 관한 선택이다. 이러한 선택은 사전연명의료의향서와 돌봄을 위한 위임장(durable power of attorney) 등으로 확인된다. 현재 한국 사회에서는 사전연명의료의향서와 의료진이 작성하는 연명의료계획서만 시행되고 있다. 하지만 이러한 결정은 죽어가는 사람의 인지(認知)가 정상적으로 작동될 때 유효하다. 최근 수명의 연장으로 인해 고령 노인이 증가하고 있고, 고령 노인의 증가가 인지장애(치매 등)를 발생시킬 가능성이 더 커지고 있다. 결국 결정의 능력을 상실할 가능성이 매우 크다.

죽음의 원인은 연령과 지역, 인종과 환경에 따라 조금씩 다르게 나타난다. 전염병, 암, 심장질환, 호흡기질환 등이다. 또한 죽음의 장소도 국가와 문화에 따라 다르게 나타난다. 물론 선진국들은 죽음의 장소를 병원 사망보다는 재택 사망 쪽으로 높여가고자 노력하고 있다. 최근 일본에서는 '1인 재택사'라는 용어가 유행하고 있다. 미국은 2008년 통계에 의하면 39%가 호스피스에서 사망했고, 42%

---

66 『단식존엄사』 비류잉, 채안나 역, 글항아리, 2024년. 단식존엄사에 대해 한국에서는 오래전부터 '곡기(穀氣)를 끊는다'는 말이 이어져 왔다.

가 집에서 사망했다.[67] 하지만 한국은 아직도 76%가 병원에서 사망하고 있으며, 14%만 집에서 사망하고 있다. 이러한 현상은 임종기에 대한 치료의 선택과 거부에 따라 결정된다. 임종의 방식과 장소, 시기에 대한 결정에 있어서 문화별, 인종별, 성별에 따라 약간의 차이가 있으나, 통계상 큰 의미로 나타나지 않는다. 예를 들어, 유럽계 미국인이나 여성들이 임종 결정에 대해 좀 더 적극적이라는 통계가 있다. 한국 사회에서도 사전연명의료의향서의 선택 비율이 남성보다는 여성이 높게 나타나는 것은 사실이다.

임종 결정에 대한 문제에서 중요한 점은 임종기에 이루어지는 돌봄의 문제이다. 결국 임종기에는 치료와 돌봄이라는 두 가지의 축이 중요한 기준이 된다. 앞에서 언급했던 것처럼 치료의 문제는 의료의 목적과 연관되어 있고, 돌봄의 문제는 임종 환자의 상황과 연결되어 있다. 이러한 현실에서 임종 환자가 무엇을 선택할 것인가에 대한 결정의 문제는 매우 중요하다. 클리스피스(Kleespies, 2004)에 의하면 임종 환자에 대한 '관습적인 돌봄'(conventional care)은 특히 첨단 기술을 사용할 수 있는 병원에서 이루어지는 급성 돌봄(acute care)과 치료(cure)에 초점을 맞추고 있다.[68] 이러한 치료는 응급 환자와 질환자들에게 효과가 있으나, 임종을 앞둔 사람들에게는 바람직하지 않다. 그러므로 다른 치료의 방식으로 완화 돌봄(palliative care)의 개념이 필요하게 된 것이다. 완화 돌봄의 목적은 치료가 아니라, 고통을 유발하는 통증을 감소시키거나, 방지하는

---

67 『죽음학과 임종의학개론』김달수, 인간사랑, 2020년, p463.
68 『죽음학교본』 p209.

데 있다. 임박한 죽음의 상태에 이른 사람들에게 의료의 관점보다는 돌봄의 관점을 강화하는 노력이 필요하다고 하겠다. 미국인의 대부분은 죽기 전 생명연장처치를 보류하거나 철회할 결심을 하고 있으며, 한국 사회의 노인들도 임종기가 되면 연명의료 행위를 중단하겠다는 결심이 증가하고 있는 것도 사실이다.

이러한 임종기 완화 돌봄에 대한 대표적인 제도가 '호스피스' 제도이다. 1967년 영국에서 성·크리스토퍼 호스피스를 설립한 시실리 손더스(Cicely Saunders)가 역사적 기원이다. 물론 죽어가는 가난한 자나 나그네들을 돌보는 자선행위의 역사는 길다. 하지만 손더스에 의해 시작된 호스피스 운동은 '전인적인 접근'(Holistic Approaches)의 방식으로 죽어가는 임종 환자를 돌보는 현대적 개념의 임종결정제도이다. 의사, 간호사, 보조원, 사회복지사, 종교인, 자원봉사자 등으로 이루어진 다학제적 팀에 의해 신체적, 심리적, 사회적, 영적 돌봄을 제공하여, 존엄한 임종을 맞이할 수 있도록 돕는 돌봄의 방법이다. 6개월 미만의 임종기 환자가 대상이지만, 미국의 경우 호스피스 병원에 입원하는 기간이 평균 21일이며, 입원 후 일주일 내에 35%가 사망한다.[69]

3) 돌봄의 목적

이제 임종기 환자에게 있어서 '치료와 돌봄의 목적은 무엇인가?'

---

69 『죽음학교본』 p210. 한국에서도 호스피스병원에 입원하는 경우 대부분 1개월 이내에 사망한다. 한국은 입원형, 가정형, 자문형으로 나누어 운영하고 있으며, 2024년 기준 호스피스 기관은 입원형이 94개 기관이다.

에 대해 생각해 보고자 한다. 즉 그들에게 '치료와 돌봄은 어떤 의미인가?'의 질문이다. '생의 마지막 단계에서 질병이 치료될 수 없음에도 불구하고, 모든 의료·기술적인 처치를 다해야 하는가?'이다. 미국이든 한국이든 중환자실(ICU, Intensive Care Unit)은 그 모습이 비슷하다. ICU에 들어오는 임종기 환자에게 의료행위를 하기 위해, 가족과의 만남을 배제하는 현상은 같다. 그것은 병원의 의료문화가 죽음을 치료의 실패로 보기 때문이다. 죽어가는 환자가 지니는 삶의 전체성을 보지 않고, 신체적으로 발생한 질병만을 보기 때문이다. 이에 대해 낸시 듀블러(Nancy Dubler)는 근본적으로 의학 기술이 기계에 의존한 죽은 삶을 만들었다고 비판한다.[70] 물론 임종이 가깝지 않은 환자를 살리기 위해 최선을 다하는 의료진들의 행위는 정당하다. 또한 '임종기에 가까운 것인가?'에 대한 판단은 철저하게 의료적이고 과학적이고 임상적인 판단이 되어야 한다. 환자의 삶을 전체성으로 보는 시각이 전제되었을 때 가능하다. 즉 임종기 환자에게는 질병의 치료가 목적이 되어서는 안 된다. 그것이 완화 의학이며, 호스피스와 완화 돌봄, 지역사회 내에서의 완화 돌봄, 자연치유와 완화 의학 등의 개념들로 연결된다. 이제 존엄한 임종 결정과 돌봄의 문제에 대한 미국의 대표적인 사건과 한국의 사건에 대해 알아보자.

---

70 『죽음학교본』 p248.

2. 임종 결정의 윤리적·법적 문제

1) 대표적인 사건들

임종 결정의 윤리적·법적 문제는 무의미한 연명치료와 대리 의사결정의 사건과 연관된다. 미국의 대표적인 세 가지 사건 즉 퀸란, 크루잔, 시아보 사건이다. 한국에서는 세브란스 김할머니 사건과 보라매 병원 사건이다.[71] 이러한 사건의 핵심은 '무의미한 연명치료를 계속할 것인가?'와 '그 중단을 누가 결정할 것인가?'에 있다. 그 당시만 하더라도 생명의 중지와 연장에 대한 '자기결정권'이라는 개념이 법적으로든, 윤리적으로든 명확하게 수립되지 않았다. 이러한 법적 분쟁은 의사와 환자 그리고 가족들 간에 기본적인 정보를 공유하고 전달하지 못하는 오해에서 비롯되기도 하였다. 물론 행위에 대한 법적인 보장도 마련되어 있지 않았다. 일반인들은 의학적이고 임상적인 임종 단계에 대해 잘 모른다. 때로는 가족들 앞에서 임종 환자가 일시적으로 좋아지기도 하며, 이러한 증상이 가족들로 하여금 희망을 갖게 하기도 한다. (실제적으로는 죽어가고 있음에도 불구하

---

[71] 『죽음학교본』 p211-212. 1976년 뉴저지의 21세 여성인 퀸란은 회복할 수 없는 뇌손상을 입은 후 지속적인 식물인간(PVS)상태에 있었다. 의사들은 그녀의 인공호흡기를 제거하려는 부모의 결정에 동의하지 않았고, 재판을 통해 뉴저지 대법원의 판결로 제거하였다. 그녀는 10년이 지난 후 요양원에서 사망하였다. 2008년 한국의 세브란스병원 김할머니 사건도 비슷한 사례이다. 가족들의 요구를 의료진이 거부함으로 재판을 통해 제거하였고, 약 10개월 후 사망하였다. 1997년 보라매 병원 사건에서는 의료진이 가족들의 요구를 거절하지 못하고 퇴원시킴으로 발생한 사망사건이었으며, 의료진과 보호자에게 형사처벌이 이루어졌다. 크루잔 사건은 의사결정 능력이 없는 환자의 인공수액과 영양공급을 중지할 것을 요구한 부모에 의해 발생한 사건으로 환자의 자기결정에 대한 증거가 중요하게 대두된 사건이다. 시아보 사건은 1990년 27세 여성의 뇌손상과 자발 호흡의 상태에서 남편이 영양공급을 거부하고, 부모가 반대하는 상황에서 법원은 남편의 대리 의사결정을 인정해 줌으로 사망한 사건이다.

고) 하지만 이러한 정보의 부재와 불명확한 희망이 무의미한 연명치료나 생명유지기술에 의존하도록 결정하게 한다. 시아보 사건에서도 전문가들이 잘못된 정보와 희망을 주었기 때문에 생명유지장치를 지속할 수 있었다. 그러므로 의료진은 환자와 가족들과 솔직하게 의사소통을 해야 한다. 통계에 의하면 임종기에 있는 환자 중 심폐소생술(CPR)을 실행한 후 집으로 돌아간 환자는 거의 없다.[72] 결국 임종기 환자가 자신의 의사결정으로 무의미한 연명치료행위나 영양공급 등의 행위를 결정하였는가? 에 대한 부분이며, 만약 환자가 결정하지 못한 상태에서 임종기에 이르렀을 때, 보호자가 대리 결정할 수 있느냐의 문제이다. 현재 한국의 사전연명의료의향에 대한 결정권 역시, 환자의 자기결정권을 법적으로 입증하였을 때 유효하지만, 그렇지 않은 경우 직계가족들의 전원 동의로도 결정이 가능하다. 즉 환자의 자기 결정과 가족들의 대리 결정이 혼재되어 있다고 볼 수 있다.

2) 사전의료계획(Advance Care Planning)과 환자의 자기결정권

미국은 1990년 의회에서 환자의 자기결정법을 통과시켰다. 자기결정법은 환자가 임종 결정에 참여하고 지시할 권리, 의료적·외과적 처치를 수용하거나 거부할 권리, 사전의료의향서를 준비할 권리 등 법적·제도적인 장치를 만든 것이다.[73] PSDA(Patient Self-

---

72 『죽음학교본』 p236-237.
73 『죽음학교본』 p237-240. 사전의료계획과 관련한 용어들은 다음과 같다. 사전의료의향서(Advance directives), 돌봄을 위임할 대리인(Proxy/ Durable power of attorney), 삶의 의향서(Living will), 심폐소생술(CPR), 심폐소생금지 지시(DNR/

Determination Act)는 모든 결정에 있어서 환자 본인과 이해 관계인(가족 등)이 포함되어 있는 행위이다. 이것은 환자가 인지(認知) 능력에 있어서 스스로 결정할 수 있을 상태를 전제한다. 그러므로 의료적 처치 결정에서 다른 의견으로 인해 갈등 관계가 생겼을 때, 의사와 윤리위원회는 환자의 자율성을 보호하고, 방어하는데 초점을 맞추어야 한다는 것이다. 즉 환자가 어떻게 결정하고 정보가 공유되는지를 알 권리가 있다는 의미이다. 한국에서는 2018년부터 연명의료결정제도가 시행되었고, 임종과정에 있는 환자가 연명의료를 거부할 수 있는 법적 장치가 마련되었다. 또한 조력존엄사와 관련한 법 제정 움직임이 있으며, 2024년 웰다잉 기본법 제정을 위한 노력들이 진행되고 있다. 이러한 일련의 행위들은 환자의 자기결정에 관한 권리에 입각하고 있다.

앞에서 언급한 퀸란과 크루잔 사건은 미국에서 환자의 자기결정법 제정에 영향을 주었다. 환자의 자기결정의 권리는 좋은 돌봄(good care)에 대한 요구와 환자의 고통을 다루는데 있어서 윤리적 책임의 문제를 생각하게 한 것이다. 환자의 자기결정에 대한 20세기 최초의 판결은 1914년 뉴욕 주 법원 항소 판사, 벤자민 콜도조(Benjamin Cordozo)의 판결이다. "온전한 정신을 가진 모든 성인은 자기 몸이 어떻게 될지를 결정할 권리가 있으며, 환자의 동의 없이 수술을 시행하는 의사는 피해에 대해 책임져야 할 폭력을 저지르는 것이다. 환자가 의식이 없어서, 동의가 이루어지기 전에 수

Do not resuscitate), 인공영양 및 수액(Artificial nutrition and hydration), 인공호흡 금지 지시(DNI/ Do not intubate) 등이다.

술하는 경우는 예외이다." 이 판결은 가부장적인 의료의 현실에서 매우 획기적인 전환이었다. 하지만 고지에 입각한 동의(informed consent)가 의료현장에 정착하기 까지는 많은 시간이 걸렸다.[74] 그럼에도 불구하고 환자의 자기결정권은 인간의 기본적인 인권을 향한 당연한 과정이었다고 볼 수 있다.

3) 돌봄과 생명의 윤리에 대하여

돌봄과 의료 현장에 있다 보면 매번 발생하는 윤리적 딜레마의 문제에 봉착하게 된다. 예를 들어, '요양시설이나 병원에 입소해야 하는가?' 본인은 입소나 입원을 원하지 않는데, 가족들의 부양의 어려움, 독립적 생활의 어려움, 경제적인 문제 등으로 인해 입소나 입원을 결정해야 하는 경우도 있다. 사회적으로 본다면, 국가나 지방자치단체가 시행하는 사회서비스와 복지서비스가 공정하고, 공평하게 집행되는가의 문제이다. 이러한 딜레마 속에서 인간과 사회는 어떠한 선택을 해야 하는지에 대해 윤리적이고 법적인 고민을 한다. 즉 기준을 어디에 두고 결정할 것인가?의 문제이다. 여기에서 가장 중요한 기준은 바로 '생명 윤리'이다. 생명윤리는 인간에 대한 존엄성과 자율성을 최선에 두고 생각하는 윤리적 기준이다. 특히 임종 환자를 돌보는 과정에서 선택의 문제가 발생했을 때, 그 선택이 '당사자의 존엄성을 지키는 행위인가?' 그 선택이 '당사자의 자율성에 기

---

[74] 『죽음학교본』 p246-p247. 의료인과 환자의 관계에 있어서 가부장주의는 의료인의 결정이 최선이라는 당위에서 나온 개념이다. 그것은 환자 자신이 갖는 고유한 생각이나 가치관 등을 고려하지 않는 것이다. 즉 환자의 자기결정권이 존중되지 않는 역사적 산물이었다.

초한 것인가?'의 질문을 우선적으로 해야 한다. 하지만 실제 현장에서는 당사자의 바램, 가족들의 고민, 경제적 형편[75]이 복합적으로 작용한다. 환자의 자율성과 존엄성이 유지되기 어려운 경우도 많이 발생한다. 우리는 딜레마의 복잡성을 뛰어넘는 윤리적 기준을 생각해야 한다.

돌봄과 의료의 현장에서 우리가 생각해야 하는 윤리의 개념은 다음과 같다. 1) 타인의 강제 없이 자신의 생명과 신체에 대한 자율성(Autonomy)의 윤리 2) 타인을 돕고 환자를 위하는 선행(Beneficence)의 윤리와 해를 끼치지 않는 무해성(Nonmaleficience)의 윤리 3) 환자에 대한 공평한 치료와 치료에 대한 접근을 보장하는 공정성(Justice)과 공정한 배분(Distributed)의 윤리 4) 인지장애 등으로 인해 결정 능력이 결여된 환자를 대신하여 자기결정을 위탁하는 대리 결정(Substituted Judgement)의 윤리 등이다.[76] 미국에서 2011년 이루어진 조지타운 경구(앞에서 제시한 자율성, 무해성, 선행, 공정성의 윤리)와 1997년 제안된 도덕적 기준은 윤리적 판단과 결정을 하는데 도움을 준다. 환자에게 고통을 유발하지 않으며, 장애를 만들지 않고, 자유를 박탈하지 않으며, 속이지 않는다. 부정행위를 하지 않고, 약속을 지키며, 법을 준수하고, 의무를 다하는 윤

---

75 예를 늘어, 일생동안 사용될 의료비의 약 1/4이 미지막 임종기에 사용되고, 그 중 약 40%가 마지막 한 달 동안의 의료비로 사용된다는 통계가 있다. 의료비뿐만 아니라 돌봄과 관련한 비용도(사회적 돌봄의 제도를 이용하면서도) 집에서 전적으로 돌봄을 수행할 경우, 한 달에 약 400만원 이상의 돌봄 비용이 발생한다. 이러한 돌봄과 의료의 비용 문제는 생애 말기와 임종기에 있어서 윤리적 딜레마에 포함되기도 한다.
76 『죽음학교본』 p244. 이 외에도 주요 생명윤리의 개념은 능력(capacity), 권한(competence), 의료부권주의(가부장주의, paternalism)가 있다.

리적 기준들이다.[77] 이상과 같은 윤리적 지침들은 의료진이나 돌봄 제공자가 환자를 치료하고 돌보는데 있어서 매우 중요한 기준들이 된다.

4) 현대 생명 윤리의 기초

의사들의 경우, 인간의 생명에 대한 가치와 윤리적 기준들을 판단하는 기초는 '히포크라테스 선서'로부터 출발한다. 중세까지만 해도 윤리의 기준은 '신의 율법'을 따르는 행위였다. 즉 신으로부터 선과 악의 기준이 유래되었다. 하지만 18세기와 19세기를 거치면서 철학자들은 신으로부터 벗어나, 독립된 사회계약 이론들을 개발하기 시작했다. 엠마누엘 칸트(E. Kant)는 사람들이 옳은 일을 하고 싶어서가 아니라, 그렇게 하는 것이 의무이기 때문에 행동해야 한다고 생각했다. 그는 대부분의 사람들이 자신의 양심과 이성에 의해 윤리적이고 도덕적일 수 없다고 보았다. 『자유론』(On Liberty)의 저자 존 스튜어트 밀의 생명윤리는 '삶과 죽음이 공공의 문제인가?' 혹은 '각 개인의 문제인가?'에 바탕을 두고 있다. 그가 말하는 자율성, 손상금지, 정의, 선행의 윤리 덕목과 '해악의 원리'(harm principle)는 개인의 행위로 인해 누군가가 해를 입을 때에만 문제가 된다는 것이다. 즉 다른 사람에게 해를 끼치지 않는 범위 내에서 독립적인 개인의 자유를 행사하는 것이 주권이라고 보았다.[78] 이러한 개념은 매우 현대적이며, 서구적인 가치를 보여주는 것이다. 밀의 이러한 관점은

---

77 『죽음학교본』 p245-p246.
78 『죽음학교본』 p244-p245.

근대 자본주의와 신자유주의의 세계에서 개인의 권리에 부합하는 이익에 초점을 두게 되었다. 최대 다수의 최대 이익이라는 공리주의와 물질적 배분의 공정성이 중심이 되는 개념이다. 이에 반해, 동양 사회는 윤리적 기준이 개인보다는 좀 더 공동체적이고, 가족적이고, 국가적인 차원에서 요구되는 경우가 많았다. 서구 자유주의가 개인의 권리와 자율성에 가치를 두었다면, 동양은 가족공동체를 넘어 생명동근원성(生命同根源性)에 가치를 두었다. 이러한 동양적 사고가 의료와 돌봄에 있어서도 가족의 책임과 의무, 공동체의 역할 등에서 더 많이 드러난다.[79]

3. 영적 돌봄에 대하여

1) 영적 돌봄에 대한 언어적 접근

영적 돌봄은 무슨 의미인가? '영적'에서의 영은 어떤 의미인가? '돌봄'이라는 말은 무엇을 돌본다는 것인가? 돌봄의 대상이 영혼인가? 그러면 물질적인 인간의 신체는 해당이 안 되는가? 이러한 질문에 대해 소크라테스는 인간이 지혜와 진리를 통해 자신의 영혼이 온전해지도록 영혼을 돌보는 것이 중요하다고 보았다. 아리스토텔레스는 몸과 영혼이 분리된 개념이 아니라, 하나의 개념으로 보았다. 신체는 하나의 질료인(因), 동력인이며, 영혼은 목적인, 형상인

---

[79] 한국의 전통 사회에서 '한 아이를 키우려면 온 마을이 필요하다.'라는 말이나, '그 집 숟가락의 개수까지 다 안다.'라는 말은 가족과 마을 중심의 공동체성을 강조하는 표현들이다. 서양 사회에 비해 동양 사회가 더 집단적 사고를 많이 하는 것은 사실이다.

이기도 하다.[80] 그러므로 '영적'의 의미는 인간의 전체성을 의미한다고 볼 수 있다. 영적인 안정은 서양의 데카르트적 사유방식(Cogito, ergo sum/라틴어, 나는 생각한다. 고로 존재한다)에서처럼 이분법적 사고에 한정되지 않는다. 즉 '존재'의 원인을 형이상학적 '생각'에만 두는 것이 아니라, 정신과 신체, 영혼과 육체, 혼(魂)과 백(魄), 목적과 형태를 포괄하는 개념으로 본 것이다. 동양적 사고에서 말하는 '몸' 즉 인간의 전체성이다. '몸'은 인간의 모든 것이 관계된 용어이다.[81] 그러므로 영적 돌봄에서 '영적'은 인간의 전체를 의미한다고 해석할 수 있다. 분리되고, 괴리되어 현실을 떠난 세계를 말하지 않는다. 물질성과 신체성을 포괄하면서, 동시에 그것을 넘어서는 개념이다.

세계보건기구(WHO)는 인간이 누려야 할 권리에 대해 신체적 안녕, 심리적 안녕, 사회적 안녕, 영적 안녕을 제시했다. 인간의 상태를 구분하면서, 동시에 인간을 통전적(統全的)으로 본 것이다. 예수의 팔복에서 심령이 가난한 자와 애통하는 자는 마음과 신체가 통합된 존재이다. 심령이 가난한 것은 영성의 지향성이고, 애통하는 것은 고통을 겪는 몸의 반응성이다.

'영적 돌봄'을 두 가지 차원에서 설명할 수 있다. 하나는 3인칭의 관점이다. 돌봄의 대상을 임종기에 있는 제3자에게 초점을 맞추는

---

80 『죽음학교본』 p251-p252. 즉 신체와 영혼은 서로 떨어져 있는 개념이 아니라, 하나로 연결된 개념이다. '몸' 즉 그리스어로 'soma(σωμα)'는 전체성을 의미한다.
81 『몸·주체·권력』 부제: 메를로퐁티와 푸코의 몸 개념, 강미라, 이학사, 2011년, p25-p35에서 철학의 전통에서 몸에 대해 이원론적 관점과 일원론적 관점에 대해 정리했다. 플라톤과 데카르트의 이원론적 관점과 아리스토텔레스와 스피노자의 인식론적 일원론의 관점들이다.

방식이다. 이 방식은 돌봄을 제공하고, 제공받는 형태이다. 즉 서비스 제공자와 서비스 수혜자의 관계이다. 마치 임종기에 있는 환자를 찾아가 종교적 의례를 집례하는 종교인들의 행위이며, 진료를 담당하는 의사들의 행위이다. 하지만 1인칭의 관점은 '나'를 향한 관점이다.[82] 임종기가 다가와 죽어가는 그 인간, 그 자신에게 초점을 둔 것이다. 즉 '너'가 아니라 '나'를 향한 행위이며, 대자적(對自的) 대상을 넘어, 즉자적(卽自的) 대상인 '나'를 향하는 것이다. 영적 돌봄의 대상이 바로 '나' 자신이다. 비로소 '나'를 발견해 나가는 과정이며, '나 자신'(Selbst)의 탁월함과 온전함을 발견하고 획득(獲得)해 가는 과정이다. 그러므로 죽음학의 관점에서 영적 돌봄의 주체와 대상은 모두 1인칭이다. "돌봄이란 영혼의 탁월함과 온전함이 유지되고 지속되는 현상, 그 자체를 의미한다."[83]

2) 돌봄 행위의 주체성과 의미

돌봄은 임종을 맞이하는 환자에게 고유성(자율성), 의미성, 연결성(타자와의 연결성) 그리고 초월성(개체적 자아의 한계를 넘어선 의식의 지평적 확장)이 나타나야 한다.[84] 즉 환자가 돌봄의 대상이 되는 것이 아니라, 스스로 자신을 돌봄에 이르게 하는 방법이다. 그

---

82 『죽음교육교본』 임병식, 신경원, 가리온, 2017년, p385-p386. 사람은 임종 앞에서 자신의 존재를 깨닫게 된다. 임종은 실존의 문제이며, 성숙한 인간으로 성장하는 과정이다.
83 『죽음학교본』 p253.
84 『죽음학교본』 p253-p254. 돌봄 행위의 주체성과 준칙에서 이 네 가지의 원칙은 임종 환자가 자신의 영혼을 가장 쾌적한 상태에 이르게 하는 기준이다.

러면 임종기 환자가 마지막 순간에 스스로를 돌보며, 주체가 된다는 것이 가능한가? 물론 신체적 돌봄은 당연히 누군가가 도움의 손길을 주는 것이 필요하다. 하지만 여기에서 말하는 돌봄은 임종 환자가 죽음 앞에 직면한 상황에서 즉 죽어감의 마지막 순간에 이르기까지 '자신'을 잃어버리지 않고 죽음을 맞이하는 것이다. 처리되어야 할 대상으로서의 환자가 아니라, 스스로 죽음을 향해 당당히 나아가는 주체를 의미한다. 그 과정을 about, of, for로 해석해 보고자 한다.[85]

첫째, about은 '~에 대하여'이다. 거리를 말한다. 거리는 '사이'에 두고 마주하는 대면(對面)이다. 그러므로 about은 내가 원하든, 원하지 않든지 일어난 상황적 사건이다. 하이데거가 말하는 존재와 시간에서 시간은 상황적이다. 즉 자신을 객관화시키는 상황성이다. 상황성은 나와 관계없이 또는 나와의 관계성 속에서 일어나는 사건이다. 그러므로 나에게 일어나는 죽음이라는 사건을 통해, 한 발 떨어져서 자신을 바라보는 객관적 인식을 말한다. 자신의 죽음에 대하여, 객관화시키는 시간이다. "왜 나에게만 일어난 사건인가?"가 아니라, "아! 나에게도 죽음이라는 사건이 시작되었구나!"로 해석해 볼 수 있다.

둘째, of는 '~의'이다. 소유를 말한다. 즉 재귀적 소유이다. 환자 자신의 정신과 의식이 3인칭의 타자가 아닌, 1인칭의 주체가 되어 직면(直面)하는 것이다. 직면은 나와의 직면이다. 즉 영성은 타자의

---

[85] 『죽음학교본』 p254. 죽음학교본에서는 about, for, of를 '지향성'의 관점으로 표현하였다. 지향성은 사건을 전제로 한다. 필자는 '사건'의 개념으로 재해석하였다. 결국 지향성과 사건은 '관계적'이다.

것이 아니라, 직면한 자신의 것(mineness)이다. 그러므로 돌봄과 영성은 하나의 동일한 사건이다.

셋째, for는 '~을 향하여'이다. 목적성이며, 지향성이며, 방향성이며, 대처이다. 임종 환자의 마지막 순간에서의 목적과 지향은 타자를 향한 것이 아니라, 온전히 자신이 되는 것이다. 즉 자신이 돌봄의 목적이 되는 것이며, 동시에 자신이 그 목적에 참여하는 것이다. 그래서 '자기 관여적'이고, '자기 참여적' 사건이다. 'self-involving'이다. 예수의 십자가 사건에서, 예수는 타자를 향한 용서와 화해(저희를 사하여 주옵소서)를 이룬 후에, 자신을 향한 외침(내 영혼을 아버지 손에 부탁하나이다)을 이루었다. 그러므로 돌봄과 영성은 객관적 사건을 나의 사건으로 받아들이는 동시적 행위이다. 결국 about, of, for는 모두 주체와 연결된다.

3) 돌봄의 수단(파레시아)

돌봄의 수단은 대화이다. 대화는 연결이다. Dialogue에서 Dia는 교환하다(exchange)의 의미이다. 교환은 연결을 전제로 한다. 그러므로 대화는 서로 연결되어 교환하는 행위이다.[86] 그렇다면 누구와 대화한다는 것인가? 첫째, 자기 자신과의 대화이다. 임종기 환자는 자기 자신과 마주해야 한다. 자신의 질병이나, 죽음의 상황 앞에서 먼저 자기 자신을 인식하고, 자신에게 질문을 던져야 한다. 질문하는 자와 대답하는 자가 자기 자신이다. '나' 안에는 수많은 '나'

---

86 『죽음학교본』 p254. "대화의 진정성은 자신 안에 있는 본성이나 진실, 또는 존재성을 드러내고 교환하는 것이 진정한 의미가 될 것이다."

가 있다. '나'에는 self, me, I, ego, myself, 오(吾), 아(我), 자기(自 己), 자신(自身) 등 많은 표현으로 가능한 '나'가 있다. 그 '나'들이 서 로 질문을 주고-받는 것이다. '나'는 대상의 세계와 구별된 인식의 주관자이며, 주체자이다. 그 '나'들은 때로 서로 작용하고, 반응하 고, 경험하고, 사고하고, 감정을 갖고, 의지하기도 하고, 욕구와 욕 망을 나눈다. '나누다'가 곧 대화이다. share, divide, give, take, exchange이다. 그러한 질문의 '주고-받음'을 통해, 질병과 죽음이 라는 한계상황 속에서, 비로소 자신의 내면을 향하여 성찰(省察)하게 한다. 둘째, 대화는 타자와의 연결이다. 질병과 임종의 유한성에 봉 착하게 되면, 나의 주변에 타자가 관계된다. 물론 오롯이 혼자 있다 가, 오롯이 혼자 죽음을 맞이하는 사람도 있을 것이다. 하지만 그러 한 경우는 아주 특별한 경우이다. 일반적으로 우리는 주변에 가족, 친구, 지인, 이웃, 의료인, 돌봄 제공자 등 누군가와 관계를 맺고 있 다. 즉 그들과의 대화이다. 이러한 대화는 기본적으로 진실이 담보 되어야 한다. 위장과 거짓, 회피와 핑계는 죽음이라는 절대 절명의 상황 속에서 타자와 연결되지 못하게 한다. 타자와의 대화는 일방적 인 정보 제공이나, 주입식 당위, 강요와 강압을 넘어서야 한다. 경직 되지 아니하고, 부드러움과 따뜻함으로 상호 연결되어야 한다.[87] 자

---

87 타자와의 대화는 '침습적'이다. '침습'이라는 단어에는 한자로 침습(浸濕)과 침 습(侵襲)이 있다. 침습(侵襲)은 나쁜 풍습, 유행, 전염병 등이 침범하여 들어옴 (엄습함)을 의미하는 부정적인 단어이다. 즉 일방적이고 폭력적인 말이다. 하지 만 침습(浸濕)은 마치 물이 스며들어 자연스럽게 젖어드는 것을 말한다. 타자와 의 대화와 관계는 서로 하나가 되는 관계이다. 상대방의 진정성과 진실성이 서 로 전달되어, 질병과 임종의 상황 속에서도 기꺼이 가슴으로 아파하고, 공감한 다.

신의 것 즉 진실성, 본성, 존재성을 내어 타자에게 연결될 때, 진정한 돌봄이 가능하다. 그것이 '파레시아'이다. parresia는 pan(모든 것)과 rema(말해진 바)에서 온 말이다. 진실함을 전달함으로 형성되는 관계이다. 온전한 의탁(依託)과 같다. 이러한 대화 즉 '나와 자신, 나와 타자'의 대화를 '공적인 영적 훈련'(communal spiritual exercise)[88]이라고 말한다.

4) 영적 돌봄의 지향(아타락시아와 퀘렌시아)

결국 파레시아(진실한 대화를 통한 관계의 형성)를 통해 우리는 마음의 평온을 얻기를 원한다. 임종 환자는 마지막 순간에 혼돈과 무질서가 아니라, 평온함과 쾌적함을 얻기를 원한다. 그것이 '아타락시아'이며, '퀘렌시아'이다. 죽어가는 자의 영혼이 동요(흔들림)와 혼란(어지러움)에서 벗어난 평온한 상태이다. $αταραξια$ (ataraxia)는 에피쿠로스가 말한 감정적, 정신적으로, 동요나 혼란이 없는 평정심의 상태를 말한다. 하지만 에피쿠로스의 평정심과 임종기의 평온함은 상태로서의 지향성은 같으나, 그 과정에는 약간의 차이가 있다. 에피쿠로스는 이성적이고 합리적인 사유의 과정을 통해 아타락시아에 이른다고 본다면,[89] 죽음학에서의 과정은 존재론적

---

[88] 『죽음학교본』 p254. 결국 돌봄이라는 '형식의 행위'를 영성이라는 '내면의 내용'으로 연결한 것이다.

[89] 『에피쿠로스 쾌락』 에피쿠로스, 박문재 역, 현대지성, 2022년, p68-p115. 에피쿠로스는 아타락시아(평정심)의 반대개념으로 $ταραχος$(타라코스)를 말했다. 타라코스는 '혼란'이다. 그가 말한 평정심과 확고한 신념은 두려움과 의심 그리고 불안을 넘어 얻게 되는 쾌락이다. 죽음 앞에서 쾌락을 얻음으로 두려움과 불안을 극복한다는 차원이다. 그 쾌락은 프로네시스(사려 깊음)에서 오는 쾌락이라고 말한다.

인 관점에서, 자신을 찾아가는 본래성의 깨달음(자각, 알아차림)을 통해 아타락시아에 이른다고 볼 수 있다. 스페인어에서 유래한 퀘렌시아(Querencia)는 투우장의 소가 잠시 숨을 고르고, 휴식을 취하는 공간을 의미한다. 즉 피난처와 안식처이다. 임종 환자는 마지막 죽음을 향해 가느라, 매우 힘들고 지친다.[90] 죽음을 향하는 길은 진(盡)을 다하는 과정일 수도 있다. 자신의 마지막 남은 생명의 불꽃을 태우는 일이다. 그러므로 안식과 평안함이 필요하다. 그때 잠시 깃드는 영혼의 안식처이다. 그러한 시간과 공간이 주어져야 한다. 결국 영적 돌봄을 통해 죽음을 맞이하는 그 순간까지도 우리는 영혼의 평안함과 쾌적함을 경험해야 한다. 소크라테스는 자신의 죽음 앞에서 영혼의 온전함(쾌적함)을 경험하였고, 예수는 십자가에서, 낙원(樂園)에 이르는 선언을 한 것이다. 죽음학의 지향은 물질성[91]을 넘어 영적 돌봄을 통해, 자신이 주체가 되어 경험하는 세계이다.

---

90 나그네가 되어, 무더운 여름날, 먼 길을 걸어서, 여행하다 보면, 나무 밑, 바람이 솔솔 불어오는 곳에, 머물 때, 평온함과 안식을 느낀다. 농부가 되어, 무더운 여름날, 작물을 수확하다 보면, 잠시 일을 멈추고, 원두막에 앉아있는 시간에, 편안함과 쉼을 느낀다. 그 시간과 그 공간에 머무를 때, 길과 일을 잊고, 자신을 바라보게 된다. 즉 존재를 발견하는 것이다. 지금 내가 어디로 가고 있는지, 무엇을 하고 있는지를 깨닫게 된다. 그리고 다시 힘을 얻어 그 길을 떠나고, 그 일을 한다. 죽음을 향하는 길이며, 일이다. 종교적 관점에서 본다면, 아무도 없는 지성소(至聖所/ 회당, 예배당, 성당, 사찰)에서 고요함 가운데, 신(神)과 만나는 공간이며, 시간이다.

91 『인생수업』쇼펜하우어, 이상희, 메이트북스, 2023년, p30-p31. 에피쿠로스의 수제자 메트로도로스의 말을 인용한다. "우리 내부에 있는 행복의 원인이 사물에서 유래하는 행복의 원인보다 더 크다" 결국 진정한 평온함이란 물질성을 넘어 찾아오는 영적 평안함에 있다고 볼 수 있다.

제4강

조력자살과 안락사

제4강 조력자살과 안락사

안락사(Euthanasia)는 그리스어 eu(좋은)+thanatos(죽음)가 어원이다. 한자로 안락사(安樂死) 즉 편안한 죽음을 말한다. 안락사는 크게 '적극적, 소극적, 직접적, 간접적, 능동적, 수동적'의 개념으로 이해할 수 있다. 예를 들어 적극적 행위는 법의 판단에 의해 생명유지 장치를 제거하는 행위(withdrawing)이며, 소극적 행위는 사전연명의료의향서에 의해 생명유지장치의 개입을 제공하지 않는 것(withholding)이다. 능동적 행위는 고통을 끝내기 위해, 선의의 동기(죽음을 선택한 사람의 관점)와 고의의 의도성을 가지고 스스로 죽음을 결정하고 선택하는 것이며, 수동적 행위는 치료가 필요함에도 불구하고, 치료를 거부하고 병원을 스스로 나가는 행위이다. 직접적 행위는 기계 장치나 약물들을 직접 사용함으로 죽음에 이르는 것이며, 간접적 행위는 스스로 음식을 줄여나가면서 죽음에 이르는 행위이다. 하지만 때로는 이러한 구분이 분명하지 않을 수 있으며 모호하기도 하다.

최근 유명인들의 안락사 소식과 관련 기사들이 많이 나오고 있다.[92] 일본에서 '플랜75' 라는 영화가 개봉되어 사람들의 관심이 높다. 영화의 내용은 '안락사'에 대한 이야기이다. 이미 초고령 사회에 진입하여 인구의 30%가 노인인 일본 사회에서 가까운 미래에 75세 이상의 노

---

[92] 세계적인 배우 알랭 들롱(88세), 호주 최고령 과학자 데이비드 구달(104세), 93세에 아내와 동반 안락사를 선택한 판아흐트 네델란드 전 총리, 미 소설가 에이미 불룸의 남편(알츠하이머, 67세), 만성 우울증과 불안 그리고 정신질환의 고통으로 안락사를 선택한 29살의 네델란드 여성의 이야기들이 보도되고 있다.

인들에게 죽음을 적극 지원하는 정책으로 '플랜75'를 발표한다는 허구의 이야기이다. 정부가 청년들의 부담을 줄이고 사회적, 경제적 이익을 위해 75세 이상의 노인들에게 안락사 상품을 적극적으로 파는 내용이다. 2023년까지 스위스 조력 사망단체에서 안락사를 선택한 한국인도 최소 10명인 것으로 밝혀졌다. 또한 약300여명의 한국인이 스위스의 디그니타스 등 안락사 단체에 가입한 것으로 추정[93]된다.

1. 미국에서의 안락사 논쟁과 관련한 사건들

이 글의 목적은 1) 조력자살과 안락사에 대한 개념적이고, 도덕적인 문제에 대한 탐구를 하는 것이며, 2) 조력자살과 안락사에 대한 정의와 그 행위의 양태를 살펴보는 것이며, 3) 조력자살과 안락사의 실행에 있어서 주체의 문제와 그 의도를 구별하는 것이며, 4) 이 주제에 대한 철학적 논변과 종교적 관점을 연구하는데 있다.[94]

미국에서 조력자살과 안락사와 관련된 현대적 개념의 사건은 테리 시아보(Terri Shiavo) 사건이다. 그녀는 1990년 2월 25일, 26세의 나이에 심장이 멎었고, 어떠한 의향서에도 서명하지 않은 상태였다. 뇌에는 산소가 부족하였고, 코마(혼수상태)에 들어갔으며, 영구적인 식물상태[95]였다. 지금의 기준으로 본다면 테리는 뇌사 상태

---

93 「서울신문」 2023.7.10. '금기된 죽음, 안락사' 스위스 조력사망 업체는 디그니타스, 엑시트인터내셔날, 라이프서클 등이 있다.
94 『죽음학교본』 임병식, 손주완 외, 한국싸나톨로지협회, 가리온, 2023년, p213-p233. 이 글의 흐름과 얼개는 죽음학교본에 게재된 Corr, C.A. & Corr, D.M.의 2013년 글 「조력자살과 안락사 : 의도적인 인간 생명의 종말」을 중심으로 전개하였으며, 필자의 논증과 한국적 현실을 추가하였다.
95 국립신경질환 및 뇌졸중 연구소(The National Institute of Neurological

가 아니라, 식물인간 상태였다. 그녀의 남편은 테리가 이러한 상황에서 계속해서 살기를 원치 않는다고 주장하면서 지역순회법원에 수분, 영양, 약물을 공급하는 튜브를 제거할 것을 명령해 달라고 요청하였다. 그러나 그녀의 부모는 반대하였다. 10여년 뒤인 2000년 2월, 플로리다 순회법원 판사는 공급관(feeding tube)을 제거할 수 있도록 판결하였다. 하지만 그 이후 계속되는 법원의 판결을 통해 튜브를 원위치 하라는 판결과 제거하라는 판결이 반복되었다. 당시 플로리다 유권자의 65%가 플로리다 입법부의 '튜브를 원위치 시키는 법'에 반대하였고, 장애인 권리 단체들과 여러 단체들은 원위치 시키라는 주지사의 행동을 지지하였다. 결국 제거 시행 판결과 재고를 요청하는 법안 통과가 반복되다가, 최종 2005년 2월에 공급관 제거가 허락되었고, 3월 18일 시행되었으며, 테리는 3월 31일 사망하였다. 즉 심장발작이 일어난 지 15년이 지난 후였다.

  20세기 후반의 현대 의학 기술들은 엄청난 발전을 통해, 과거에는 이미 사망하였을 사람들을 살려내고, 그들의 생명을 연장하게 되었다. 다양한 약물과 의료 장치들, 장기와 조직의 이식은 삶의 기간을 연장하는데 공헌하였다. 문제는 생명의 연장이 고통의 깊이와 기간 그리고 그 정도를 증가시키는데 있다는 것이다. 또한 이러한 문제는 생명이 연장된 사람의 비참한 상태 즉 온갖 기계 장치에 의지해 목숨만을 유지하는 현상에 대한 도덕적 질문을 만들게 된 것이다. 그

Disorder and Stroke)는 영구적인 식물상태(persistent vegetative state)를 "사유능력과 상황에 대한 의식을 잃고, 비인지적 기능과 정상적 수면패턴을 보인다. 무의식적 동작이 일어날 수 있고, 외부자극에 반응하여 눈을 뜰 수 있다. 종종 찡그리거나, 울거나 웃을 수 있다"라고 규정하고 있다.

것은 '두려움'의 문제를 내포하고 있다. 자신의 마지막 모습이 비참하게 될지도 모른다는 두려움이다. 결국 찬성을 하든, 반대를 하든, 사람들은 두려움을 갖는다. 고통의 연장에 대한 두려움이 더 크게 작용한다고 본다. 이 질문에 대해 호스피스 철학은 만약 삶이 고통으로 가득 차 비참하게 죽어가고 있다면, 그것은 부적절한 것이라고 본다. 즉 생명을 위협하는 극단적인 질병의 상태와 죽음 사이에서 그 사람의 생명을 연장하는 것보다, 현재의 실존에 대한 질문이 우선한다고 보는 것이다.[96] 하지만 이러한 관점에 대해, 생명을 연장하는 것보다, 의도적으로 생명을 끝내는 선택이 더 적절한 것인가에 대한 반론도 등장한다. 미국에서는 이러한 질문들이 "조력 자살"(assisted suicide)과 "안락사"(euthanasia) 문제와 긴밀히 연결되었다.

2. 행위자는 누구인가?

조력자살과 안락사는 그 용어가 혼재되어 있다. 큰 틀에서 '안락사'라는 말을 사용한다. '조력자살', '의사조력자살' 또는 최근 한국 사회에서 사용되는 '조력존엄사' 등의 용어들이 있다. 이 모든 용어의 중심에는 행위자(agency)가 있다. 첫 번째 행위자는 죽음에 이르는 사람이다. 즉 안락사를 통해 죽음에 이르는 사람이다. 그 사람에게는 본인이 죽음에 이르고자 하는 명백한 의사(意思)가 전제되어 있다. 즉 본인의 선택과 결정이 죽음에 이른다는 것을 명백히 알고 있

---

96 호스피스 철학에 긍정적인 관점은 이러한 상황에서 "어떤 방식으로 죽는 것이 바람직한가?"와 "그 과정에서 누가 적절하게 관계되는가?"의 질문으로 연결된다.

다. 그것은 자신의 행위가 죽음에 이른다는 것을 알고 실행한다는 점에서, 일반적으로 자살과 동일하다고 보기도 한다. 자살을 실행하는 사람도 자신의 행위로 인해 죽음에 이른다는 것을 알고 있다. 만약 그가 명확한 선택과 결정이 없는 상태(마비, 혼수 등)에서 행위가 일어났다면, 그것은 살인과 같은 것이라는 윤리적 논쟁이 있을 수 있다. 물론 여기에도 '이전에 그러한 결정을 미리 하였느냐'의 문제가 있을 수 있으므로, 살인과 안락사의 경계가 모호할 수 있다.

두 번째 행위자는 죽음에 이르도록 도움을 주는 사람이다. 즉 그 죽음의 행위에 관여된, 협력된, 협조된 사람이다. 이 행위자는 자신의 행위가 상대방을 죽게 한다는 사실을 알고 있는 사람이다. 물론 첫 번째 행위자의 요청에 대해, 여러 가지 이유(동정심, 책임감, 직무상 등)로 협력을 수락한 사람이다. 그는 고의적(deliberately)으로 그 행위에 참여한 사람이다. 이와 같이 안락사, 조력자살, 의사조력자살, 조력 존엄사에서는 두 행위자가 등장한다.

3. 행위의 의도(意圖)

조력자살이나 안락사를 통해 죽고자 하는 행위자는 대부분 자신의 고통을 끝내려는 의도를 가지고 있다. 그 고통은 심리적 고통, 신체적 고통, 정신적 고통, 사회적 고통 등 이유가 다양하다. 하지만 일반적으로 조력 자살이나 안락사를 선택하는 사람들은 오랜 질병이나, 치료할 수 없는 질병으로 인해 회복될 가능성이 거의 없고, 그로 인해 극심한 통증과 고통을 경험하는 사람들이다. 자살 사망자가 절망감이나, 고립감, 극심한 심리적 고통 등 주로 심리적 요인에 의해 자살을 실행하는 것에 비해, 조력자살이나 안락사를 선택하는 사람들은 주로 신체적 고통과 자신의 삶에 대한 마무리를 원한다는 동기가 있다. 고통을 겪는다는 측면에서 동일하나, 그 과정이나 의도, 방법 등에서는 차이가 있다. 물론 극심한 고통과 죽음을 선택하는 사이에 경계의 모호성이 존재한다. 하지만 그들은 죽음에 이르고자 하는 의식(意識)과 결정이 명확하다. 그러므로 조력자살과 안락사에서 그 마지막 행위를 행함에 있어서, 세 가지로 구분한다.

첫째, 자발적 안락사(voluntary euthanasia)이다. 죽는 사람의 동의와 허락이 명확한 상태에서의 죽음이다. 둘째, 비자발적 안락사(non-voluntary euthanasia)이다. 죽음을 선택하고자 하는 사람의 의지가 명확하게 알려지지 아니하거나, 의식이 없거나, 장애가 있어서 자발성을 확인하기 어려운 경우이다. 하지만 이것은 의도의 명확성이 모호하기 때문에 논쟁의 여지가 많다. 셋째, 본의 아닌(反)안락사(involuntary euthanasia)이다. 이러한 행위는 살인 행위와 그 경계가 겹친다. 자신의 의도가 명확한 것이 아니라, 또는 살기를 원하지만, 상황에 떠밀려 마지 못해 하는 행위가 포함된다. 결국 죽음에 이르는 사람은 죽음에 대한 의지와 의도가 분명한가? 아니면 모호한가?, 자신이 죽음을 실행할 능력이 있는가? 없는가? 의 차이가 있다. 죽음의 행위에 협력하는 자는 요청을 받고, 수단을 제공하여, 직접 수행하도록 돕거나, 대신 수행해 주기도 한다.[97]

---

97 『죽음학교본』 p216-p217. 요청에 따라 수단을 제공하여, 직접 수행하도록 하는 경우를 조력자살이라고 하고, 요청에 대해 허락하고 동정심

행위의 의도에 있어서 중요한 기준은 '명확성'이다. 명확성의 부재는 도덕적 문제와 연결되는 미묘한 문제이다. 물론 의도의 명확성이 있다고 하더라도, 안락사나 조력자살(또는 조력 존엄사)에 대한 근본적인 윤리적 문제는 내포하고 있다. 또한 행위의 의도는 '행위 자체가 갖는 본성의 문제'(the nature of the act itself)와 연결된다. 그 행위의 본성을 특징짓는데 도움이 되는 요소가 바로 '의도'(intention)이다. 해석해 본다면, 명확성은 자기결정의 확고한 의지가 표현되었는가? 의 문제이고, 행위의 본성은 그 행위가 갖는 윤리성의 문제로 이해할 수 있다. 결국 명확성과 행위의 본성을 판단하는 그 기저(基底)에 바로 행위자의 의도가 있다는 것이다. 이러한 의도의 명확성과 도움의 확실성이 만나게 될 때, 조력자살이 실행된다. 그러므로 조력자살은 1) 조력자의 도움으로 자신의 생명을 끝내는 행위이며, 2) 조력자는 도움을 제공하되, 그 방식을 온전히 인식[98]하고 있어야 하며, 3) 죽음에 이르는 자는 '자기-파괴'[99]에 대한 도움을 의도적으로 사용해야 한다. 또한 죽음을 선택한 행위자가

(compassion)으로 수단을 제공하는 경우를 안락사라고 규정한다. 하지만 동정심을 기준으로 조력자살과 안락사를 나누는 기준은 해석의 여지가 다를 수 있다고 본다. Corr도 조력자살과 안락사가 수단을 제공함으로 죽음에 이르는 상황과 협력자의 행위가 자신을 죽일 수 있다는 상황에서의 다양한 상황을 언급하고 있다. 즉 조력자살과 안락사의 범주를 명확하게 구분하는데 있어서 어려울 수 있음을 언급한다.

98 즉 조력자는 자신의 도움이 상대방을 죽음에 이르게 한다는 것을 분명하게 인식하고 있어야 한다. 도움은 도구의 사용, 행위의 장소와 환경, 감정적 지원 등이 결합되어 나타난다. 예를 들어, 미국에서는 총기의 판매, 약물의 처방 및 판매 등의 행위가 있을 수 있고, 한국에서는 약물의 처방과 판매, 번개탄 등의 판매 행위 등이 있을 수 있다. 즉 이러한 조력행위가 상대방의 죽음에 개입된다는 사실을 알고 있다면, 조력 자살의 범위에 포함된다.

99 어떤 이들은 '자기-파괴'를 '자기-구제'(self-deliverance)라고 주장한다.

자신의 의도를 명확하게 의사에게 말하고, 도움을 요청한 후, 의사는 그 행위의 의도와 명확성을 정확히 알고, 처방을 해 준다면, 그것은 '의사조력자살'(physician-assisted suicide)이다.

4. 의사 젝 케보키언(Jack Kevorkian) 사건

이 사건은 의사조력자살의 대표적인 사례이다.[100] 은퇴한 병리학자인 케보키언은 1990년 오리건주 포틀랜드에 사는 애드킨(Adkin, 54세)의 조력자살에 개입하였다. 주변의 사적 혹은 공적 반대에도 불구하고, '자살기계'라는 치명적인 약물 투여 기구를 사용하였다. 단 그는 자신이 적극적인 역할을 하지 않았다는 것을 확실하게 해 놓았으므로, 처음에는 검사가 혐의를 적용하기 어렵게 하였다. 하지만 조력자살 행위가 계속되었고, 69명의 조력 사망자 중 17명이 실제 말기 질병 혹은 6개월의 시한부 환자였고, 나머지는 만성질병과 고통스러운 질병을 호소한 사람들이었다. 그 중 5명은 주요한 육체적 질병을 확인할 수 없었다. 1998년 후반에 그는 160명의 죽음의 현장에 관련되었음이 확인되었고, 검사는 1급 살인과 범죄성 조력자살 혐의로 기소하였다. 기소의 증거는 루게릭병을 앓고 있었던, 52세의 토마스를 촬영한 비디오 테이프였다. 비디오에서 토마스가 안락사에 동의하고, 서명한 것과 2개의 약물을 투여하는 장면이 촬영되었다. 1999년 3월 케보키언은 재판에서 스스로를 변론하였으며, 판사는 2급 살인(살인죄 10년~25년)과 규제약물 유통(3년~7

---

100 『죽음학교본』 p218-p220.

년)에 대해 유죄를 선고하였다. 유죄 판결의 이유는 그의 행위가 위법하다는 것이며, 정치적·윤리적 판단을 제거하더라도, 법의 시스템을 경멸했다는 것이다. 그는 항소했으나, 기각되었다. 그는 단식으로 죽겠다고 맹세하였으나, 이행하지 않았다. 결국 모범적인 수형생활로 감형을 받고, 조력자살 행위를 하지 않겠다는 서약을 조건으로 2007년 6월 1일 가석방되었다. 출소 후 그는 CNN과의 인터뷰를 통해, 자신의 행위는 단지 조력자살에 관한 것이 아니라, 의사나 주정부 그리고 연방정부의 간섭 없이, 사람들이 원하는 것을 할 수 있는 능력을 유지할 수 있느냐? 가 중요한 문제라고 주장하였다. 그리고 2011년 6월 3일 83세의 나이에 노환으로 사망하였다.

케보키언에 대한 비판은 다음과 같다. 비록 지금 극심한 고통에 있고, 또 미래에 그러한 고통이 예견(루게릭병이나 초기알츠하이머 등)된다는 이유로 조력자살을 실행한다는 것은 위법하며, 생명에 대한 존엄성을 훼손하는 것이라고 하였다. 즉 조력자살의 행위를 인정할 경우, 죽음에 가까운 상황만을 한정하지 않을 수 있으며, 죽음에 근접한 상황이더라도, 반드시 죽음이 전제되지 않을 수 있는 가능성이 있기 때문에, 케보키언의 행위는 살인과 같다고 주장하였다. 하지만 21세기 현재, 많은 선진국들은 조력 사망에 대해, 법을 만들고, 사회적 공감을 이루어 나가고 있다. 뿐만 아니라 스위스와 같은 국가에서는 민간의 비즈니스 차원에서 조력 사망이 상업화되고, 법제화되고, 시스템을 구축하고 있는 현실이다.[101]

---

101 비영리를 표방하지만 가입비, 상담비, 수행비, 약값. 장례비 등의 명목으로 약 1,000-1,500만원 정도 소요되며, 항공권과 체류비를 포함하면 약 2,000만원이

5. 한국 사회에서의 '조력존엄사' 논쟁

2022년 6월 더불어 민주당 안규백 의원은 「호스피스·완화의료 및 임종 과정에 있는 환자의 연명의료 결정에 관한 법률」 일부 개정 법률안을 발의하였다. 일명 '조력존엄사법'이다. 즉 말기 환자의 고통을 완화하고 환자 본인의 의사에 따라 존엄한 죽음을 선택할 수 있도록 하는 법안이다. '안락사'라는 용어 대신 '존엄사'라는 용어를 사용하였으며, '의사조력자살'이라는 용어대신 '조력'이라는 용어를 사용한 것이다. 하지만 그 내용은 적극적 개념의 안락사를 말한다. 즉 의사의 도움을 받아 적극적으로 죽음에 이르는 행위를 말한다. 현재 한국의 연명의료 결정법은 소극적 의미의 존엄사를 시행하고 있다. 어떠한 행위를 하지 않음으로 죽음에 이르는 과정이다. 한국 사회에서도 논쟁은 뜨거웠다. 반대의 논리는 '생명의 존엄성'이고 찬성의 논리는 '자기 결정권'이다. 여론조사 결과 찬성 비율이 80% 이상이었으며, 노년층은 86%의 찬성 의견이었다. 물론 이 조사들이 자신의 문제로 다가오지 않은 상태에서의 가벼운 답변이라는 반론도 있다.

개정안의 내용은 조력 존엄 대상자를 말기 환자로 한정하고, 심사를 통해 인정된 사람으로 하며, 본인의 의사(意思)로 담당 의사의 조력을 통해 삶을 종결하게 하자는 것이었다. 이에 대한 반대 의견은 조력 존엄사가 생명 존중의 가치를 훼손할 수 있으며, 아직 한국 사

든다고 한다.

회가 이 문제를 논의하기에는 시기상조라는 것이다.[102] 법과 제도가 만들어지기 위한 '사회적 합의'나 '충분한 논의'가 준비되지 않았다는 의견이다. 하지만 발의자인 안의원은 오히려 현행법을 개선하는 소극적 자세를 넘어 넓은 의미의 웰다잉 개념을 정의하고 새로운 법을 발의했다.[103]

6. 최근 동향 / 외국에서의 시행과 논쟁

미국에서는 1994년부터 오리건주를 시작으로 2021년 기준 총 9개 주와 워싱턴 D.C.에서 존엄사법을 시행하고 있다. 오리건주의 시행 20년(1998-2019)의 결과보고서에 의하면 안락사 사망자가 총 1,662명이었으며, 이 중에서 81%는 65세 이상, 중간 나이가 75세, 95%는 백인, 46%가 대학 졸업자였다. 안락사 사망 장소의 95%는 집이었고, 98%가 호스피스 서비스를 받았으며, 99%가 의료보험을 갖고 있었다. 사망 질환은 암(75%), 신경성 질환(11.2%), 심장 및 호흡기성 질환(10%)이었다.[104] 현재 미국 외에도 네덜란드, 스위스, 벨기에, 룩셈부르크, 독일 그리고 캐나다와 스페인, 호주, 오스트리아, 뉴질랜드, 콜롬비아 등의 국가에서 안락사를 시행하고 있다.

---

102 「서울신문」 23.7.23. 보도된 '금기된 죽음, 안락사'와 「경향신문」 19.8.22. 보도된 '윤영호의 웰다잉 이야기'에서는 조력존엄사에 반대한다는 의견과 좀 더 신중해야 한다는 의견들이 있다.

103 안규백 의원은 24.7.5. 22대 국회에서 조력존엄사법을 발의했다. 심사위원회를 설치하고, 정신과 전문의 상담 조건, 철회권 인정, 보험과 연금 등의 불이익 금지, 조력 의사에 대한 자살방조죄 적용 제외 등의 내용을 담았다.

104 『준비하는 죽음, 웰다잉 동향』 (사)웰다잉문화운동, 강명구, 손주완 외 공저, 미국 메디컬센터에서 10여 년간 사회복지사로 일했으며, 노인과 가족 대상 사회심리치료 전문가인 한수연 교수의 글에서 정리하였다.

2024년 3월 7일 프랑스의 마크롱 대통령은 '죽음 지원법'을 발표했다. 프랑스는 현재 유럽의 국가들이 시행하고 있는 직접적 방식(의사가 직접 약물을 주입하는 방식)과 간접적 방식(의료진의 지원 하에 환자 스스로 약물을 주입하는 방식)을 선택할 수 있도록 하고 있다. 프랑스는 성년, 당사자의 명확한 분별력과 판단력, 난치병으로 예후가 지극히 부정적일 경우, 난치성 통증으로 고통을 겪고 있는 상태를 조건으로 하고 있다. 하지만 찬성론자들은 알츠하이머 같은 신경퇴행성 질환자가 배제되었다고 주장하고 있으며, 반대론자들은 행위의 폭력성, 돌봄의 가치, 치유의 역학관계 등을 이유로 비난했다. 정치권에서는 진보적이고 좌파일수록 찬성을 하였으며, 보수적이고 우파일수록 반대하였다. 시민들의 여론조사에 의하면 70-75%가 찬성하였다.[105] 그러나 일반적으로 완화의료와 요양병원 분야, 장애인 단체 등 사회복지 분야 그리고 종교계 등에서는 이 법이 인간의 존엄성을 훼손하고, 자본의 논리로 왜곡될 수 있다고 보고 있다. 또한 찬성과 반대 의견에서 공통적으로 제시하는 부분은 '사회복지의 확대, 존엄을 유지할 수 있는 공적 구조, 완화의료와 돌봄의 확충, 자살 예방' 등의 보완적 대안들을 제시하고 있다. 찬성 측에서도 '의사의 충분한 설명의 의무, 환자의 의료적이고 객관적인 조건, 환자의 명백한 자기결정의 표시, 이행 절차에 대한 체계적인 감독과 이행기관의 전문성' 등을 강조하고 있다.

사회적 약자가 희생될 수 있다는 주장에 대해 오리건주의 통계를

---

105 「오마이뉴스」 2024.4.14. '대통령이 발표한 죽음지원법, 프랑스가 뜨겁다' (목수정의 바스티유 광장)

근거로 고학력자이며, 경제적 소득이 높을수록 안락사를 선택했다는 반론이 있다. 하지만 반대론자들은 '시한부 판정의 모호성, 환자의 정신감정 과정의 부족, 의사와의 소통 부족' 등의 이유로 무분별하게 이루어지고 있다고 반박하고 있다. 또한 다른 주 또는 다른 나라로의 이동을 통해 안락사를 선택하는 것은 결국 죽음관광(death tourism)이라고 비판하고 있다. 그러나 안락사 사망의 숫자는 증가하고 있는 실정이며, 오히려 안락사 사망 시점을 임종기에서 말기로 앞당기고, 환자의 범위를 지속적인 식물상태 환자와 중증 치매 환자 등으로 확대해야 한다는 주장도 있다.

안락사를 원하는 사람들은 인간의 삶의 최종적 물음에 다가서는 결정을 당사자가 아닌 소위 전문가들의 결정에만 맡겨서 안 된다고 주장한다. 왜냐하면 한 개인이 지키고자 하는 인간의 존엄성은 침해될 수 없기 때문이라는 것이다. 인간이 삶에 대한 욕망(Libido)과 경외심을 가지고 있는 것처럼, 인간은 죽음에 대한 욕망(Thanatos)을 가지고 있으며, 죽음 또한 삶의 일부임을 말하고자 한다.

7. 기독교(가톨릭과 개신교) 내에서의 논쟁

기독교의 관점에서 신의 창조물인 인간은 창조주의 은혜로운 선물로 생명을 받은 것이고, 그 생명을 유지하고 지켜나가는 것은 인간의 사명임을 강조한다. 그러므로 인간은 삶의 최종 단계에 이르기까지 자신의 삶을 책임 있게 수행해야 하는 의무를 부여받았다고 본다. 진보적인 가톨릭 신학자이며, 사제인 한스 큉은 '인간다운 삶과 인간다운 죽음'에 대해 강조한다. 즉 인간다운 죽음은 신의 '은혜로운 선물'이라는 것이다. 그는 소극적 안락사 즉 무의미한 연명 행위를 중단함으로 죽음에 이르는 과정에 대해서는 윤리적으로 책임이 없으며, 논란의 여지가 없다고 말한다. 또한 환자의 통증을 완화하기 위한 의료적 행위에 대해서도 동의한다. 그리고 안락사로 위장하여 시행하는 강제적 안락사에 대한 윤리적 배척은 당연하다고 주장하며, 단지 심리적이고 정신적이고, 사회적인 이유로 스스로 죽음을 선택하는 것에는 동의할 수 없다고 말한다. 기독교적으로 무책임하고, 도덕적으로도 허락되지 않는다는 것이다. 그러나 말기 암환자나 에이즈 등으로 인해 극도의 통증을 가지고 있는 환자들의 자기 결정권은 존중되어야 한다고 보고 있다. 단지 기독교적 세계관으로 모든 사람들을 감독하려 해서는 안 된다는 것이다. 즉 그러한 환자의 자발적 의지에 따른 적극적 안락사는 허용되어야 한다는 것이다. 그것은 임종 환자가 마지막에 선택할 수 있는 품위 있는 죽음이 될 수 있으며, 작별에의 권리를 가지고 있다는 것이다. 인간 생명의 시초가 하느님에 의하여 인간에게 책임을 맡겨준 것처럼, 인간 생명의 끝도 동일한 하느님에 의하여 인간의 책임에 맡겨졌다는 것이다. 하느님은 인간에게 자유와 더불어 완벽한 자기 결정권을 주셨다는 것이다. 동시에 더 일찍 죽도록 강요받거나 촉구 받아서는 안 되며, 반대로 무조건 더 살도록 강요받아서도 안 된다는 것이다.[106]

---

106 ,『안락사 논쟁의 새 지평』한스 큉, 원당희 역, 세창미디어, 2010년, p48-p83. 한스 큉은 가톨릭 내에서 매우 진보적인 신학자이며, 가톨릭 대학에서 교수직이 박탈되기도 하였다. 가톨릭의 일부 윤리학자들은 안락사와 관련된 문제가 윤리신학의 분야이므로, 교의신학자인 한스 큉이 신학적 입

이탈리아 밀라노 성심 카톨릭 대학교의 윤리철학 교수인 아드리아노 페시나는 안락사를 이야기할 때 항상 자신과 타인의 생명에 대한 이해가 전제되어야 한다고 말한다. 죽음을 생물학적이고 임상적인 의료의 문제만으로 보아서는 안 된다는 것이다. 죽음을 대하는 관점이 인간학적이고, 윤리적이며, 문화적이고, 종교적인 관점으로 보아야 한다는 것이다. 좋은 죽음이란 고통과 통증을 피하려고 죽음을 초래하거나 앞당기는 행동을 가리키지 않는다는 것이다. 오히려 죽어야 할 인간의 조건을 인격적으로 받아들이는 죽어감에 대한 내적 준비가 중요하다는 것이다. 즉 단지 고통과 통증에 대한 제거가 아니라, 영적인 준비와 돌보는 이의 사랑 안에서 죽음을 맞이하는 행위이므로 안락사에 대해 신중히 접근해야 한다는 것이다. 찬성론자들이 주장하는 개인의 자유가 사회적 규범이나 합의 사이에서 모든 자유 행위를 인정하지 않는 것이 과연 자유를 침해하는 것인지에 대해서도 의문을 제기한다. 따라서 전적으로 시민의 자유라는 관점만으로 안락사의 문제를 다루고, 그것을 금지하고자 하는 의견이 자유에 반(反)한다는 주장은 온전하지 못하다는 것이다. 즉 선택이 제한되는 사회에서의 자유도 중요하다는 것이다. 적극적 안락사를 의미하는 '죽이기'와 치료의 포기를 의미하는 '죽게 내버려 두기'는 모두 그 직접적 행위 이전에 이미 의도가 동일하다는 주장이다. 그것은 '죽음'이라는 자연적 사건을 부정하는 것이라고 주장한다. 하지

장을 제시하는 것이 적절하지 못하다고 비판한다. 하지만 그는 안락사의 문제가 단지 윤리적 문제가 아닌 철학적 신학의 문제이기 때문에 자신이 신학자로서 의견을 제시하는 것은 당연하다고 말한다.

만 피할 수 없는 죽음에 임박했을 때 무의미한 연명 치료를 중단하는 처치의 중단은 정당하다고 말한다.[107]

신학적 논쟁의 사례 중 하나는 1996년에 발표된 「워싱턴 리포트」(Washington Report)인데, 여기에서 저자들은 만일 안락사나 조력자살이 허용되어야 한다면, 말기 질병의 예외적인 경우들에서만 허용되어야 한다는 데 동의한다. "역설적으로, 조력자살과 안락사를 수용하는 기독교인들과 이를 거부하는 기독교인들은 유사한 확신을 갖고 시작한다. 양쪽 모두는 하나님의 주권에 대해 이해하고 있다. 즉 인간의 유한성과 죽음에 직면하는 방식을 선택하기 위해 인간의 존엄성을 보호하고, 개별 인간들의 자유를 보존하기 원한다. 그들 모두는 생명에 대해 전적으로 인간이 처분해야 할 무엇이 아니라, (신이 인간에게 준) 선한 선물로 본다." 결국 안락사를 찬성하는 사람들도, 신의 선물로서의 은혜를 인정하면서, 동시에 말기암 등의 고통이 과연 은혜로운 것인가에 대해 의문을 제기한다. 영국의 신학자이며, 종교학 교수인 폴 베담은 자의적 안락사를 찬성하면서 4가지의 전제 조건을 제시한다. 1) 자신의 생명이 종결되어야 한다는 환자의 명확한 소원과 환자의 자유로운 결정이 지속적이라는, 분명하고 설득력 있는 증거 2) 환자는 의사와 충분히 논의하고, 충분한 정보를 인지한 상태에서 결정했다는 근거 3) 환자는 돌이킬 수 없는, 참을 수 없는 고통에 직면함 4) 고통을 완화시키기 위한 더 이상의

---

107 『안락사, 죽음과 그 밖의 것들』 아드리아노 페시나, 박은호 역, 가톨릭대학교 출판부, 2023년, p15-p41. 페시나 교수는 교황청 신앙 교리성의 「안락사에 관한 선언」이 가톨릭교회의 방향성을 권위 있게 표명할 뿐만 아니라, 철학적 성찰과 의료 행위에 있어서 하나의 이론적 기초를 세웠다고 평가하고 있다.

대안이 없는 상태를 말한다.[108]

한국 교회의 보수적인 교단의 조직신학 교수인 이승구는 인간의 생명이 하나님으로부터 주어진 것이므로, 어떠한 이유로도 안락사와 조력자살을 시행해서는 안 된다고 주장한다. 안락사와 존엄사라는 용어를 사용하여, 사람들에게 자발적인 죽음을 허락하는 행위는 살인을 미화하는 행위이므로 사용하지 말아야 한다고 한다. 그러면서 '말기환자의 연명치료의 선택에 대한 논의'라는 한정적인 개념으로만 사용할 것을 피력한다.[109]

8. 인공영양과 수분공급에 관한 의견

인공영양과 수분의 공급에 관한 사항에 대해서도 생명의 유지를 위해 공급하는 행위가 일상적 행위인가 아니면 비일상적 행위인가?[110] 또한 자연적 행위인가 아니면 인공적 행위인가? 의 논쟁도 있

---

108 『교회, 안락사를 말하다』 로빈 길 엮음, 김승호 역, 한국장로교출판사, 2011년, p18-p98. 로빈 길은 안락사의 법제화가 결국 교차선(crossing a line, 미끄러운 비탈길과 비슷한 개념임)을 넘어, 무분별한 선택으로 진행될 가능성이 있으므로, 법제화에 반대한다. 그러나 폴 베담은 현대 사회에서 신앙적 훈련을 위해 고통을 감수하라고 강요하는 행위는 이제 더 이상 받아들여지지 않는다고 본다. 그러므로 황금률을 따르는 행위 즉 말기 상태의 희망 없는 고통에서 벗어나도록 의료적 도움을 주는 것은 정당하다고 주장한다.

109 『광장의 신학』 이승구, 합신대학원출판부, 2010년, p247-p278.

110 Corr는 일상적 행위(ordinary)에 대해 예측할 수 있는, 즉 결과가 잘 알려진 행위, 그리고 위험, 고통, 부담을 제공하지 않을 행위, 또한 효율적인 행위라고 말한다. 반대로 이 중 하나 이상이 만족되지 못하면 비일상적 행위(extraordinary)로 보았다. 그러므로 비일상적 수단으로서의 치료는 예측 불가능하며, 질병보다 오히려 더 나쁜 효과를 보여주고, 실제적인 도움을 확신할 수 없으며, 효율성이 불확실한 행위이다. 하지만 '일상적과 비일상적'의 구분이 불확실하기도 하다. 예를 들어, 지속적 식물상태(PVS)의 환자, 말기 질환자, 임종기 환자에게 의료적 처치를 시행할 것인가? PEG(경피적 내시경 위루 조성술), L-tube(비위관) 등을 사용하여, 인공영양과 수분을 제공할 것

다. 2004년 교황 요한 바오로 2세는 영구적인 식물상태[111]의 사람에게 인공적인 영양을 공급하는 행위가 도덕적으로 필요하다고 말했다. 식물상태의 사람들조차도 생명을 보존하고자하는 자연적 수단의 의미로 영양과 물을 공급해야 한다는 것이다. 왜냐하면 명확한 진단을 조건으로, 그들의 본질적 가치와 개인적 존엄의 가치를 인정해야 한다고 보았기 때문이다. 물론 식물인간의 상태와 임종기의 상태가 의학적으로 다르기 때문에 적용의 사례가 다를 수 있다. 하지만 영국, 북유럽, 미국 등 국가들에서 실시한 수많은 연구에 의하면,[112] 자연스러운 죽음을 맞이하는 대부분의 환자들은 질병의 말기 단계에서 고통에 시달리지 않는다고 한다. 수분 부족이나 영양부족으로 불안하거나 불쾌하지 않는다는 것이다. 오히려 그러한 부족의 상태가 자연스러운 죽음이므로, 인공적인 개입을 하는 것이 바람직하지 않다고 보는 것이다.[113] 가령 체지방을 분해할 때 발생하는

인가? 의 문제와 연관되어 있다. 공급관의 삽입이 비일상적 행위일 수 있으나, 그렇다고 해서 그것을 제거하는 것이 도덕적으로 정당하냐? 의 문제는 그 환자의 특정한 상황에 의해서 결정되어야 한다. 그것은 환자의 삶과 가족 관계 등 다양한 맥락과 연계되어 있으므로, 쉽게 판단하기 어렵다. 그러므로 두 상황은 도덕적으로 동등하다고 보는 것이다. 도덕적 판단을 유보해야 한다고 해석해 볼 수 있다.

111 『죽음학교본』 p223. 교황의 연설에서 말한 영구적인 식물상태는 자의식과 자신의 환경에 대한 의식이 없어야 하며, 다른 사람과의 상호작용이 없어야 히고, 특정 지극에 대한 반응도 없어야 한다. 또한 치료와 재활에도 불구하고 영구적인 상태가 지속되는 것을 전제하고 있다.

112 인터넷 검색, 「의학신문」 http://www.bosa.co.kr. 메디컬뉴스 이창우 기자의 글, D. R. Thomas, MD. (St. Louis University School Medicine)의 글 「임종환자나 중증 치매 환자에 대한 영양지원」

113 한국에서 최근 발간된 『단식존엄사』는 대만 의사인 저자가 가족력에 의해 소뇌실조증을 앓고 있는 어머니의 단식과 죽음의 과정을 기록한 책이다. 그녀는 단식 21일째에 83세의 나이로 사망하였다.

케톤 같은 물질이나, 칼로리 섭취 감소와 관련된 물질 대사의 변화는 고통을 완화시키는 효과가 뛰어나다고 말한다. 그러므로 인공적이고, 비일상적인 행위가 환자에게 오히려 해가 되기도 하고, 자연스러운 죽음을 방해한다고 본 것이다. 이러한 상태에서의 영양지원은 생명을 연장시키거나 삶의 질을 향상시키는데, 아무런 효과가 없으며, 일시적으로 환자의 편안함이나, 정신적 명료성 또는 에너지의 향상을 기대하기 위해 영양지원을 시도하지만, 대체적으로는 향상되지 않는다고 본다. 결국 안락사 찬성론자들은 치료의 일상적 수단을 써야 한다는 어떤 도덕적 요구도 해서는 안 되며, 인공영양과 수분공급을 강요해서도 안 된다고 주장한다. 반대론자들은 이런 상황에서도 치료의 일상적 수단으로서 물과 영양공급을 해야 한다고 주장한다.

9. 찬성과 반대의 근거가 되는 개념들

안락사를 찬성하는 사람들은 1) 인간이 겪는 고통은 예방하여야 하며, 고통은 악한 것이므로 고통을 끝내야 한다고 주장한다. 2) 인간의 자율(Atonomy)과 자유의 가치, 개인의 권리는 타인이 간섭해서는 안 된다고 주장한다. 3) 인간으로서 갖는 삶의 질을 위해 죽음을 통해서라도 지키고 싶은 삶의 품위 등이 있다고 주장한다. 하지만 이러한 모든 개념들은 개인마다 다르게 느낄 수 있다는 반론도 있다.

안락사 반대론자들은 1) 인간은 생명의 보존 의무가 있으며, 생명은 좋은 것이고, 신성함(sanctity)이라고 주장한다. 이것은 종교적 전통과도 연결된다. 2) 위험한 경사 이론(slippery slope) 즉 이러한 결정들이 너무 쉽게 이루어질 수 있어서, 장애인에 대한 편견이나 가난한 사람들의 경제적 이유 등으로 안락사가 확대될 수 있다고 주장한다. 3) 잘못된 진단과 예측의 가능성이다. 진단에 오류가 있을 수 있으며, 새로운 치료법이 등장할 수도 있다는 주장이다. 하지만 이러한 개념들 역시, 생명이라는 가치가 가장 절대적인 가치인가? 새로운 치료법이 과연 확실한 대안이 될 수 있는가? 라고 비판받기도 한다.[114]

결국 자기 존중, 좋은 삶, 품위 있는 삶의 마무리, 인간과 생명에 대한 존엄한 가치 등의 윤리적 주제들은 찬성론과 반대론 모두에서 사용하고 있는 논리들이다.

10. 죽음학에서 본 안락사

안락사의 역사는 매우 오래된 논쟁이다. 또한 지금도 여전히 진행 중이다. 안락사와 자살에 대한 역사에서 보면, 허용하거나 금지하는 사회적 태도와 윤리는 반복되어 왔다. 그러므로 안락사의 역사는 아직 끝나지 않았다. 하지만 이러한 논쟁의 역사에서 주로 다루어진 문제는 생명의 주인이 누구인가? 의 문제였다. 신이 인간 생명

---

114 『죽음학교본』 p241. 부비아 사례는(인공영양의 강제 투입에 대한 거부사건) 영양공급의 당위성과 자율성의 문제가 상충하는 사건이었으며, 퀸란 사례는 생명유지장치 제거에 대한 의사의 반대와 가족의 찬성이 갈등하는 사건이었으며, 케보키언 사례는 자율성에 대한 존중, 고통에 대한 스스로의 규정문제 그리고 조력을 통한 죽음이 도덕적으로 정당한가에 대한 사회적 논쟁의 사건이었다.

의 주권자인가? 아니면 인간이 자신의 생명에 대한 여탈(與奪)의 권리를 가지고 있는가? 의 논쟁이었다.[115] 그러나 죽음학은 생명의 주권에 대한 논쟁보다는 인간이 겪고 있는 존재에 대한 문제로 바라보고자 한다. 존재의 문제는 인간이 인간답게 살아갈 주체성과 자율성에 연결되어 있다. 그러므로 선택의 순간에 대한 관점을 한 인간의 고통(suffering)과 상실(loss), 고뇌(agony)와 존재 인식에 초점을 맞추고자 한다. 안락사 생각의 시작은 참을 수 없는 고통이다. 인간으로서 인간답게 살아갈 권리와 행복을 추구할 수 있는 권리조차도, 그 고통 앞에서 아무런 대답을 해 주지 못할 때도 있기 때문이다. 생명의 연장이 오히려 고통을 증가시키므로, 연장되는 생명의 의미와 존엄성은 보장받지 못하기도 한다. 하지만 참을 수 없는 고통의 한계치는 사람마다 다르다.[116] 조력자살과 안락사를 통해 환자와 가족들에게 트라우마를 남기는 것과 인간답게 자신의 존엄성을 유지하

---

[115] 『안락사의 역사』 이안 다우비긴, 신윤경 역, 섬돌, 2007년, p9-p53. 고대 그리스-로마 사회에서는 플라톤과 스토아학파의 영향으로, 많은 철학자들이 자살을 '훌륭한 죽음'으로 간주했고, 어쩔 수 없는 상황에서의 죽음은 이성적인 판단이라고 생각했다. 이러한 생각들로 인해 조력자살과 안락사가 사회적으로 용인되는 평범한 행위로 인식되었다. 물론 반대하는 철학자들도 있었다. 에피쿠로스학파와 피타고라스학파가 대표적이며, 아리스토텔레스도 회의적인 시각을 가지고 있었다. 물론 유대교와 기독교는 반대의 입장이 분명했다. 그러나 기독교에서는 예외적으로 순교를 매우 존엄한 가치로 인정했다. 바울의 빌2:5-11의 표현처럼, '죽기까지 순종하는 태도'는 인간의 고통과 예수의 고통이 연결되는 것이라고 보았다. 고대 그리스-로마 세계의 안락사에 대한 허용적 태도는 기독교의 공인 이후 반대의 태도로 바뀌었으며, 르네상스와 계몽주의 이후 기독교 세계에 대한 도전이 안락사와 조력자살에 대한 논쟁을 다시 불러일으켰다고 본다. 모든 종교는 자살을 금지한다. 그러나 예외적으로 순교(殉敎), 순사(殉死), 단식사(斷食死) 등에 대해서는 숭고한 종교적 행위로 받아들이기도 한다.

[116] 『삶을 선택할 것인가, 죽음을 선택할 것인가』 니키 테이트, 유은실 역, 허원북스, p134.

면서 사회적, 법률적, 의료적 장치를 통해 고통을 종식시키는 것 중 어느 것이 훨씬 더 환자에게 유익한 것인가를 질문하고 있다.

안락사 논쟁의 과정 중에도 한국 사회와 선진국들은 소극적 안락사 즉 무의미한 연명 행위를 중단함으로 죽음에 이르는 행위에 대해 도덕적 비난 없이 받아들이고 시행하고 있다. 하지만 어떤 사람들은 '무언가를 하지 않음으로' 죽음에 이르는 행위와 '무언가를 함으로' 죽음에 이르는 행위는 본질적으로 죽음에 이르는 결과를 알고 있다는 점에서 동일하다고 생각한다. 그러므로 수동적 안락사가 도덕적으로 허락될 수 있다면, 능동적 안락사도 도덕적으로 허락되어야 하며, 능동적 안락사가 도덕적으로 허락될 수 없다면, 수동적 안락사도 도덕적으로 허락할 수 없어야만 한다고 생각한다.[117]

결국 논의의 핵심은 '인간의 고통'이다. 적극적 안락사를 허용하자는 주장에서의 '인간의 고통'은 제거해야 할 대상으로 보는 것이다. 죽음을 앞당김으로 고통을 끝내고자 하는 욕망의 실현이다. 물론 그 고통은 경험한 사람만이 알 수 있고, 말할 수 있는 것이다. 그러나 고통은 모두가 다르다. 개개인에 따라 느끼고 경험하는 정도도 다르다. 어떤 이는 극한의 고통 속에서도 그 고통과 싸우는 이가 있는가 하면, 어떤 이는 작은 고통에도 쉽게 포기하거나 절망하기도 한다. 그러므로 고통의 크기와 정도를 모든 사람이 동일하게 경험할 수 있는 객관적 기준으로 정하는 것은 쉽지 않다. 왜냐하면 고통은 단지 신체적인 증상만이 있는 것은 아니기 때문이다. 고통은 신체

---

117 『죽음학교본』 p224.

적, 정신적, 사회적, 영적인 모든 분야를 포괄하는 개념이기 때문이다.

또한 인간이 갖는 '자유와 행복'이라는 가치도 역시 '물질성과 추상성'을 모두 포함하고 있다. 누군가는 모든 것을 잃은 상태에서도 자유와 행복을 경험할 수 있으며, 누군가는 모든 것을 얻은 상태에서도 자유와 행복을 경험할 수 없다. 또한 생명의 존엄성이라는 명제 역시 생명 그 자체만으로 갖는 절대적 진리성을 주장할 수 없다. 생명은 소중하고 존중되어야 하지만, 그 생명 자체가 완전한 절대성을 가지고 있는 것은 아니다. 우주와 자연은 타자의 생명을 없이함으로 나의 생명을 유지하기도 하며, 나의 생명을 없이 함으로 타자의 생명을 살리기도 한다. 그러므로 죽음학에서는 안락사에 대해 어떠한 도덕적, 율법적, 윤리적, 종교적 판단을 하지 않는다.

그렇다면 결국 '고통, 자유, 생명'이라는 인간의 가치는 그 고통을 겪는 주체로서의 나, 그 자유를 갈망하는 주체로서의 나, 그리고 그 생명의 주체로서의 나를 배제하고는 그 의미를 확정할 수 없다. 적극적 안락사와 소극적 안락사의 선택, 그리고 옳고 그름의 문제에서 의료, 법, 정치, 종교, 윤리의 영역에서 충분히 논의가 이루어져야 함은 당연하다. 하지만 결국 그 모든 논의의 중심에는 '주체로서의 나'가 있음을 잊어서는 안 된다. '나'를 배제한 모든 당위와 판단과 기준은 그냥 논쟁일 뿐이다. 여러분은 무엇을 선택할 것인가?

제5강

죽음과 종교 그리고 의례

죽음학 수업

제5강 죽음과 종교 그리고 의례

1. 죽음학과 종교

　죽음학은 기본적으로 죽음 이후의 세계에 관심을 갖지 않는다. 죽음 이후의 세계에 대한 관심은 종교의 영역이다. 죽음교육상담이나, 웰다잉에서 죽음이후 세계에 대한 관심을 공부하고 가르치는 학자들도 있다. 물론 그들의 주장을 폄하하거나, 비난하지 않는다. 대표적인 책이 퀴블러 로스의 사후생(死後生)이다.[118] 그녀는 임상적 경험을 근거로, 임종 환자들이 죽음에 직면했을 때 보여준 반응들을 단계별로 정리했다. 이러한 영역을 임사(臨死)체험, 근사(近死)체험이라고 말한다. 영어로 'Near Death Experience'이다.[119] 임사체험

---

118 『사후생』 E. 퀴블러 로스, 최준식 역, 대화문화아카데미, 1996년, p15-p39. 임사(臨死)체험의 사전적 의미는 사고나 질병 따위로 의학적 죽음의 직전까지 갔다가 살아남은 사람들이 겪은 죽음 너머의 세계에 대한 체험이다. 수천 년 전부터 그 사례가 기록되어 왔다. 임사체험에 대해 퀴블러 로스는 죽음의 세 단계를 설명하면서 마치 고치가 나비가 되듯 첫 번째 단계에서는 물질적 에너지를 받고, 두 번째 단계에서는 정신적 에너지를 받는다고 주장한다. 이 단계에서 자신이 온전해 졌다는 것을 알게 되고 이때에 근사체험이 일어난다고 말한다. 시간과 공간을 초월한 상태에서 죽은 조상이나, 신앙의 대상을 만난다. 그리고 터널, 꽃밭, 환한 빛을 만난다. 이때에 무한한 행복감을 느낀다. 그리고 세 번째 단계에서 온전한 '앎'을 소유하게 된다. 이 앎은 자신의 인생, 말, 살아온 모든 것 그리고 하나님의 사랑 등을 알게 된다는 것이다. 그러므로 죽음을 슬퍼하거나 두려워하지 말라고 말한다. 물론 퀴블러 로스도 이러한 경험이 개인적인 종교·문화적 배경에 영향을 받고 있음을 인정한다. 임사체험과 관련하여 NDE 개념을 처음 사용한 사람은 레이몬드 무디이다.

119 『죽음학과 임종의학개론』 김달수, 한국죽음준비교육학회, 인간사랑, 2020년, p385-p459. 기록된 역사적인 문헌으로 대표적인 책은 이집트 '사자의 서'와 티베트 '사자의 서'이다. 역사가 필립 아리에스는 ('죽음 앞에 선 인간'에서) A.D 1,000년 이전 사람들의 임사체험 기록을 언급한다. 임사체험은 다시 살아난 사람들의 삶에 대체로 긍정적인 영향을 주는 것으로 보고된다. 임사체험에 대한 과학적 진위 판단에 앞서, 인간의 삶에 긍정적인 영향을 주는 것이라면, 의미 있는 과정이 될 수도 있다고 본다.

과 관련된 연구는 세계적으로 많은 학자들의 의해 진행되기도 한다. 한국에서는 최준식 교수와 정현채 교수의 책들이 있다.[120] 이들의 연구나 주장은 사람들의 경험에 대한 추론(推論)의 방식으로 진행된다. 왜냐하면 죽음 이후의 세계에 대한 검증은 불가능하기 때문이다.[121] 물론 임사체험을 주장하는 사람들은 그것을 과학적 사실이라고 주장한다. 하지만 비판적 시각을 가지고 있는 사람들도 있다.[122] 결국 이 영역은 믿음의 영역이며, 종교의 교의(敎義)체계에 대한 영역이다. 보이지 않는 세계에 대한 신앙의 분야이다. 이러한 주장의 출발은 결국 죽음 이후의 세계에 대한 '모름' 즉 두려움으로부터 출발한다. 이러한 믿음이 두려움을 감소시키고, 평안한 임종을 맞이하게 하는데 있어서, 도움을 주는 것도 사실이다. 또한 그런 의미에서 역

---

120 『우리는 왜 죽음을 두려워할 필요가 없는가』 정현채, 비아북, 2023년, p59-p179. 저자는 이 책에서 사후세계와 인간의 영적 경험을 다양하게 소개하며, 내세에 대한 믿음을 통해 죽음에 대한 두려움을 갖지 말라고 강조하고 있다.

121 『죽음학과 임종의학개론』 p401-p402. 임사체험의 실제성을 주장하는 학자들과 임사체험을 뇌(腦)내 현상설이라고 주장하는 학자들 모두는 임사체험에서 증언되는 사후세계에 대한 과학적 증거를 찾지 못한다고 말한다. 하지만 여러 연구에 의하면, 임사체험을 경험한 사람들은 대부분 사후세계에 대한 믿음이 증가하였고, 죽음에 대한 두려움이 크게 감소하였다. 또한 삶의 의미에 대한 영적인 변화가 긍정적으로 나타났으며, 삶의 자신감과 종교적·사회적 의식이 증가하였다고 한다.

122 『좋은 죽음 나쁜 죽음』 EBS<데스>제작팀, 책담, 2019년, p93-p157. 임사체험에 대한 비판적 견해는 소망사고(wishful thinking)의 투사이며, 산소결핍의 결과라는 주장이다. 반대론자들은 여러 가지 실험을 통해 임사체험이 뇌의 작용이며, 뇌가 기능을 멈추기 직전 전기적 활동이 증가하면서 발생하는 일종의 환각이라고 보는 것이다. 유체이탈의 경험도 역시 뇌의 특정부위가 자극을 받으면 자기 몸을 제3자의 것으로 인식하는 등 혼란을 일으킨다는 것이다. 쇼크 상태나 산소 부족 시 모든 세포가 진동을 하는데, 이때 신경전달물질의 과다분비로 인해 터널을 지나거나 빛이 퍼지는 현상을 경험한다고 주장한다. 즉 산소결핍이나 약물투여, 뇌 활동의 착각으로 인해 발생할 수 있는 정신적인 경험으로 보는 것이다.

할과 평가가 있을 수 있다.

　종교와 죽음의 출발은 두려움과 불안이다. 종교는 죽음과 분리할 수 없는 영역이다. 그러므로 죽음과 종교는 서로 교차(交叉)되어 있다. 죽음의 문제에 있어서 종교를 언급하는 것은 어쩌면 당연한 것인지도 모른다. 하지만 죽음학은 학문이다. 죽음학은 인간에 대한 학문이다. 그래서 죽음학은 인간학이다. 물론 인간에 대한 연구와 학문이 인간의 죽음 이후에 대한 관심으로 연결되는 것이 잘못된 것은 아니다. 그러나 죽음학은 죽음 이후의 세계 즉 내세에 대한 담론을 종교에게 양도한다. 오히려 죽음학에서 명칭하는 '종교'와 '영성'은 믿음의 영역인 내세의 문제가 아닌, 실존으로서의 인간의 삶과 죽음, 그리고 한계상황 앞에서 겪게 되는 인간의 고통과 의미의 문제를 다룬다. 실존(實存)과 현존(現存)속에서 경험하는 세계를 종교와 영성의 의미로 받아들인다.

　죽음과 종교가 공통적으로 경험하는 감정은 '떨림과 전율'이다. 떨림과 전율은 단순히 감각에서 주어지는 느낌이 아니다.[123] 떨림과 전율은 대상과의 관계에서 비롯된다. 죽음이라는 사태를 예감(豫感)하기 때문에 느끼는 것이며, 신(神)이라는 존재와의 마주함에서 느끼는 감정이다. 죽음과 신(神)은 나와 관계된 객체이며, 대상이다. 그 객체와 대상이 나에게 어떻게 작용하고, 내재화되느냐의 문제는 각자에게 다른 모양으로 나타난다. 죽음에 임박한 사람과 삶의 고뇌

---

[123] 『죽음학교본』임병식, 손주완 외, 한국싸나톨로지협회, 2023년, p193. 칸트는 '떨림'을 종교적 법열(法悅)로 해석한다. 법열은 진리를 깨달은 후 마음속에서 일어나는 기쁨과 환희이다. 즉 두려움과 불안으로부터 출발한 종교적 희구(希求)는 신(神)을 만남으로 떨림과 전율로 전환(轉換)된다.

속에서 신(神)을 간절히 찾는 사람 모두에게 떨림과 전율은 저절로 깃든다. 그리고 그 질문에 대한 답을 찾게 되었을 때, 비로소 경외(敬畏)를 경험하게 된다. 두려움, 불안, 떨림, 전율, 경외는 결국 죽음과 신(神) 앞에 서있는 한 존재로서의 인간이 느끼는 실존의 경험이다.[124]

죽음학자 임병식은 떨림과 외경(畏敬)의 감정이 종교의 시작이며, 떨림은 종교를 구성하는 초석(礎石)이라고 말한다. 그리고 그 떨림은 영성과 밀접한 관계가 있으며, 영성은 부단한 성찰과 깨달음을 통해 자득(自得)하는 '의미화'라고 규정한다.[125] 그것은 떨림과 전율의 세계를 종교적으로 체험하는 신비적 영역으로 보지 않는다는 것이다. 신비에 대한 개념을 이 세계와 내 몸 안에서 일어나는 실존적인 경험이라고 본다. 내 안에서 내가 알게 되고, 깨닫게 되어, 나의 삶으로 실천되는 의미로써의 신비이다. 그것이 칸트가 말하는 법열(法悅)의 개념이다. 즉 몸으로 경험하고 고백하는 실존적이고 내재적인 사건 자체가 곧 신비적이라는 의미이다. 이 세계를 떠나고, 내 몸을 떠난 신비적 체험의 세계는 말 그대로 종교의 영역으로 양도한다. 죽음학에서는 인문적 지향성을 가진 주체의 떨림, 성성(惺惺)한 깨어있음을 통해, 느끼는 고유한 전율의 체험이다. 죽음학의 영성은 인문(人文)적이며, 능동적이며, 주체적이며, 실천적인 영성이다. 그 인문성속에서 경험하는 전율과 떨림이며, 희열(喜悅)이다.

---

124 출애굽기3:1-6에 보면 모세가 히브리인의 하나님 야훼를 만나는 장면이 나온다. 이때 모세는 두려움과 떨림을 경험하며, 자신의 신발을 벗는 경외의 행위를 하게 된다.
125 『죽음학교본』 p193.

2. 종교적 죽음 이해

1) 불교 : 윤회적 세계관, 회신멸지(灰身滅智)/ 불교를 철학이라고 보기도 하고, 종교라고 보기도 하지만, 대부분의 불교신자들은 종교적 관점에서 이해한다. 불교가 비록 존재에 대한 깨달음을 추구하기는 하나, 죽음 이후의 세계에 대한 관심을 배제하지는 않는다. 불교의 궁극적 인식을 생사즉열반(生死卽涅槃)으로 해석한다면, 삶과 죽음이 곧 열반(nirvana)이므로 둘이 아니라 하나라는 것이다. 그것은 결국 공(空)의 세계요, 무심(無心), 무아(無我)의 상태를 의미한다. 즉 사후세계에 대한 관심보다는 번뇌하는 인간에 대한 문제(苦集滅道)에 더 관심을 두고 있다. 그러나 대부분의 불교인들이 믿고 있는 윤회(輪廻)사상은 전생(前生)에 지은 업(業)이 원인(因)이 되어 후생(後生) 즉 내생(來生)의 보(報)로 결과(果)가 결정된다는 것이다. '업보와 인과'라는 연관관계의 성립으로써 윤회를 말하는 것이다. 이러한 연기(緣起)적인 인과관계가 사후 영혼의 존재에 대한 두 가지 관점 즉 영혼이 계속 존재한다는 상견(常見)과 죽음과 더불어 사멸한다는 단견(斷見)을 모두 내포하고 있다.[126] 이 세상을 살면서 자신이 지은 행위(業, karma)로 인해 죽음 이후에 육도(六道)세계[127]를 돌고 돈다는

---

126 『동서양의 인간이해』 한자경, 서광사, 2001년, p216, p225. 초기 불교 시기인 중국 위진 시대에 논쟁이 있었는데, 인간이 죽을 때 신(神) 즉 정신은 현상을 넘어서 존재한다는 불가(佛家)의 신불멸론과 정신조차도 없어진다는 유가(儒家)의 신멸론이었다.

127 『우파니샤드』 이재숙 풀어씀, 풀빛, 2005년, p10-p15. 고대 인도 철학의 원전인 우파니샤드의 주요 개념은 브라흐만과 아트만의 하나 됨(梵我一如)이다. 또한 업(業), 윤회(輪廻), 해탈(解脫) 등의 개념이 이미 등장한다. 또한 고대 인도의 지혜서인 『바가바드기타』(잭 홀리, 이지수 역, 도서출판ITC, 2007년, p109-p149)에서는 영적인 삶, 생과 사의 순환에 대해 이야기한다.

것이다. 그런데 불교에서 말하는 윤회와 더불어 중요한 개념이 바로 해탈(解脫, moksa/ 산스크리트어 moksha) 즉 '윤회로부터 벗어남'이다. 불교수행의 궁극적인 목적이다. 인간을 괴롭히는 허망한 집(集, 執)이 가져오는 번뇌와 고통으로부터 완전히 벗어나는 세계 즉 해탈과 열반의 세계에 이르러 자아조차도 존재하지 않는 아공(我空)을 깨닫는 단계이다.[128] 그것은 어느 것에서도 매이지 않고, 어디에도 머무를 바 없는 자유로운 마음 즉 해탈한 마음이다.[129] 이 마음은 현생에서도 가능하다고 보는 것이다. 결국 불교의 궁극적 지향성은 회신멸지(灰身滅智)에 있다고 본다. 인간의 신체와 정신, 육체와 영

이러한 영향을 받은 불교 교의에 의하면 육도(六道)는 중생이 스스로 지은 업에 따라 그 과보로 태어나는 지옥(地獄)도, 아귀(餓鬼)도, 축생(畜生)도, 아수라(阿修羅)도, 인간(人間)도, 천상(天上)도를 말한다. 이러한 이해는 실제로 다시 태어나 윤회가 된다는 믿음을 갖는 의미도 있지만, 현재의 삶에서 인간이 겪는 마음의 상태를 의미하는 것이라고도 볼 수 있다.

128 불교에서는 고승(高僧)의 죽음을 천화(遷化)라고 표현한다. 이 세상의 중생을 제도(濟度)하는 일을 마치고 다른 세상의 중생을 제도하러 옮겨간다는 뜻으로 사용되기도 하지만, 임종을 앞 둔 고승이 홀로 깊은 산 속으로 걸을 수 없을 정도까지 들어가, 어느 지점에서 쓰러지면 스스로 나뭇잎을 주워 모아 바닥에 깔고 누워, 자신을 덮음으로 생을 마치는 행위로 쓰이기도 한다. 이러한 행위에는 인간의 삶과 죽음이 어디에서부터인가 그냥 획-하고 왔다가, 어디에론가 그저 획-하고 간다는 pass a way의 뜻을 담고 있기도 하다. 혜능선사는 자신의 죽음을 앞두고 천화의례인 다비식을 어떻게 할 것인가 묻는 제자들에게, '내가 죽으면 다비고 뭐고 할 것 없이 바로 이 자리에 구덩이를 파서 그대로 파묻어라. 이미 천화가 되었는데 무슨 천화가 또 있단 말인가'라고 대답하였다. 혜능선사의 이 말에 대해 임병식은 '혜능에게는 천화가 따로 있는 게 아니라, 일상의 삶에서 이미 끊임없이 자신(에고)을 무화(無化, nothingness, nichtigkeit)시키는 것, 그것이야말로 진정한 천화였다'고 해석한다.(죽음학교본, p268, 각주 284번)

129 『불교의 죽음관에 대한 기독교철학적 연구』 김중영, 백석대학교기독교철학 전공 박사학위논문, 2010년, p38-p42. 불교의 원형인 힌두교의 세계관은 윤회와 해탈의 구조로 되어있다. 윤회의 원인은 업(業, karma)이며, 무지(無知)가 욕(欲)을 일으키고, 욕이 업을 만들어 그 업으로 인해 윤회가 계속된다고 보고 있다. 결국 그 업으로부터 벗어나 브라흐만(열반, 해탈)을 이루는 것이 궁극적 목적이다.

혼 모든 것의 완전한 무화(無化, nothingness)이다.

2) 유교 : 역사적 세계관, 기산신멸(氣散神滅)/ 유교 역시 불교와 마찬가지로 도덕적 철학으로 볼 것인가? 아니면 종교적 체계로 볼 것인가? 에 대한 의견이 있을 수 있다. 물론 모든 종교는 철학(교의)과 종교적 의례를 가지고 있으므로 두 가지를 모두 내포하고 있다고 본다. 하지만 공자는 죽음 이후의 세계에 대해 크게 관심을 가지지 않았다. 죽음 이후의 세계에 대한 제자와의 문답에서 공자는 유명한 말을 한다. 未知生 焉知死(미지생 언지사)[130] 즉 삶도 미처 모르는데 어찌 죽음을 말하겠는가? 이다. 이는 삶에서의 도덕을 실천하고 어떻게 사느냐? 하는 것이 중요한 것이라는 의미이다. 또한 "子不語怪力亂神(괴력난신)"[131]은 기괴하고 기이한 일들이나 귀신, 사후세계 등에 대해 관심을 갖지 말라는 말이다. 공자의 이 말에 대해 죽음학자 임병식은 다음과 같이 해석한다. "이 말의 진의는, 곧 사람을 충분히 섬길 줄 아는 것이 곧 귀신을 충분히 섬기는 것보다 우선한다는 것이고, 삶을 충분히 이해하는 것이 곧 귀신을 섬기고 죽음을 이해하는 것보다 선결(先決)한다는 것이다."[132] 결국 공자에게도 경천(敬天)사상이 있기는 하나, 유교는 근본적으로 내세관을 가지고 있지

---

130 『논어』 박기봉 역주, 비봉출판사, 2003년, p242-p243. 季路問事鬼神, 子曰: 未能事人, 焉能事鬼? 敢問死 曰: 未知生 焉知死 즉 죽음 이후의 세계에 대한 관심보다는 삶의 태도에 더 관심을 두라는 의미로 해석할 수 있다.
131 『논어』 미야자키 이치사다 해석, 박영철 역, 이산, 2001년, p111-p112. 공자의 관심이 현재의 삶에 있음을 강조하는 표현이다.
132 『죽음학교본』 p266-p267.

않다.

성리학(주자학)을 집대성한 주희(朱熹)에 의하면, 인간 존재란 기가 모이면 태어나고, 기가 흩어지면 죽는 개체라는 것이다. 즉 인간이란 정(精)과 기(氣)가 모여 태어나는 것이며, 살다가 기운이 소진되면 혼기(魂氣)는 하늘로 올라가고, 형백(形魄)은 땅으로 돌아가서 죽음에 이른다. 땅으로 돌아간 육체는 분해되어 없어지고, 하늘로 올라간 정신도 결국 흩어짐으로 인해 없어져 버리는 것이다. 그러면 왜 죽은 사람에게 제사를 지내는가? 이에 대해 주희는 사람이 죽어 혼백이 흩어져도 즉시 단번에 흩어지는 것이 아니라 일정 기간 동안 천천히 흩어짐으로, 제사 행위를 통해 그 기를 불러 모으는 것이 가능하다는 것이다. 특히 자손일 경우 그 둘의 기가 본래 하나의 기였기에, 서로 쉽게 감통(感通)하게 된다고 주장한다. 그런 의미에서 직계자손에 의한 4대조까지만 제사를 행하라고 말한다.[133] 그러므로 몸과 신이 멸하여 자연으로 돌아간다는 주희의 자연주의적 생사관은 장자의 자연주의적 생사관[134]과 동일하다. 결국 유교의 죽음이해는 개체의 완전한 무화(無化)를 의미한다고 볼 수 있다. 단지 자식이

---

[133] 『동서양의 인간이해』 p223-p235. 저자는 『朱子語類』를 인용하면서 유교의 죽음관을 '氣聚則生, 氣散則死'로 설명하고 있다. 여기서 氣는 음기와 양기가 화합하여 형성되는 것을 말한다. 또한 백기(魄氣)는 신체적 형상으로 화하고, 혼기(魂氣)는 정신적 활동으로 화한다. 그러므로 몸을 이루었던 백기는 다시 땅으로 돌아가고, 정신작용을 일으켰던 혼기는 하늘로 올라가 흩어진다는 것이다. 즉 기가 산(散)하면, 신은 멸(滅)한다는 것이다. 여기에서 신(神)은 정신(精神)을 의미한다.

[134] 『장자』 기세춘 역, 바이북스, 2020년, p440. 莊子, 外篇, 知北遊에 나오는 '人之生 氣之聚也, 聚則爲生, 散則爲死'이다. 인간의 생이란 기의 모임이다. 그러므로 기가 모인 즉 생(生)이 되고, 기가 흩어진 즉 사(死)가 된다는 의미이다.

남아있는 한, 죽은 자의 기(氣)가 그 흔적으로 남아있게 된다. 유가(儒家)에서 왜 자식이 대를 잇는 것에 대해 집착하는지를 이해할 수 있다. 하지만 유교는 뛰어난 도덕적 인품의 덕(德)과, 살면서 가치 있게 쌓아놓은 공(功), 그리고 참다운 지혜가 담긴 말 즉 언(言), 이 세 가지를 남기는 것이 자식을 통해 성(姓)과 종실(宗室)을 지키는 것보다 더 의미 있는 일이라고 간주한다. 즉 죽은 사람의 정신이 들어 있는 그의 이름을 남기는 것이야말로 가치 있는 일인 것이다.[135]

3) 기독교 : 초월적 세계관, 소천영광(召天榮光)/ 기독교의 원류인 히브리 성서는 죽음을 '흙으로 돌아감'과 '음부(陰府, 스올)로 내려감'으로 이해하였다. 하지만 신약성서는 '낙원으로 감'과 '잠을 잠'으로 보았다. 즉 육체는 흙으로 돌아가도 영혼은 낙원과 음부에 있게 된다. 그리고 영혼은 낙원이나 음부에 있다가 최후의 심판 때에 부활해서 천국 즉 영생(永生)과 지옥 즉 영벌(永罰)로 나뉘게 된다. 기독교의 이러한 내세관은 고대 히브리 전통[136]과 헬라 문명의 이원

---

[135] 『동서양의 인간이해』 p235. 『春秋』 「左傳」의 '其是之謂乎豹聞之大上有立德 其次有立功 其次有立言'를 인용한다. 즉 死而不朽는 죽음 이후에도 썩지 아니하고 남는 것을 말한다. 그것은 물질성의 세계를 초월하는 정신성의 세계이며, 영성의 세계이다.

[136] 『죽음학총론』 이이정, 학지사, 2011년, p444-p447. 기독교의 모태 종교인 유대교(히브리인)는 내세보다는 현재의 삶을 더 중요한 부분으로 보았다. 히브리인들의 종족 신인 야훼와 그가 선택한 사람들 즉 선민(選民)과의 계약 관계에 의해, 그들은 현재의 삶에서 야훼의 약속을 어떻게 실천하고 살아갈 것인가에 더 중점을 두었다고 볼 수 있다. 기독교의 이원론적 사유방식과 다르게, 유대교는 영혼과 육체를 통일된 존재로 보는 일원론적 사유방식을 가지고 있었다. 그밖에도 부활, 천국, 지옥, 심판 등의 개념은 기독교에도 영향을 주었다. 특히 그리스어 하데스(히브리어 스올)인 음부(陰府)의 개념은 지옥(地獄)의 개념으로 연결되었는데, 원래는 당시 고대 근동의 어린아이 인신제사의 장소가 주는 어둡고, 연기나고, 무섭고, 냄새나는 게헨나(힌놈골짜기)에

론적 세계관의 영향을 받아 정립되었다고 볼 수 있다. 그리고 역사적 예수와 사도 바울에 의해 묵시적 내세관으로 발전하였다. 유대인이었던 역사적 예수는 묵시문학과 부활신앙의 전통 속에서 그의 가르침을 설파하였다.(마가복음 12:18-27)[137] 그리고 바울 역시 '역사적 예수 사건'을 묵시 사상적 해석을 통해 '그리스도 사건'으로 완성하였다.(데살로니가전서 4-5장) 바울의 사상은 예수의 죽음과 부활 그리고 승천과 재림(고린도전서 15장)이라는 초월적 세계관의 신앙 체계로 완성되었고, 2천 년의 기독교 신학과 신앙의 근간이 되었다.

   기독교의 인간은 원래 죽음을 향한 존재가 아니었다. 하지만 인간의 '죄'로 인해 '죽음'이 들어왔고, 십자가 사건으로 '생명과 부활'이라는 희망의 종교로 거듭났다. 고통과 고난 속에서 묵시 사상은 싹을 틔운다. 묵시(黙示) 사상은 '희망'을 전제로 한다. 그리고 그 희망은 이 세상이 아닌 초월적 세상에 대한 희망이다. 초월적 세상은 사망도, 애통도, 아픈 것도 없는 세상이다. 그러므로 현재의 세상에 궁극적 가치를 부여하지 않고 살아간다. 다만, 이 세상을 살아가는 동안 항상 기뻐하고, 범사에 감사하고, 서로 사랑하면서 살아갈 뿐이다.[138]

서 유래하였다고 볼 수 있다.

137 「한세상황과 실존의식, '종말의식'에 내한 융겔의 해석학적 사유를 중심으로」 임병식, 한국죽음교육학회 제10회 학술대회, 2024년, p223-p245. 예수의 종말론은 현재형의 실존의식이며, 바울의 종말론은 미래형의 실존의식이다. 즉 역사적 예수는 현재 속에서 종말론적인 하느님 나라가 도래하기를 희망했고, 바울은 고백된 그리스도를 통해 미래에 임할 하느님 나라를 희망했다.

138 『죽음의 인문학』 김재현 외, 「기독교의 죽음관」 모시는 사람들, 2022년. p123-p146.

4) 동학 : 내재적 세계관, 향아설위(向我設位)/ 향벽설위(向壁設位)는 벽을 향해 제사를 지내는 일반적인 방식이다. 위패(位牌) 혹은 지방(紙榜)을 벽에 세우거나 붙여 놓고, 음식을 차려놓는 방식이다. 당연히 그 방향을 향하여 절을 한다. 제사를 지내는 사람은 '여기'에 있고, 제사를 받는 대상은 '저기'에 있다. 즉 나와 대상이 거리를 두고 있으며, 그 사이에 경계가 있다. 이러한 제사에 대해 동학의 2대 교주 최시형은 시천주(侍天主) 사상에 입각하여, 기존의 유교식 향사법(儒敎式 享祀法)인 향벽설위의 부당성을 지적하면서, 나를 향하여 신위를 베푸는 것이 옳다는 향아설위(向我設位)를 강조하였다. 왜냐하면 사람은 누구나 다 저마다 하느님을 모시고(侍天主) 있는 시존(侍存)이라는 것이다. 벽(壁)의 상징성은 경계를 통해 분리된 대상이며, 이원론적 개념이다. 벽은 관찰과 탐구의 대상이다. 관찰과 탐구는 나와 거리를 둔 상태에서 따로 존재하는 대상이다. 향벽에서의 신(神)은 나와 분리된 대상으로 존재한다. 그 신(神)이 나와 관계를 맺으려면, 위패를 내 안으로 모시고 와야 한다는 것이다. 그것이 나와 하느님이 하나가 되는 것이며, 하느님이 내 안에 임재하는 것이다. 죽음학자 임병식은 다음과 같이 말한다. "향아설위에서는 나의 섬김을 받을 대상이 거기 그렇게 존재하는 것이 아니라, 여기 이렇게 내 안에 빛나는 정신으로 모셔져 있는 것을 말한다. 이것이 진정한 화해이다. 그러므로 향아설위가 되려면 내 자신이 개방되어야 한다. 인간과 신(神)이, 인간과 인간이, 인간과 자연이 화해하려면, '나'와 '너'로 구분 짓고, 주체와 대상으로 분리되는 이원론적 구조

를 일원론적 구조로 변화시켜야 한다."[139]

그러므로 제사와 예배는 경외의 대상이 되는 하느님과 인간이 하나가 되는 것을 전제로 한다. 그것이 진정한 제사와 예배이다. 구약성서의 화목제도, 신약성서의 산상수훈도 결국 나와 대상이 하나가 될 때, 이루어지는 참된 제사를 의미한다. 화목제는 인간과 하느님이 하나가 되는 것이며, 형제와 먼저 화해하고 예물을 드리라는 것은 나와 타자가 화해하고 하나가 되라는 의미이다. 공자가 말하는 '나의 기도는 오래되었다'라는 말은 이미 일상성 속에서 하늘의 뜻을 깨닫고, 그대로 실천하며 살았다는 뜻이며, 니체가 말하는 '신은 죽었다. 너는 너 자신이 되어야 한다'는 말은 노예 도덕을 버리고, 자신 안에 내재된 신의 본성을 온전히 실천하라는 요청이다. 심령이 가난하다는 말은 나를 버리고, 나를 죽임으로 하느님의 마음에 합한 자가 된다는 의미이고, 불교의 천화(遷化)는 나의 모든 집착을 버리고 비로소 여여(如如)한 죽음을 통해, 열반을 이룬다는 의미이다. 장자의 망아(忘我), 상아(喪我), 무기(無己), 심재(心齋)는 자신을 비우는 그 자리에 비로소 깃드는 신(神)의 내재(內在)를 의미한다.[140] 그러므로 종교

---

139 『죽음학교본』 p266. 임병식 교수의 견해에 대해 기독교적으로 해석해 본다면 다음과 같다. 일반적으로 기독교는 이원론적 사유와 신앙의 체계로 구성된 것으로 본다. 즉 대상으로서의 하느님과 주체로서의 나 자신을 분리된 개념으로 보고, 타력(他力)에 의한 구원을 말한다. 하지만 유대적 사유체계인 구약성서와 예수의 언어 그리고 바울의 신학에서도 하느님과 인간이 하나가 되고, 내재화되는 신학적 개념을 발견할 수 있다. 이사야서의 임마누엘의 개념이나, 아가서의 나샤크(입맞춤, 함께 합치다) 즉 신랑과 신부가 하나가 되는 개념, 그리고 성령으로 임재하시는 하느님의 개념은 하나 됨 즉 하느님과 인간이 하나가 되는 신앙적 상태를 의미한다.

140 『죽음학교본』 p266-p268. 화목제는 '거기'에 계신 하느님과 '여기'에 있는 내가 만나는 행위이며, 그것은 하나님과 사귀는 화해를 실현하는 것이다. 즉 '거기'에 계신 하느님을 내 안으로 모시고 오는 향아설위의 제사이며, 내 안

는 죽음을 통해 새로운 희망과 세계를 꿈꾸고 제시하기도 하지만, 대상으로서의 신(神)과 인간의 하나 됨을 염원하기도 한다. 또한 끊임없는 자기 비움을 통해, 내면적 의식의 변형을 요구하기도 한다. 우리가 죽음학을 공부(discipline)한다는 것은 이러한 자기 변화의 과정을 이루는 것이다. 공부는 단순히 지식의 양(量)을 늘려나가는 과정이 아니다. 바울이 말한 '나는 날마다 죽노라'의 고백처럼, 나를 무화(無化)시킴으로, 비로소 하느님의 세계를 실현[141]하는 것이다.

3. 종교와 의례(Ritual)

종교는 매우 복합적이다. 종교는 심리적인 영역, 제도적인 영역, 사회적인 영역에서 작동한다. 종교는 개인적 믿음의 행위이지만, 개인을 넘어서는 다양한 관계망 속에서 이루어진다. 개인의 심리적 차원에서만 머물지 않는다. 가족관계, 주변인들과의 인간관계, 사회적이고 경제적인 관계 그리고 인간의 생로병사(生老病死)와 생애 발달단계에 따라 의식(儀式)과 제도로써 영향을 미친다. 특히 인간의 죽음과 관련하여 종교는 상당한 영향력을 가지고 있다. 즉 '죽음과 죽어감'에 대해 인지하고 그 과정에 참여하는 것 그리고 그 죽음에 대

에 있는 영성이 하느님과 하나 되는 합일(合一)의 행위이다.

[141] 향아설위에 대한 기독교적 해석은 자신을 날마다 죽임으로 예수 그리스도가 드러나는 삶을 말하는 것이며,(고전15:31) 자기를 부인하고 자기 십자가를 지는 행위이다.(막8:34) 또한 내 살을 먹고 내 피를 마시는 자는 내 안에 거하고, 나도 그 안에 거한다는 예수의 선언이며,(요6:56) 무엇을 먹고, 무엇을 마실까? 에 대한 삶의 지향이 아니라, 먼저 하느님의 나라와 의를 구하는 삶의 실천이다.(마6:33) 또한 마음을 가난하게 함으로 내 안에 천국을 소유하는 행위이기도 하다.(마5:3)

해 이해하고 해석하는 영역에서의 종교는 교리(敎理)와 의례(儀禮)를 통해 긍정적인 역할을 감당하기도 한다.

사람들에게 있어서 '종교적'이라는 말과 '영적'이라는 말은 같이 사용되고 있다. 그런 의미에서 '종교적'과 '영적'은 큰 범주에서 보면 포괄적 의미를 내포하고 있다고 볼 수 있다. 하지만 혹자는 21세기를 '영성의 시대'라고 말하기도 한다. 현대 사회에서 사람들은 종교적 율법이나 규제를 벗어나 살고자하기 때문이다. 그렇다고 해서 신(神)을 부인하거나 부정하지도 않는다. 다만 종교적 제도 내에서 생활하기를 거부하고 영적인 삶을 추구하고자 하는 사람들이 점점 늘어나고 있다. 그래서 일반적으로 종교적이라는 말은 제도, 율법, 의례, 교리 등의 뜻으로 사용되고, 영적이라는 말은 의미, 초월 등의 뜻으로 사용된다. 이것은 과학의 발전과 세속성의 확대가 낳은 결과이기도 하다. 가톨릭 신학자 M. Fox(1981)는 영성에 대해 '그 자신의 뿌리에 대한 탐색'이라고 정의하며, J. D. Morgan(1993)은 '인간의 의미에 대한 추구'라고 말한다. 그러므로 종교적 의례의 행위(ritual activity)는 영성을 표현하도록 돕고, 혼돈에서 벗어나는 방법을 제공하기도 한다. 즉 의례는 비탄과 연결되며, 안전한 방식으로 비탄을 경험할 수 있도록 허용한다.(T. Golden, 1996) 또한 종교적 의례와 영성은 우리 삶의 모든 비극적 아픔을 극복할 수 있도록 도와준다. 이러한 과정을 통해 상실과 비탄의 감정을 표현할 수 있으며, 의례적 행위 그리고 명상과 기도 등의 방법들을 통해 상실과 아픔을 극복하고, 성숙한 자아를 형성할 수 있게 된다는 것이

다.[142]

예를 들어, 미국 원주민의 가치는 그들의 영성 속에 반영되어 있다. 아메리칸 인디언(아메리카 원주민, Indigenous peoples of the Americas, 네이티브 아메리칸)들에게 있어서 신성(神性)은 중요한 부분이다. 신성함은 음악, 춤, 침묵, 명상, 의식의 상징에 반영되어 있다. 신성함과의 조우(遭遇)를 통해 깊은 감정과 행위의 변화를 일으키며, 영적 참여를 통해 탄생, 존재, 죽음과 같은 것이 왜 일어나는가에 대해 설명을 제공한다.(Tinker, 2004) 그들의 장례의식에서 죽은 사람은 현세와 내세 사이에 있다고 생각된다. 죽은 사람은 조상으로서 존경의 대상이 된다. 그런 조상들은 살아 있는 사람들에게 죽음의 잠재적인 원천으로써 두려움의 대상이 되기도 한다. 즉 죽은 사람은 현재 살아있는 사람들의 삶의 일부로 계속 존재하고 있는 것이다. 망자(亡者)와 지속적인 관계를 유지하는 것은 그들의 죽음을 인정하고 애도하는 방법일 뿐만 아니라, 죽은 사람들과의 유대를 지속하고, 그들과의 관계에 의미와 타당성을 부여하는 행위이다.(D. Klass, 2001) 결국 종교적 장례식을 통한 의례는 애도자들에게 죽음의 현실에 대한 인식, 감정을 환기할 기회, 무질서한 시간 속에서의 유의미한 행위, 고인을 회상할 기회를 주며, 도움이 될 수 있는 사람들을 모으고, 그들 자신의 철학적 또는 영적 배경에 따라서 그 죽음을 해석하도록 한다.(Rando, 1984)[143]

---

142 『Handbook of Thanatology』ADEC, 임병식 역, 한국싸나톨로지협회. 2019년, p271-p275.
143 『Handbook of Thanatology』 p216, p274.

4. 한국의 전통장례와 곡(哭)의 의미

한국인의 죽음관은 여러 종교적 전통들이 누적되어 형성되었으므로, 어느 한 종교의 체계로 설명하기 어렵다. 한국은 오랜 역사 속에서 다양한 종교들을 받아들였다. 무속 종교의 바탕에 불교, 도교, 유교 그리고 기독교 사상이 겹쳐지면서, 복합적인 죽음관이 형성되었다. 그러므로 한국인의 죽음관을 이해하는데 있어서, 서구 사상의 이원론적 세계관을 넘어 '한' 사상 즉 '크다, 전부, 하나, 하늘' 등의 개념으로 이해할 필요가 있다. 삶과 죽음을 순환 관계로 바라보는 생사일여(生死一如)의 태도가 지배적이라고 본다. 죽음을 끝으로 이해하지 않고 다른 차원의 이동으로 이해한다. 무속의 굿에서도 한(恨)을 풀고, 저승길로 안내하는 개념들이 등장한다.[144]

한국의 전통 장례에서 죽은 자가 생시(生時)에 입던 저고리를 왼손에 들고, 오른손은 허리에 대어, 지붕에 올라서거나 마당에 서서 북쪽을 향해 죽은 혼을 부르는 일을 초혼(Invocation of the spirits of the dead, 招魂)이라고 말한다. 초혼은 죽은 자와 산 자를 연결하는 의식이다. 비록 죽어 이 세상을 떠났지만, 그 죽음에 대해 수용하고, 이별에 대한 아쉬움을 표현하는 것이다. 죽은 자의 혼을 부르는 행위로 인해 그가 다시 살아날 수 없음에도 불구하고, 죽은 자의 이름을 불러 남아있는 사람들에게 죽음의 의미를 일깨우게 하는 것이다. 즉 죽음은 삶 속에서 당연하게, 자연적으로 일어나는 일이며, 두려움과 공포의 대상이 아니라 받아들여야 하는 인생의 이

---

144 『죽음학총론』 p469-p471.

치임을 상기시키는 것이다. 살아 있는 자도 언젠가 죽음을 맞이할 것이며, 내가 죽었을 때에도 누군가 나의 이름을 불러줄 것이라는 예지적(叡智的) 기대이다. 현재에 일어난 죽음과 미래에 발생하게 될 죽음의 연결이다.

장례는 일반적으로 3일 장(葬)과 삼우제(三虞祭) 그리고 49齋(제祭)[145] 등을 지낸다. 이것은 죽은 자를 추모하며, 사랑하는 이의 죽음을 경험한 가족들의 슬픔을 위로하는 의례의 과정이다. 또한 죽은 자가 좋은 세상으로 가기를 바라는 염원을 담고 있다. 그리고 1년이 지날 때 마다 기일(忌日)을 정하고 추모의례를 진행한다. 이것 또한 죽은 자와 살아 있는 자가 형성하는 유대의 강화이며, 관계의 형성이다. 비록 죽었지만 반복적으로 그 죽음을 기억함으로써 현재와 과거를 연결하고, 현재와 미래(영원)를 연결하고자 하는 시도이다.[146]

또한 한국의 전통적인 장례에서 곡(哭)은 독특한 구조를 가지고 있다. 현대 사회에서 장례식장에 가면 유가족들이 크게 우는 장면을 많이 볼 수 없다. 물론 고인과의 관계, 죽음의 과정에 대한 이해, 유가족들의 성향 등에 따라 슬픔을 표현하는 방식은 다 다를 것이다. 하지만 지금은 과거의 전통적인 장례에서처럼 의례로써 곡(哭)을 하지 않는 경우가 많다. 곡을 한다는 것이 세대가 바뀌면서 문화적으로 익숙하지 않게 된 부분도 있고, 장례의 풍습이 현대화되면서 사

---

[145] 49재의 齋(재계할 재)는 불교식 용어로 명복을 비는 불공을 의미한다. 그러나 일반적으로 불교의 원래 취지와 다르게 제사의 의미가 합쳐져서 祭의 의미로 통용되기도 한다.

[146] 예를 들어 제사를 시작하기 전, 죽은 자의 혼(魂)이 찾아올 수 있도록 대문을 열어 놓는 행위, 죽은 자를 부르는 행위, 음식이나 술을 통해 죽은 자가 식사를 한다고 믿는 행위 등 이다.

라진 면도 있다. 또한 서양 종교였던 기독교의 유입으로 장례식의 방식이 많이 변화되기도 하였다. 하지만 곡은 슬픔을 표현하는 중요한 방식 중 하나였다. 그러므로 종교적 의례로써의 장례에서 곡(哭)을 통해, 자신의 슬픔을 표현할 수 있도록 하였다. 조문객들이 방문하였을 때, 슬픔을 억누르고 있던 유족들은 '곡(哭)의 의례'를 통해 자신이 겪고 있는 상실과 아픔을 표현하였고, 그 과정은 슬픔을 치유하는데 도움을 주었다고 볼 수 있다.

모든 종교에서 의식(儀式, 儀禮)은 기본적인 것이다.[147] 힌두교는 전체 사회가 참여하는 화장(火葬) 의식을 이용하고, 아프리카 마을 주민들은 수 주 동안 진행되는 일련의 애도 의식에 참여한다. 유대 전통은 24시간 내에 매장해야 하지만, 7일간의 철야 추모 의식(shiva)을 하며, 아일랜드-가톨릭은 긴 의식 기간 동안 고인에 대한 유머와 비탄의 이야기를 포함하는 경야(wake)를 행한다.(Biziou, 1999)[148] 즉 각 종교의 의례는 다양하다. 그리고 모든 종교는 의례를 통해 죽음을 경험한 사람들을 위로하고, 슬픔을 애도하게 하며, 죽은 자와 관계를 맺게 하고, 미래에 다가올 자신의 죽음을 생각하게 한다. 종교와 의례는 죽음을 자신의 것으로 받아들이는 형식(形式)이며 내용이다.

---

147 『의례의 과정』빅터 터너, 박근원 역, 한국심리치료연구소, 2005년, p10-p21. 의례의 진행은 분리의례-경계(limen)통과-통합의례로 구분된다. 즉 의례의 전이단계(liminal)를 통과한 후 다시 일상의 세계로 돌아오는 구조이다. 결국 죽음과 관련된 의례도 마찬가지이다. 일상으로의 회복을 위한 과정이다.

148 『Handbook of Thanatology』p272.

5. 종교와 죽음학

종교와 죽음은 불가분(不可分)의 관계이다. 하지만 죽음학은 인간의 삶에 영향을 주는 종교의 모든 영역을 다루지 않는다. 죽음학은 죽음이라는 실존적 상황에서, 인간에게 깃드는 종교적·영적 의미와 깨달음을 추구한다. 이러한 자기(自己)지각(知覺)의 인문적 과정을 통해 삶을 어떻게 실천할 것인가에 초점을 맞춘다. 또한 종교가 인간에 던져주는 질문들에 대해서도 관심을 갖는다. 죽음학에서는 종교적이라는 말과 영적이라는 말이 서로 내재되어 있다. 종교적 의례와 행위 그리고 믿음의 체계 속에서도 인간의 인간다움과 삶의 의미성을 찾을 수 있고, 영적 의미와 가치체계 속에서도 죽음 앞에서 마지막 오늘을 사는 나의 의미를 발견할 수 있다. 불교의 해탈(解脫)과 고집멸도(苦集滅道)의 세계관[149]은 죽음학에서 인간의 고통에 대한 이해와 인간의 참된 자각(自覺) 개념과 연결될 수 있고, 기독교 철학의 하느님을 향한 지향[150]은 나와 타자를 향한 삶의 실현과 연결될 수 있다. 또한 유대교의 하나님과 사람, 사람과 사람 사이의 용서의 실천 행위[151]는 죽음학의 화해와 용서로 연결될 수 있으며, 이슬람

---

149 힌두교의 Nirvana(涅槃)의 개념에서 온 불교의 해탈(解脫)개념은 유사하나, 불교는 무아(無我)의 세계를 지향한다는 점에서 차이가 있다. 즉 회신멸지(灰身滅智)의 세계이다. 그러므로 마지막 순간까지 방일(放逸)하지 말고, 정진(精進)하라는 자기 수양의 과정을 중요시 한다.

150 하느님을 향한 지향은 타자를 향한 지향과 동일한 구조로 말해진다. 하느님을 사랑하고 네 이웃을 네 몸과 같이 사랑하라는 말의 가치는 동등하게 다뤄진다. 즉 아우구스티누스와 토마스 아퀴나스에게서 발견할 수 있는 자기 자신을 향한 돌봄과 하느님을 향한 신앙고백의 행위는 타자에게로 연결된다.

151 기독교에는 원죄가 있으나, 유대교에는 원죄 개념이 없다. 그러므로 기독교는 신에게 용서를 구한다면, 유대교는 사람의 선(善)함에 대한 자유의지를 강조하며, 잘못한 사람을 찾아가서 용서를 구하는 인간 사이의 행위를 우선시

의 평등사상이나, 자선의 실천 행위 그리고 관용적 태도[152]는 죽음학에서 말하는 배려와 환대의 행위로 연결될 수 있다. 결국 종교도 인간을 향한 인간학에 바탕을 둔 것이며, 죽음학도 인간을 향한 인간학에 바탕을 둔 것이다. 인간이 사라진 그래서 신(神)만이 혼자 남은 종교는 우리에게 아무런 의미도 가치도 없다. 신(神)도 인간과의 관계성 속에서 존재하며, 죽음도 인간과의 관계성 속에 사유(思惟)되는 것이다. 인간을 배제한 종교와 인간을 제거한 죽음학은 우리에게 감동(感動)을 주지 못한다.

한다. 예수의 산상수훈에서의 먼저 화해하고 와서 예물을 드리라는 말과 연결된다.

152 이슬람의 죽음과 사후세계의 개념은 유대교적 전통에서 영향을 받았으나, 복잡한 이론이나 의례가 없는 실천중심의 종교로 발전하였다. 무슬림은 5가지 의무(신앙고백, 하루5번 기도, 기부, 메카순례, 라마단 금식)를 중요한 신앙의 기준으로 본다.

제6강

죽음불안과 영성

제6강 죽음불안과 영성

1. 존재의 고통과 죽음불안[153]

1) 고백1. 죽음에 대한 떨림 - 1인칭의 관점으로

성인이 되고, 결혼을 하고, 아이들의 아빠가 된 이후에도 나는 종종 잠을 자다가 소스라치듯 놀라며 잠에서 깨어난 적이 있었다. 떨림의 순간이었다. 나의 죽음의 순간이 연상(聯想)되면 깊은 두려움과 불안을 느끼게 되었다. 그 순간에 '왜 두려움과 불안이 몰려올까?'를 생각해 보면 그것은 '나'라는 존재의 사라짐 즉 존재의 소멸에 대한 심원(深原)의 외로움이었다. 그것은 상실에 대한 두려움이었다. 없어짐과 잃어버림이 가져올 근본 불안이었다. 이러한 두려움과 불안의 경험이 나를 '죽음'에 대한 관심으로 안내하였다.

나의 고백에 대해 하이데거의 해석을 접목해 보자. 불안과 두려움은 내가 살아가면서 관계를 맺고 있는 이 세계와 연관되어 있다. 인간이 불안을 느끼는 이유는 인간 존재(dasein)가 '세계-내-존재(In-der-Welt-Sein)'로 관계되어 있기 때문에 느끼는 정서적 기분이다. 즉 어떤 대상으로부터 오는 두려움이 공포라면, 불안의 느낌은 대상이 없음에도 불구하고 느끼는 근본 불안 즉 '근본 기분(Grundstimmung)'이다. 대상이 없음에도 불구하고 느끼는 불안은 그것이 무엇인지, 어디에서 오는 것인지 '알 수 없음'이다. 그러므로

---

[153] 이 내용은 2024년 9월 ADEC과 한국싸나톨로지협회의 국제죽음교육전문가 과정에서 필자가 강의했던 내용을 수정 보완하였다.

하이데거는 우리의 불안에 대해 "아무것도 아니며, 아무 곳에도 없다"라고 말한다. 즉 그 대상은 '무(無)'였고, 인간 현존재는 불안 속에서 무를 경험한 것이다. 그리고 그 불안은 인간 현존재를 섬뜩하게 만든다. 그것은 익숙했던 세계의 의미 연관성을 거부하고 사라지게 하는 특징이 있다. 결국 불안이 무를 드러낸다.[154] 하지만 그 불안은 일상적 현존재인 나를 자신의 본래적 존재로 향하게 한다. 이러한 불안과 무를 통해 현존재는 일상적 자신으로부터 본래적인 자신으로 '초월'할 수 있는 가능성을 갖게 한다는 것이다. 이 초월의 가능성이 바로 영성이다. 그리고 일상성 속에서 망각 된 채 숨겨져 있던 불안의 정서가 어느 날 갑자기 '죽음에의 존재(Sein zum Tode)'라는 사실로 확인될 때 비로소 그는 자신의 본래적 존재에 대해 질문을 던지기 시작한다. 고백1에서 내가 경험했던 불안의 감정[155]은 '초월' 즉 영성을 향한 시작이었던 것이다.

2) 인간은 왜 죽음 불안을 느끼는가? - 상실의 한계상황

인간은 항상 한계상황 속에서 살아간다. 이에 대해 칼 야스퍼스는 다음과 같이 말한다. "결국 인간은 넘어설 수 없는 현존의 경계, 즉

---

154 『하이데거 vs 레비나스』 최상욱, 세창출판사, 2019년, p107-p123.
155 『죽음교육교본』 임병식, 신경원, 가리온, 2017년, p147-p148. 죽음 불안에 대한 해석을 덧붙여 본다면 다음과 같다. "죽음 불안으로부터 도피하거나, 억압하는 것이 아니라, 차라리 불안을 가능한 한 있는 그대로 감수하고 이를 점진적으로 극복해 가는 것이야말로 가장 실존적인 인간이며, 인간다움의 진정성을 회복한 존재라고 하겠다." 그러므로 불안의 정서는 부정성이 아니라 긍정성으로 전회될 수 있다.

'한계상황'에 부딪히게 된다." 그것은 죽음, 우연, 고통, 죄 이다.[156] 인간은 그 한계상황의 문턱에 서 있는 것이다. 그 문턱은 때로 경계가 모호하기도 하다. 확실할 것 같은 세계에 대한 확신이 여실히 무너지기도 하고, 불확실한 두려움의 세계 속에서 인간은 자신의 길을 찾아가기도 한다. 그것은 Liminal한 자리이다. 저항과 복종[157]의 자리이며, 저항과 체념[158]의 자리이다. 하지만 비로소 인간이 된다는 것은 모호한 그 자리에서 자신의 자리를 찾아가는 것이다. 비록 서성대기도 하고, 갈팡질팡하기도 하지만 그 안에서 인간다움을 획득해 나간다. 인간을 가두고 있는 그 경계의 한계상황 속에서 인간은 비로소 인간이 된다. 그러므로 인간에게 찾아온 상실의 한계상황은 그저 쉽게 '잊혀 짐'으로 해결할 수 없는 세계이다. 모든 인간에게 찾아 온 상실이 그저 시간이 지나면 없어질 것 같은, 즉 대수롭지 않은 삶의 자리는 없다. 오롯이 본인이 겪어 내야 하는 존재의 자리이다.

---

[156] 『정신병리학 총론1』 칼 야스퍼스, 송지영 외 역, 아카넷, 2014년. p49. 야스퍼스 실존철학의 핵심으로서 '실존개명(實存開明, 또는 실존해명, Existenzerhellung)'이라고 부른 것이다. 한계상황에서 겪게 되는 좌절을 통해 초월자가 보내는 암호를 해독하여, 본래적 자기로서 실존을 경험하게 된다. 그러므로 야스퍼스는 "한계상황을 경험하는 것이 실존과 동일하다"고 말한다.

[157] 『저항과 복종』 강치원, 호모레겐스, 2021년, p37-p49. 독일 뮌스터대학교 신학박사인 강치원은 광야의 소리를 외치는 자인 마틴 루터의 삶을 이야기하며, 그가 '사이의 존재'로서 살아가야 했던 고민을 이야기하고 있다. 절망의 심연 속에서 희망의 싹틈을 바라보는 인간 존재의 본질을 생각하게 하는 글이다.

[158] 『늙어감에 대하여』 장아메리, 김희상 역, 돌베게, 2014년, p17-p55. 프랑스의 철학자 장 아메리는 시간 안에서 살아가는 인간의 삶과 늙어감 그리고 죽음의 과정이 저항과 체념 사이에 있음을 말하고 있다. 그리고 그것은 온전히 혼자만의 시간과 공간이며, 그런 의미에서 인간은 그 경계의 존재이며, 사이의 존재이다.

결국 인간은 이러한 한계상황에서 어떻게 살아갈 것인가를 고민해야 하는 존재이다. 역설적이게도 인간에게 한계상황이 있기 때문에 인간은 질문하게 된다. 그 질문은 '인간이란 무엇인가?' 로부터 출발하여 인간 자신의 존재의 의미를 찾아가게 한다. 인간의 실존(實存)은 한계상황에서 '자기됨으로 발전'한다. 실존이란 의미적인 자아정체성의 확립이다. 즉 '나'의 의미를 '나'에게서 찾는 것이다. 이러한 '찾아감' '질문함'의 과정이 '자기 됨'의 과정이다. 죽음 불안이 가져온 한계상황에 대한 인식은 자신이 무엇을 찾아야하는지에 대한 대답을 이끌어 낸다. 자신의 삶이 어떠한 의미로 재구축되어야 하는지에 대한 대답이다. 그 과정이 인문학의 과제이며, 종교와 철학 그리고 영성의 과정이기도 하다.

3) 우환의식과 존재의 용기

근본 불안은 어떻게 시작되었을까? 약 20만 년 전 호모사피엔스가 등장하면서 인류 문명 진화의 역사가 시작된다. 원시 사회의 인간들은 수많은 자연재해 앞에서 인간의 나약함과 죽음의 공포를 경험했을 것이다. 인간은 태어나면서부터 불안을 경험한다. 어머니의 안락한 태(胎)로부터 이 세상에 태어나기 위해 인간은 엄청난 변화를 경험하게 된다. 알 수 없는 세상을 향해 나와야 하는 인간에게 근원적 불안을 제공한다. 즉 인간은 태어나면서부터, 그리고 자연 속에서 살아가면서 끊임없는 불안을 경험하게 된다. 그 불안은 자신의 존재에 대한 질문을 만들어내고, 종교를 만들어낸다. 맹자(孟子)는 이러한 불안 의식을 자신의 철학적 주제로 삼았다. 인간이 기본적으로 가지고 있는 불안 의식을 어떻게 승화시킬 것인가에 초점을 맞추었다. 매일(每日) 즉 하루하루의 생활 속에서 근심과 걱정으로 사는 것이 아니라, 일생을 살면서 걱정해야 하는 근본적인 우환(憂患)의식이 더 중요하다고 역설했다. 그러한 사람이 군자(君子)의 삶을 산다고 보았다. 君子有終身之憂 無一朝之患也(군자유종신지후 무일조지환야) 즉 군자는 종신토록 하는 근심이 있어도, 하루아침의 걱정은 없다고 말했다.[159] 군자는 인(仁)과 예(禮)가 아니면, 근심 걱정을 하지 않는다는 의미이다. 내면의 도덕적 품성을 완성하기 위해 걱정해야지, 그저 하루아침에 없어지는 사소한 근심 걱정을 하지 않는다는 것이다.[160] 이러한 군자의 근심을 '우환의식(憂患意識)'이라고 말한다.[161] 보다 근본적인 삶에 대한 고민, 보다 근본적인 인간에 대한 고뇌(苦惱, Agony)를 의미한다고 해석해 볼 수 있다.

기독교 철학에서는 인간을 미혹(迷惑)하는 세 가지 불안에 대해, '운명, 죄의식, 죽음의 공포'라고 말한다.[162] 죽음은 삶에서 의미를

---

159 '우환의식'이라는 용어를 처음 사용한 사람은 서복관(대만 학자)이지만, 이러한 관념의 연원은 공자, 맹자, 혹은 주역에까지 소급된다. 공자는 덕과 학문, 그리고 의를 이루지 못하는 것을 근심으로 보았고, 맹자는 인간의 삶이 도덕적 당위의 구현 즉 도덕적 완성을 이루는 것을 항상 염두에 두는 의식으로 보았다.(유교백과사전)

160 마태복음 6:25-33에 있는 '무엇을 먹을까 무엇을 입을까 염려하지 말고, 먼저 그의 나라와 그의 의를 구하라'는 예수의 산상수훈과 맞닿아 있다.

161 『죽음학교본』임병식, 손주완 외, 가리온, 2023년, p98. 신체·생물학적 죽음을 넘어 인간 주체가 능동적으로 맞이하는 임종의 관점에서 군자의 죽음을 표현한 것이다. 그것은 삶을 마칠 때까지 우환의식을 통해 인(仁)과 예(禮)를 실천하고자 하는 존재론적 행위이다. 그러므로 '우환(憂患)' 즉 불안의 감정을 의미론적 관점으로 보는 것이다.

162 『존재의 용기』폴 틸리히, 차성구 역, 예영커뮤니케이션, 2006년, p16.

상실하고, 의미의 부재(不在)를 경험하는 것이며, 궁극적 무의미성을 경험하는 것이라고 본다. 이러한 죽음 불안은 자신의 존재에 대한 '혼돈, 공포, 무질서'로 나타난다. 그것은 고통에 대한 인간의 인식 특히 신의 존재 인식과 연결되어 있다. 죽음으로부터 시작된 불안의 감정이 신과 연결되어, 자기 자신에게로 향하는 것이다. 신은 고통 너머(Beyond)에 있다. 그러나 신은 인간의 고통에 참여한다. 결국 인간의 고통에 신을 '끌어들임'으로, 인간은 초월(Above)을 경험한다. 그것이 폴 틸리히가 말하는 존재의 용기이다. 그러한 존재의 용기에도 불구하고 인간의 불안은 왜 우리를 고통스럽게 하는가에 대해 생각해 보자.

4) 죽음 불안은 왜 존재의 고통과 연결되는가? - 나와 대상

질병과 죽음에 직면한 사람의 두려움과 불안은 그것을 경험한 자만이 오롯이 느낄 수 있는 내적 고통이다.[163] 내적 고통은 외적 고통을 동반하고 있다. 인간은 늘 건강한 상태로, 늘 죽지 않을 것 같은 상태로 살아가고 있다고 생각하면서 산다. 그 생각은 자신도 모르게 자신의 존재에 대한 인식의 밑바탕에 입력되어 있다. 자신은 치명적인 질병에 걸리지 않을 것이며, 자신에게는 죽음이 찾아오지 않을 것이라는 무의식의 착각(錯覺)속에서 산다. 히지민 심각한 질병이 찾

---

p43-p48.

163 인간의 불안과 두려움의 근원으로 존재의 고통을 말하고 있다. 인간은 '존재'라는 벽에 갇혀 있다는 존재론적 사실에서 비롯되는 '존재의 고통'에서 출발한다. 하이데거는 존재가 내 자유를 제한한다는 사실 때문에 고통을 인식한다는 것이며, 레비나스는 내 자유가 설령 무한정 증대된다 하더라도, 결코 존재에서 벗어날 수 없다는 사실로 인해 고통을 인식한다는 것이다.

아오거나, 시한부 판정을 받게 되면 비로소 자신의 한계상황을 처절하게 인식한다. 그 지점에서 느끼는 불안과 공포, 두려움은 겪어본 자만이 경험할 수 있는 세계이다. 두려움과 공포와 불안은 대상이 있고, 없음의 차이가 있을 뿐이지, 인간이 겪는 존재의 고통은 같다. 자신의 일상과 삶이 계속 유지될 수 없을 것에 대한 두려움, 자신의 존재가 소멸될 것에 대한 공포 그리고 그러한 두려움과 공포의 밑바탕이 되는 존재의 불안은 인간을 엄습(掩襲)한다. 그 고통의 끝에서 인간은 드디어 무의식에 내재되어 있던 자신의 존재 인식이 드러난다. 동시에, '그러면 나는 누구인가?' '나는 무엇인가?'에 대한 질문을 시작한다. '나는 누구인가?'의 질문은 정신성의 질문이며, '나는 무엇인가?'의 질문은 물질성의 질문이다. 정신성은 불안과 두려움을 느끼고 인식하는 나에 대한 관점이고, 물질성은 그 고통을 온 몸으로 느끼는 내 몸에 대한 관점이다. 이렇게 '인식의 나'와 '질료인 내 몸의 나'는 서로 연결되어, 존재의 고통을 온 마음과 몸으로 겪으며, 부대낀다.[164]

그러면 왜 고통이 불안과 연결되는가? 결국 대상이 전제되지 않으면 고통도, 상실도, 상처도 없다. 우리가 살아가면서 겪는 모든 것들 즉 사람, 사랑, 질병, 직장, 사업, 돈 등 인간의 삶 속에서 나타나

---

164 고령의 나이에도 전신 마취 수술을 4번이나 하고, 수술 후에도 건강 상태가 좋지 않아 겨우 자신의 일상생활을 유지하는 90대 초반의 독거 어르신은 자신의 삶에서 '지금 당장 원하는 한 가지'만 있다면, 내 다리로 좀 자유롭게 걸어 다니면서, 내 몸과 마음이 부대끼지 않고 살았으면 좋겠다고 말한다. '부대끼다'라는 말은 '서로 접촉하여 부딪히다'라는 뜻이다. 몸과 마음이, 질병과 죽음이, 외로움과 불안이 서로 엉켜 부딪혀서 나에게 괴로움을 유발한다는 의미이다. '부대끼다'는 pester 즉 '괴롭다', suffer 즉 '고통을 받다'로 번역된다. 괴로움과 고통을 발생시키는 증상이다.

는 모든 관계는 나와 대상과의 관계성 속에 존재한다. 그 대상이 없었다면 고통도, 상처도 없었을 것이다. 하지만 대상이 전제되지 않는 인간의 삶이란 없다. 아무리 홀로 고고(孤高)하게 깊은 산 속에 살아도 그 삶의 자리에서 대상은 전제된다. 나무와 풀도, 산속의 동물들도, 심지어는 물소리와 바람 소리까지 나와 객체로 '관계 맺음'이 일어난다. 이러한 관계 맺음 즉 대상과의 관계 맺음은 역시 주체를 전제로 한다. 주체가 있기 때문에 대상이 있는 것이다. 주체가 없다면 역시 대상도 없다. '내'가 없으면 이 세계도, 역사도, 사물도, 시간도, 공간도 없다. 주체인 나에게 있어서 없는 것이다. 그러므로 주체가 있기 때문에 대상이 있는 것이고, 대상이 있기 때문에 주체가 있는 것이다. 내가 존재하기 때문에 사랑하는 사람이나 삶의 여러 대상이 존재하는 것이고, 그러한 대상이 있기 때문에 내가 존재하는 것이다. 그러므로 주체와 대상은 분리되지 않는다. 인간 존재에 대한 화이트헤드의 철학은 주체, 즉 현실적 존재 그 자체도 분명히 현실 세계 속에 들어 있다는 것을 말한다.[165] 즉 주체는 현실 세계의 대상들과 연결되어 있는 것이다. 그리고 그 주체는 다수의 현실적 존재 가운데 하나인 것이다. 그것은 객체화되는 다자(多者)의 공재(共在, togetherness)인 동시에, 다자 속의 일자(一者)이다. 다자(many)와 일자(one)는 화이트헤드가 말하고자 하는 생성의 궁극

---

[165] 『과정과 실재』 A. N. 화이트헤드, 오영환 역, 민음사, 1991년, p226. "현실적 존재의 성격은 궁극적으로 그 여건에 의해 좌우되며, 유기체의 성격은 그 환경의 성격에 달려 있게 된다." 즉 인간(유기체)은 현실세계(환경)과 연결되어 그 영향을 주고받는다고 본다.

적인 구조이다.[166] 일자는 주체이고 다자는 대상이다. 주체와 대상은 공재하고 있다. 그러므로 주체가 없으면 대상도 없고, 대상이 없으면 주체도 없다.[167] 주체인 내가 어떤 마음으로 존재하느냐에 따라 객체인 대상이 보인다. 나 자신이 어떻게 존재하느냐에 따라 연결되어 있는 현실 세계 속에서의 사건(event)과 사태가 결정된다.[168] 인간은 사람과 사람, 사람과 대상과의 관계성 속에서 비롯되고 맺어지는 존재이다. 나는 나 자신으로만 존재하는 것이 아니라, 타자 즉 다자의 세계 속에서 존재하고 구성된다. 그러므로 나는 '너'이기도 하고, 너는 '나'이기도 하다.

---

166 『화이트헤드 과정철학의 이해』 문창옥, 통나무, 1999년, p47. '생성하는 존재: 현실적 존재'에서 화이트헤드의 철학을 주체와 대상의 관점으로 이해한다. 주체와 대상은 고정된 개념이 아니라 서로 관계를 맺고 있는 관계적 개념이다. 사물의 최소 단위에 들어가면 입자가 있다. 하지만 그 입자들은 서로 관계성의 형태로 있다. 주체와 대상도 서로 공재하고 있는 것이다.

167 「'상처를 받는다는 것'이 왜 '인간다움'의 가능성일까?」 임병식, 한국싸나톨로지협회 죽음교육강의록, 2024년. 주체와 대상의 관계에 대해 다음과 같이 설명하고 있다. "萬物皆備於我, 만물이 모두(모두 개) 나에게 갖추어져 있다는 맹자의 말이나, 視天下無一物非我, 천하의 어느 하나도 내가 아닌 것이 없다고 여긴다는 장횡거의 말, 그리고 仁者以天地萬物爲一體 莫非己也, 인자는 천지 만물을 한 몸으로 보기에 나에게 속하지 않은 것이 없다(없을 막)는 정명도의 말은 모두 우주 삼라만상이 내 속에 있음을 말하고 있다.

168 죽음학자 임병식은 그의 논문에서 화이트헤드가 인간을 개체적(개별적) 실체로 파악하지 않고, 사건(事件, event)으로 파악한다고 전제한다. "화이트헤드는 운동, 속도, 운동량 같은 것으로 파악하는 것이지, 입자 같은 실체로 파악하지 않는다. 현대물리학은 단순 정위로서의 입자개념을 포기하고, 시공간의 관계개념으로 사물을 파악한다. '나' 혹은 '너'가 입자라면 '우리'는 사건이다. 내가 너에게 인지되고 알려질 때 나와 너는 '우리'라는 사건 속에 서로 파악되고 인지된다. 플라톤과 데카르트의 실체적 이원론은 주어를 늘 고정 불변한 실체로 인식한다. 나와 너라고 하는 개별적인 존재는 곧 실체(substance)이다. 이런 실체는 '딱딱하게 굳어진' 존재로서 생명력이 없다고 보는 것이 동양의 보편적인 사고의 틀이다."

2. 죽음 불안의 사막에서 영성(靈性)의 우물을 찾다

1) 21세기는 영성의 시대인가?

21세기 현대사회 즉 포스트모던 이후의 사회는 영성의 시대인지도 모른다. 인류역사상 종교가 인간을 지배하지 않은 적도, 인간에게 영향을 안 준 적도 없었다. 인류의 역사, 문명의 역사는 종교와 함께 이어져 왔다. 하지만 르네상스와 계몽주의 그리고 인간의 이성이 빛을 발하던 산업사회 이후 자본과 과학은 인간의 영역을 신의 영역으로까지 끌어 올렸다.[169] 마치 종교의 종말이 이루어질 것 같은 시대를 살았다. 서양문명으로 대표되는 기독교는 더 이상 '절대와 경외'의 영역이 아닌, 해체된 문화적 유물로 남을 것만 같았다. 포스트모던 시대의 『만들어진 신』과 『호모 데우스』[170]는 인간의 이성과 지성 그리고 과학이 이제 인류의 역사를 바꾸어 놓을 엄청난 패러다임의 전환 사건으로 다가왔다. 하지만 종교는 여전히 살아남아 영성이라는 새로운 옷을 입고 우리에게 다가오고 있다. 이제 영성은 이미 기독교의 기원과 기독교라는 종교 자체를 넘어섰다. 오늘날 영성

---

[169] 14C-16C에 이르는 르네상스(Renaissance)는 인간성 해방을 위한 문예부흥운동이다. 즉 종교의 시대였던 중세시대를 넘어 고대 그리스·로마 시대로 되돌아가고자 했던 움직임은 기독교의 신본주의적(神本主義的) 세계관에서 벗어나 인본주의(Humanism)로의 회귀를 추구하였다. 개인의 자유와 평등한 권리를 강조한 17C-18C 계몽주의(Enlightenment) 역시 더 이상 신의 권위가 아닌 인간의 이성이 권위를 판단하는 기준이 될 수 있음을 보여주었다. 18C-19C초로 이어진 산업혁명(Industrial Revolution)은 봉건체제의 붕괴를 통해 신흥부르주아 계급의 등장으로 자유와 자본의 확대로 이어졌다. 이러한 문명사적 전환은 신적, 절대적, 종교적, 봉건적, 권위적 이라는 용어를 해체하게 하였다.

[170] 이천년 기독교의 역사와 지배에 반기를 들고, 무신론에 바탕을 둔 리처드 도킨스의 『만들어진 신』과 불멸의 존재를 꿈꾸며 진화하는 인간에 대한 유발 하라리의 저술 『호모 데우스』는 세계적 유행을 일으켰다.

은 더 이상 종교학과 신학의 영역이 아니다. 융합과 통섭의 시대답게 영성은 사회과학과 인문학, 보건의료와 사회복지 그리고 교육과 예술에 이르기까지 그 영향력을 보여주고 있다. 영성은 철학, 심리학, 상담학, 의학, 죽음학에서 그 자리를 만들어가고 있다.

그렇다면 영성이란 무엇인가? 영성은 라틴어 형용사 Spiritualis에서 유래된 말이다. 성서에서는 영(靈, Pneuma)을 의미하는 그리스어 형용사 Pneumatikos로 번역되었다. 즉 일반적으로 영적(spiritual)이라는 말은 비물질적이고, 신적(神的)이고, 초월적이고, 신비적인 어떤 상태를 의미한다. 그래서 사람들은 영적이라는 말을 육체적이라는 말과 대비해서 이원화된 개념으로 생각한다. 하지만 본래의 의미는 신체적(Bodily), 육체적(Physical) 의미와 반대의 개념은 아니다.

이러한 영성의 어원적 의미를 넘어 임병식은 영성의 개념을 '자각과 알아차림'에 둔다. 그것은 상실과 죽음의 한계상황 속에서 싹트는 소외, 낯섦, 불안 등의 감정에 기초한다. 즉 그 언어의 정신성에 방점을 둔다. 물론 정신성이 물질성을 거부하거나 소외시키지 않는다. 인간이 갖는 물질성 너머에 있는 정신성으로의 초월을 의미한다. 물질성의 토대 위에 나타나는 정신성이다.[171] 또한 고정된 명사가 아니라 움직이는 동사이다. 그것은 인간의 마음과 육체, 정신과 신체를 모두 포괄하는 의미이다. 인간 전(全) 존재가 자각과 알아차림 즉 깨달음(대각/大覺)을 통해 물질성을 넘어 초월적 정신성으로

---

171 「영성의학 Ⅵ」 임병식, '의미-연결-초월성' 한국싸나톨로지협회, 2024년.

의 전이(轉移)이기도 하다.

기독교의 영성 신학자들은 현대의 영성 개념을 확장한다. 영성은 매우 포괄적 의미를 내포하고 있으며, 다양한 분야와 다양한 맥락에서 사용되기도 한다. 영성의 개념은 이원화(二元化)되고 이분화(二分化)된 한쪽의 의미만을 말하지 않는다. 정신과 육체를 아우르는 전체적인 의미의 개념이다. 삶 전체라는 통합적 관점으로 보는 것이 타당하다. '영적인 것'을 나타내는 그리스어 'Holos'는 '전체적인 것'의 의미인 'Whole'에서 나온 말이고, 그것은 'The Holy'와 연관되어 있다.[172] 인간에게 있어서 영적인 삶이란 육체를 거부하는 한쪽의 부분만을 말하는 것이 아니다. 인간 삶의 전체성[173]을 의미하고 있다. 인간의 삶과 죽음은 그렇게 전체성으로서 신성함과 거룩함에 연결되어 있다. 하느님에 대한 믿음은 인간 존재와 자연, 더 나아가 우주 전체를 향한 무한함의 세계로까지 확장된다. 이렇듯 현대 영성은 확장된 개념이다. 전체성, 확장성을 포함하고 있다.

또한 현대 영성은 종교성을 넘어 삶의 의미와 결합된다. 종교성을 넘는다는 뜻은 종교성을 거부하거나 배제한다는 뜻이 아니다. 종교성을 포함하여 삶의 의미와 결합된다는 뜻이다. '영성'의 어원적 의미가 육체성과 정신성을 포괄하는 개념이듯이, 종교적 행위와 종교

---

[172] 『영성이란 무엇인가』 필립 셸드레이그, 힌윤징 역, 불광출판사, 2023년, p14-p16.
[173] 『융의 심리학과 기독교 영성』 에르나 반 드 빙켈, 김성민 역, 한국심리치료연구소, 2010년, 8p, 185p. "융은 인간의 정신(la psyche)이 의식과 무의식의 전일체(全一體)로 이루어져 있다고 확신하였다. 즉 이 전일체는 인간 삶의 모든 영역에서 작용하고 있으며, 인간의 모든 일에 반응하고 있다고 생각했다." 즉 자기 자신의 영적인 부분과 물질적인 부분을 조화시켜서 온전한 인간으로 존재하기를 추구해야 하는 것이다.

적 수행, 종교적 믿음과 깨달음의 체계를 포함한다.[174] 영성은 어떤 전혀 다른 세계에 옮겨가서 뜬 구름을 잡는 행위를 말하지 않는다. 그러므로 영성은 자신의 정체성과 연결되며, 그 정체성은 지금 현재 살아있는 실존으로서의 삶으로 연결된다. 자신의 삶, 정체성, 인격으로 현현(顯現)되어야 하는 세계이다. 그러므로 현대 사회의 영성 또한 그 안에 이미 종교성과 의례성, 종교적 체험과 영적 체험을 포함하고 있다고 본다. 그것의 완성은 의례와 형식, 제도와 권위, 강요와 의무에 갇히지 아니하고 그것으로부터 출발하여, 그것을 넘어서는 본래성으로의 전환(轉換)이다. 종교성을 넘어 영성으로의 진화(進化)이다. 미완성으로부터 시작하여 완성으로의 천화(遷化)이다.

2) 고백2. 종교적 체험을 넘어 영성으로

처음 교회에 나간 것은 여섯 살 무렵 서울 노량진에 살 때였다. 우리 가족이 세(貰)를 살고 있던 집주인의 권유였다. 우연적 사건은 나의 삶의 방향을 바꾸어 놓았다. 초등학교 6학년 겨울방학은 나의 인생을 결정짓는 사건이었다. 신비한 종교적 체험이었다. 그 후 중고

---

174 '종교적'이라는 용어에 '답답함, 강제성, 권위적, 제한성' 등의 이미지가 있는 것은 사실이다. 그래서 현대 사회에서 사람들은 '종교'로부터 벗어나기를 바란다. '정해진 틀, 제도, 권위적, 의례, 성직자와 신자의 구분, 강요와 의무' 등으로 인해 무언가 갇혀 있는 것과 같은 이미지로 고정되어 있다. 하지만 영성의 출발은 종교적 체험과 행위로부터 시작된다. 일체의 종교에 몸담지 않았다 하더라도 그 사람이 지향하는 영성의 세계는 이미 종교적 영성을 포함하고 있다. 예수 시대에 예수가 선포한 놀라운 말들로 인해 사람들은 열광했다. 마치 기존의 유대교를 거부하는 새로운 종교의 탄생으로 이해했는지도 모른다. 하지만 예수는 '율법과 선지자 즉 유대교의 전통과 근간을 폐하러 온 것이 아니다'라고 선언한다. 오히려 '완전케 하려함'이라고 말한다.(마태복음5:17-20) 환호하는 군중들을 향해 '너희 의가 서기관과 바리새인보다 더 낫지 아니하면, 결단코 천국에 들어가지 못 한다'라고 말한다.

등학교 시절 나의 삶은 학교와 교회를 중심으로 이루어졌다. 종교적 체험은 기도와 방언, 신유의 체험과 믿음의 성장 그리고 종교적 비젼과 신학의 길로 나를 이끌었다. 10대와 20대의 종교적 체험은 나의 삶을 결정하였고, 내 인생의 주제를 구성하였다. 이러한 신학적 탐구는 '역사적 예수' 또는 '역사의 예수'에 천착(穿鑿)하게 하였고, 삶의 지향성을 만들어가게 하였다.

3) 'Text'로서의 예수와 'Context'로서의 죽음학

기독교 영성의 Text는 역시 역사적 예수이다. 역사적 예수의 삶과 언어들은 2천년의 시간을 넘어, 지금 여기의 Context에 연결된다. 예수의 가르침은 신의 본성, 신과 인간의 관계, 신의 초월과 내재 등 우리가 지금 고민하고 있는 영성의 주제들과 접목된다. 이러한 주제들은 죽음학과도 연결된다. 1) 신이 인간이 되었다는 성육신(聖肉身)의 사건 즉 incarnatio(降生)는 죽음학에서 말하는 내재적(內在的) 사건이며, 하느님과 내가 만나는 사건이다. 내재는 벽을 향해(向壁) 모셨던 신을 내 안으로 모시고 오는(向我) 결단이다.[175] 내 살과 내 피를 마심으로 '너는 내 안에, 나는 네 안에' 함께 머무르는 사건이다. 2) 고백된 그리스도의 사건으로부터 시작되는, 초월적(Transcendence)세계에 대한 믿음의 체계는 죽음학에서 말하는

---

[175] 종교성과 영성은 고통과 연결되어 있으며, upward를 향하고자 했던 종교성의 기재를, downward 즉 '나'에게 향하고자 하는 영성의 기재로 전회 하는 것이 중요하다고 본다. 두려움, 떨림, 불안, 괴로움의 촉발(觸發)로부터 시작된 종교성이 영성으로 전회 되어 이해될 때, 자신을 괴롭히던 고통에서 의미를 발견하게 된다. '향벽(向壁)'이 반복될 때 비로소 '향아(向我)'가 실현된다고 해석한다.

자각으로의 전회(轉回), 본래성(本來性)에 대한 알아차림 등과 맞닿아 있다. 3) 역사 속에서 살았던 인간 예수의 하느님 나라(Kingdom of God, $\beta\alpha\sigma\iota\lambda\epsilon\iota\alpha$) 개념은 화해와 용서, 사랑과 배려에 연결된다. 그러므로 기독교 영성과 죽음학은 현재적이며, 동시에 초월적이다. 개인적 사건을 넘어 사회적이고, 공동체적 사건으로의 확대이다. 메멘토 모리이면서 카르페 디엠을 표현한다.

3. 죽음학의 영성은 무엇인가?

죽음학의 영성은 무엇일까? 영성은 무슨 거창한 세계일까? 영성은 아주 어려운 고차원의 종교적, 인문학적, 철학적 단계일까? 우리가 삶을 살아가면서 경험하는 영성은 어디에 있을까? 교회와 성당, 절과 사당에만 있는 것인가? 질문을 던져본다. 영성은 그리 어렵지 않다. 영성은 일반인들이 범접하기 어려운 그런 세계가 아니다. 영성은 오히려 우리 가까이에 있다. 우리가 숨 쉬며, 살아가는 삶의 자리(Sitz Im Leben)에 있다. 우리가 사는 지금, 이곳에 영성이 있는 것이다. 오늘 하루하루가 영성의 자리이며, 지금 만나는(Here and Now) 모든 관계 속에 영성의 자리가 있는 것이다. 그리고 죽음학을 통해 가져오는 영성은 더더욱 우리의 가까이에 있는 것이다. 그것은 바로 죽음을 생각함으로 우리가 경험하고 획득해야 하는 세계이다.

1) '물질성'을 팔고, '영성'을 사다. - 중지(中止)를 통해 주체의 영성으로
기독교의 경전인 신약성서에 나오는 예수의 비유 중 「하느님 나

라와 보물」의 비유[176]는 성서에 대한 철학적 영성의 예이다. 진주와 보물을 발견한 어떤 사람은 그 보물을 밭에 묻어두고, 가서, 자신이 가진 모든 것을 팔아, 그 밭을 산다. 이 이야기에서 진주와 보물이 애초에 누구의 것이었느냐? 그 사람의 행위가 도덕적으로 옳은 것인가? 등의 논의는 중요하지 않다. 논점은 바로 '그 사람'의 행위에 있다. 좋은 진주를 발견했을 때 그 상인은 자신이 가진 것을 다 팔아 그 진주를 산다. 밭에서 보물을 발견하면, 그 사람은 아무도 모르게 그 보물을 밭에 다시 묻어두고,[177] 가서 자신의 모든 것을 팔아 그 밭을 산다. 중요한 점은 정말 가치 있는 것을 발견함에 있다. 가치 있다고 생각하는 것은 사람마다 다를 것이다. 하지만 그 상인과 그 사람은 자신의 전 재산을 걸고라도 살 만큼 가치 있는 것을 발견했다. 인생에 있어서 그러한 순간은 누구에게나 열려있다. 하지만 모든 사람이 그러한 가치를 발견하거나, 그러한 순간을 맞이하는 것은 아니다. 이 이야기의 주인공은 그러한 순간을 경험했다. 그리고 가서 자신의 모든 것을 팔아, 그 가치 있는 것을 샀다. '발견하다-가다-전 재산을 팔다-사다'로 이어지는 이 사람의 행위는 인생 전체를 흔들 만큼 중요한 사건이 된다. 관행, 습관, 타성, 타협, 강요, 당위가 아니라 자신의 삶에 대한 획기적인 전환이다.

---

[176] 마태복음 13:44-46 "천국은 마치 밭에 감추인 보화와 같으니 사람이 이를 발견한 후 숨겨두고 기뻐하여 돌아가서, 자기의 소유를 다 팔아 그 밭을 샀느니라. 또 천국은 마치 좋은 진주를 구하는 장사와 같으니, 극히 값진 진주 하나를 만나매, 가서 자기의 소유를 다 팔아서 그 진주를 샀느니라."

[177] 당시에 사람들은 보물을 자신의 땅에 묻어두고 여행을 가기도 했으며, 피난을 가기도 했다.

첫째, 철학적으로 말한다면 에포케(Epoche)이다.[178] 에포케는 정지, 중지, 중단을 의미한다. 철학에서는 일반적으로 판단중지를 말한다. '중지'는 무엇인가? 지금까지 살아온 것에 대한 획기적인 전환을 의미한다. 전환을 위해서는 먼저 '중지'가 선행되어야 한다.[179] 삶에 있어서 가장 가치 있는 어떤 것을 발견한 후 그는 중지하고 다시 새로운 길을 갔다. 물론 그것은 단지 물질성만을 이야기하는 것이 아니다. 오히려 물질성을 넘어서는 정신성과 영성의 영역이기도 하다. 그리고 자신의 삶을 전회해서 "가서-자신의 모든 것을 팔아-그것을 사다"를 실현하는 것이다, '무엇을 하면 영생을 얻을 수 있느냐?'고 질문하는 부자 관원에게 예수는 '네가 가진 모든 것을 팔아, 가난한 자에게 주고, 너는 나를 좇으라'라고 말한다. 그리고 이러한 과정에서 그 사람에게 요구되는 것은 발견한 그것을 사는 것이다. 참된 가치, 새로운 가치, 영적 가치, 정신적 가치를 사야 한다고 말하고 있다. 예수를 좇는 행위는 물질성에만 있지 않기 때문이다. 그는 새로운 인생의 길을 가기 시작한 것이다. 그동안 가지 않았던 가치와 의미의 길을 가는 것이다. 그에게 보물은 금은보화를 넘어서는 것이다.

둘째, 이 이야기의 주인공은 진주나 보물이 아니라, 그것을 발견

---

178 『예수가 하려던 말들』 김호경, 뜰힘, 2022년, p19-p20. 저자는 '에포케'를 회개의 첫걸음 즉 '그것이 옳은 것인가?'에 의문을 던지는 행위로 표현한다. 이러한 관점은 삶의 전환을 이루기 위해 지금까지 살아 온 자신의 삶을 '중지'하고 새로운 삶으로 바꾸는 것으로 해석할 수 있다.

179 임병식은 「영성의학 VI」에서 한 인간으로서 경험하는 개인이 한계상황의 사건을 통해 그 사건과 하나가 되어, 비로소 의식(마음)의 지향성을 '현재, 이 순간'에 멈추게 하는 그 '멈춤(止, stop, 滅, 死, 息)'을 통해 발견하게 되는(보게 되는) 실재성을 강조한다.

한 '사람'이다. 일반적으로 하느님 나라와 보물의 비유에서 '보물'에 초점을 맞춘다. 그것도 물질적 가치에 의미를 둔다. 기독교와 예수의 정신이 물질로서의 보물에만 가치를 둘 때, 종교는 타락한다. '사람이 떡으로만 살 것이 아니요, 하느님의 입으로 나오는 말씀으로 살 것이라'(마태4:4)는 예수의 선언은 그것을 방증(傍證)한다. 즉 그 삶의 주체가 바로 사람이다. 이때에 그 밭을 사는 사람, 그 진주를 사는 사람의 주체적 결단이 필요한 것이다. 주체가 된다는 것은 곧 본래성으로서의 자기 자신(Selbst)이 되는 것이다. "사르트르가 말한 '앙가주망(engagement)'이다. 그것은 주체적으로 관계된 일에 참여하는 것이다."[180] 주체로서의 내가 나의 삶에 관계된 모든 것에서 '어떻게 살 것인가?'의 질문과 연결되어 있다. 그러므로 영성은 "나" 그리고 "삶"과 직결되어 있다. 영성은 이 세계를 떠난 어떤 다른 세계의 이야기가 아니다. 영성은 고차원적인 어떤 세계가 아니다. 영성은 소수의 영성가들 만이 가지고 있는 전유물이 아니다. 영성은 비록 현학(玄學)적인 언어를 사용하지 못하더라도, 평생을 온몸으로 삶을 살아온 어느 무지(無知)와 무식(無識)의 어머니에게도 있다. 즉 영성은 이 세계와 관계되어 있고, 우리의 삶과 밀접(密接)되어 있다. 나 자신과 삶을 배제한 영성은 허황(虛荒)된 요설(妖說)이 될 가능성이 농후(濃厚)하다. 즉 영성은 누구에게나 열려 있는 "주체

---

[180] 『예수가 하려던 말들』 p28-p49. 저자는 '하나님 나라와 밭의 보물에 관한 비유'를 철학의 명제인 '에포케'와 '앙가주망'으로 해석하고 있다. 그리고 그 관계를 키에르케고르가 말한 "확장된 관계"의 개념으로 설명한다. "인간은 무한과 유한, 시간적인 것과 영원한 것, 자유와 필연의 종합이며 또는 종합이라는 관계이다. 인간을 둘러싼 관계는 보이는 것과 보이지 않는 것을 포함한다." 그리고 그 관계의 지향을 균형과 평형의 상태로 본다.

로서의 삶"이다.

2) 자신의 고통을 '말함'이, 의미화의 영성으로

나는 누구이고, 나는 무엇 때문에 살아가는가? 정말 '나다움'은 무엇인가? 인간으로서 인간답게 산다는 것은 무엇인가? 에 대한 대답을 찾아가는 것이다. 이러한 질문을 통해 인간의 실존을 회복하는 것이다. 우리는 태어나는 순간부터 이 세계 즉 상실의 세계에 던져진 존재이다. 그 가운데서 자신을 발견해 나가는 것이 죽음의 의미이다. 즉 죽음에게 질문을 던짐으로 나를 찾아가는 자기 성찰의 과정이다. 그 첫 번째 단계가 감정과 동일시된 자아에서 벗어나는 것이다. 즉 감정과 직면(直面) 또는 대면(對面)하는 것이다. 그것은 자신이 느끼고 있는 감정을 표출하는 것이며, 감정 그대로를 표현하는 것이다. 자신의 신체에서 일어나는 느낌을 말해보는 것이다. 자신의 느낌을 언어로 상징화하는 것이다. 그것은 자신의 혼란스러운 감정에 대처하는 단계이다. 고통의 감정을 상징화하고 표현해 보는 것이다. 마치 자신의 내면을 그림으로 그리는 것과 같다. 자신의 상처가 무엇을 원하는지를 예감해 보는 것이며, 말과 그림으로 표현하는 것이다. 그러한 과정을 거치게 되면 그 사람은 자기 스스로 그 사건과 자신에 대한 인과적 이해를 위한 고리들을 찾아가게 된다. 즉 자신에게 그 사건이 왜 일어났는지에 대해 합리적 이해를 찾고 재구성하게 된다. 그 과정에서 인과적 이해에 가장 적합한 언어표상을 만들

어 낸다.[181] 적합한 언어를 찾아야 의미화의 실마리를 찾을 수 있기 때문이다.[182]

---

181 임병식은 「영성의학Ⅲ」 '고통의 본질'에서 통증과 고통, 고뇌를 통하지 않는 종교성과 영성은 없으며, 다만 이를 '어떻게 해석하고, 받아들이고, 이해하는가?' 하는 심적 태도 즉 인과적 이해에 가장 적합한 언어 표상을 찾는 것에 있다고 보았다.

182 석가모니의 일화 중에 '고타미'라는 여인의 이야기가 있다. 그녀는 행복한 가정을 이루고 자녀를 낳았는데, 그 아기가 걸음마를 할 무렵 그만 병으로 죽고 말았다. 고타미의 슬픔은 말로 표현할 수 없었다. 아들의 식어가는 몸을 끌어안고 어찌할 바를 모른 채 울부짖었다. 그녀는 거리를 헤매는 미친 여자가 되어 버렸다. 그때에 석가모니의 제자가 그녀에게 다가가 석가모니에게 '가 보라'고 그녀를 불러 세웠다. 그리고 그녀는 석가모니에게 달려가 사랑하는 아들을 살려달라고 애원하였다. 그러자 석가모니는 "여인이여 이 아이의 병은 고치기 쉽다. 겨자씨 대여섯 알을 먹이면 된다. 거리로 나가서 얻어 오너라. 그러나 겨자씨는 아직 한 번도 장례식을 올린 일이 없는 집, 다시 말해 사람이 죽은 일이 없는 집에서 구해 와야 하느니라."라고 말하였다. 고타미는 자식을 살리고자 하는 마음에 거리로 뛰쳐나가 이 집, 저 집을 다니면서 겨자씨가 필요하다고 구걸하였다. 하지만 단 한 집에서도 얻을 수 없었다. 그리고 모든 집에서 가족이 죽은 이야기를 들을 수 있었다. 그때 고타미는 깨닫게 되었다. "사람으로 태어나 죽지 않는 자가 없구나. 죽음의 슬픔이 찾아오지 않는 집은 없구나. 내 소중한 아이도 죽지 않을 수 없구나. 나 또한 언젠가는 죽을 몸이 아닌가?" 순간 그녀는 몸에 좁쌀 같은 소름이 돋는 것을 경험했다. 그리고 며칠을 품에 안고 돌아다니던 사랑하는 아들의 몸을 땅에 묻고, 석가모니에게 찾아가 최초로 비구니가 되었다.
  예수는 길을 가다가 피곤하여 수가라는 동네의 우물곁에서 쉬고 있었다. 그때에 사마리아 여자 한 사람이 물을 길러 왔다. 예수는 그녀에게 물을 좀 달라고 하였다. 그녀는 사마리아 여자인 자신에게 말을 거는 유대인 남자의 행동에 의아하게 생각하였다. 왜냐하면 유대인들이 사마리아인을 상종하지 않았기 때문이다. 그러면서 물과 생명의 샘물에 대한 이야기를 나누게 되었다. 그러자 그녀는 자신이 지금까지 살아오면서 겪게 된 남편 다섯에 대한 이야기를 꺼내게 되었다. 그리고 예수를 통해 참된 믿음을 깨닫게 되었다. 그녀는 멸시받던 자신의 처지를 극복하고, 다시 동네로 들어가 자신이 겪은 이야기를 말하게 되었다.
  두 이야기의 공통점은 비로 그 여인들이 자신들의 고통을 자신들의 언어로 타인에게 표현했다는 것이다. 자신이 겪은 고통의 경험을 자신의 언어로 구성 또는 재구성한 것이다. 고타미는 집집마다 다니면서 아이를 잃은 자신의 고통을 자신의 언어로 설명했고, 사마리아 여인은 자신이 그동안 살아오면서 남편이 다섯이나 생기게 된 기막힌 사연을 자신의 언어로 표현했다. 즉 자신의 아픔과 고통을 말과 언어로 표현하기 시작했을 때 비로소 자신의 고통에 대한 메커니즘을 발견하게 되는 것이다. 그리고 그 해답을 스스로 얻게 되는 것이다. 이러한 구조는 사물표상이 언어표상으로 전환되는 구조와 동일하다.

3) 화해와 용서의 행위를 통해, 실천의 영성으로

죽음학은 죽음을 인문정신에 입각하여, 의미적·관계적 관점으로 바라보는 것이다. 모든 사람은 죽는다. 모든 사물도 죽는다. 하지만 그 죽음에 대한 해석은 다양하다. 죽음에 대한 해석을 인문학적 관점으로 바라보자는 것이다. 융·통섭(融·通涉)을 통해 인문학적 관점을 실현하는 것이다. 인문정신의 기본은 인간에 대한 사랑(仁)이다. 인문학적 통섭은 삶과 죽음의 완성을 지향한다. 즉 인간에 대한 사랑에 바탕하여, 삶을 완성하고, 의미를 실현하며, 관계를 회복하는 것이다. 파괴, 절망, 고통, 상실, 단절의 삶이 아니라 회복, 사랑, 충만, 의미, 구원의 완성을 이루는 것이다. 인문정신의 지향은 상실, 아픔, 고통, 눈물 속에서도 우선순위를 결단하고, 진정한 삶의 가능성을 자각하는 것이다. 삶의 소중함과 가치 그리고 삶의 의미를 탐색하고 추구하는 것이다. 그것은 자신과의 화해이며, 타자와의 화해를 실천하는 것이다.[183]

---

[183] 이야기1) 강원도의 어느 마을에서 평생을 사신 어르신이 있다. 그는 농부로서 삶을 살았고, 마을의 교회에 어릴 적부터 다닌 독실한 기독교인이었다. 아버지가 물려주신 전답(田畓)을 열심히 일구며 살았고, 교회에서도 장로가 되어 충성을 다하였다. 하지만 50대부터 소위 '정치바람'이 들었다. 농촌지역에는 이장, 협의회장, 새마을지도자 등 이런 저런 직함들이 많다. 이러한 일들에 관심을 가지고 지역의 여러 일들에 관여하기 시작했다. 급기야 시의원 선거, 도의원 선거, 농협 조합장 선거 등 웬만한 선거에는 모두 명함을 내밀었다. 하지만 여러 차례의 도전에도 불구하고 당선이 안 되었다. 물려주신 재산을 처분하여 사용하다 보니 농지도 많이 줄었다. 나이가 들어 80대 초반이 되었고, 암(癌)이 생겨 자신의 생(生)이 얼마 남지 않았음을 알게 되었다. 어느 날 그는 선거에 나가 경쟁했던 여러 사람들을 한 명씩 만나기 시작했다. 그리고 그들에게 자신을 용서해 달라고 말했다. 왜냐하면 선거를 할 때마다 상대방 후보를 비난하고, 욕하고, 음해하는 일들을 했기 때문이란다. 그리고 그는 죽음을 맞이하였다. 필자가 살고 있는 지역에서 있었던 실제 이야기이다. 이 이야기에서의 영성은 주체성과 능동성을 가지고 화해를 실천하고자 했던 노력이다. 타자와의 관계 맺음에 있어서 '자기로부터의 성찰'을 실천한

4) 자기-원인적 동일성을 넘어, 타자를 향한 영성으로

죽음학의 영성은 "타자, 차이와 다름, 자기-원인적 동일성, 이해와 공감"이다. 타자(他者)는 상대방의 '존재'를 있는 그대로 바라보는 것이며, '차이와 다름'은 상대방을 그 사람의 '생겨 먹음' 그대로 인정하는 것이다. '자기-원인적 동일성'에 대한 『죽음학교본』의 설명은 다음과 같다. "우리의 '인지 도식'이 상대방의 의도와 상관없이 자기-원인적 방식으로 상대방을 동일시해서 이해한다. 어떻게 보면 많은 상처의 경우, 실재하는 상처라기보다는 자기-원인적 인과 방식인 자기-원인적 동일성으로 '상처를 재구성'한 것으로 보는 것이 더 진의(眞意)에 가깝다"[184] 즉 우리의 모든 관계에서 발생하는 상처와 상실은 실재의 사건이라기보다는 '내 안'에서 각인되고, 해석된 인식이라는 것이다. 결국 '나와 너'에 대한 이해와 공감을 통해 나와 다른 타자를 '차이와 다름'이 존재하는 '있는 그대로'로 받아들임으로써, 우리는 비로소 '타자를 향한 영성'을 경험하게 된다.[185]

것이다. 성찰은 본래의 인간다움으로 돌아가고자 하는 영성이다.
184 『죽음학교본』 p710.
185 이야기2) 아주 오래된 이야기이다. 강원도의 어느 산골 마을에 작은 암자가 하나 있었다. 그리고 그 마을에 한 처녀가 살고 있었다. 옛날 산골의 마을들은 외부와의 소통이 어렵고, 또 마을 자체의 배타성이나 폐쇄성이 많았다. 그런데 어느 날 그 처녀가 임신을 한 것이다. 마을은 온통 난리가 났다. 처녀가 임신을 했으니 놀랄만한 일이었다. 그녀의 아버지와 마을 어른들은 모여서 임신을 한 그녀를 추궁하기 시작했다. 아기의 아버지가 누구인지 알고자 했다. 하지만 그녀는 끝내 입을 열지 못했다. 만약 입을 열면 마을 사람들이 몰려가서 '다리몽둥이'를 부러트릴 것이기 때문이다. 그녀는 추궁을 견디다 못해, 아기의 아버지가 산속에 있는 암자의 스님이라고 말했다. 마을 사람들은 흥분하여 아기를 안고 암자로 몰려갔다. 암자의 온갖 기물들을 부수고, 스님에게 욕을 하고 아기를 주고 돌아왔다. 스님은 말없이 아기를 안았고, 아기를 키웠다. 그리고 많은 시간이 흐른 후 마을 사람들은 아기의 아버지가 스님이 아니라는 것을 알았다. 비로소 마을 사람들은 자신들이 잘못한 것을 알고 암

5) 내가 맞이해야 할 나의 죽음(재귀적 관점으로)
  - 마지막 죽음의 순간에 무엇이 남는가?

지금 나의 죽음이 임박한 상황이라는 문학적 상상을 해 보자. "나는 지금 침대에 누워있으며 나의 옆에는 아무도 없다. 조금 전까지 내 옆에 있었던 가족도, 그리고 간병인도 쉬기 위해 잠시 자리를 떠났다. 나는 숨을 거칠게 몰아쉬고 있으며, 통증은 지속적으로 느껴진다. 몸은 한없이 무겁지만 의식은 명료했다. 하지만 이제는 의식도 점점 희미해진다. 아무런 말도하기 어려워진다. 자신의 몸을 완전히 태우고 마지막으로 심지(心-)만 남아 꺼져가는 촛불과 같다. 이러한 마지막이 나에게도 찾아올 줄 생각도 못했다. 모든 것이 후회스럽고 두렵다. 나는 죽으면 어떻게 될까? 계속되는 질문이 내 머리 속을 맴돌았다. 고맙다는 말도, 미안하다는 말도, 사랑한다는 말도 충분히 하지 못했다. 이제 점점 나의 의식과 호흡은 사그라들었다. 그리고 숨을 멈추었다. 이제 나의 의식은 깊은 터널로 빠져 들어갔다. 그리고 터널의 끝에 빛이 보이기 시작했다."

죽음은 누구도 경험해 보지 못한 세계이다. 죽음을 경험한 사람은 이미 이 세상에 존재하지 않기 때문이다. 그럼에도 우리가 죽음을 이야기하는 것은 왜일까? 죽음에 대한 이야기를 통해 우리는 무엇을 얻고자 하는 것인가? 아직 일어나지 않았고, 만약에 일어났다면 되

자를 찾아가 스님에게 용서를 구하며, 스님의 훌륭한 인격을 존경하게 되었다. 어릴 적에 들었던 '전해 내려오는 이야기'이다. 이 이야기에서의 영성은 이해와 공감을 통해 타자에 대한 수용과 포용의 영성이다. 오해와 편견, 상처와 미움조차도 모두 품고자 했던 산상수훈의 영성이다. 자기-원인적 동일성을 벗어나 타자의 세계에 온전히 자신을 내어 던져 줌으로써 종교적이고 영적인 삶을 실천한 것이다.

돌릴 수 없는 죽음이지만, 우리는 그것을 미리 가지고 와서 오늘 나의 삶에 연결해 보고자 하는 것이다. 선구적(先驅的) 결단이며, 선험적(先驗的) 예지(叡智)이다. 미래에 일어날 일을 오늘로 가지고 와서 오늘을 제대로 살아보자는 것이다. 한계상황 속에서 사는 인간의 실존을 인식하고, 오늘을 어떻게 살아야 하는지 생각해 보자는 것이다. 지금 현재 나에게 있어서 가장 소중한 사람이 누구인지, 가장 소중한 것이 무엇인지 깨달아 보자는 것이다. 하느님(神)께서 나에게 주신 소명(召命)이 무엇인지, 나에게 향한 하늘의 뜻이 무엇인지 생각해 보자는 것이다. 비명(非命)이 아니라 천명(天命)이 무엇인지, 정명(正命)이 무엇인지 실천해 보자는 것이다. 지금 나의 삶이 얼마나 소중한 것인지, 얼마나 축복과 같은 일인지 알자는 것이다.

오늘 아침 나는 여전히 잠에서 깨어났다. 그리고 나에게 들려오는 물 흐르는 소리와 새들이 지저귀는 소리는 여전(如前)하며, 여여(如如)하다.

제7강

외상적 죽음과 대처(coping)

죽음학 수업

제7강 외상적 죽음과 대처(coping)

1. 외상적 죽음과 트라우마[186]

1) 외상적 죽음(Traumatic Death)의 정의

인간이 겪는 모든 죽음은 외상적이다. 하지만 외상적 죽음으로 정의되기 위해서는 다음의 요소들이 필수적으로 고려되어야 한다. 1) 갑작스럽고 예측하지 못한 죽음 2) 폭력, 파괴, 손상(multilation)에 의한 죽음 3) 예방가능성이 있었으나 예방하지 못한 죽음 4) 무작위성 즉 우연적인(randomness) 죽음 5) 다수의 죽음 6) 외상적 사건에서 살아남은 생존자들의 죽음에 대한 경험 즉 생존에 대한 심각한 위협이나, 다른 사람들의 죽음과 손상에 대한 대규모적이고 충격적인 대면이다. 구체적인 죽음의 형태로 구분해 보면 자살, 살인, 사고, 유아돌연사, 테러, 전쟁, 전염병, 자연재해 등으로 인해 일어난다.

정신역학적(psychodynamic theory, 정신역동이론) 관점에서 보면, 외상적 죽음을 경험한 사람들은 자신의 죽음에 대한 공포를 과장하는 '전멸 불안'(annihilation anxiety)이나, 죽음에 대해 부정적인 생각이나 이미지 등으로 인해 악몽(惡夢)을 경험하는 '반복강박'(repetition compulsion)에 시달리게 된다.[187] 왜냐하면 외상

---

186   이 글은 한국싸나톨로지협회에서 발간하는 『죽음교육교과서』에 필자가 공동저자로 참여하여 수록한 내용을 일부 수정하였다.
187   "그날"에 갇힌 재난 생존자들의 이야기. 2020년 홍수로 인해 부산 초량동 지하차도에서 가족을 잃은 재난 생존자의 인터뷰(KBS 뉴스, 2021년 6월 25일) 3명이 숨지는 사고(엄마와 딸이 차에서 내려 가슴까지 차오르는 물속을 걸어

은 본인의 의지와 상관없이 갑자기 자신의 온 몸에 깊이 새겨진 흔적이기 때문이다.

또한 외상적 죽음은 개인적인 사건에서 발생하는 경우도 있지만, 사회적이고 집단적인 사건에서 발생하기도 한다. 이러한 외상을 '집단적 외상'(Collective Trauma)이라고 말한다. 다수의 죽음은 그 일을 겪게 되는 유족들뿐만 아니라, 그 사건을 목격하고 경험한 많은 사람들에게도 엄청난 충격을 준다.[188] 이러한 사회적이고 집단적인 사건들은 개인과 사회 전반에 깊이 스며들어 영향을 미친다. 사람들의 기억 속에서 좀처럼 사라지지 않으며, 트라우마에 대한 문화적 현상으로 남게 된다.

2) 트라우마(Trauma)의 개념과 상담가들

'트라우마'는 DSM-5에서[189] 다음과 같이 정의한다. 실제적이거

나오다가 딸이라도 살아서 나가라며 손을 놓았는데 딸이 숨짐) "무슨 단어를 써야지 슬픔을 표현할 수 있겠습니까? 상처가 아문다는 것이 1,2년 지나서 아문다면 다행이지만, 그게 아니고 더 깊어지는 것 같아요" "매일 매일이 1년 전 7월 23일 그날로 붙잡혀 있는 상태이거든요. 언제 끝날지 모르겠습니다."(유가족 인터뷰)

188 대표적인 사건으로 2014년 4월 16일 진도 앞바다에서 세월호가 침몰되어 안산 단원고 학생들을 포함하여 304명이 목숨을 잃은 사건이다. 당시 국민들은 큰 충격에 빠졌으며, 아직까지도 진실규명이 제대로 되지 않아 유가족들은 외상에서 벗어나지 못하고 있다. 2011년 3월 11일 발생한 동일본 대지진으로 2만여 명이 숨지고, 2001년 9월 11일 발생한 뉴욕 월드트레이드센터 테러 사건으로 2,800여명이 목숨을 잃었다. 2024년 12월 29일 한국의 무안공항에서 여객기의 비상착륙 후 충돌에 의해 179명이 사망하는 안타까운 사건이 발생하였다. 이러한 집단적 사망 사건은 집단적 외상의 대표적인 사례들이다.

189 DSM-5는 『Diagnostic and Statistical Manual of Disorder, 5th edition』(정신 장애 진단 및 통계 편람, 제5판, APA, 2013)이다. 일부 학자들은 '외상성'의 개념을 실제적, 위협적, 심각한 죽음이나 부상 그리고 성폭행으로 제한

나 위협적인 죽음, 심각한 부상 또는 성폭력에 대한 노출이 다음 중 한 가지(또는 그 이상)에 나타났을 때를 말한다. 1) 외상적 사건에 대한 직접적인 경험, 2) 다른 사람에게 발생한 사건을 직접 목격, 3) 외상적 사건들이 가족, 가까운 친지, 친한 친구에게서 발생한 것을 알게 됨(단 그 사건이 폭력적이거나 갑작스럽게 발생한 경우) 4) 외상적 사건에 반복적으로 지나치게 노출되는 직업을 가진 사람들(구조대원, 경찰관, 변사처리자 등)에게 나타나는 증상이다.

외상적 죽음을 경험한 사람들에게 나타나는 외상후 스트레스장애(PTSD)는 1980년대 중반에 등장한 개념이다. 이제는 심리학, 정신의학, 사회복지학 등의 분야에서 종사하는 임상 전문가들에게는 기본적인 개념이 되었으며, 애도 및 비탄과 관련한 상담가들에게도 필요한 내용이 되었다.[190] 전 세계는 테러, 사고(human-caused), 자연재해 등에 의해 발생하는 외상적 사건들을 겪고 있다. 그리고 그 사건들로 인해 비탄을 겪고 있는 사람들을 돕기 위한 비탄 상담가(grief counselor)들이 활동하고 있다. 한국 사회도 이태원, 세월호 사건과 같은 대규모의 참사[191]를 겪었으며, 앞으로도 발생하지 않

하는 것은 문제가 있다고 말한다. 하지만 그 이외의 일반적인 개념까지 폭 넓게 인정하면, 연구의 범주가 너무 커질 수 있다.

190 트라우마와 관련된 최근의 흐름을 보면, 트라우마 뇌손상(traumatic brain injury, TBI), 급성 스트레스 반응과 초기 개입, 고통이나 괴로움 그리고 회피에 대한 새로운 관점으로서의 고통의 역설(pain paradox), 마음챙김, 트라우마 치료의 윤리 등은 중요한 영역이 되었다. 특히 마음 챙김은 '마음 챙김 기반 호흡 훈련'(Mindfulness-based Breath Training, MBBT)이라는 공식명칭으로 불린다.

191 『사회적 재난의 인문학적 이해』 박민철 외, 건국대학교출판부, 2023년, p9. 외상적인 사회적 사건이 발생했을 때, 정부는 참사(慘事)라는 용어 대신에 사고(事故, incident)라는 용어를 사용하려고 한다. 사고는 '뜻밖에 일어난

을 것이라고 보장하기 어렵다. 특히 기후 위기로 인한 재난 상황은 발생 가능성이 높다. 그러므로 외상적 죽음을 대하는 사회적 태도와 그들을 돕는 상담가들의 역할은 매우 중요하다. 상담가에게 요구되는 태도는 비(非)판단적 태도, 공감적 경청 태도, 연민적 태도, 치료적 관계에 대한 주의 등의 윤리적 중요성이 강조되고 있다. 이러한 과정을 통해 트라우마 생존자들은 타인과 자신을 치유하고, 많은 역경을 이겨내며, 성장할 수 있는 능력을 가졌음을 보여준다. 뿐만 아니라 상담가들 역시 이 과정에서 삶에 대한 중요한 실존적 교훈과 인간의 고통을 이해할 수 있는 것들을 배우게 된다. 우리가 죽음학을 통해 이 과정을 공부해 나가고 있는 것이다.

3) 외상에 대한 평가의 기준[192]

외상적 죽음을 통해 상실과 비탄을 경험하는 사람들의 반응을 평가하기 위해 전제해야 할 객관적 기준은 다음과 같다. 1) 그들을 돕기 위해 필요한 평가도구, 2) 정보 수집을 위한 타당한 도구, 3) 효과적

불행한 일'이라는 의미로 어쩔 수 없는 우연성의 관점을 가지고 있지만, 참사는 '비참하고 끔찍한 일'이란 의미로 예방해야할 의무를 가지고 있는 정부와 사회의 책임성을 강조하는 관점을 포함하고 있다고 볼 수 있다.

192 『트라우마 상담 및 심리치료의 원칙』 John N. Briere, Catherine Scott, 이동훈 외 4인 역, 시그마프레스, 2020년, p3-p17. p34-p37 APA(American Psychiatric Association, 미국정신의학회, 2013) 발간한 DSM-5에 의하면 외상성 사건 이후 나타나는 증상에 대해 침습증상, 부정적 기분, 해리증상, 회피증상, 각성 증상으로 정리하고 있다. 구체적으로 보면, 반복적으로 나타나는 고통스러운 기억과 심리적 고통, 지속되게 경험되는 부정적 기분, 환경과 현실에 대한 단절의 느낌, 기억과 장소 그리고 감정에 대한 의도적인 회피, 수면장애와 분노 그리고 과각성과 같은 반응 등이 나타난다. PTSD는 외상적 사건에 대한 스트레스와 증상의 재경험, 무감각함과 회피 행동, 이상 각성 등이 나타나는 것으로 정리할 수 있다.

인 개입기술이다. 또한 외상에 대한 개념을 정리해 보면 다음과 같다.[193]

1) APA(American Psychiatric Association, 미국정신의학회, 2000) : 외상이란 실제이거나 위협적인 죽음, 심각한 상해, 자신과 타인의 신체적 안정성에 대한 위협의 경험 또는 목격, 가까운 사람에 대한 폭력적인 죽음에 대한 경험이나 그것을 아는 것이다.

2) Allen(1995) : 외상적 경험에는 두 가지 구성요소, 즉 주관적 요소와 객관적 요소가 있다. 즉 외상을 구성하는 객관적 사건에 대한 주관적인 개인의 경험이다.

3) APA(2000) : 외상적 사건이란 신체적, 정서적, 심리적 고통이나 위해를 일으키는 경험이며, 그러한 사건에 대한 반응은 혼란스럽거나 불안해하는 행동을 포함한다.

4) Jacobs(1999) : 외상적 비탄은 갑작스럽고 충격적인 상실에 대한 반응이며, 비탄 반응을 통해 외상 장면에 대한 몰두, 회피,[194] 과민한 자극 등으로 나타난다.

5) Neimeyer(2002) : 사랑하는 사람의 죽음이 외상적일 때(살인, 자살, 형체를 알아볼 수 없는 사고), 자연적인 수명에 어긋났을 때(자녀의 죽음이나 젊은 사람의 죽음), 그것을 경험한 사람의 비탄

---

193 『죽음학교본』 임병식 손주완 외, 한국싸나톨로지협회, 2023년, p379-p380.
194 『트라우마 상담 및 심리치료의 원칙』 p91-p93. 많은 사례에서 손쉬운 선택은 고통의 인식을 차단하고 회피하는 것이다. 내담자는 치료 기간 동안 기억, 생각, 느낌에 압도되지 않고, 이들을 다루기 위하여 어느 정도 회피할 수도 있다. 이러한 회피 반응은 당연하며, 심지어 도움이 되며, 상담자로부터 이해받아야 한다. 그러므로 상담자는 내담자의 용기에 대해 지속적으로 인정해 주고, 존중과 긍정적 배려 그리고 연민의 마음을 갖는 것이 중요하다. 연민은 동정(pity)과는 다른 개념이다.

은 일반적인 사별 반응을 넘어선다. 이러한 반응은 생리적이고 심리·사회적 영역에서 모두 관찰된다.

2. 가족, 사회 시스템과 외상적 죽음[195]

1) 안정적인 애착형성의 어려움

외상적 사건은 여러 세대에 걸쳐 가족들에게 영향을 준다. 외상적 상실을 경험한 가족들은 외상 이전의 상태로 돌아가기 어려운 고통을 겪는다. 애착이론 연구자들에 의하면 외상을 경험한 가족들의 비탄이 어린 자녀들에게도 영향을 주어, 어른이 된 후에도 해소되지 않은 비탄 반응으로 다음과 같이 나타난다고 한다. 1) 반복되는 환상을 겪는다. 2) 성장과정에서도 외상에 대한 대처의 유연성이 감소한다.[196] 3) 자녀들이 성장하여 부모가 된 이후에도 안정적인 애착(securely attached)방식 형성에 어려움을 겪는다. 4) 가족들의 정서적 삶을 파괴하며, 삶의 주기에 맞는 발달을 멈추게 한다. 결국 외상은 다양한 방식으로 가족들의 삶에 각인(刻印)되어, 그 영향으로부터 벗어날 수 없게 만든다.

하지만 이러한 파괴적 영향에도 불구하고, 가족은 치유의 힘을 가지고 있다. 물론 외상 이전의 삶으로 돌아가는 것이 불가능하기도

---

195 『죽음학교본』 p373-p377. 죽음학교본에 게재된 이 글은 David A Crenshaw의 'The Essential Body of Knowledge for the Study of Death, Dying and Bereavement'(2013년)를 번역 재구성한 내용이며, 필자의 관점을 반영하여 작성하였다.

196 미국의 사례/ 총기 사고로 아버지가 사망한 후 7년이 지났으나, 사고 이전의 시간으로 되돌아가서, 어린아이와 같은 행동을 하는 자녀들도 있다.(죽음학교본 p373)

하고, 기대하기 어렵기도 하지만, 때때로 상실의 외상과 화해하고, 오히려 가족 간의 유대를 강화하며, 외상 후 성장(post-traumatic growth)의 단계로 발전하기도 한다. 즉 모든 가족이 병리적 방식의 비탄에 빠진다고 확정해서도 안 된다.

2) 관계성 질문과 가족의 역할
   (외상적 상실과 화해하기 위한 가족시스템 접근)

외상적 사건을 경험한 가족에게는 '관계성'의 관점으로 접근하는 것이 중요하다. 즉 '관계의 틀'안에서, 일어난 사건에 대해 개념화(conceptualize)하고, 개입(intervence)해야 한다. D. A. Crenshaw의 논문에 의하면 관계성 질문은 다음과 같다. 1) 핵가족과 확대 가족 내에서 누가 외상적 사건들에 의해서 가장 영향을 받는가? 2) 외상적 상실의 결과로써 다른 가족 구성원들에게서 어떤 변화가 관찰되는가? 3) 가족 내에서 누가 그런 변화에 의해 가장 영향을 받는가? 4) 가족 내에서 가장 영향을 많이 받는 구성원들에 대해 누가 가장 많이 걱정하는가? 5) 가족 내에서 누가 현재 가장 힘든 시간을 보내고 있는가? 이다. 이러한 관계성 질문은 가족 구성원들의 안정성에 대해 파악하게 하고, 상실로 인한 고통의 관계를 파악하여, 가족 내에 개입을 계획하는데 있어서 신중하고 민감하게 사용될 수 있기 때문이다. Who에 대한 질문은 결국 한 사람의 반응이 전체에 영향을 주기 때문이다. 가족 전체는 항상성과 안정성의 상태로 돌아가기를 원하고 있기 때문이다.[197] 관계성의 질문과 연구 관점은

---
197 미국의 사례/ 17세의 소년이 학교를 가다가 총격범에 의해 사망한 사건 이

단지 PTSD의 증상을 넘어, 가족 내에서 발생하는 관계적 요소를 찾아냄으로써, 더 나은 외상 치료를 하는데 목적이 있다. 즉 가족 중에 누가 외상적 사건에 연관되거나, 가장 영향을 받는지를 파악함으로, 가족 구성원에게 상실의 의미를 찾도록 도와주는 가족 역할의 중요성을 강조하는데 있다.

3) 가족 내에서의 외상 후 성장

특히 가족 관계 내에서의 심리적이고 정서적인 지지는 외상 후 성장에 도움을 준다. 비난의 방식이나 책임 회피의 방식은 도움이 되지 않는다. 대부분의 연구에서는 가족의 지지를 포함한 사회적 지지가 외상적 상실에 가장 강력한 영향을 미치는 결정 인자 중 하나라고 제안한다.[198] 즉 외상적 상실 치료에 있어서 관계의 중요성을 강조하는 것이다. 물론 외상적 죽음을 경험한 가족들은 그들 가족 시스템에 지속적인 영향을 준다. 애착이론 연구자인 Siegel(2012)의 연구에 의하면 해소되지 않은 비탄과 외상의 반응이 유연성을 감소시키고, 정보를 일관성 있게 반영할 수 있는 능력을 저해한다. 즉 외상은 생존 유가족의 정서적 삶을 파괴한다. 그리고 외상을 경험

후, 13세의 여동생이 분리불안(separation anxiety)을 경험하며, 학교에 가기를 거부했다. 사람들은 '오빠가 학교 가는 길에 죽어서 그런가보다' 라고 생각했다. 하지만 관계성 질문을 통해 다른 가족들에게 미친 영향을 연구한 결과, 등교를 거부하는 행동은 단지 부분적인 증상이며, 오히려 임상적 우울증에 빠진 엄마에 대한 걱정과 엄마를 집에 혼자 두는 것에 대한 두려움, 혹시나 엄마가 혼자 있다가 자살할지도 모른다는 불안감이 원인임을 찾아냈다. 결국 부모는 아이에게 그러한 일이 일어나지 않을 것이라는 안심(安心)의 마음을 갖도록 도와야 한다.(죽음학교본 p374)

198 『트라우마 상담 및 심리치료의 원칙』 p25.

한 그 순간에 모든 것이 멈춰선 채로 살아간다.[199] 외상적 상실을 경험한 가족들은 상실 이전의 상태로 돌아가기를 기대하지만, 안타깝게도 그것은 쉽지 않다. 상실을 치유하고, 일상의 삶으로 돌아가기를 원하지만, 그 과정이 매우 힘들다. 그럼에도 불구하고 상실을 경험한 가족 구성원들의 시스템 속에서 치유와 화해를 모색해야 한다. 때로는 치유와 화해의 과정을 통해 가족 구성원들의 유대는 강화되기도 한다. 이에 대해 Berger(2009)는 '가족 내 개별 구성원들의 내적 자원을 깊이 있게 한다면, 외상 이후 가족들의 성장을 이끌기도 한다.'고 보았다.[200]

그러므로 외상적 상실에 대한 가족·시스템적 접근은 가족 내의 관계와 삶에 있어서 애착의 중심적 역할을 존중하며, 전체로써의 가족 단위에 초점을 맞춘다. 즉 가족 구성원들은 외상으로부터 치유되고 회복되는데 있어서 중요한 역할을 수행하는 협력자이다. 가족 중심의 치유 방식은 가족들이 상실의 아픔과 고통을 함께 극복하는데 도움이 되며, 가족 관계의 유대를 강화함으로써 상실의 의미를 찾아가

---

[199] 한국의 사례/ 1999년 2월 13일 경기도 평택에 살던 송혜희 양이 실종되었다. 효녀이며, 밝은 성격의 혜희는 송탄여고에서 전교 1,2 등을 할 정도로 공부도 잘했다. 하지만 범죄 피해의 의심 속에서 그 사건은 미궁으로 빠졌다. 딸을 그리워하던 어머니는 우울증과 심장병을 앓다가 2006년 극단적인 선택을 했으며, 아버지는 딸을 찾기 위해 전국을 다니며, 1만개의 현수막과 1000만장의 전단지를 배포하였다. 기초생활수급자가 되어 자신의 생계도 어려웠지만, 딸을 찾는 일을 멈추지 않았다. 그러던 중 2024년 8월 26일 실종 전단지와 현수막을 실은 트럭으로 길을 나섰다가 마주오던 덤프트럭과 교통사고가 나면서 사망하였다. 딸을 찾아 거리로 나선지 25년 만에 71세의 나이로 이 세상을 떠났다. 그는 생전에 "이미 죽었으니까 포기하라"라고 말한 주위 사람들의 말에, "죽은 걸 확인하지도 못했는데, 부모가 자식을 먼저 포기할 수 있나? 만약 죽었다면 시신이라도 찾아야 하지 않나?"라고 말했다.
[200] 『죽음학교본』 p373.

는데 도움이 된다.

4) 외상적 죽음이 생존자들에게 미치는 영향[201]

사랑하는 사람의 죽음을 경험한 사람들을 '생존자'(survivor)라고 부른다. 청소년의 자살은 그들의 부모를 생존자로 만들지만, 노인의 자살은 그들의 자녀들을 생존자로 만든다. 용어의 개념상 '생존자'라는 말은 어떤 위기 상황 속에서 죽음의 위험을 모면하고 살아남은 사람을 말한다. 예를 들어, 자연재해나 사건, 사고 등에서 살아남은 생존자들과 자살로 가족을 잃은 사람들은 그 과정과 유형에 있어서 다르지만, 생존자들이 겪게 되는 외상은 본질적으로 동일하다. 특히 생존자들이 '자살 위험성'의 증가 속에서 살아간다는 점에서 중요하다.[202] Cain & Fast(1996)의 연구에 의하면 부모가 자살로 사망한 어린이(청소년)들에게서 1) 분노, 적대감, 일탈 2) 슬픔, 죄책감, 자기 안으로의 침잠(우울)이라는 두 가지 유형의 반응이 관찰되었다는 것이다. 아동이나 청소년의 자살을 겪은 그들의 부모 그리고 배우자의 자살을 겪은 사람들에게 나타난 반응은 다른 유형의 죽음(사건, 사고, 재해 등)을 경험한 사람들에게 나타나는 외상에 대한 반응과 많은 유사점을 가지고 있다고 볼 수 있다. 즉 죽음의 과정이나 유형

---

201 ADEC. 『Handbook of Thanatology』 임병시 역, 한국싸나돌로지협회, 2019년. 이 글은 핸드북과 죽음학교본에 있는 내용 중 각 학자들의 견해를 정리하였다. 특히 외상적 죽음에 대한 반응 중 지속적, 병리적, 복합적 비탄 반응은 공통적으로 발생한다고 볼 수 있다.

202 세월호 참사 당시 안산 단원고 학생들의 인솔을 책임지고 승선했다가 살아남은 교감 선생님은 자신의 잘못이 아님에도 불구하고, 제자들을 잃은 외상적 충격으로 인해 결국 자살을 선택하고 말았다. 결국 외상적 죽음에 대한 경험은 자살 위험성을 증가시킨다고 볼 수 있다.

을 막론하고 외상적 죽음을 경험한 유가족(생존자)들의 반응은 유사하다. Jordan & McIntosh(2011)의 연구에 의하면, 자살로 자녀나 배우자를 잃은 성인 생존자들은 죄책감, 책임감 그리고 죽음에 대한 비난과 고인으로부터 거부되고 버려졌다는 느낌이 더 두드러지게 나타났다는 것이다.

사고나 만성질환으로 자녀를 잃은 부모와 마찬가지로, 자녀의 자살을 경험한 부모들은 종종 죽음의 원인에 대한 죄책감(death-causation guilt) 즉 죽음을 막기 위해 했어야 했던 것과 하지 말아야 했던 것에 대한 죄책감을 갖는다. '그때 내가 내 아이를 거기(사고 현장)에 가지 못하게 했어야 했는데…' '내가 왜 우리 아이에게 그렇게 모질게(자살의 원인 중) 몰아붙였을까?…' 등의 죄책감을 갖는다. 또한 육아 스타일과 관련된 자녀 양육의 죄책감(child-rearing guilt), 질병을 앓는 자녀에게 최선의 치료를 제공하지 못했다거나, 자녀가 죽을 때 같이 있어주지 못했다는 후회와 같은, 질병 관련 죄책감(illness-related guilt)을 경험한다. Jordan & McIntosh(2011)에 의하면, 자녀의 자살로 외상을 경험한 부모들은 때때로 다른 사람들에 의해 비난을 받고, 자녀의 죽음에 대한 책임을 지며, 다른 형태의 사별을 경험한 부모들보다 더 혼란스러워 한다. Melhem 외(2004)에 의하면, 결국 생존자는 자포자기, 죄책감, 분노, 자살 충동, 약물남용, 우울증 등 외상적인 비탄반응으로써 복합적인 증상을 나타낸다. 이러한 외상과 관련된 비탄은 아이들, 청소년, 성인 모두에게서 비슷하게 나타난다고 한다.

5) 지속적 비탄장애와 병리적 비탄[203]

외상적 죽음을 경험한 사람들의 비탄반응에 대해, Prigerson과 Parkes(2009)의 연구에 의하면, 심각한 장애를 나타내는 상실 반응에 대해 지속적 비탄장애(prolonged grief disorder, PGD)라고 정의하였다. 그들은 PGD를 복합 비탄(complicated grief), 외상적 비탄(traumatic grief) 또는 복합비탄장애(complicated grief disorder)와 같은 것으로 본다. 하지만 이러한 정의는 정신질환의 주요 우울 장애와는 다르다.

Rando(1993)에 의하면, '병리적 비탄(pathological grief)은 건강한 삶에 위협이 되는 비탄을 말한다. 이 비탄은 금지된 비탄(inhabited grief), 지연된 비탄(delayed grief), 만성적 비탄(chronic grief)으로 정의된다. 또한 복합비탄과 복합사별(complicated bereavement)은 상실을 수긍하지 못하는 것을 기술하는 용어이다.

Neria와 Litz(2003)에 따르면, 중요한 사람의 죽음에서 비롯된 복합비탄은 외상적 비탄 증후군(traumatic grief syndrome, TGS)

---

[203] 『Handbook of Thanatology』와 『죽음학교본』에서는 비탄장애와 병리적 증상들에 대해 다양한 설명을 하고 있다. 최근 학자들은 지속적, 병리적, 금지된, 만성적, 지연된 비탄에 대해 복합적 비탄이라는 개념으로 설명한다. 왜냐하면 외상적 경험 후 나타나는 증상들은 단지 하나의 증상으로만 나타나는 것이 아니라, 복합적 반응으로 나타나는 경우가 대부분이다. 죽음학에서는 이러한 비탄 반응을 신경정신과적인 병리적 증상으로 규범화하기 보다는 외상적 사건을 경험한 사람이 치유와 회복 즉 상실 이전의 항상성 상태로 돌아가고자 하는 유기체의 당연한 반응으로 이해하고자 한다. 이러한 관점은 약물 중심의 치료 보다는 증상을 경험하는 사람이 스스로 자신을 찾아가도록 돕고자하는데 더 중점을 두는 것이다. 그것은 결국 자신이 자신의 언어를 통해 잃어버렸던 자신을 발견해 나가는 과정이다. 물론 약물을 사용하는 치료 방식을 완전히 거부하는 것은 아니다.

을 유발시킬 수 있다고 본다. 즉 소중한 사람의 상실에 대한 병리적 반응이다. TGS는 분리불안증상(separation distress symptoms)과 외상불안증상(traumatic distress symptoms)으로 나눈다.

3. 외상적 죽음과 재해(대규모 외상과 죽음)

1) 한국 사회와 재해

카스텐바움에 의하면 기존의 죽음학은 생명을 위협하는 질병과 사별에 노출된 사람들의 애도 문제를 다루는데 초점을 맞추어왔지만, 앞으로는 대규모 죽음에 대해 외상적 관점으로 확대할 필요가 있다고 보았다.[204]

한국 사회는 재해(災害)가 상존(常存)하는 사회이다. 재난과 안전관리 기본법에 의하면 자연재난은 태풍, 홍수, 호우, 강풍, 해일, 대설, 지진 등 자연현상으로 인하여 발생하는 재해를 말하며, 사회재난은 화재, 붕괴, 폭발, 교통(항공, 해상 포함)사고, 환경오염 사고 등 인간에 의해 발생한 재해를 말한다.[205]

정부는 국민안전처의 재난심리상담정보지원센터를 통해 각종 재난으로 인하여 상실과 고통을 겪는 재난 생존자, 사망 유가족 등을

---

204 『죽음학교본』 p375.
205 『사회적 재난의 인문학적 이해』 p5-p12. 여러 명의 저자들은 '위험 사회와 사회적 재난', '사회적 재난의 해외 및 국내 사례', '사회적 재난을 기억하기' 등을 통해 재난에 대한 관점을 사회적 사건의 관점으로 보고자 한다. 사회적 관점은 발생하는 재난에 대해 피해를 당한 개인에게 책임을 돌리는 것이 아니라, 사회와 국가 그리고 기업과 공공이 가져야할 책임을 중요한 관점으로 보는 것이다. 사회적 재난은 사회적 취약성의 결과라는 것이다. 그러므로 사회의 구조적 문제에 관심을 갖고 피해자의 회복과 진상규명, 책임자 처벌 등과 같은 재난 후 처리 과정이 더욱 중요함을 강조하고 있다.

위한 심리적이고 정신의학적인 지원 활동을 하고 있다. 재난을 겪은 사람들은 초기에 다양한 심리적, 행동적 반응을 보이기 때문에 이러한 반응을 정상적인 반응으로 이해하고, 신체·심리적인 안정화에 중점을 둔 초기 개입을 실시하고, 이후에 지속되는 증상에 따라 전문적인 개입을 진행해야 한다.[206]

한국 사회에서 산업재해는 아직도 후진국 수준을 못 벗어나고 있다. 뉴스 매체를 통해 거의 매일 산재와 관련된 보도들이 나오고 있는 실정이다. 산재 사고를 겪은 사람들에게도 일반적인 재난 사고를 겪은 사람들과 비슷한 외상 후 반응을 보이고 있다. 산재 사고는 주로 부주의와 안전관리 미비가 가장 큰 원인이라고 볼 수 있다. 그러나 불가피한 사고였던, 아니면 안전관리 미흡으로 인한 사고였던 간에 산재를 경험한 사람들의 정신적 충격과 심리적 혼란은 다른 재난 경험자들과 유사하다.

2) 구조대원들이 직면하는 문제

9.11테러 2주 후 구조대원들에 대한 PTSD, 우울증, 인지된 안전감(perceived safety)조사에서 외상에 더 많이 노출된 대원들에게는 인지된 안전감이 더 적게 나타났고, 과거가 현재로 침투해 들어와 외상을 재(再)경험하는 침윤(浸潤, intrusion)증상과 감각의 예민도가 높아져 과도하게 반응하는 과각성(過覺醒, hyperarousal)

---

[206] 「재난과 심리적 외상 - 세월호 사건을 중심으로」 임정선, 『입법정책』 제10권 제1호, 2016년, p65-p84. 재난 발생 후 대처의 방식은 지역사회의 공동적 노력이 필요하며, 특히 생존자 및 유가족을 위한 국가적인 회복 지원이 중요하다는 점을 강조하고 있다.

의 증상이 나타났다. 오클라호마시의 테러 폭발 복구에 참여한 구조대원(소방관 24명)들의 배우자를 추적 평가한 연구에 의하면, 폭발이후증상(post-bombing symotoms)을 가진 대부분의 참여자들은 이미 기존의 질병을 가지고 있었으며, 40%는 침윤성 재경험(intrusive re-experiencing)과 과각성을 경험했다. 즉 사건 이후 오랫동안(43-44개월 후 조사에서) 그러한 증상들이 남아있음을 알 수 있다. 또한 허리케인 카트리나 재난 후 1,382명 조사(1차 6-9개월 후, 2차 13-18개월 후)에서 10%는 PTSD 수치가 높았고, 25%는 상당한 우울증을 보였으며, 40%이상에서 알코올 사용이 증가하였으며, 41%는 파트너와의 갈등이 증가하였다고 보고했다. 18개월 이후에도 PTSD와 우울증 증상은 감소하지 않았다.[207]

다른 나라들과 마찬가지로 한국에서도, 소방공무원은 다른 직업군과 달리 위험요소가 많고 위급한 상황에서 직무를 수행해야 하며, 특히 재난 현장에 출동 시 유해 요인에 노출될 위험이 높다. 또한 빠른 시간 내에 피해자를 구해야 하는 긴박하고 긴장되는 상황 속에서

---

[207] 『죽음학교본』 p376. 특히 외상후 스트레스장애(PTSD)는 극심한 외상적 사건을 직접적 또는 간접적으로 경험한 이후 겪게 되는 장애로, 경험한 사건이 반복적으로 자신의 생각에 침투하는(침윤성 재경험) 증상, 사건의 장소, 사람, 대화 등에 대한 회피 증상, 해리성 기억상실이나, 우울증 등이 나타나는 부정적인 영향, 과도한 각성 반응과 분노의 반응 등이 나타난다. 과각성(過覺醒, Hypervigilance)은 신경계통이 감각정보를 정확하게 여과하지 못하고, 감각 예민도가 고양된 상태를 말한다. 일반적인 신경계통은 위험으로부터 자기를 방어하기 위한 방어기제가 작동하는데, 과각성의 상태는 조절장애로 인해, 불안이 높아지고 신경쇠약을 일으킬 수 있다. 끊임없이 주변을 살피며, 불안 발작을 일으키기도 한다. 해리장애(解離障碍, Dissociative disorder)는 의식, 기억, 행동 및 자기 정체감의 통합적 기능이 갑작스럽게 이상을 나타내는 증상이다. 해리란 자신, 시간, 환경 등에 대한 연속적인 의식이 단절되는 현상이며, 감당하기 어려운 충격으로부터 자신을 보호하기 위한 기능을 지니고 있다.

생명의 위험을 감수하고 업무를 수행하게 된다. 소방공무원이 업무상 재해 및 사망에 노출될 확률은 다른 공무원에 비해 높다. 일반직 공무원이 0.3%, 경찰공무원이 1.24%에 비해, 소방공무원은 1.26%로 가장 높게 나타난다. 또한 대부분의 현장은 처참한 환자 및 사상자가 발생하게 되고, 동료가 부상을 당하거나 사망하기도 한다. 즉 '2차 외상성 스트레스'(secondary traumatic stress)를 경험할 위험성이 높다. 그러므로 소방공무원은 이러한 충격적인 사건을 경험한 이후 극심한 공포, 무력감, 우울 등의 심리적 고통을 겪을 수 있다. 직접적인 외상 경험과 간접적인 외상 위험에 지속적으로 노출되면서, 외상 후 스트레스가 만성화되고 자살 생각이 증가한다는 연구도 있다.[208]

3) 상담자가 직면하는 문제

재난에 개입하는 상담가들은 '증거 기반 정보 원칙(evidence-informed principle)'에 근거한 심리적 응급처치라는 개입지침을 가지고 있다. 또한 개입 안내를 위한 지원 원칙 5가지(Hobfoll, 2007)는 안전감, 진정, 자기 및 공동체 효능감, 연결성, 희망의 촉진이다. 2006년 브리머(Brymer) 등이 발간한 『심리적 응급조치 : 현장 운영 매뉴얼』의 8가지 핵심 행동은 접촉과 참여, 안전과 안락, 안정화, 정보 수집, 실질적인 지원, 사회적 지원과의 연결, 대처에 관

---

208 「소방공무원의 외상 후 스트레스가 자살생각에 미치는 영향」김성정 외, 한국화재소방학회 『논문지』 제32권, 2018년, p92-p101. 소방공무원의 외상후 스트레스 유병률은 6.3%로 일반인의 0.6%에 비해 매우 높은 수준으로 나타난다.

한 정보, 협력 서비스의 연계이다.[209] 이러한 심리적 응급처치 훈련을 받은 상담가들은 재난 상황에서 어린이와 성인들을 돕는데 자신감을 갖게 된다. 상담가들은 자신 스스로도 상실의 경험이 있으며, 자신과 가족의 안전에 대한 염려를 갖는 동시에, 재난의 희생자들을 돕고자하는 마음을 가지고 있다. 또한 상담가들은 사회적 재난에 대해 개인의 문제로만 보는 것이 아니라, 사회적 사건에 대한 사회 정의(social justice)와 정치적 올바름(political correctness)의 관점으로 보고 피해자들을 돕기도 한다.[210]

상담가들이 겪는 어려움과 직무관련 고통에 대해 1995년 피글리(Figley)에 의해 정리된 '공감피로'(compassion fatigue)라는 개념이 있다. 공감피로는 외상에 직면한 사람들을 도우면서, 2차적으로 경험하게 되는 외상의 변이 증상이다. 그는 공감피로에 대해, 공식적인 치료 제공자가 의뢰인의 고통에 공감하고, 그 감정을 견디다가 능력과 관심이 감소하는 것은 누구나 겪는 자연적인 행동과 감정이라고 말했다. 그 후 공감피로가 '2차적 트라우마'와 '직무 탈

---

209 『죽음학교본』 p376-377. 임상적 전문성을 강조하기 위한 증거기반실천의 6단계는 과학적 근거를 찾기 위한 질문 만들기, 질문에 대한 답이 나오도록 증거를 탐색하기, 발견한 증거를 비판적으로 검토하기, 증거 기반의 가장 적절한 개입을 결정하기, 실천을 적용하기 위한 클라이언트와 목표를 설정하기, 평가와 피드백하기 이다. 즉 클라이언트(내담자) 중심의 실천모델을 찾아야 하며, 원하지 않는 것을 강요해서는 안 된다. 또한 내담자의 고유한 특성과 선호, 가치에 대해 포괄적으로 이해해야 하며, 상황에 대한 이해가 전제되어야 한다.
210 「사회적 재난 유가족을 위한 사회정의 상담과 죽음교육의 필요성」 김경선, 한국죽음교육학회 제10회 학술대회, 2024년, p71-p89. 이러한 상담가들의 행위에 대해 '사회정의 상담(social justice counseling)'이라는 개념으로 정리하고 있다. "사회정의 상담은 개인이나 집단이 겪는 심리적 문제를 단순히 개인의 문제로만 접근하지 않고 사회적 불평등, 차별, 억압 및 구조적 문제와 연결하여 이해하고 접근하는 상담법이다."

진'(burn out)이라는 두 요소로 구성되었다고 보았다.[211] 그러므로 상담자들은 삶의 균형을 유지하기 위해, 다양한 취미활동과 적절한 휴식, 균형 잡힌 영양공급, 규칙적인 운동 등을 통해 자신을 돌보는 노력이 필요하다.

4. 외상적 죽음에 대한 윤리적 법적 문제들[212]

1) 법적 문제와 진단문제

임상전문가들의 진단과 분석은 외상적 고통을 겪고 있는 사람들의 문제를 해결하는데 있어서 매우 중요한 기준이다. 진단을 하는데 있어서, 타당하고(valid), 신뢰할만한(reliable) 평가도구(instrument)가 중요하다. 왜냐하면 오진(誤診)과 부적절한 개입 방식은 비탄을 겪는 사람들에게 해(害)를 줄 수 있으며, 의료과오소송(malpractice suit)에 개입될 수도 있기 때문이다. 결국 외상적 비탄 증상과 PTSD에 대한 명확한 구별은 중요하다. 하지만 정상적 비탄, 외상적 비탄, PTSD 증상은 겹치는 경우가 많기 때문에 주의가 필요하다.[213]

---

211 『트라우마 관리하기』L.D.Lipsky, C.Burk, 김덕일 역, 학지사, 2021년, p15-p23. 이 책은 상담자들의 '공감피로(provider fatigue, caregiver stress)'에 대해 피글리의 이론을 소개하면서, 트라우마 관리법을 안내하고 있다. 『죽음학교본』p377에서도 '공감피로'를 설명하고 있다.

212 『죽음학교본』p379-p388. 죽음학교본에 게재된 이 글은 David A Meagher 의 'The Essential Body of Knowledge for the Study of Death, Dying and Bereavement'(2013년)를 번역 재구성한 내용이며, 필자의 관점을 반영하여 작성하였다.

213 『트라우마 상담 및 심리치료의 원칙』John N. Briere, Catherine Scott, p77-p85. 진단과 평가를 위한 도구들을 정리해 보면 다음과 같다. 첫째 구조화된 면접이다. 임상가가 실시하는 외상후 스트레스장애 점수 척도

많은 증상이 외상적 사건을 경험한 내담자의 진술이나 설문(self-reported)에 의하기 때문에, 상담가는 내담자의 모든 증상을 검토하지 않고, 쉽게 PTSD라고 결론을 내리는 확증편향(confirmatory bias)의 오류에 빠질 수 있다.[214] 그러므로 Simon(1995)은 진단 도구의 객관적 타당성 문제를 제기하였다. 또한 평가도구의 신뢰성을 감소시키는 문제들이 지적되었다. PTSD에 대한 진단 실수는 과도진단과 축소 진단으로 구분한다.[215]

2) 윤리적 개입의 문제[216]

윤리적 문제와 법적인 문제는 서로 연결되는 경우가 많다. 내담자에 대한 비밀보장의 문제는 윤리적이면서, 동시에 법적이다. 그러므

(Clinician-Administered PTSD Scale, CAPS)는 PTSD에 대한 구조화된 면접의 '최고의 표준'이다. 급성스트레스장애 면접(Acute Stress Disorder Interview, ASDI)은 짧은 시간에 실시할 수 있는 높은 수준의 신뢰가 있는 도구이다. 극단적 스트레스장애를 위한 구조화된 면접(Structured Interview for Disorders of Extreme Stress, SIDES)은 임상가가 쉽게 점수를 매길 수 있도록 구체적인 행동 고정 장치를 포함하고 있다. 해리장애를 위한 구조화된 임상적 면접(Structured Clinical Interview for Dissociative Disorders-Revised, SCID_D)은 다섯 가지 해리증상인 기억상실, 이인증, 비현실감, 정체성 혼란, 정체성 변화의 유무와 심각성을 평가한다. 둘째, 심리검사이다. 심리검사들은 내담자가 직접 설문지를 완성해 나가는 진단 검사들이다. 일반적인 검사, 트라우마 특정검사로 구분한다.

214 『트라우마』 주디스 허먼, 최현정 역, 플래닛, 2007년, p206-p210. PTSD 진단은 완전히 정확하게 들어맞지 않는다. 훨씬 더 복잡하다. 그러므로 외상에 대한 반응은 연속적인 상태로 이해해야 한다.
215 『죽음학교본』 p382-p383. 예를 들어, 과도평가진단은 일반적인 정서적 고통을 PTSD의 정신적 장애로 판단한다든가, 정확한 진단을 위한 기준들 보다 더 적은 기준으로 PTSD이라고 확정하는 경우이다. 반대로 축소평가진단은 PTSD 증상을 정상적인 반응으로 진단한다든가, 외상적 사건과 그 이후의 증상에 대해 자세히 조사하지 않고, 의뢰인 말한 주관적 의견에만 기초하여 진단하는 것을 말한다.
216 『죽음학교본』 p383-p385.

로 내담자의 사생활과 개인정보를 보장하면서, 개입전략을 수립해야 한다. 예를 들어, 내담자가 도움을 요청하지 않으면, 개입하지 말아야하며, 전문적인 도움의 필요성을 결정하는 과정과 그 결정이 내담자에게 도움 또는 해(害)를 주는가에 대한 고려가 필요하다.

Dyregrov(2004)에 의하면, 개입 전략의 목적은 다음과 같다. 1) 상황의 정상화, 2) 회복 시간의 단축, 3) 고통의 감소, 4) 기능 복구, 5) 자원의 동원이다. Dyregrov와 Regal(2012)은 '기다리며 관찰하기'(watchful waiting)보다는, 내담자의 요구에 맞게 사전 예방적인 초기 개입이 필요하다고 제안한다. 치료전략에서도 나이, 심각성, 외상 반응 유형, 반응의 급성(急性)성 등을 고려하면서, 불안관리, 인지치료, 노출치료, 심리교육 등을 진행할 수 있다고 한다.

Maguire(1997)는 외상 생존자들의 회복 권리를 위해, 법적 윤리적 관심 영역을 제시하였다. 1) 내담자가 회복을 유지하고 관리할 수 있는 개인적 권한의 권리, 2) 내담자가 존중 받고, 치료에 대한 수락과 거부를 결정할 수 있는 개인적 권리, 3) 내담자가 설명을 분명하게 듣고, 감정을 존중 받을 의사소통의 권리, 4) 내담자가 스스로 상담자를 선택하고, 상담자가 트라우마 치료에 대한 경험이 있으며, 비밀보장의 법적 윤리적 의무를 준수할 것으로 기대할 개입의 권리를 제시했다. 그러므로 상담자들은 상담의 효율성뿐만 아니라, 윤리적 실천을 위한 지침을 개발해야 한다.

그래서 상담 및 관련 기준 인증위원회(CACREP)는 다섯 가지 지침을 발표다. (Webber & Mascari, 2009) 1) 관련 조직과 정부

기관의 목적을 파악할 것, 2) 외상 상담의 주요 원칙을 이해할 것, 3) 외상 상담을 상담자의 능력 범위 안에서만 제공할 것, 4) 재난대응, 외상상담, 위기개입에서 상담자를 훈련할 경우, 그들에게 필요한 지식 및 실습역량을 개발할 것, 5) 재난과 외상 상담이 결과 기반의 실천을 보장하기 위해서, 연구와 공부가 필요한 전문 분야임을 인식할 것 등이다.

3) 어린이들에 대한 개입[217]

특히 어린이들이 전쟁과 테러와 같은 외상적 상황에 노출이 되었을 때, 연속적인 스트레스요인(continuous stressor)이 작용한다. Street & Silbert(1998)에 의하면, 이러한 상황에 노출된 이후 PTSD를 겪는 어린이들은, 전쟁과 테러의 위협이 존재하지 않음에도 불구하고, 계속해서 PTSD 증상을 보인다. 그래서 Fremont(2004)는 이러한 어린이들에게 '지속적 스트레스 증후군'(continuous stress syndrome)이라는 명칭을 사용할 것을 제안하였다. 하지만 9.11 테러 전후 사이에 어린이들의 외상 비탄이나 PTSD 증상에 있어서 차이가 없다는 주장도 있다. 그 이유는 증상의 스펙트럼을 완전히 포착할 수 없음의 문제도 있고, 연구의 방법론이 부족하기 때문일 수도 있고, 기존의 연구 결과가 적으므로 평가를 일반화하기 어렵다는 문제가 있기 때문이다. 어린이들의 PTSD 증상과 징후는 심각성, 만성성(Chronicity), 증상의 수와 관련하여

---

217 『죽음학교본』 p385-p386.

너무나 다양하다. 임상전문가들은 예측 불가능한 하나의 사건과 반복적인 노출(강한 부인, 정신적 무감각함, 인성적 문제 등)의 특징을 구별해야 한다. 그러므로 어린이들에게는 PTSD 반응을 다루기 전에, 비탄 작업을 수행해야 하며, 비탄의 처리 과정을 주기적으로 재검토해야 한다. 특히 어린이들의 주의 지속 시간(attention span), 성장 발달 수준, 문해력(literacy skill) 등을 고려해야 한다. 물론 이러한 작업을 수행할 때, 어린이들과 보호자들의 동의, 정보제공, 안전한 환경 등이 전제되어야 한다. Cunningham(2003)은 어린이들의 이익에 부합되지 않는 연구는 지양해야 하며, 만약 어린이들이 위험에 처해 있다면, 적절한 사회적 서비스를 이용할 수 있도록 안내해야 한다고 주장하였다.

아이들과 가족들을 위한 외상에 초점을 맞춘 치료인 '아동 외상비탄(C.T.G, childhood traumatic grief)에 대한 치료모델'을 통해 부모치료와 가족치료를 병행한다. 아동외상비탄은 정상적인 비탄과정의 능력을 방해한다. 16회의 프로토콜로 구성된 치료과정은 비탄과 외상의 요소들을 다루고, 내러티브 공유를 통해 가족을 치유해 나간다. 대표적인 임상적 방법은 투사적(投射的) 그림그리기(projective drawing)와 스토리텔링이 있다. 이러한 방법을 통해 안정적인 환경에서 상징과 은유를 사용하여, 외상적 사건에 차츰 접근해 가는 것이다.[218]

---

218 투사적 그림그리기는 심리 장애를 가진 사람을 진단하고 치료하는데 사용하는 방법 중 하나이며, 논리적인 사고력과 언어적 유창함이 발달하기 이전인 11세 이하의 아동들에게 있어 자신의 내면을 나타내주는 가장 자연스러운 표현 수단이다. 임상현장에서 가장 많이 사용하는 검사의 종류는 사람-그림

4) 희생자와 생존자의 권리[219]

미국의 모든 주는 희생자의 권리를 보장한다. 그 권리들을 요약해 보면 다음과 같다. 1) 증거가 아니라, 인간으로서 취급될 권리, 2) 소송 상황과 재판에서 기대되는 것이 무엇인지에 대해 정보를 제공 받을 권리, 3) 희생자가 경험하는 어떤 심리적 외상의 발생과 관련하여 평가받을 권리, 4) 희생자가 정서적 지원을 받을 수 있는 사람이 재판정에 있을 수 있도록 허가받을 권리, 5) 가능한 양형 거래나 전환절차(diversion procedure)에 대한 정보를 얻고 상담을 받을 권리 6) 가능하다면, 희생자의 영향보고서 작성을 포함하여 소송 절차에 참여할 권리 등이다. 국제사회는 1985년 유엔 피해자 선언(UN Victims' Declaration)에서 1) 존경과 인정으로 대우받을 권리, 2) 적절한 지원 서비스를 추천받을 권리, 3) 어떤 의사결정에서도 의견을 제시할 권리, 4) 물리적인 안전과 사생활 보호의 권리 등에 동의하였다.

이러한 권리와 더불어 외상연구를 위한 원칙들을 점검해야 한다. 그와 관련한 단어들을 정리해 보면 다음과 같다. 동의, 자발적 참여, 비밀보장, 익명성, 성별과 문화에 대한 민감성, 전문적 도움과 치료, 존중, 개인적 관심사에 대한 이해, 적절한 시간 사용, 연구결과의

검사(Draw-a-Person test, DAP)와 집-나무-사람 그림 검사(House-Tree-Person test, HTP) 그리고 운동성 가족화 검사(Kinetic Family Drawing, KFD)가 있다. 스토리텔링은 일방적인 형태보다는 화자와 청자가 대면하여 주고받는(추임새와 동조) 방식이다. 서사(敍事)의 인과성에 중점을 두는 Plot과 대비되는 개념으로, 시간의 순서에 중점을 두고 진행하는 Narrative이다. 결국 외상적 충격에 대한 스토리텔링이 가능하다는 것은 그 사건을 비로소 객관화해서 볼 수 있게 되었다는 것이다.

219 『죽음학교본』 p386-p387.

소통, 협력, 정상적 비탄과 복합 비탄 그리고 외상적 비탄증후군과 PTSD 사이의 명확한 구분 등의 원칙들을 이해해야 한다.

5. 외상적 죽음과 치유의 자리

1) 항상성의 회복(본래의 자기 자신으로 돌아오기)

결국 이러한 외상적 충격은 무의식에 저장[220]된다. 물론 저장된다는 말이 우리의 몸속에 어떤 공간이 있어서 그곳에 모여 있게 된다는 뜻은 아니다. 일어나지 말았어야 할 일이 일어난 충격은 그 외상을 경험한 사람에게 엄청난 크기의 억압을 형성한다. 내가 인지하지 못하는 사이에 억압은 무의식으로 형성된다. 하지만 본래의 상태 즉 외상적 죽음을 경험하기 이전의 상태로 회귀하고자 저항한다. 본래의 상태란 쾌(快, 안정)의 상태이다. 이것은 본래의 자신이 유지하고자 하는 항상성(恒常性)의 상태이다. 즉 항상성이 깨지는 억압의 충동과 항상성을 유지하고자하는 저항의 충동 사이에서 외상은 남아 있게 된다.[221] 그리고 때로는 반복된다. 그것은 마치 인간이 파괴한

---

[220] 『정신병리학 총론1』칼 야스퍼스, 송지영 외 역, 아카넷, 2014년, p46-p47. 무의식을 의미하는 것들의 다의성(多義性)은 다음과 같다. (a)무의식은 의식에서 출발했다. (b)무의식은 주의 집중이라는 관계가 결여되었다. (c)무의식은 힘으로서, 근원으로서 생각된다. (d)무의식적인 것은 존재로서 생각되다.

[221] 2021년 4월 한강공원에서 새벽시간에 실종(5일 만에 숨진 채 발견)된 아들을 찾는 아버지의 절절한 심정이 많은 사람들에게 안타까움을 주었다. 아버지는 너무나 사랑스럽고 자랑스러운 아들이 갑자기 실종되었다는 사실을 받아들이기 어려웠다. 즉 예측 불가능한 갑작스러운 사건이었다. 이 사건은 아버지에게 엄청난 충격으로 억압된 구조를 만들어 냈다. 그리고 아버지는 SNS에 '자신이 아들과 평생 못 만나도 좋으니 살아만 있어 달라'고 염원했다. 억압된 구조에 대해 저항하고자 하는 방어기제이다. 아들이 살아 돌아와서 원래의 상태로 되돌아가기를 원한 것이다.

자연(강이나 산)에 맞서서 자연 스스로 자신의 형태를 복원해 나가고자 하는 충동과 동일하다. 결국 항상성의 회복을 통해 치유가 가능하다. 하지만 회복의 상태로 돌아오기 위해서는 시간과 과정이 필요하다.

2) 의미화의 과정(해석의 과정 만들기)

항상성의 상태로 회복하기 위해서 즉 통합되고 이해 가능한 상태로 돌아오기 위해서는, 그 죽음에 대해 '의미화'가 이루어져야 그 외상으로부터 벗어나게 된다. '의미화'의 시작은 그 죽음에 대한 인과적 설명으로부터 출발한다. "외상적 사건에 대해 인과적 설명이 불가능하기 때문에 자신의 삶에서 의미를 찾을 수 없어 외상이 된다."[222] 살아남은 사람들과 가족을 잃은 사람들의 삶은 그 외상적 죽음과 사건의 순간에 멈춰있게 된다. 인과적 설명을 통해 그 사건의 순간을 지나, 다음의 단계로 넘어가야 하는데 그렇지 못하고 정지된 채 반복된다. 인과적 이해가 선행되어야, 비로소 의미를 찾을 수 있다. 인간에 대한 '실존적 분석'으로써의 '의미탐색'은 인간이 과거의 사건들에 얽매여 사는 것이 아니라, 미래를 지향하도록 하는 인간의 본성을 말한다. 즉 무의식이나 자아에 머물지 않고, 더 높은 곳으로 초월하도록 하는 방식이다. 자살을 생각하는 사람이 자신의 존재에 대한 의미와 책임을 발견하지 못한다면, 즉 '의미를 찾으려는 의지'가 좌절 된다면 자살을 실행할 수도 있기 때문이다.

---

222 『죽음교육교본』임병식, 신경원, 가리온, 2017년, p309.

3) 기억의 회복(추모의 공간으로서의 문화적 다양성)

개인적이거나 사회적인 외상적 죽음의 사건이 일어났을 때 사람들은 왜 끊임없이 진실을 요구하고, 사과를 요구하며, 저항하는가? 그 죽음이 그냥 어쩔 수 없는 죽음이라고 받아들이면, 그저 쉽게 끝날 수 있는 일인데 왜 장례를 거부하고 농성을 하는가? 이에 대해 일부의 사람들은 '이제 그만하자'라고 말하기도 하고, 죽음의 원인을 제공한 사람들은 '나에게 책임이 없다'고 말하기도 한다. 하지만 외상을 경험한 사람들의 입장과 관점에서 그 사건을 다시 바라보아야 한다. 은폐하고자 하는 사람들의 관점에 동의해서는 안 된다. 그렇게 저항한다고 해도, 죽은 가족이 살아 돌아오지 않는다. 그러나 그들은 자신의 가족들이 죽음을 당한 그 진실을 알고자 한다. 진실이 규명되기를 바란다. 왜냐하면 진실이 규명되어야만, 비로소 치유가 시작될 수 있기 때문이다.

이에 대해 Herman과 Alexannder는 집단 심리적 건강의 회복은 사회적 억압을 들추어내고, 기억을 회복하는 일에 있다고 하였다. 집단적 죽음 외상과 관련하여 기억한다는 것은 역사적이고 집단적인 외상적 죽음을 무시하고, 부인하며, 탈(脫)현실화하려는 사회문화적·정치적 권력들에 대해 도전하는 일이다. 그것은 회복을 향한 유일한 출발점이다. 또한 이것은 사회적 책임이며, 도덕적 책임이기도 하다. 즉 올바른 치유를 위한 요구이다.[223] 외상과 관련하여 정의를 바로 세우는 일과 그 진실을 밝히는 일은 치유를 위한 첫걸음이다.

---

223 『죽음교육교본』 p314.

그러므로 사회와 국가는 기억의 공간을 만들고, 기억의 역사를 복원시켜야 한다.[224] 그리고 이러한 추모(기억)의 공간은 각 나라마다, 민족마다, 그 사회의 문화적 다양성을 통해 나타난다.[225] 공간의 형태, 공간에 놓여 진 물건들, 추모를 상징하는 표식들은 다양한 형태로 만들어진다. 그 사회와 문화의 발전 양식과 특성에 따라 추모의 공간들도 변화되어 왔다. 때로는 정치적 양식이기도 하고, 종교적 형태이기도 하며, 사회적 공감의 형식이기도 하다. 이러한 문제에 대해 Robben과 Suarez-Orzco는 "전통적, 비-산업적 사회는 종종 대량적 외상의 사회적 상흔을 집단화하려고 하였다. 그들은 치유의식, 종교적 행사, 집단적 춤, 재활력(회복)을 위한 운동을 만들었으며, 상징적 장소들을 복구하였다."[226]고 말한다.

---

224 『사회적 재난의 인문학적 이해』 p130-p149. 사고와 사건에서 일어나는 개인적 죽음뿐만 아니라, 사회적이고 대규모적인 재난에서 발생하는 외상적 죽음의 사건은 '참사 기억의 사회화'를 통해 희생자를 추모하고, 그 가족들을 위로하는 매우 중요한 과정이다. 이러한 행위는 피해를 당한 사람들의 명예를 회복하고, 그들의 죽음을 기억함으로 다시는 그러한 재난이 발생하지 않도록 노력하는 책임이기도 하다. 특히 공적 애도와 사회적 치유의 공간을 통해 피해자와 유가족 그리고 시민들을 하나의 공동체로 만들어 나가는 것이다. 대표적인 공간이 미국 9.11테러를 기억하는 메모리얼 파크이다. 하지만 한국 사회는 아직까지도 그러한 노력과 사회적 공감대 형성이 부족한 실정이다.

225 일시적인 추모비(Temporary Memorials)는 도로변이나, 어떤 사건에 의해 발생한 죽음의 현장에 추모비들이 등장한다. 그곳이 매장 장소가 아니라도 '편안히 잠든 곳'(descanso, 스페인어)이라는 이름으로 조성되기도 한다. 이에 대해 Doss(2012)는 이러한 추모비의 증가가 기억과 역사의 문제에 대한 집착과 그러한 문제들을 공공연하게 표현하고자 하는 욕망을 보여주는 것이라고 하였다. 이것은 그 아픔에 대한 기억을 상실할지도 모른다는 불안감과 그 죽음에 대한 의미를 상실할지도 모른다는 불안감이 내재된 것이다. 이러한 추모비들은 그 시대의 흔적(sign)이기도 하다.

226 『죽음교육교본』 322p.

6. 외상에 대한 불안감정의 관계와 치료 이론[227]

1)체계이론(system theory)은 전체 가족 단위에 초점을 맞춘다. M. Bowen은 정신분열과 같은 질병을 치료함에 있어서, 그 사람들이 가진 질병은 전체 가족 문제의 산물이라는 관점을 가지고 가족에게 초점을 맞추었다. 즉 가장(家長)이나 어린아이들의 부모, 종족의 우두머리의 죽음은 가족 단위의 평형을 깨트리며 정서적 충격을 준다. 그러므로 가족 간의 의사소통을 증대시키는 일이 중요하다. 외상적 죽음에 대한 가족 체계적 접근은 부모가 그들의 생각과 느낌을 공유하거나, 아이들이 말하거나 듣는 것에 관심을 가짐으로써, 가족이 외상에 대처하도록 도움을 준다. (임병식, 신경원, 2017)

2) 실존주의적 관점에서 본다면, 외상적 죽음을 이해하고 치료하는 새로운 이론으로 "실존이론"(existential theory)이 있다. 실존주의 이론은 '인간 됨'의 본성에 대해 질문하면서, 죽음(death), 자유(freedom), 고립(isolation), 무의미(meaningless)라는 네 가지의 궁극적인 관심사들을 확인하였다. 실존주의자들은 죽음이 피할 수 없는 사실이라는 것에 주목하며, 인간은 가장 심오한 수준에서 죽음의 공포(mortal terror)를 가지고 있다는 두 가지 사실에 반응한다. 그것은 첫째, 피할 수 없는 죽음에 대한 자각이며, 둘째, 그와

---

[227] 이 부분은 『Hanbook of Thanatology』의 제30장, 2019년. "외상적 죽음에 대한 역사적·현대적 관점"(Lillian M. Range)과 그 내용을 재정리한 『죽음교육교본』에서 일부분을 참고하였다.

동시에 계속해서 살고자 하는 소망[228] 사이의 갈등이 핵심이다. 실존주의자들에게는 어떤 죽음이든, 내적인 경험에서 자신의 역할을 수행하는 것이 중요하다. (May & Yalom, 2005) 즉 죽음을 상기함으로써 공포를 경험하게 되고, 현재의 삶과 죽음의 공포를 이해하게 해서, 삶의 진정성을 깨닫게 하는 것이다. 삶의 우연성 속에서 인간이 선택할 수 있는 가능성들을 열어 놓은 것이다. 그러므로 인간은 여전히 외상적 죽음이 던져주는 의미를 발견할 수 있으며, 그 의미를 통해 더 완전하고 풍부하게 살고자 하는 자극을 얻을 수 있다고 본 것이다.

3) 인지행동치료이다. 외상을 겪은 이들은 세상이 위험하며, 자신은 무기력하다는 인지를 지니게 된다. 이것이 PTSD 발병의 연결고리이다. 전형적으로 인지행동치료는 심리교육, 노출치료,[229] 인지재구성 및 불안관리로 구성된다. 심리교육은 치료의 첫 회기에 이루어지는데 PTSD에 대한 증상, 원인 등과 치료의 과정, 효과 등의 정보를 제공하는 것이다. 불안관리는 내담자로 하여금 자신의 공포에 대해 숙달감(sense of mastery)을 가질 수 있도록, 불안이나 공포가

---

[228] 『트라우마 상담 및 심리치료의 원칙』 p93-p94. 희망은 효과적인 트라우마 치료에 있어서 매우 중요하다. 희망을 불어 넣는 것은 상담가가 어떤 것을 약속한다는 의미가 아니다. 상담가는 미래를 예측할 수 없기 때문에, 내담자에 대해 보장할 수 없다. 하지만 내담자와 그의 미래에 대한 긍정적인 견해는 종종 옳다고 뒷받침되며, 또 도움이 된다. 궁극적으로 희망은 강력한 치료적 활동이다.

[229] 노출치료는 실제(in vivo) 노출, 상상(imaginal) 노출, 내성(interoceptive) 노출로 나눈다. 이 중 실제 노출과 상상 노출 치료를 주로 사용한다. 최근에는 가상현실(virtual reality)을 사용하는 노출치료와 심상재각본(imagery rescripting)치료 등이 제안되기도 한다.

상승할 때 대처하는 기술을 알려준다. 주로 이완과 호흡훈련을 포함한다. 이 훈련은 점진적 이완과 마음 챙김 기반의 호흡 훈련으로 나눈다. 또한 명상과 요가 등을 통한 훈련을 통해 도움을 얻기도 한다. 노출 치료 단계에서는 환자로 하여금 50분간 외상을 생생하게 상상하도록 하고, 환자는 사건의 세부사항이나 감각적인 단서 등, 정서적 반응에 대해 이야기하는 방식으로 진행된다. 실제 노출(in vivo exposure)의 방법을 사용하기도 한다. 인지 재구성 단계에서는 환자의 파국적 사고의 증거를 찾아 나가게 한다. 환자로 하여금 자동적이며 부정적인 사고의 증가를 평가하도록 하고, 외상에 대한 자신들의 믿음, 자기 및 미래에 대한 왜곡된 믿음을 재평가하도록 한다.

4) 외상 후 성장과 내러티브 재구성이다. 모든 치료가 그렇듯, 이 훈련은 긍정적인 변화에 대한 기대를 동반한다. 외상적 죽음을 경험한 사람들은 사별과 상실에 대해 비탄과 애도의 과정을 거치게 되는데, 그 죽음에 대한 내러티브를 만들어 내지 못하면, 병리적인 증상에 고통을 받게 된다는 것이다. 그러므로 '새로운 가정(假定)을 만들어 냄' 즉 '구성(構成)'을 통해 죽음의 의미를 재정립하는 것이다. 또한 죽음의 공포에서 벗어나기 위해 죽음 이후의 세계에 대한 '문화적 세계관'을 만들어 내기도 한다. 그것은 인간의 정교한 인지능력 즉 '자기-의식'(self-consciousness)의 경험에서 나온다. 예측되거나 통제될 수 없는 세계에 대한 공포는 예측 가능하고 통제 가능한 새로운 세계를 만들어 냄으로써 전환된다. 그것은 새로운 세계가 갖

는 '의미, 질서, 영속성, 불멸성' 등을 내포하는 종교적 세계의 형태와 '가족이나 국가, 직업, 이데올로기' 등에 부여된 사회문화적 세계의 형태 등으로 표현된다. 외상적 죽음에 대해 대처하는 이러한 방식은 외상을 극복하고 치유하는데 도움을 준다. 즉 이러한 외상 후 성장(Posttraumatic Growth)은 트라우마에 대한 긍정적인 변화를 말한다. 긍정적인 변화가 이루어지려면, 여러 가지 다양한 의미의 내용들이 트라우마 사건과 직면할 수 있어야 한다. 즉 부정적인 사건인 고통에 바로 맞설 수 있는 힘, 삶의 태도를 바꾸는 능력, 삶에 대한 도전으로 받아들이는 태도 등 다양한 방식으로 나타날 수 있다. 이러한 태도를 죽음학에서는 '고통의 의미화'라는 개념으로 설명한다. 고통을 제거해야할 대상으로 보는 것이 아니라, 그 고통을 통해 새로운 의미를 발견해 나가는 것이다. '고통 역설'이라는 개념[230]으로 설명하기도 한다. 트라우마를 극복한 성공적인 사례들을 살펴보면, 그 사람들은 트라우마 경험을 통해 인간관계의 새로운 가치를 구축하고, 새로운 가능성에 대한 열린 태도를 가지며, 삶의 가치를 발견하고, 자기 확신을 증대시키며, 정신적인 변화를 가짐으로써 극복한 것을 볼 수 있다. (Tedeschi & Calhoun, 2004) 즉 개인의 노력이 매우 직접적으로 중요하다. 외상 후 성장은 저절로 이루어지

---

[230] 『트라우마 상담 및 심리치료의 원칙』 p94-p96. 고통을 겪는 사람들과 그들의 주변 사람들(사회적 인식)은 고통을 부정적이고, 나쁜 것, 제거해야할 것으로 바라본다. 결국 고통을 없애기 위해 약물, 술, 해리 등 중독의 방식으로 대체하고자 한다. 그러나 이러한 일반적인 접근에 반(反)해서, 고통 역설을 통해 자신의 고통을 회피하지 않고, 이것을 인지적 혹은 감정적으로 직면하여, 더 깊은 통찰을 얻는 것이다. 플래시백, 비애, 불안, 우울 같은 고통스러운 증상이 나타난다는 것은 건강한 상태 즉 즉각적인 알아차림의 상태로 전환되는 가능성이다.

는 것이 아니라, 성장을 지향하는, 보다 더 적극적인 노력을 통해 이루어진다. 단지 고통과 상처라는 문제에만 집중해서 해결하려고 할 때에는 다른 인지·정서적 기능과 조화를 이룰 수 없기 때문에, 심리적 트라우마를 다룰 때에는 좀 더 포괄적이고 종합적인 접근을 통해서 충격적인 경험에 대해 맥락화(脈絡化)[231]할 필요가 있다.

'내러티브'라는 용어는 '말하다', '이야기하다'(narrare)라는 동사와 '알려진'(gnarus)이라는 형용사형의 합성어이다. 다시 말하면 내러티브는 '직면하기'(encounter), '알기'(knowing), '말하기'(telling)의 인간 행동을 종합적으로 포함하고 있다.[232] 내러티브 구성은 개인적 경험을 사회문화적 연계 속에서 부호화하여 연속적 기억으로 조직하는 행위이며, 동시에 자기 해명을 타인과 공유하는 소통의 행위이기도 하다. 즉 개별적인 사건들이 내러티브가 되기 위해서는 경험한 개인과 사건이 일체화되어야 한다. 낯선 것을 '익숙하게 하기'이며, '무엇'과 '왜'에 대한 질문에 답하는 것이다. 이러한 구성의 과정에는 필연적으로 '해석'이라는 인간의 행위가 개입된다. 화자(話者)의 주관적 인식과 감정의 배열이다. 일어난 사건을 나열하는 것이 아니라 그 사건에 대한 개인적인 해석을 열거하는 것이며, '본 것'의 서술이 아니라 '본 것의 기억'을 설명하고 해명하는 것이다. 그러므로 해석은 새로운 해석의 가능성을 만들어 낼 수 있으며,

---

231 '맥락화'라는 표현은 그 상처와 고통에 대해, 내러티브의 구성을 통해, '의미화'한다는 개념으로 이해해 볼 수 있다.
232 『트라우마』 p294-p296. 치료의 최종 목적은 이야기를 언어화함으로써, 자신의 정서가 무엇을 느꼈는지 재구성하는 것이다. 브로이어와 프로이트는 '정서가 결여된 회상이 가져오는 효과는 아무것도 없다'라고 말한다.

경험은 새로운 의미로 전환되거나 더 큰 의미로 확대 증폭될 수 있다. 내러티브와 스토리라인의 과정을 통해서 초기의 뒤엉킨 기억과 충격적인 경험은 다른 개념들과 연합되고 결합되면서 외상의 강도(剛度)와 복잡성은 현저하게 줄어든다.(Schank & Abelson, 1995) 부정적인 경험들은 전체적인 스토리로 포섭되고 전체의 일부분으로 전환(轉換)되기 때문에 부정적인 기억으로 다시 활성화되는 것을 막을 수 있다. 결국 트라우마 경험이 내적으로 통합될수록 트라우마 내러티브는 보다 일관성 있는 스토리 라인을 보여주며, 자기평가와 의미탐색이 매우 긍정적으로 바뀐다.

  결국 트라우마에 대한 결과를 병리적인 PTSD로만 해석하는 방식보다는, '외상 후 성장'이라는 개념으로 보는 시선도 중요하다. 의미의 재구성을 통해 자아의 재통합을 이룬다면 외상을 경험한 사람(주체)은 보다 더 적극적으로 주체적인 삶을 살아갈 수 있다. 이때 내러티브를 들어주는 싸나톨로지스트들은 화자(話者)를 단순한 대상자(Client)로만 보는 것이 아니라, 자신의 과거를 주체적으로 해석하고, 미래와 연결시킬 수 있는 자율적이고 독립적인 개인으로 존중해야 한다. 그밖에도 단계적 탈감작(脫感作)요법(systematic desensitization), 스트레스 면역훈련, 안구운동 민감소실 및 재처리 요법(EMDR)등이 있다.

제8강

상실·비탄·애도와 실천

죽음학 수업

제8강 상실·비탄·애도와 실천

1. 상실에 대하여

1) 사별과 상실

사별(bereavement)은 죽음으로 사랑하는 사람과 이별하는 것을 말한다. 사별(死別)은 일반적으로 배우자나 부모가 죽어서 서로 이별(離別)하게 되는 경우이다. 그러므로 우리가 사용하는 사별이라는 용어는 사람과의 헤어짐을 의미한다. 물론 bereavement는 사람과의 사별을 의미하기도 하지만, 어떤 대상과의 헤어짐, 잃어버림, 여읨 등의 의미도 내포하고 있다. 그러나 애도 상담과 교육에서는 사별 즉 사랑하는 사람을 잃는 경우를 많이 다룬다. 그러므로 사별은 주로 남아있는 자의 사건으로 해석된다. 사랑하는 사람과의 단절은 남은 자에게 큰 슬픔과 고통을 안겨준다. 하지만 남아있는 자는 새로운 지향을 향해 살아가야 한다.

언어는 그 시대에 그 언어를 사용하는 사람들이 공통적으로 느끼고 사용하고 이해하는 범위에서 설명할 수 있다. 그런 의미에서 사별이라는 용어는 사람과의 이별이라는 한정적인 뜻으로 사용된다.[233] 그렇다면, 사별보다 더 넓은 개념을 포함하는 단어는 상실

---

[233] 『죽음학교본』 임병식, 손주완 외, 가리온, 2023년, p277. 사별은 항상 그렇지는 않지만, 주로 죽음과 관련된 상실을 경험하는 사람의 상황에 적용되는 용어이다.
『모든 상실에 대한 치유, 애도』 David K. Switzer, 최혜란 역, 학지사, 2011년, p18. "애도와 사별에도 약간의 혼동이 있다. 전문적으로 애도와 사별은 약간 다른 것인데, 사별은 박탈감 혹은 상실의 실제적인 상태이며, 애도는 박탈에 대한 정서적 고통의 반응이다."

(loss)이다. 상실은 사람과의 이별뿐만 아니라 물건, 동식물, 사건 등을 포함하여, 신체적, 정서적, 경제적, 사회적 모든 관계에서 발생하는 포괄적 개념이다. 인간이 살아가면서 겪게 되는 모든 사건과 관계 속에서 경험하는 것이며, 이러한 경험은 누구에게나 찾아온다. 상실은 크기도, 대상도, 내용도, 깊이도 다 다르다. 인간으로 존재한다는 것 자체가 이미 상실의 사건을 경험하는 실존이다. 모든 인간은 상실의 실존 속에서 살아간다.

상실(喪失)이라는 단어는 '잃어버림'을 말한다. 인간은 수많은 우연적 한계상황 속에서 상실의 상황을 맞이한다. 그러므로 상실은 매우 넓고 복합적인 의미이며, 다양한 형태를 가지고 있다. 상실은 소중한 것에서 분리되거나 박탈되는 경험을 말한다. 상실의 경험은 사랑하는 가족을 죽음으로 인해 떠나보내는 것부터, 정신적, 관계적, 기능적, 물질적 잃어버림을 모두 포함한다.[234] 상실의 사건은 인간에

『죽음학총론』 이이정, 학지사, 2011년, p262-p264. 저자는 사별을 사람에 대한 상실뿐만 아니라, 사물에 대한 상실에서도 사용하는 것으로 정의하고 있다. 이상과 같이 상실과 사별에 대한 이해가 조금씩 다르다. 하지만 이 글에서는 죽음학교본의 개념을 따른다.

234 상실의 6가지 유형은 물질적 상실(materisl loss), 관계적 상실(relationship loss), 정신내적 상실(intrapsychic loss), 기능적 상실(functional loss), 역할의 상실(role loss), 공동체의 상실(systemic loss)로 분류한다. 그러므로 상실은 반드시 죽음과 관련을 맺는 것은 아니다. 공동체 내에서의 상실은 자신이 속한 지역사회에서의 이사, 전학, 이민을 가는 것이며, 자신이 속해 있던 조직에서 나가는 것을 말한다. 정신내적 상실은 자신이 추구하는 이상이 좌절되거나, 미래에 대한 꿈을 잃어버리는 것이다. 또한 자신의 정체성에 대한 혼돈으로 인해 발생하기도 한다. 이러한 여러 유형 중 하나 이상이 나타나면 상실을 겪게 되는 것이다. 또한 상실은 피할 수 있는 상실과 피할 수 없는 상실, 일시적인 상실과 영구적인 상실이 있다. 실제의 상실과 상상의 상실(Actual and Imagined Loss), 그리고 예견된 상실과 예견되지 못한 상실(Anticipated and Unanticipated Loss)로 구분하기도 한다. <상실의 유형에 관한 제언, Comment on Types of Loss>

게 많은 영향을 주며, 다양한 반응으로 나타나기도 한다. 반응의 유형 중 신체적 반응은 자신의 몸에서 나타나는 반응으로, 평상시와 다른 여러 증상들을 보여준다. 갑자기 숨이 막히고, 어지럽고, 온 몸에 통증 반응이 나타나기도 한다. 또한 상실로 인해 인간은 인지체계에 문제가 발생하기도 한다. 정신적인 혼란과 기억력의 장애를 겪기도 한다. 상실은 인간의 감정을 흔들어 우울, 무감각, 슬픔, 초조, 불안, 죄책감, 수치 등의 감정적 변이들로 나타난다.[235] 그리고 일상성이 파괴된 행동 반응을 보여주기도 한다. 결국 상실의 사건은 모든 인간이 겪는 사건이다. 그러나 동시에 인간은 상실의 사건을 이겨낼 힘도 가지고 있다. 즉 상실의 사건은 인간을 성장하게 한다. 상실을 경험하는 순간에 인간은 감추어져 있던 자신의 정직한 본성을 보게 된다.[236] 모든 것이 무너지는 느낌, 신에게 조차 버려졌다고 느끼는 상실의 사건은 자신의 실존을 치열(熾烈)[237]한 사건으로 만든

---

[235] 『죽음학교본』 p271-p273. 죽음학자 임병식은 상실의 상황에서 인간이 겪는 감정의 전변(轉變)에 대해 인간 자신이 스스로를 지키기 위한 반응으로 해석한다. 감정은 이성보다 빠르며, 이성은 인과적 논리와 표상을 통해서 외부사태를 판단하지만, 감정은 그것을 넘어 직관적으로 판단한다. 이러한 감정의 능력을 인지능력(cognitive ability)이라고도 한다. 그리고 감정은 기억과 밀접한 관계가 있으며, 내담자의 고유한 성향과 정서 그리고 인식태도와 밀접한 관계를 맺고 있다는 것이다. 따라서 정서와 인지는 서로 관계되어, 의미를 지향하게 된다.

[236] 『감정치료』 임병식, 가리온, 2018년, p412-p415. "상실은 치유와 관련이 있다. 치유의 초점은 질병에 있는 것이 아니라, 삶의 존재 방식에 있다." 그러므로 상실은 자신의 실존을 경험하게 한다. 프로이트는 슬픔에 대한 치료방식으로 '리비도의 철회'를 말한다. 즉 "상실되기 전에 대상에게 집중했던 삶의 에너지(리비도)를 철회해서 새로운 대상에게 재 투여함으로써, 상실 이후의 삶에 재적응하게 한다."는 것이다. 하지만 죽음학과 죽음교육에서는 철회가 아니라, 직면과 대면을 통해 상실과 마주하게 한다. 마주함으로 자신의 본성을 발견하고, 다시 자신에게 돌아감(再歸)을 통해 치유의 길을 가게 한다.

[237] 치열의 치(熾)는 성(盛)하다 즉 '번성하다'는 뜻과 함께 '불길이 세다', '불사

다. 자신의 본성 앞에 선 자아는 상실의 사건을 통해 비로소 자신에게 돌아가고자 하는 열망을 경험하게 된다. 그리고 그 열망은 자신을 영적으로 성장하게 만든다.

2) 우연히 만나는 상실의 한계상황

인간은 살아가면서 수많은 우연적 사건을 만난다. 그 사건들은 우리를 절망에 빠지게 하고, 슬퍼하게 한다. 때로는 우리의 자유의지와 삶의 의지마저 꺾어 버리기도 한다. 상실의 사건들은 우리를 주체적인 존재에서 수동적인 존재로 전락시킨다. 아무것도 할 수 없는 무기력한 존재로 만든다. 이러한 사건과 사태는 '우연성'으로 찾아온다. 우연성은 나의 결단이나 의도와 상관없이, 그냥 나에게 주어진 또는 던져진 사태(situation)이며, 사건(incident)이다. 그리고 그 우연성은 나에게 상실을 경험하게 해 준다. 상실 없는 인간은 없다. 상실의 사건은 우리를 한계상황으로 몰아간다. 그리고 그러한 상황에서 우리는 질문을 던진다. 그 질문은 존재적 질문이다. 존재적 질문은 나에 대한 질문이다. 결국 우연히 만나는 상실의 한계상황은 잊고 지냈던 '나'를 찾아가기 위한 과정이 된다. 그렇다면 상실의 한계상황은 부정성이 아니라 긍정성으로 바뀌게 되는 것이다. 즉 우리를 성숙하게 만든다. 이픔과 상실이 주체가 되고, 내가 객체가

르다'의 뜻을 가지고 있다. 렬(烈)은 맵고, 세차고, 맹렬(猛烈)하다는 뜻이다. 즉 자신의 실존을 치열한 사건으로 만든다는 것은 자신 안에서 일어나는 혼돈, 흔들림, 괴로움, 아픔, 두려움, 떨림 등의 증상을 경험한다는 것이다. 한계상황 앞에 맞닥트려졌을 때, 인간에게 찾아오는 상실의 사건과 사태는 자신을 격랑 속으로 밀어 넣는다. 하지만 이런 치열한 실존의 사건을 통해 비로소 고유한 자신을 바라보게 되고, 삶의 성숙과 성장을 경험하게 한다.

되어 피동적인 존재로 전락하는 것이 아니라, 내가 능동적으로 그 아픔과 상실을 알아가는 것이다. 상실과 아픔으로 인해 타자화 되었던 나를, 주체적으로 결단하는 존재로 만든다. 그러므로 상실의 사건은 우리가 살아있는 인간임을 발견하게 해 준다. 인간이 인간일 수 있는 이유는 자신을 인식할 수 있기 때문이다. 자신에 대한 인식 즉 나에 대한 앎은 상실이 가져다주는 긍정성의 사건이다. 이때에 비로소 상실의 사건은 치유의 사건으로 전회(轉回)된다.

3) 상실과 실존 그리고 결단 - '상실이 상처로, 상처가 실존으로'

인간은 상실의 상처를 통해 진실한 자기 자신을 만나게 된다. 상실과 상처는 인간의 존재 의미를 명확하게 자각하게 해 준다. 상실 없는 인간은 없으며, 상처 받지 않는 인간은 없다. 상실과 상처 속에서 인간은 고독한 존재로서의 자아를 깨닫게 된다.[238] 더 이상 희망이 없을 것 같은 순간에 비로소 자신의 실존을 경험하게 된다. 자신의 인생이 모두 무너질 것 같은 상처의 절망 속에서, 신에게 아무

---

[238] 『뇌졸중이 나에게 안겨준 통찰』 질 볼트 테일러, 장호연 역, 월북, 2019년, p26-p43 (My Stroke of Insight: 한국에서는 『나는 내가 죽었다고 생각했습니다』 제목으로 출판) 상실이 주는 배움을 통해 삶의 중요한 것들을 깨닫게 된다. 즉 상실을 통해 인간은 자신의 진실한 모습을 회복할 기회를 얻는다. 상실보다 더 힘든 것은 상실을 겪게 되지 않을까 하는 불안과 초조함이다. 막상 상실에 처하면, 오히려 마음이 차분해지고 평안해지는 것을 느낀다는 것이다. 신경해부학을 전공하고 하버드대 연구원으로 일했던 뇌 과학자 질 볼트 테일러(J. Taylor)는 37세의 나이에 중증 뇌출혈로 쓰러졌다. 그녀는 뇌 기능이 무너지는 경험을 몸소 관찰한 후 8년간의 수술과 회복기를 거쳐 뇌에 대한 깊은 자각을 책으로 출판했다. 뇌졸중의 순간에 오히려 마음의 평화와 평온함이 찾아왔음을 고백하고 있다. 의식의 평온함과 고요함을 경험하였으며, 언어의 상실이 오히려 평온과 안락 그리고 행복과 충만의 감정을 느끼게 해 주었다고 말한다.

리 외쳐도 침묵으로 대답하는 상실의 절망 속에서 인간은 벌거벗고 있는 자신과 대면하게 된다. 십자가 앞에서 '엘리 엘리 라마 사박다니(나의 하나님 나의 하나님 어찌하여 나를 버리시나이까?)'를 외쳤던 예수의 울부짖음 속에서, 우리는 인간 실존을 보게 된다. 엔도 슈사꾸의 『침묵』[239]에 등장하는 로드리고 신부는 배교(背敎) 강요와 고문의 현장에서, 인간의 울부짖음에 침묵하고 있는 신을 향해 질문을 던진다. 그리고 자신의 실존을 깨닫게 된다. 그 자리에 우리가 있는 것이다. 2천여 년 전 골고다 언덕에도, 400여 년 전 일본의 천주교 박해 현장에도, 오늘 이 시대 우리의 삶 속에서도, 상실과 상처로 우리는 자신의 실존을 경험하고 있는 것이다. 그리고 그 상처는 우리가 어떤 존재인지를 확연히 자각하고 기억하게 한다. 그리고 상실과 상처는 비로소 우리에게 치유[240]의 길을 제시한다. 치유는 상처(傷處)가 상흔(傷痕)이 되고 상흔이 성흔(聖痕)이 될 때 시작된다. 예수의 십자가도, 로드리고 신부에게 있어서의 침묵도 고통의 상처가 성

---

[239] 『침묵(沈默)』엔도 슈사꾸, 공문혜 역, 홍성사, 2005년. 17세기 일본의 역사적 사실과 기록에 기반 해서 1966년에 출판한 소설이다. 에도시대 초기 기리시탄(그리스도인) 탄압의 한가운데에 놓인 포루투갈 사제를 통해, 신과 신앙의 의미를 다뤘다. 배교를 강요하고 고문을 자행하는 현장에서 신은 아무런 대답도 하지 않고 침묵으로 일관하였으며, 주인공 역시 배교할 수밖에 없었던 인간의 실존을 표현하고 있다. 극한의 고통 속에서 인간은 무슨 대답을 얻을 수 있을 것인가에 대한 실존적인 질문이다.

[240] 「'상처를 받는다는 것'이 왜 '인간다움'의 가능성일까?」임병식. 이 글에서 상처가 성흔이 되는 과정을 다음과 같이 말한다. "상처받은 치유자의 의미인 'vulnerability'는 '상처 받(입)을 vulner-'와 '능력 -ability'의 합성어이다. 즉 'vulnerability'라는 단어는 단순히 상처를 받았다는 의미를 넘어선다. 상처(傷處, injury, abrasion)가 주체의 기억과 회상, 재현의 의미로 소환될 때, 상흔(傷痕, stigma)으로 전환된다. 이 상흔이 개인의 영역을 넘어 인륜성으로 확장될 때, 성흔(聖痕, stigmata)으로 변환된다. 그런 의미에서, '인간이 인간일 수 있는 가능성', '회귀하는 능력'으로 번역하고자 한다." 이런 변환의 과정이 다름 아닌 치유이다.

흔으로 변환되어 가는 과정이다.

상실이 상처가 되고, 상처가 상흔이 되면 상흔은 실존으로 다가온다. 상흔의 실존은 성흔을 지향 한다. 그러므로 상처가 성흔이 되기 위해서는 세 가지의 비약(초월)이 수반한다.[241] 첫 번째 비약은 '자기이탈(Selbstdistanz)'을 통해 수행된다. 이는 인간이 자기 자신과 거리를 둠으로써 자신의 개별성을 인식하는 단계이다. 즉 자신의 현실 존재를 객관적으로 바라보게 된다는 것이다. 두 번째 비약(飛躍)은 '자기 자신'을 의식하는 단계이다. 이 단계는 '자기의식(Selbstbewutsein)'과 '자기초월'을 통해 수행된다. 여기서 인간은 상황에 대해 스스로 책임을 진다는 의미에서 자신의 고유한 가능성과 자신의 부족함을 인식하게 된다. 이러한 고통스러운 경험을 통해 자신이 결코 해결할 수 없는 한계상황이 존재한다는 사실을 지각한다.[242] 그리고 이와 같은 상황은 결코 되돌릴 수 없으며, 여전히 존속한다는 사실도 인식하게 된다. 그러나 역설적이게도 이러한 현실 속에서 인간은 자기초월(Selbsttranszendenz)을 통해 새로운 가능성을 발견하게 된다. 세 번째 비약은 '실존적 결단과 실존의 장악(Ergreifen der Existenz)'을 통해 수행된다. 이러한 초월적 발전은 새로운 가능성들을 자신의 것으로 즉 개별적인 것으로 만들 때 발생한다. 그리고 자신의 의식을 통해 자신이 가야할 길과 행위에 대해

---

241 「야스퍼스의 한계상황과 영성, 그리고 의미치료」 임병식. 이 논문에서 실존의 근거에 수반되는 세 가지 비약(초월)을 다룬다.

242 『정신병리학 총론1』 칼 야스퍼스, 송지영 역, 아카넷, 2014년, p49. 이러한 한계상황을 인식하는 것에 대해 야스퍼스는 다음과 같이 표현한다. "이런 상황들에 접하여 개인의 내부에서 우리가 존재라고 부르는 것, 즉 자기존재(Selbstsein)의 실제성이 눈을 뜬다."

결정하고 결단함으로써, 자신의 실존을 장악하게 된다. 외상적 사건을 경험한 후 살아남은 사람들의 이야기 속에서 우리는 그러한 가능성을 발견하게 된다. 지금 자신에게 어떠한 일(사건, 사고)이 일어났는지를 정확히 인식하고 있으며, 이러한 상황이 어떻게 전개될 것인지를 예측하면서 그들은 의식을 잃지 않으려고 노력했다고 증언한다. 즉 자신이 살아남기 위해서 어떻게 해야 하는지에 대한 행위와 결단을 통해 자신의 실존을 장악한다는 것이다. 이러한 자기 초월을 통해 인간은 비로소 진정한 의미의 자기 자신됨을 획득하게 된다. 그리고 자신이 살아야 하는 의미를 스스로 설정하게 된다. 오토바이 교통사고로 위험한 상황에 직면해 자신의 신체 일부가 손상된 상태에서도 결코 의식을 잃지 않으려고 애썼다는 한 인간의 고백이 그의 인감 됨의 표현일 것이다. 그리고 그러한 위기를 지나 비록 장애인이 되었음에도 불구하고, 스스로 자신의 삶의 의미를 찾고 만들어 낸 위대한 승리자들을 우리는 만나볼 수 있다. 인간의 인간됨이 한계상황 속에서 빛을 발휘하게 된다.[243]

---

[243] 2021년 9월 WBC(World Body Classic) 피트니스 대회에서 3관왕에 오르며 정상에 올랐던 김나윤씨는 '한 팔로 정상을 안았다'는 기사 제목처럼 한쪽 팔을 상실한 장애인이다. 그녀는 일찍부터 헤어디자이너로 살다가 2008년 오토바이 교통시고로 현장에서 왼쪽 팔이 절단되는 사고를 경험하였다. 신체의 일부가 상실되는 견딜 수 없는 고통을 경험하게 된 것이다. 하지만 자신의 장애 즉 신체의 모습을 보여주면서 상실의 고통을 극복하고 사람들 앞에 당당하게 우뚝 섰다. 방송 인터뷰에서 그녀가 한 말들이다. "많이 울었다." "다 극복했어요! 가 아니다. 현재도 여전히 받아들이는 중이다." 그녀는 피트니스 대회에 나가면서 자신의 장애를 받아들이는 과정을 겪었다. 숨지 않고 사회로 나오고 싶었다고 했다. 그리고 앞으로 자신의 인생에서 의미 있게 하고 싶은 일들이 생겼다고 말했다.

4) 상처 입은 치유자

그러므로 우리는 모두 상처 받은(입은) 치유자(stigmatist)이다. 상처를 입었다는 것은 타인의 상처를 비로소 이해하고 공감할 수 있게 되었다는 의미이다. 인간은 그 자신이 스스로 겪지 않으면 타인의 고통을 100% 공감할 수 없다. 그저 약간의 위로와 공감의 표현만 있을 뿐이다. 고통은 여전히 타자의 고통일 뿐이다. 즉 고통의 타자성이다. 하지만 그 고통이 자신의 고통이 되고 상처가 되고 아픔이 될 때 비로소 타인을 이해하고 공감하게 된다.[244] 그러므로 내가 상처를 입었다면 타인을 공감할 수 있는 치유자가 되었다는 의미이다. 상처 입은 치유자는 나를 치유하고 타인을 치유한다. 상처를 통해 내 몸과 마음이 아프고 고통스러운 경험을 했을 때, 타인의 아픔과 고통을 보고 함께 아파할 수 있다. 내 마음이 상처로 인해 뜨거운 피가 흘러야 타인의 아픔에 공감의 피가 흐를 수 있다.[245] 아픔을 느

---

[244] 『죽음학교본』 p273-p275. 그러므로 죽음교육전문가(싸나톨로지스트)는 '바라봄'의 지혜와 기술이 필요하다. "모든 이해는 편견으로부터 시작된다. 편견은 이해의 지평(horizon of understand)이다. 편견과 선입견으로부터 자유로운 이해는 없다." 이러한 전제를 인정한 후 타자를 대해야 한다. 즉 나의 이해가 완전하지 않다는 것이다. 그것은 유연함과 포용, 열린 자세와 경청의 태도이다. 모든 인간에게 적용되는 평균적이고 일반적인 이해를 강요해서는 안 된다. 모든 인간은 개인마다의 고유한 인식의 체계를 갖고 있기 때문이다. 과거와 경험으로부터 형성된 이해가 오늘의 사건을 만남으로 자신과 종합되어 해석되는 것이 바로 그 사람의 '이해'이다. 즉 "현존재(Dasein)의 자기 이해에 대한 구조를 밝혀내는 것이다. 따라서 생리심리학에서 이해심리학으로 관점을 전환해야 한다."

[245] 한의사인 임병식은 상처와 공감에 대해 다음과 같이 설명한다. "한방용어로 불인마목(不仁痲木)이라는 용어가 있다. 중풍을 맞은 팔과 다리에 피가 통하지 않아 아무리 꼬집어도 아픔의 감각을 느끼지 못한다는 뜻이다. 즉 마비되어 있다는 것이다. 아픔을 느낀다는 것은 기혈이 순통하여 감각이 살아있어 외부 자극에 반응할 수 있다. 그래서 아픔을 느끼는 것도 하나의 능력이다. 혈맥(血脈)이 관통(貫通)하여 타자에게로 다가가는 것이 생명의 원리이다. 약초의 이름에 유달리 인(仁, 사랑, 생명, 씨앗)이 붙은 이름이 많다. 예컨대

낀다는 것은 살아있다는 의미이다. 죽은 사람은 아픔을 느끼지 못한다. 살아있어야 치유자가 될 수 있다. 죽은 자에게는 상처도 상흔도 없다. 그러므로 나의 상처가 나에게 상흔을 입히고, 내가 그 상흔에 온전히 대면할 때, 나는 비로소 치유자가 되는 것이다.

2. 비탄과 애도에 대하여

1) 비탄에 대한 글자 해석

비탄은 슬픔이다. 비탄은 한자로 비탄(悲嘆)과 비탄(悲歎)으로 표현한다. 똑같이 비(悲)는 슬픔, 슬퍼함을 뜻한다. 상실의 사건을 통해 슬픔의 감정에 빠지는 것이다. 슬픔은 내 마음의 깊은 곳에서부터 올라오는 감정이다. 대상이 있기 때문에 생기는 감정(emotion)이다. 대상은 나와 관계를 맺고 있던 '누구와 무엇을 잃어버림'으로부터 오는 슬픔이다. 슬픔은 인간의 온 몸과 온 마음을 관통해 인간에게 눈물과 아픔을 전달해 준다. 그러므로 비탄의 첫 번째 감정은 깊은 슬픔이다. 탄(嘆)은 '탄식하다', '한숨 쉬다'의 뜻이다. 너무나 슬프고 아파서 자신의 입에서 터져 나오는 외침이다. 힘들다고, 죽겠다고, 고통스럽다고 외치는 비명이다. 얼마나 슬프면 내 몸 안에 있는 숨이 거칠게 밖으로 나오겠는가? 숨만 나오는 것이 아니라, 괴로움의 말도 나온다. 고통과 괴로움이 크면 그 말조차 나오지 않는다. 그래서 입 구(口)를 붙인다. 탄식(歎息)은 살기 위해 숨을 쉬는 것

> 행인(杏仁, 살구씨), 산조인(酸棗仁, 대추씨), 익지인(益智仁, 생강과 익지의 열매를 말린 것) 등의 이름이 있는데 이는 생명의 의지(生意)와 사랑(仁)을 의미한다. '하늘과 땅이 만물을 낳고자 하는 마음, 그것을 사랑이라고 한다(天地生物之心曰仁)'는 주역의 표현이 있다."

이고, 고통에서 벗어나 쉬기 위해 숨을 쉬는 것이다. 숨을 쉼으로 고통 이전의 자신에게로 돌아가고자 하는 몸의 반응이다. 식(息)은 살기 위해 숨을 쉬는 것이며, 생존하기 위해 호흡하는 것이다. 그러므로 비탄(悲嘆)은 살기 위해, 생존하기 위해 자신의 슬픔을 쏟아내고, 말하고, 내뱉는 행위이다. 비탄(悲歎) 역시 같은 개념이다. 하지만 여기서의 탄(歎)은 '읊다'와 '노래하다'의 뜻을 함께 가지고 있다. '읊다'는 행위는 무언가 글을 읊고, 시(詩)를 읊는 행위이다. 슬픔이 너무 커서 그 슬픔을 글과 시로 바꾸어 말하는 것이다. 글과 시(詩)속에 슬픔이 고스란히 들어가 있다. 구약성서의 시편에 보면 다윗의 탄원시(歎願詩)가 있다. 사는 것이 너무 힘들고, 괴롭고, 아프고, 슬퍼서, 그는 신에게 자신의 마음을 시(詩)로 읊고 노래했다. 시와 노래를 통해 자신의 슬픔을 표현한 것이다. 그러므로 비탄이라는 단어 속에서, 슬픔 그 자체와 그 슬픔을 견뎌내기 위한 과정이 내포되어 있다고 볼 수 있다.

2) 죽음학에서 비탄이라는 용어

죽음학과 죽음교육에서 비탄(grief)은 상실에 대한 인간의 반응에 적용되는 용어이다. 비탄 반응은 감정적, 신체적, 행동적, 심리적(인지적 혹은 정서적), 사회적, 영적 반응으로 나타난다. 비탄 감정은 비통해 하는 것(grieving)과 구분되게 또는 동일하게 사용된다.[246]

---

246 『사랑과 상실의 뇌 과학』 메리-프랜시스 오코너, 이한음 역, 학고재, 2023년, p18-p19. 'Grief'와 'Grieving'은 관련이 있지만 서로 다른 개념이다. Grief(비탄)는 상실이나 고통스러운 사건으로 인해 느끼는 감정적인 고통이나 슬픔을 의미한다. 주로 사랑하는 사람의 죽음, 이별, 또는 중요한 것의 상

하지만 죽음교육에서는 문화적, 종교적, 영적, 사회적, 개인적 요소들이 어떻게 비탄과 애도를 통해 경험되고 표현되고 영향을 주는가에 관심을 갖는다.247 그러므로 비탄은 슬픔 그 자체로 끝나는 것이 아니라, 그 슬픔을 넘어 삶의 의미로 어떻게 작용하는가에 주의를 집중한다. 그러한 과정이 바로 자신을 재조정하고, 새로운 관계를 발견하고, 새로운 정체성을 형성하여, 어떻게 의미화의 길을 가는가에 있다.

그리고 그것을 회복(recovery), 성취(completion), 해결(resolution), 치유(healing), 극복(getting through), 성장(growth) 등의 단어들과 연결한다. 하지만 이러한 용어들은 비판을 받기도 하고, 도움이 되지 않는 용어들이라고 평가 받기도 한다. 왜냐하면 비탄은 무언가를 향해 가고자하는 목표를 설정하는 것이 아니라, 그냥 지금 현재 자신이 경험하고 있는 상실과 슬픔과 아픔의

실과 같은 상황에서 경험하게 되는 감정이다. 마치 파도처럼 밀려들어와 완전히 압도되는 감정이다. Grieving(슬픔을 겪다 또는 애도)는 'grief'를 경험하는 과정이나 행동을 나타낸다. 즉, 슬픔을 느끼고 그것을 처리하는 과정을 의미한다. grieving은 그 감정이 계속해서 재연되는 과정을 통해 개인이 슬픔을 표현하고, 그 감정을 이해하며, 회복해 나가는 일련의 과정을 포함한다. 요약하자면, 'grief'는 감정 그 자체를 의미하고, 'grieving'은 그 감정을 경험하고 처리하는 과정을 의미한다. 하지만 일반적으로 혼용되고 있으며, 서로 관련되어 작용한다. 결국 시간이 흐르면서 경험되고 적응하는 궤적을 갖는 것이 애도의 과정이다.

247 『죽음학교본』 p277-p278. 비탄과 애도에 대한 여러 학사들의 주장을 정리하였다. 죽음학은 미국에서 1960년대부터 상담과 심리, 호스피스와 연명의료, 임종과 영성, 상실비탄애도와 죽음교육 등의 분야에서 발전하였다. 이러한 학문적 발전에 기초하여 한국에서는 동양사상과 정신의학, 철학과 종교학 등 더 넓은 개념의 죽음학으로 발전시키고 있다. 비탄과 애도에 대한 내용은 미국의 학자들이 이미 정리해 놓은 개념들을 다시 요약하였다. 미국 학자들의 관점을 먼저 살펴보고, 우리의 실정에 맞는 죽음학을 더 증진시켜나가는 노력이 필요하겠다.

사건을 대하는 고유한 방식이기 때문이다.[248] 그러므로 순차적이지도 않고, 고정적이지도 않다. 하지만 비탄은 비탄 그 자체에 머물러 있을 수 없다. 그래서 학자들은 비탄 과업을 제시한다.

3) 비탄과 애도에 대한 학자들의 주장[249]

프로이트는 '분리로서의 애도' 개념으로 설명한다. 초기 '애도와 우울증' 논문에서, 우울증(melancholia), 임상적인 침울함, 일탈적 반응, 복합적인 증상 등은 건강하지 못한 애도라고 보았다. 슬픔이 일반적(normal)이고 비-복합적(uncomplicated)으로 나타난다면, 정상적 애도로 본 것이다. 그래서 리비도의 철회(회수)를 통해, 새롭고 건강한 대상을 향해 리비도를 집중하는 하는 것이 필요하다고 본 것이다. 애도가 갖는 정신적 과업은 산 자의 기억과 희망을 죽은 자로부터 분리시키는 것으로 이해한다. 하지만 란도(Rando)는 프로이트의 '분리' 개념을 잘못 이해하고 있는 것이라고 보았고, 임병식은 애도 과정에서의 '심적 안정성'이라는 의미로 해석했다.

린드만(Lindemann)은 격렬한 비탄(acute grief)의 전형적인 특징에 대해 "육체적 고통을 포함하여, 죽은 사람의 이미지에 대한 잠식,

---

248 『사랑과 상실의 뇌 과학』 p56-p72. "상실의 사건에서는 시간과 공간의 두 차원에 더하여, 세 번째 차원으로 '친밀함'이 작용한다. 심리학자들은 이것을 '심리적 거리(psychological distance)'라고 부른다." 즉 인간의 뇌는 시공을 떠난 사람이 어디 멀리에 가 있거나, 나중에 여기로 돌아올 것이라고 믿는다. 뇌는 친밀함이 더 이상 작동하지 않는다는 생각 자체를 할 수 없다. 즉 "예측과 기억과 추정을 통해 사랑하는 사람의 부재(不在) 이유를 여기, 지금, 가까이에 있는 것으로 암호화하고, 언어를 사용하여 상호보완의 방식으로 기술한다. 사랑하는 사람과 사랑에 빠지면 뇌는 정체성이 겹치는 과정을 통해 애착 결속과 지속적 결속을 만든다."

249 『죽음학교본』 p278-p289.

죄책감, 적대감과 일상적인 행동 패턴의 변화 등을 포함한다."라고 말한다. 그리고 비탄과업(grief work)은 죽은 사람으로부터의 속박에서 스스로 해방되고, 죽은 사람이 사라진 환경에서 재적응하며, 새로운 관계를 형성하려고 노력하는 것이다. 그러므로 비탄 반응을 지연시키거나, 왜곡하는 일은 오히려 병적이고 건강하지 못한 형태의 비탄을 만들어 낸다고 한다.[250] 그래서 죽음교육에서는 슬픔은 슬픔대로, 눈물은 눈물대로 온전히 흘려야하며, 쏟아내야 한다고 한다.

보울비(J. Bowlby)의 '애착이론과 비탄의 단계'에서는 비탄 반응들이 생존자들에게 본능적이고, 적응적이며, 가치적인 것이라는 것을 보여주었다. 또한 파크스(Parkes)의 작업에 대해, 사랑하는 사람을 상실하는 사건에서 남아있는 자가 보여주는 반응을 네 가지로 정리했다. 망연자실함(numbing), 동경과 탐색(yearning and searching), 무질서화와 절망(disorganization and hopelessness), 재조직화(reorganization) 단계로 설명한다. 결국 이러한 반응들은 상실의 불변성을 수긍하고, 객관적 세계 속에서 현실화하는 것이므로, 건강한 애도이며, 병적이지 않으며, 긍정적인 과정의 일부라고 보았다.(죽음학교본, p279)

워든(worden)은 애도에서의 4가지 과업을 설명한다. 첫째, 상실이라는 현실을 수긍함 즉 죽음이라는 현실을 인정하는 것이다. 둘

---

[250] 『죽음학교본』 p279. 린드만의 '격렬한 비탄'에 대한 내용이다. 격렬한 비탄 반응은 상실을 경험한 사람이 그 상실의 사건에서 자신을 보호하기 위해 나타내는 증상이다. 초기에 나타나는 격렬한 비탄 반응에 대해 제재하거나 금지하는 것은 바람직하지 않다. 충분히 자신의 슬픔을 격렬한 방식으로라도 표현할 수 있도록 도와야 한다. 물론 그러한 반응이 자신의 몸을 상하게 하지 않도록 관심을 기울여 주는 것은 매우 중요하다.

째, 비탄의 고통에 대한 경험과 극복이다. 고통이 사별한 사람을 압도하지 않는 한, 그 고통을 경험하는 것은 생산적인 애도의 과정이라고 본다. 셋째, 죽은 사람이 없는 환경에서 적응하는 것이다. 죽은 사람이 수행했던 다양한 역할들을 확인하고, 그러한 역할을 더 이상 기대할 수 없음에 적응하며, 남은 자가 새롭게 역할을 찾아가는 과정이다. 넷째, 감정적 에너지를 회수하여 다른 관계들에 재-투여하고, 죽은 사람들을 감정적으로 재-위치시키고, 자신의 삶을 계속해 나가며, 자녀 등 남은 자들이 죽은 자를 기억할 방법들을 발견해 나가는 것이다. 즉 죽은 사람과의 변화된 관계를 인식하고, 그 관계를 재구축하는 것이다. 더 나아가 새로운 관계와 접촉하며, 개방된 상태를 유지하는 것이다. 이러한 과업은 반드시 특정한 순서에 따르는 것은 아니다.(죽음학교본 p279-p280)

란도(Rando)는 애도를 6개의 R로 기술하였다. 첫째, 상실을 인정하기(recognize), 일어난 상실의 사건을 인지하고 이해하는 것이다. 둘째, 분리 즉 상실에 대해 반응하기(react), 상실에 대한 모든 심리적인 반응들을 느끼고, 확인하고, 표현하는 것이다. 셋째, 상실의 대상에 대해 회상하기(recollect), 상실 대상 즉 이별한 사람과의 관계를 다시 생각하고, 감정을 반복하며 재경험(reexperience)하는 것이다. 넷째, 이전의 관점을 버리기(relinquish), 상실 대상 즉 죽은 사람과 맺었던 애착과 집착을 포기한다는 것이다. 다섯째, 새로운 세계에 재조정하기(readjust), 이전의 세계를 잊지 않으면서, 새로운 세계에 적응하기 위하여 자신의 삶을 재조정한다는 것이다. 여섯째, 자신의 삶을 재투여하기(reinvest), 다시 자신의 삶으로 돌아가기 위해 건강한 삶에 대한 가정적 세계(assumptive world)로 인지를 변경하고, 삶의 새로운 방식을 채택하여, 자신의 삶의 에너지를 투여하는 것이다. 즉 상실을 받아들이고 통찰을 얻으며, 상실에 대한 반응을 경험하면서, 새로운 삶의 방식으로 나아가는 것이다. 역시 6개의 과정은 반드시 순차적이지 않으며, 불변하는 것은 아니다. 하지만 건강한 애도가 이루어지기 위해서는 'six R'이 수행되어야 한다고 본 것이다.(죽음학교본 p280-p281)

스트로베(stroebe)와 슈트(schut)는 이중과정모델(The Dual Process Model)를 제시한다. 즉 상실 지향적 과정(Loss-oriented processes)과 복구 지향적(Restoration-oriented) 과정이다. 즉 두 과정 사이의 진동을 강조한다. 또한 대처의 문제를 중요하게 다룬다. 상실 지향은 사별한 사람에게로의 비탄의 침입, 비탄작업, 유대와 결속의 단절, 회복에 대한 부정과 회피를 포함한다. 그리고 복구 지향은 삶의 변화에 참여하고 새로운 삶에 대해 시도하며, 부정과 회피의 감정을 전환시킴으로 효과적인 삶을 기대하는 것이다. 즉 두 사이를 여러 번 오고가면서 과거가 아닌 현재와 미래를 향하도록 능력을 고양시키는 것이다.(죽음학교본 p281)

니마이어(Neimeyer)는 '의미의 재구축'이 비탄에 있어서 중심적인 과정이라고 말한다. 물론 어떤 경우 의미를 찾으려고 하지 않고, 찾지 않는다고 해도 더 나빠지지 않는다는 의견이 있다. 하지만 의미의 재구축(재구성)[251]은 사랑하는 사람의 죽음에서 새로운 의미를 발견하고 창조하고자 하는 시도이다. 의미의 재구축에 대해 2006년 논문(Holland, Currier, Neimeyer)에서는 의미화(sense-making)와 가치발견(benefits-finding)으로 구분하여, 의미형성의 두 가지 형식을 제시하였다. 즉 생존자들이 철학적·영적 차원의 가치와 의미 발견을 통해 희망을 찾아 나가는 능력을 말한다.(죽음학교본 p282) 이런 결론들에 대해 죽음학자 임병식은 상실에 대한 적응에 있어서 '의미의 다양한 의미들(multiple meanings of meaning)'이 서로 작용하는 방식을 더 많이 연구해야 한다고 지적하였다.[252]

---

251 『애도와 상실』 R. A. Neimeyer, 육성필, 조윤정 공역, 박영스토리, 2023년, p86-p87. 니마이어는 상실을 경험 한 사람들이 반드시 단계적 과정을 거치거나, 언제나 '회복' 상태로 끝나는 것은 아니라고 본다. 또한 애도 과정의 범위를 벗어난다고 해도 그것을 비정상적이거나 병리적이라고 규정하지 않는다. 전통적 애도 이론이 상실 후 정서적 반응에 주된 초점을 맞추고, 행동적 측면을 배제하거나 의미를 최소화 하는 데에도 동의하지 않는다. 그러므로 니마이어의 대안적 모델을 '의미 재구축의 이야기 이론(narrative theory of meaning reconstruction)' 혹은 '의미 재구축의 구성주의 이론(constructivist theory of meaning reconstruction)'이라고 부른다.

252 『애도: 대상관계 정신분석의 관점』 수잔-케벌러 애들러, 이재훈 역, 한국심리치료연구소, 2009년, p9-p32. 상실과 외상을 치료하는 다양한 방법들 중에 『죽음학교본』 p389-p398에서 제시하는 인지체계 개선을 통한 외상치료의 방법이 있다. 인지체계의 개선을 애들러는 '통찰'로 표현하고 있다고 본다. 통찰은 자기성찰과 결합된 '분리-개별화'를 통해 성장한다. 즉 분리는 객관화라고 해석할 수 있으며, 개별화는 내면화라고 해석할 수 있다. 왜냐하면 애들러는 통찰을 1) 책임 있는 자기 자신(self agency) 2) 내면성(interiority) 3) 자기-통합(self-integration)을 통해 성장하는 것으로 말하고 있기 때문이다. 대상관계 정신분석의 접근을 심리적 갈등에 대한 통찰과 영적 경험들을 포용하는 새로운 관점으로 제안한다. 즉 기존의 정신분석에서 사용하는 id, ego, superego, libido 등의 용어를 넘어, 타자와의 사랑과 연결을 통해 타자를 자신 안으로 들어오도록 허락하는 따뜻한 가슴(마음, heart)을 강조한다. 자신을 개방함으로 강박에서 벗어나, 가슴을 통해 타자와의 연결을 표현하는 정서를 경험함으로 애도하는 방법을 제시한다.

클라스(Klass), 실버맨(Silverman), 닉맨(Nickman)은 사별한 사람들과의 '분리, 잊음, 흘려보냄, 관계의 철회' 방식이 아니라, 지속적인 유대를 통해 위로와 평안을 얻을 수 있으며, 미래로 나아갈 수 있다고 제안하였다. 이러한 유대는 역동적이며, 애도 절차의 정상적인 과정이라고 본 것이다. 그러므로 죽은 사람과의 관계를 포기하는 것이 아니라, 지속적인 유대를 통해 상실의 의미를 발견하는 과정이다.(죽음학교본 p283)

보나노(G. Bonanno)는 회복탄력성(resilience)을 강조한다. 상실을 경험한 사람들에 대한 보나노의 연구데이터에서 약 46%의 사람들은 거의 고통이나 괴로움을 보이지 않고, 비교적 안정적이며 건강한 수준의 심리적·신체적 기능을 유지하고 있다고 보고했다. 즉 회복력은 정신병리적인 회복(recovery)의 궤적과는 다른 궤적을 보여준다고 주장했다. 즉 대부분의 사람들에게 있어서 비탄이 압도적인 감정일 필요가 없고, 사별자들이 모두 상실에 대해 힘들어하지 않는다는 것이다. 때로는 긍정적인 감정과 웃음이 도움이 되기도 하며, 학자들이 주장하는 비탄 과업의 모든 것을 겪는 것도 아니라고 본 것이다.(죽음학교본 p283-284)

4) 유기적 관계성

그러므로 상실과 비탄과 애도는 서로 유기적인 관계성을 갖는다. 일반적으로 상실의 사건이 일어난 후, 비탄의 감정이 만들어진다. 또한 비탄의 감정이 충분히 해소되면, 자연스럽고 정상적인 삶으로 되돌아오기도 한다. 그러나 모든 사람이 순서적으로 상실·비탄·애도의 단계로 넘어가는 것은 아니다.[253] 서로 연관되어 있으므로 유기적이라는 것이다. 개인적 성향, 사별자와의 관계성, 문화적 차이 등으로 인해 애도의 과정은 다르게 나타난다. 그러나 일반적으로 비탄은 상실에 대한 모든 반응을 의미한다. 애도는 상실·비탄과 함께 살아가기 위한 대처의 과정이다. 애도는 슬픔의 감정을 포함하고 있다. 하지만 그 슬픔을 표현하고 처리해 나가는 과정을 통해 자신을 발견하게 된다. 그리고 비탄과 애도는 문화적, 종교적, 영적, 사회적, 개인적 요소들에 의해 영향을 받는다. 그러므로 상실과 비탄과 애도는 서로 연결되어 있다. 순서와 관계없이 인간의 삶 속에서 본래의 자신으로 되돌아가기 위한 지향을 갖는다. 상실의 순간에서도 경험할 수 있고, 비탄의 과정 중에도 경험할 수 있다. 또한 애도의 과정을 통해서도 경험된다. 그러므로 상실과 비탄과 애도는 인간 유기체의 자연스러운 반응이다. 자신의 평정(아타락시아)을 찾아가고자 하는 반응이며, 다시 건강한 삶으로 살아가고자 하는 리비도의 욕망이다. 상실·비탄·애도 그리고 실천을 통해 자신의 삶을 공부하고, 재학습하며, 삶의 의미를 재구축하기 위한 당연한 과정이다. 이미 지나

---

[253] 『죽음교육교본』 임병식, 신경원, 가리온, 2017년, p262-p263. 상실에 대해 Rando의 일차적인 상실(primary loss)과 이차적인 상실(secondary loss) 이론을 소개한다. 일차적 상실은 근본적인 접촉이 끝나는 것과 관련이 있으며, 이차적인 상실은 일차적 상실 이후에 나타나는 상실을 말한다. 그러므로 이차적인 상실은 일차적으로 경험한 상실의 사건 이후에 추가적으로 나타나는 다양한 증상들이다. 예를 들어, 배우자와 사별한 사람은 외로움을 겪으며, 희망을 상실하고, 가족관계가 악화되기도 하며, 생활의 어려움을 겪기도 한다. 건강을 잃게 되기도 하며, 자신이 살아왔던 집과 동네에서 멀리 이사를 가기도 한다.

가 버린 상실의 사건을 넘어, 새로운 일상성(new Normals)을 획득하기 위한 몸부림이다.[254]

3. 고통의 의미화 - 재귀적(再歸的) 실천

1) 고통에서 쾌(快)로

인간은 태어나면서부터 고통을 경험한다. 어머니의 자궁을 떠나 좁은 길을 따라 세상으로 나오는 동안 인간은 생사의 고통을 겪는다. 그리고 새로운 세상에 나와서도 살아가는 모든 과정 속에서 반드시 아픔과 고통을 경험한다. 그래서 인간은 상실과 결핍의 존재인가 보다.[255] 상실과 결핍은 인간의 삶 속에서 다양한 증상을 만들어

---

254 『죽음학교본』 p277-p278. 상실비탄애도는 인간의 삶에 영향을 주는 근원적인 문제이다. 상실은 포괄적인 개념이며, 비탄은 상실에 대한 인간의 반응이다. 인간에게 나타나는 신체적, 정신적, 사회적, 영적인 모든 반응을 포함한다. 애도는 상실과 비탄 속에서 함께 살아가기 위한 대처 또는 배움의 심리내적(intrapsychic) 과정이다. 상실비탄애도에 대한 탐구방식은 문화적, 종교적, 영적, 사회적, 개인적 요소들이 어떻게 경험되고, 표현되는가에 영향을 미칠 수 있는지를 연구하는 것이다.

255 석가모니는 인생의 근본문제 속에 '고통' 즉 '고(苦)'가 있다는 질문을 던지며, 그 문제에 대한 깨달음을 얻기 위해 출가(出家)하였다. 바울은 인간의 근본문제 속에 '죄(罪)'가 있다는 질문을 던지며, 그 문제에 대한 구원을 얻기 위해 예수를 통해 그 길을 찾고자 하였다. 결국 고통과 죄의 문제는 인간을 끊임없이 괴롭히고 질문하게 하는 근본문제이다. 이러한 억압의 기제는 '아버지'로 상징화되는 언어의 문제이며, 언어는 인간에게 죄책감과 고통 의식을 만들어주고 결국에는 '죽음 충동'을 통해 그것으로부터 벗어나고자 한다. 아버지의 등장은 수직적 구조의 산물이며, 초월적 존재를 전제하는 것이다. 특히 '죄'의 메커니즘은 초월적 존재인 신(神) 즉 아버지를 전제하고 있다. 그러므로 죄의 문제를 벗어나기 위해서는 수직적 구조 대신 수평적 구조를, 초월적 존재 대신 내재적 존재를 상정해야 한다. 기독교와 서구의 역사 속에서 수직적이고 초월적으로 견고하게 구조화된 억압의 역사는 인간을 괴롭혔다. 니체는 그러한 구조를 깨기 위해 '신은 죽었다'라고 선언한 것이다. 그러나 그러한 선언조차도 니체를 마지막까지 괴롭혔다. 그러므로 수직과 수평, 초월과 내재의 문제는 '나-타자'의 문제이다. 고통과 죄의 문제는 그 관계성 속에 있다. 그러므로 지금까지의 단일한 구조를 벗어나 기존의 관점을 해체하

낸다. 결과적으로 그 증상들은 고통으로부터 벗어나고자 하는 몸부림이다. 증상들은 자신의 고통에 대해 보상받고자 하는 대응작용이기도 하다. 인간은 그러한 증상들을 통해 자신이 지금 어떠한 상태에 있는지 '알아가고' 있는 것이며, 그 증상들을 '앓아감'으로 본래의 자신에게로 회복하고자 하는 것이다. 그 과정은 누구도 대신해 줄 수 없는 오롯이 혼자 스스로 찾아가는 과정이다. 고통의 증상들이 나타날 때 찾아오는 두려움과 불안, 공포와 떨림의 전율들은 고통 이전의 안정성 즉 쾌(快)의 상태로 회귀하고자 하는 과정이다, 그리고 그러한 증상들은 한 번으로 끝나는 것이 아니라 무수히 반복된다. 그 반복은 인간이 죽음의 순간에 이르기까지 계속된다. 아마도 그것이 인간으로서 태어난 비극(悲劇)[256]이며 동시에 인간임을 증명해 주는 희망(希望)일 수도 있다. 비극의 결말은 슬픔이지만 그 슬픔이 있기 때문에 인간은 비로소 '인간 됨'을 경험하는 것이다. '인간 됨'의 경험이야말로 최대의 희극(喜劇)이다.

2) 의미에로의 의지

'인간의 인간 됨'은 자신의 삶에 대한 의미를 만들어 내는데 있다.

고 새로운 관점으로, 즉 자신의 언어로 그 길을 찾아가야 한다.
256 인생의 과정을 '슬픔'이나 '상실'로 표현하는 것과 '비극'으로 표현하는 것에는 약간의 차이가 있다. 비극은 그 극(劇)의 결말이 정해져 있기 때문이다. 하지만 비극적 결말이 정해져 있기 때문에 많은 문학작품에서의 비극은 인간에게 '질문'을 던진다. '인간이란 도대체 무엇인가?'의 질문이다. 마치 인생의 결말이 '죽음'으로 끝나는 것과 같다. '죽음'이 있기 때문에 인간은 질문한다. 그런 의미에서 언어와 표현의 차이에도 불구하고 상실과 슬픔 그리고 비극은 동일하다. 상실과 고통이 인간에게 '왜?'라는 질문을 던지기 때문에 동일하다. 인간의 인간됨은 결국 그 질문을 통해 '회복'과 '치유'의 길을 가는 것이며, '희극'의 기쁨과 깨달음을 얻는 것이기 때문이다.

의미를 상실하는 순간 삶의 희망은 없다. 외상적 상황 즉 극단의 한계상황 속에서도 자신의 의미를 찾아내고 그것을 만들어내고 다시 세우는 재구축의 과정이 있어야 인간은 희망을 놓지 않고 살아갈 수 있다. 내가 그러한 상황 속에서도 왜 살아야 하는가? 에 대한 질문에 대답을 해야 하는 것이다. 이것을 '로고테라피'라고 한다. 로고테라피는 무엇인가를 의식하게 함으로써 외상을 경험한 사람이 진정한 희망을 얻게 하는 데에 있다. 희망을 본능적 무의식의 영역에 가두지 않고 정신적 열망의 상태로 전환하도록 하는 것이다. 자신의 삶의 의미를 찾는데 집중하게 한다. 의미를 충족하는 존재, '그럼에도 불구하고' 자신의 존재를 의미로 채우려는 열망의 상태가 인간됨이다. 그것은 정신적인 것을 자신의 것으로 의식화하는 과정이다. 정신분석이 장애나 과거에 기반을 두고 있다면, 로고테라피는 현재와 미래에 초점을 두고 한 인간이 채워나가야 할 의미에 중심을 두는 심리치료이다. 즉 인간이 자신의 삶의 의미와 대면하고, 그 의미를 향해 삶의 방향을 다시 설정하는 것을 도와줌으로써 현재의 정신적인 고통을 극복하게 하는 것이다. 인간 존재의 의미는 의미를 찾는 인간의 모습에 있다.[257] 그래서 로고테라피의 빅터 플랭클[258]은 인간

---

257 『죽음학교본』 p274-p275. 상실·비탄·애도 과정의 중심은 의미화이다. 의미화는 타자화(他者化) 되었던 이질성과 생경함을 자신의 실존과 일치, 이해, 수용시키는 것이다. 즉 자신의 실존과 관련지어 결단하고 행위 하는 주체적 경험이다. 상실의 의미화는 인과적인 자기-동일성과 단순한 도덕-윤리로 귀속되지 않는다. 그것은 고유한 주체로서 인간일 수 있는 가능성이다. 실존적이며 운명적인 과정이다. 객관적이고 중립적인 사태에서 발생하는 의미를 자신의 사건으로 체화하는 것이다. 그 과정을 통해 자신을 해부하여 자신을 돌아보고, 자신의 정체성에 대한 질문을 던지며 그 답을 찾아나가는 성숙함의 과정이다.

258 『죽음의 수용소에서』, 빅터 프랭클, 이시형 역, 청아출판사, 2017년,

의 원초적 동기의 힘은 바로 '삶에서 의미를 찾으려는 노력'에 있다고 보았다. 인간은 일차적이고 생리적인 욕구 충족과 자아실현의 욕구 충족을 넘어 인간의 정신적 차원의 의미추구에 근본적인 목적이 있음을 확인할 수 있다. 즉 자신의 삶에 대한 가치를 실현하고, 자신의 삶이 가지는 의미의 가능성을 찾고자 하는 것이 인간의 본성이라는 것이다. 그것은 '의미의 충족'이며, '자기초월성'의 실현이다. 인간이 생물학적 존재이지만 생물학적 존재에만 초점을 맞춘다면 그것은 환원주의[259]이다. 인간은 생물학적 존재를 넘어선 의미적 존재이다. 자연의 원리에서 국한된 권력과 힘의 관계 속에서만 인간은 존재하지 않는다. 인간은 자연과 생물학적 규범의 틀 안에서 태어나고 존재하지만 '의미에로의 의지'를 가지고 산다.

---

p165-p215. 이 책에서 고든 w. 알포트(하버드대 심리학과 교수)의 글과 프랭클에 대한 여러 평가를 참고하였음. 이 책의 원제는 Man's Search for Meaning: An Introduction to Logotherapy 이다. 프랭클의 세 가지 분석에 대한 비판으로써 '이 치료가 고통을 이겨내라는 권위적인 방식이라는 점'과 '사회와 구조의 변혁에 무관심하게 만든다는 점'이 있을 수 있으나, 인간은 본질적으로 개인이며, 그 개인이 겪는 우연적 사건 속에서 선택과 해석과 의미부여의 자유를 가지고 있다는 점에서 평가할 수 있다. 이것은 '아우슈비츠'라는 우연적 사건에서 신을 원망하기 보다는, 피할 수 없는 상황에서 의미를 찾고자 했던 그의 경험에서 비롯되었다고 본다.

259 환원주의(reductionism)는 본래의 상태로 되돌리는 것을 말한다. 즉 물체는 원자들의 집합이므로 결국 원자로 환원된다. 사상은 감각인상들의 결합이므로 관념적인 세계로 환원된다. 인간을 생물학적 존재로만 규정한다면, 인간은 그저 원자의 집합이며 분해 소멸되는 것으로 끝이다. 또한 인간의 모든 사상과 이야기들은 더 이상 실제(實際)하지 않는 관념의 세계 일 뿐이다. 하지만 인간은 환원(還元)을 넘어서는 의미적 존재이며, 죽음 이후에도 기억이 지속되는 관계적 존재이다. 물론 '아무것도 없음', '완전한 소멸'의 세계를 지향하는 종교적 세계에 대한 또 다른 해석을 전제한다.

3) 고통의 구조화

고통의 근원 중 하나는 '결핍'이다. 인간의 신체에 나타나는 온갖 질병들은 '결핍'으로부터 온다. 인간의 정신과 감정에 나타나는 많은 괴로움들도 '결핍'으로부터 온다. 결핍(缺乏)은 다 써서 없어짐이며, 모자람이다. 있어야 할 것이 없어진 것이다. 결핍은 절핍(絕乏)이며, 결여(缺如)이다. 이지러진 것이며, 깨지는 것이며, 끊어져 버린 것이며, 부족한 것이다. 이것은 항상 무언가를 채우고자 하는 인간의 욕망 때문에 나타난다. 그것이 원래부터 없었던 것임을 깨달으면 고통과 고뇌도 없다. 하지만 그것이 원래 있는 것이며, 나의 것이며, 영원한 것이라고 욕망하는[260] 순간 인간은 괴로움과 고통을 경험한다. 처음부터 없었던 것임을 알게 되었을 때 비로소 고통으로부터 벗어난다. 삶과 죽음의 관계도 마찬가지이다. 인간은 항상 '무엇 무엇으로부터'에서 '무엇 무엇에게로'라는 질문을 한다. 태어남과 죽음도 마찬가지이며, 우리가 삶을 사는 일상적인 모든 물음도 이러한 도식체계 속에서 고민하고 질문한다. 사람을 만나고 헤어지는 일, 물건을 사고파는 일, 음식을 먹고 마시는 일 등 우리의 일상은 우리가 인식하든 못 하든 관계없이 이렇듯 구조화되어 있다. 이러한 인간의 인식은 "~으로부터(From) ~에게로(To)"라는 인식의 구조를 만들어 낸다. 이렇게 인식이 구조화되어 있는 것은 언어가 구조화되

---

[260] '인간이 욕망을 갖는'이라는 표현으로 사용할 수 있으나, '인간'과 '욕망'의 관계를 분리된 개체로 보기보다는 인간이 본질적으로 갖고 있는 욕망 즉 리비도와 타나토스의 욕망을 인간의 본질과 밀접한 관계로 이해하고자 '욕망하는 인간'이라는 표현으로 바꾸었다.

어 있는 것과 같다.[261] 마찬가지로 고통도 언어처럼 구조화 되어 있다. 그러므로 인간은 결여와 결핍으로부터 안정과 충족에게로 욕망한다.[262] 이미 그것이 구조화되어 있기 때문에 그 구조 속에서 안정과 충족을 찾으려 한다. 어느 날 질병, 고통, 죽음이 인간에게 찾아왔을 때 그 질병, 고통, 죽음은 원인 즉 '~으로 부터' 온 것이다. 그리고 인간은 그 질병, 고통, 죽음으로부터 벗어나기 위해 '~을 향해' 자신을 구조화한다. 질병에서 벗어나기 위해 온갖 약(藥)을 찾아서 먹고, 병원을 찾아다닌다. 마음의 고통에서 벗어나기 위해 온갖 중독(中毒)의 대체물을 찾는다. 죽음의 공포와 두려움으로부터 벗어나기 위해 신(神)을 찾아 나선다.[263] 이렇게 '~을 향해' 찾아 나서는

---

[261] 정신분석학자 라캉의 '의식과 무의식의 구조, 언어의 구조에 대한 개념'을 통해 죽음학자 임병식은 인간이 가지고 있는 지각의 구조를 'from-to' 즉 구심성에서 지향성으로의 개념으로 설명한다. 그것은 '결여에서 안정성으로의' 구조이다. 이것은 언어의 구조와 같다. 이 구조는 억압과 방어의 유한한 형식 속에서 진행된다. 이것이 전제되지 않으면 지각은 운동·지향되지 않는다. 지각은 무의식이다. 무의식은 언어처럼 구조화되어 있다. 지각은 자극과 반응에 대한 은유(隱喩, metaphor)와 환유(換喩, metonymy)의 구조로 되어 있음을 설명한다.

[262] 결여와 결핍은 중심을 향하는 구심성(求心性)에 기반한다. 그러나 안정과 충족은 지향성(志向性)에 기반한다. 지향성(志向性)은 정신적인 영역이다. 인간의 의식이 일정한 대상을 지향하는 일이다. 또 다른 단어인 지향성(指向性)은 주로 물질적 개념으로 사용된다.

[263] 도시에서 힘들고 바쁘게 살다가 어느 날 병(病)을 얻으면, 사람들은 시골로 내려온다. 공기 좋고 깨끗한 자연 속에서 자신의 몸이 치유되기를 희망한다. 그리고 들로 산으로 다니며 몸에 좋다는 각양각색의 풀과 열매들을 찾아 삶고, 찌고, 달이고, 볶고, 끓여서 먹는다. 하지만 젊었을 때의 건강한 몸으로 다시 돌아가지는 않는다. 마음의 괴로움이 커지면 사람들은 그 괴로움으로부터 벗어나기 위해 술과 담배 그리고 각종 약물에 의존한다. 괴로움을 잊게 해 주는 여러 가지 취미와 활동들에 집중한다. 하지만 고통과 괴로움의 망각은 일시적이다. 즉 회피와 대체는 근본문제에 대해 해결해 주지 않는다. 물론 일정한 정도의 효과와 도움을 줄 수는 있을 것이다. 자신의 고통에 대한 직면이 전제되지 않는 방식은 일시적 망각(妄覺: 잊어버림의 忘却이 아닌, 잘못 지각하거나 없는 것을 있는 것으로 착각하는 의미의 妄覺)에 불과하다. 사

과정이 바로 '인간됨과 인간다움'을 획득하고자 하는 과정이다.

4) 의미화의 실천

그러면 고통의 의미화는 어떻게 이루어지는가? 의미화의 실천은 고통에 대한 인과적 이해와 설명으로부터 시작된다. 인과적 이해와 설명은 결국 언어를 통해 이루어진다. 언어의 표상화 과정이다. 하지만 인과적 이해에서 머무를 수 없다. 인과적 이해는 고통의 실존에 대한 '객관적 바라봄'이다. 그러므로 객관적 바라봄에서 의미적 바라봄으로 진입해야 한다. 즉 인과적 이해를 넘어 의미적 이해로 가야 한다. 의미에 대한 이해는 의미화의 실천으로 이루어져야 한다.[264] 의미화의 실천은 다음과 같은 단계로 진행된다. 상실의 충격을 경험하고 고통을 경험한 사람들은 처음부터 그 감정적 충격 속에서 벗어나기 어렵다. 상실의 경험은 그 사람의 뇌와 신체와 감정에 동일화된 형태로 이입(移入)된다. 즉 온몸에 상처로 남게 된다. 하지만 시간이 지나면서 그 상처로부터 벗어나고자 한다. 감정과 동일

도바울은 고칠 수 없는 질병을 얻었다. 그리고 그 질병이 낫기를 염원했다. 그가 그토록 믿고 의지했던 하나님에게 기도했다. 하지만 하나님은 그 질병을 고쳐주지 않았다. 하나님은 참으로 냉정하셨다. 그래서 그는 다음과 같이 고백한다. "이것이 내게서 떠나가게 하기 위하여 내가 세 번 주께 간구하였더니 나에게 이르시기를 내 은혜가 네게 족 하도다 이는 내 능력이 약한 데서 온전하여짐이라 하신지라 그러므로 도리어 크게 기뻐함으로 나의 여러 약한 것들에 대하여 자랑하리니 이는 그리스도의 능력이 내게 머물게 하려 함이라"(고린도후서 12: 8-9) 바울은 고칠 수 없는 자신의 질병을 자신에게 맞는 신앙적 의미화의 과정으로 전회(轉回)하였다. 결국 질병도, 마음의 괴로움도, 인생의 근본문제도 '의미화의 과정'을 통해서 자신의 길을 찾아 나가는 것이다.

264 죽음학자 임병식은 『죽음교육교과서』 「애도론」에서 프로이트의 자연주의적 환원주의의 오류를 지적한다. 즉 프로이트가 인간에 대한 의미 이해를 인과적 설명과 혼동하고 있다고 본 것이다.

시된 자아에서 벗어나는 것이다. 감정과 직면(直面), 대면(對面)하는 것이다. 그것은 자신이 느끼고 있는 감정을 표출하는 것이며, 감정 그대로를 표현하는 것이다. 자신의 신체에서 일어나는 느낌을 말해보는 것이다. 자신의 느낌을 언어로 상징화하는 것이다. 그것은 자신의 혼란스러운 감정에 대처하는 단계이다. 고통의 감정을 상징화하고 표현해 보는 것이다. 마치 자신의 내면을 그림으로 그리는 것과 같다. 자신의 상처가 무엇을 원하는지를 예감해보는 것이며, 말과 그림으로 표현하는 것이다. 그러한 과정을 거치게 되면 그 사람은 자기 스스로 그 사건의 의미들을 위한 고리들을 찾아가게 된다. 즉 자신에게 그 사건이 왜 일어났는지에 대해 합리적 이해를 찾고 재구성하게 된다. 그 과정에서 의미적 이해에 가장 적합한 언어표상을 만들어 낸다.[265] 적합한 언어를 찾아야 의미화의 실마리를 찾을 수 있기 때문이다. 이러한 과정은 반복과 재현의 과정을 거치게 된다. 반복과 재현은 '말하기', '글쓰기' 등의 훈련과정과 같다. 즉 의미적 이해에 대한 적합한 단어표상을 찾기 위해 말하기와 글쓰기 등을 통해 반복하고 재현함으로써 자신의 의식을 재구성한다. 결국 인

---

[265] 「고통의 의미화 연구」 임병식. 이러한 인과적 이해에 대해 프로이트의 사후성(Nachträglichkeit) 이론을 제시한다. 즉 현재의 시점에서 과거를 사후적(事後的)으로 재구성하는 것이다. 사후성은 현재의 심상에서 자신이 어떻게 되어 질 것인가를 예감(직감)하면서 과거의 사건(이미지, 인상, 기억-사물표상)을 현재의 관점에서 떠올려 회상(재구성-선택, 비교, 판단)하는 것이다. 즉 이전에 몰랐던 사건의 전모에 대해 인과적 이해(단어표상)를 하게 된다. 결국 '주체가 사후적으로 구성된다.'는 말은 주체가 언어적, 문화적 과정을 거치면서 '빗금 그어진 주체'($)로 등장한다는 말이고, 그 주체에서부터 모든 사건은 다시 출발되고 해석된다. 이 말은 프로이트로의 복귀를 주장하며 라캉이 인용한 프로이트의 유명한 발언: "그것이 있었던 곳에 내가 존재한다."를 상기시킨다. "Wo es war, soll Ich warden. (Where it was, I am to become.)"

식의 재구성을 통해 재귀적(再歸的) 실천의 삶을 살아간다. 바로 그 것이 죽음 교육을 실천(임상실천)하는 것이며, 의미화 작업이다. 이러한 의미화 작업이 실천될 때에 비로소 새로운 가치관과 세계관을 형성하게 된다.[266] 자신에게 의미화 된 새로운 가치관과 세계관은 과거의 사건에서 시작된 고통과 상실, 아픔과 충격으로부터 벗어나 묵은 상처를 벗겨내고 치유의 길로 가게 한다.

---

266 『의미수업』데이비드 케슬러, 박여진 역, 한경BP, 2020년, p17-p61. 케슬러는 퀴블러 로스의 5단계에 제6단계로 '의미(meaning)'를 추가한다. 즉 사랑하는 사람의 죽음에서 의미를 발견해야 상실의 아픔을 극복하고, 남은 삶을 치유할 수 있다는 것이다. 그리고 그 의미는 지금의 나에게 있다. 즉 의미를 통해 고통 그 이상의 것을 발견할 수 있다고 본다. 저자 자신이 21살 아들의 죽음을 경험한 후 지독한 우울을 겪었다. 사례 소개를 통해 빅터 프랭클의 '의미'에 대해 비판적으로 바라보았다. 자식을 잃은 어머니의 말을 전한다. "그래도 빅터 프랭클은 살았잖아요? 나에게는 고통이 죽음에 머물러 있죠. 의미 따원 필요 없어요!" 하지만 저자는 그 고통의 작은 틈으로 비집고 들어가 조금씩 의미를 찾게 될 것이라고 한다. 결국 비탄에만 잠겨있으면, 상실 후 희망을 찾을 수 없기 때문이다. 어떤 이는 종교적 세계에서, 어떤 이는 추억과 기억 속에서 작은 단서 하나를 찾아 의미화 한다. 고통과 죽음과 상실은 그 누구도 피해갈 수 없다. 저자는 아들을 잃은 후 슬픔에 빠진 사람들과 함께 호스피스 병동에서 일하면서, 의미의 작은 조각을 발견할 수 있었다고 고백한다. "찾으려고 한다면 찾을 수 있다. 외상후 스트레스 보다, 외상후 성장이 더 낫다. 나는 이 책을 쓰면서 치유 받았다."

제9강

인지체계와 죽음공부

죽음학 수업

제9강 인지체계와 죽음공부

1. 품부(稟賦)된 기질(氣質)[267]

기질은 개인성과 고유성을 전제로 한다. 기질은 심리적, 정서적, 물리적 상태를 말한다. 또한 그 사람의 토대(土臺) 즉 바탕에 근거하면서, 동시에 경향성(傾向性)을 내포하고 있다. 기질을 다른 말로 하면, 성향(性向)이다. 그러므로 기질과 성향과 경향은 같은 말이다. 결국 인간의 기질은 바탕이면서, 동시에 어딘가를 향한다. 그리고 이 기질이 구체적인 사건이나 대상과 만났을 때(encounter), 감정(emotion)이 나타난다. 그러므로 감정은 사건 발생과 관련이 있다. 감정과 비슷한 표현인 정서(feeling)는 지향성이나 동기가 없이 느껴지는 근본적인 기분이나 느낌이다.[268] 예를 들어, 죽음에서 인간이 느끼는 근본적인 불안이 하이데거가 말하는 근본 정서 즉 Grund-Stimmung이다. 감정은 대상을 전제로 하고, 정서는 대상을 전제하지 않는다. 감정은 기질에서 나오는 경향성으로 인해, 어떤 대상이나 사건과 관계되었을 때, 영향을 받는다. 그러므로 우리의 감정은 늘 움직이며, 요동친다. 이에 대해 A. O. Rorty는 한 개인이 가지는 고유한 기질과 성향이 감정을 발생시키는 중요한 근거라고 말한다.

---

267   이 글은 『죽음학교본』에 수록된 「인지체계 개선을 통한 외상치료」를 해제(解題)하고, 재구성한 내용이다. 어려운 개념들을 쉬운 언어와 문장들로 번역하였다.

268   죽음학자 임병식은 많은 감정론자들이 감정과 정서를 혼용하여 사용한다고 지적한다. 그의 구분에 따르면, 감정(emotion)은 외재적 사건이나 사태가 벌어졌을 때, 즉각적으로 나타나는 반응이며, 정서(feeling)는 감정, 정서를 기반으로 한 직관적이며, 가장 고유한 최상위의 예지력이라고 한다.

이러한 성향은 서로 연관되어, 연쇄적으로 작동하여 감정을 만들어 낸다. 이것을 자화성향(磁化性向, Magnetizing Disposition)이라고 한다. 하나의 성향이 연쇄적으로 다른 성향을 끌어와서 감정을 만들어 내기 때문에 자화(磁化) 또는 자기화(磁氣化)라는 것이다. 이러한 인간의 성향은 역사적, 사회문화적, 유전자적 요소가 서로 얽혀서 연결 즉 교직(交織)되어 있다. 그러므로 인간의 기질은 무의식적 영역을 포함하는 넓은 개념으로 이해해야 한다.

이러한 기질과 성향과 경향은 사람마다 다 다르다. 인간은 태어날 때부터 유전적 요인에 의해 품부(稟賦) 또는 품수(稟受)[269]된 기질을 가지고 있다. 이러한 기질은 사람마다 다양하며, 그로인해 그 사람의 능력과 재능의 편차 또한 크다. 대부분의 사람들은 한가지 방면에는 재능이 있으나, 다른 분야에서는 능력이 없는 경우가 많다. 예를 들어, 이해력과 암기력은 좋은데, 생활 능력이 부족한 사람이 있고, 잡다한 일들을 잘 처리하지만, 책을 읽고 논리적인 생각을 하지 못하는 사람도 있다. 어떤 하나의 기준이 좋은 것이고, 우수한 것이라고 말할 수 없다. 그냥 각각의 사람마다 다른 기질과 재능을 가지고 태어난 것뿐이다. 이에 대해 임병식은 기품(氣稟)과 기질(氣質)을 구분한다. '기품(氣稟)은 타고난 품성과 천성으로 주로 질료에서 나타나는 성품을 말하고, 기질(氣質)은 성격, 성질, 자질, 형기(形氣)를 말한다. 그러므로 기질은 주로 외부 자극에 대한 반응을 통해 나

---

269 품(稟)은 주다. 내려주다. 받다. 삼가다. 여쭈다. 바탕 등의 뜻을 가지고 있고, 부(賦)는 매기다. 거두다. 헤아리다. 받다. 주다 등의 뜻을 가지고 있다. 그러므로 품부와 품수는 태어나면서 나에게 주어진 고유의 바탕을 의미한다고 볼 수 있다.

타난다.²⁷⁰ 이렇듯 신체를 구성하는 질료적 조건으로 인해 다양한 재능, 기질, 성격적 경향성이 나타난다. 질료적 조건을 현대 과학에서는 뇌신경생리학적²⁷¹ 구조와 상태의 차이로 설명한다.²⁷²

그러면 태어날 때부터 가지고 나온 개인의 고유한 기품과 기질 그대로 살면 되는데, 우리는 왜 죽음을 공부하고, 자기를 성찰하며, 수신(修身)과 성기(成己)를 이루려고 애를 쓰는가? 물리적 토대인 '타고난 생겨먹음'을 바꿀 수 없다면, 우리의 모든 논의는 무슨 의미인

---

270 『죽음학교본』임병식, 손주완 외, 한국싸나톨로지협회, 2023년, p390에 있는 오운육기학(五運六氣學)과 주자어류(朱子語類)에 의하면 다음과 같다. "목기(木氣)를 품부 받은 사람은 측은지심(惻隱之心)은 많지만, 수오,사양,시비지심은 약하고, 금기(金氣)에 편중된 사람은 수오(羞惡)지심은 발휘되지만, 측은,사양,시비지심이 약하다. 즉 목기는 인(仁)이 많고, 금기는 의(義)가 많다. 그러므로 목기를 많이 받은 사람은 강인하지 못하고, 금기를 많이 받은 사람은 자상함이 부족하다. 성인은 오행의 다섯 가지 기운을 골고루 품부 받아야, 중정(中正)한 성품 즉 모자라거나 남음이 없이, 치우치지 아니하는 성품을 갖추게 된다."

271 『죽음교육교본』임병식, 신경원, 가리온, 2017년, p202-p256. 이 책에서는 인간의 뇌신경생리타입별 감정의 변별적 지표를(Brain Neuro-Psychologic Type, BNPT) 감정의 사분면과 연결하여 설명하고 있다. BNPT를 기질 (disposition), 경향성, 자유에너지, 자연감정을 이루는 기본 값으로 보고 있다.

272 『나를 알고 싶을 때 뇌 과학을 공부합니다』질 볼트 테일러, 진영인 역, 월북, 2022년,p71-p245. 하버드대 뇌신경과학자 테일러에 의하면, 인간을 4가지 유형으로 분류한다. 좌뇌 사고형, 좌뇌 감정형, 우뇌 사고형, 우뇌 감정형이다. 좌뇌와 우뇌는 각각의 고유성을 가지고 있으면서, 동시에 내적 갈등을 품고 사는 이중성을 가지고 있다. 결국 인간은 다양성과 복잡성을 동시에 가지고 있는 존재이다. 단지 어떠한 기능과 경향이 더 많이 나타나느냐의 차이일 뿐이다. 예를 들어, 좌뇌 사고형은 언어적이고, 차이에 관심을 두고, 판단 지향적이며, 개인적 성향이 강하다. 반면 우뇌 사고형은 비언어적이고, 공통점에 관심이 많으며, 공감 지향적이고 집단적 성향이 강하다. 좌뇌 감정형은 융통성이 없고 완고하며, 의심이 많고 독립적이며 자기중심적이다. 우뇌 감정형은 포용력이 있으며, 무조건적인 사랑을 하고, 집단 중심이고 공유의 마음을 갖고 있다. 하지만 이러한 뇌신경학적 성향도 결국 서로 연결되어 있으며, 네 가지 캐릭터 중 어느 것도 나쁘거나 그릇된 존재가 아니다. 결국 이러한 자기 분석을 거쳐, 균형적인 뇌의 사용을 통해, 성장하는 자신을 발견해 나가기 위함이다.

가? 이 질문에 대한 대답은 다음과 같다. "그것은 변하지 않는 토대 위에서, 자신에게 일어나는 감정과 정서를 다스림으로, 자신의 삶을 보다 더 의미 있고, 가치 있게 만들어가고자 함이다." 변하지 않는 것을 바꾸기 보다는, 그 바탕에서 발생하는 우리의 생각과 마음 그리고 삶의 태도를 바꾸어 나감으로 성숙한 인간이 되고자 함이다. 나의 마음과 생각, 태도는 얼마든지 바꿀 수 있기 때문이다. 우리의 삶은 운명론적 결정론이 아니다. 현우(賢愚), 귀천(貴賤), 빈부(貧富), 요수(夭壽)[273]와 도덕적 품성이 나의 삶에 있어서, 처음부터 마지막까지 결정되어 있는 것이 아니다. 얼마든지 자신의 주체성과 책임성을 통해 변화시킬 수 있으며, 바꾸어 나갈 수 있다.[274] 비록 우(遇)와 천(賤)과 빈(貧)과 요(夭)를 부모로부터, 물려받아 태어났을지라도, 우리는 기질적, 천부적 결핍을 변화시킬 수 있는 가능성을 모두 갖고 있는 것이다. 나에게 주어진 질료적 조건은 나의 선택이 아니었지만, 우리는 후천적인 노력을 통해, 자신의 기질과 성향을 바꾸어 나갈 수 있는 가능성의 존재이다. 그러므로 지금 나에게 주어진 나의 정신적 아픔과 문제들은 해결할 수 없는 불가능한 과제가 아니다. 우울과 강박과 해리와 분열조차도, 자신을 외상으로부터 보호하

---

273   요수를 요절(夭折)의 의미와 장수(長壽)의 의미를 대비하는 단어로 이해할 수 있다. 결국 품부 받은 '기' 기운데 인간의 노력으로 바꿀 수 없는 경우는 삶과 죽음, 장수와 단명(短命)뿐이다. 물론 현대 사회에서 건강한 생활에 대한 노력으로 수명에 대해 얼마든지 바꿀 수 있는 가능성이 있다. 하지만 요수의 개념은 삶과 죽음에 대한 근본적인 관점을 말하는 것이다.

274   수명의 장단과 관계없이 한 인간으로서 지키고, 만들어가야 할 삶의 내용(死而不朽에 대해 춘추 좌전에서는 有立德, 有立功, 有立言으로 해석해 본다)은 운명적 상태가 아닌, 자신의 노력을 통해 얼마든지 만들어 갈 수 있는 가소성(可塑性, plastic)의 세계이다.

기 위해, 자기 방어적 기제로 작동하는 반응이다. 하지만 이러한 반응이 최종 해결책은 아니다. 그 사실을 알아야 비로소 벗어날 수 있다. 우리는 자기 변화와 자기 책무를 통해 주체적 존재로 거듭날 수 있다. 결국 기질은 결정론이 아니라, 열린 가능성이다.

죽음학자 임병식은 다음과 같이 말한다. "죽음학에서는 기질의 부정적 영향을 감소시키기 위하여, 인체의 질료적 조건만을 논하지 않는다. 그리고 기질적 결핍을 최소화하기 위해, 건강한 자기상(自己像)의 확립, 자기지각의 증진, 의지력의 강화, 자기조절과 자기통제, 그리고 인지체계의 개선, 신체훈련을 통한 발산과 배출을 제시한다."[275]

2. 자각(自覺)

먼저 자신을 알아야 한다. 자신의 성품과 결점과 한계를 자각해야 한다. 나의 한계가 무엇인지 알아야[276] 비로소 어디로 어떻게 나아갈 수 있는지에 대해 방향을 정할 수 있다. 인본주의 심리학에

---

275 『죽음학교본』 p392-p398. '인지체계 개선을 통한 외상치료'의 개념을 '인지체계와 죽음공부'라는 개념으로 바꾸어 설명하고자 한다. 즉 원문에서는 외상치료의 관점에서 인지체계의 개선을 설명했다면, 본 글에서는 인생공부, 죽음공부의 차원에서 자신의 인지 체계를 변화시키는 노력으로 설명하고 있다. 돈오돈수(頓悟頓修)의 관점보다는 돈오점수(頓悟漸修)방식의 자기수양의 과정으로 이해한다.

276 『라캉과 정신의학』 브루스 핑크, 맹정현 역, 민음사, 2002년, p24. "정신분석치료에서 처음에 환자(내담자)는 자신의 삶에서 무엇이 잘못되었는지 '알고 싶다'고 말한다. 하지만 그들 마음 깊숙한 곳에 자리 잡고 있는 것은 '사실 그것을 알고 싶지 않다'는 욕망이다. 자신이 무엇을 했는지 분석을 통해 알게 되는 순간, 내담자는 변명과 함께 도망치려 한다." 그러므로 도망치지 않고, 회피하지 않고 자신을 알고자 하는 자각의 행위를 실천하는 길이 죽음공부의 시작이다.

서 말하는 자기-현실화, 자기-깨달음(self-actualization, self-realization)이다. 즉 자신을 아는 자아상을 지각해야, 성장하고 변화된다. 자각은 모든 사람들이 공통의 목표를 지향하는 것이 아니다. 그것은 개인마다 다 다르다. 자신이 도달할 수 있는 자기-실현의 세계이다. 주어진 기질의 한계 속에서, 현상적 자아를 지각하고(즉 自覺), 자신 만의 이상적 자아를 만들어 가는 것이다.[277]

3. 증진(增進)

자아상을 확립했다면, 그 다음 단계로 나아가야 한다. 자아상의 확립과 자기 지각은 같은 말이다. 그렇다면 그 다음 단계가 무엇인가? 그것은 바로 증진(增進)이다. 증진은 더 불어서(늘어나서, 거듭해서) 나아간다는 말이다. 그러므로 증진(improvement)은 노력을 전제로 한다. 누구든지 자기를 지각할 수 있다. 하지만 증진하기는 쉽지 않다. 왜냐하면, 자신의 기질과 기품 탓으로 돌리거나, 아니면 자신의 욕심이 커져서 더 나은 방향으로 나아가지 못한다. 그러므로 자신에게 주어진 삶의 조건을 극복하고, 자신의 고유한 가능성을 개발하고 증진시켜 나간다면, 그 사람은 성숙한 인격의 소유자가 될 수 있다. 죽음학자 임병식은 유학(儒學)의 명덕(明德) 개념으로 설명힌다. "명덕이란 인간에게 본래적으로 갖추어신 이지를 인식할 수 있는 능력을 말하고, 명명덕(明明德)은 이러한 능력을 계발해서 최대

---

[277] 『죽음학교본』 p392. 이것을 로저스는 '자기 개념의 재조직화'라고 말하고, 올포트는 '고유 자아의 실현'이라고 말한다. 타고난 기질의 영향으로부터 자신을 변화시킴으로, 자신의 본래적 본성을 찾아가는 과정이기도 하다.

한 활성화하는 일을 뜻한다." 그 방법으로 대학에 나오는 격물치지(格物致知)를 말한다. 격물치지는 사물의 이치를 궁극에까지 깨닫기 위해, 나의 지식을 극진하게 갈고 닦는 것을 뜻한다. 즉 공부의 과정이고, 수행의 과정이다. 독서와 강론, 유추와 분석을 통한 인지적 공부를 추천한다. 또한 성찰(省察)을 통해 매 순간 일어나는 내면의 느낌과 사고에 대해 반성적 알아차림을 실천하는 것이다.[278] 종교적 관점으로 본다면, 선비정신의 실천이고, 자각과 성찰의 수행이며, 제자 됨의 삶을 살아가는 것이다.[279]

4. 도야(陶冶)

앞에서 이야기한 자기 지각의 증진 단계는 자연스럽게 삶의 태도를 바꾸어 나가는 단계로 연결된다. 임병식은 이것을 지(志)로서 기(氣)를 통제한다고 정의한다. 지(志)에는 동기와 의지가 담겨 있

---

[278] 『죽음학교본』 p393. 그것이 바로 자기증진(self-improvement)이다. 현대 심리치료에서 명상을 통해 내면 깊이 침잠(沈潛)되어 있는 무의식적 느낌과 상태에 집중함으로, 자기 이해와 지각을 통해, 깨어있는 상태를 발견하는 것이다. 이것은 고요함 속에서 얻을 수도 있으나, 일상의 삶 속에서도 찾아갈 수 있는 방법이다. 자신의 의식과 내면을 정미(精微)하게 살피는 행위이다. 정미함에 대한 해석을 추가해 보자면 '정미함이란 자신의 내면에 있는 작은 생각들까지도 세밀하게 하나씩 살펴 나가는 작업이다. 마치 선(禪)불교의 수행에서 던져준 단어 하나(話頭)를 내면 깊숙이까지 가지고 내려가 자신의 존재를 해체하고, 돌아보고, 반성하고, 실천하는 과정'이라고 이해할 수 있다.

[279] 선비정신은 인격적 완성을 위해 끊임없이 학문과 덕성을 키우는 행위이며, 자각과 성찰은 본래적 나(내 안의 佛性)를 찾기 위해 수행 정진하는 행위이다. 제자 됨은 예수의 길을 따르기 위해, 항상 깨어 근신하며, (마26:41, 시험에 들지 않게 깨어있어 근신하라, 벧전5:8 근신하라 깨어라. 너희 대적 마귀가 우는 사자와 같이 두루 다니며 삼킬 자를 찾나니) 믿음과 사랑의 길을 가는 것이다. 기독교의 시험과 마귀의 개념은 외재적 존재에 의한 현상이 아니라, 내 안에서 일어나고 있는 내재적 존재의 발현으로 해석하는 것이 타당하다.

다. 진보하고 성장하고자 하는 목표를 향해, 자신의 기질을 통제하고, 성격을 개선(改善)하는 일이다. 자기 지각을 통해 삶의 태도를 바꾸어 나가는 것이며, 강한 의지력을 가지고 이상적인 인격적 성숙을 얻기 위해 정진(精進)하는 행위이다. 주자(朱子)의 말을 빌리자면, '자신의 성품을 도야(陶冶)하려는 동기'를[280] '주체'로 보고, 극복의 대상이 되는 기질(성향)을 '객체'로 본다. 즉 주체(동기와 의지)가 강해질수록, 객체(기질과 성향)에 대한 통제[281]가 가능해진다. 즉 의지와 기질은 서로 길항(拮抗) 관계에 있다. 이러한 행위는 마음만으로 이루어지는 것이 아니라, 자신의 삶과 일상생활 속에서 '자기(自己) 검속(鈐束)'을 통해 실천해야 하는 구체적 훈련의 행위이다.[282] 즉 자신의 몸에 밴 자동적인 행위로 나타나야 한다. 이것을 인지심리학에서는 '자동화'(automatization)라고 말하고, 체험주의 심리철학에

---

280 도야(陶冶)하려는 동기는 지향성(志向性)을 전제로 자신을 훈련시키는 과정에 대한 '주체적 받아들임'(accept)이다. 도자기와 농기구가 만들어지기 위해서는 뜨거운 불(冶 쇠불리)이 없이는 불가능하다. 내 자신의 내면과 외면을 다 녹여낼 것 같은 뜨거움의 내적 동기가 필요하다.

281 『승자의 뇌』이안 로버트슨, 이경식 역, RHK, 2013년, p363. 저자는 승자(勝者)의 뇌가 자신의 삶을 스스로 통제한다고 느낄 때, 이 통제감은 승자를 스트레스로부터 막아주고 행복하게 해 준다고 말한다. 하지만 자기 통제를 실현한 승자는 또 다시 자기 안에 자신을 통제할 수 없는 또 다른 위험을 갖게 된다. 그러므로 죽음학에서는 자기 통제가 자기 검속과 함께 이루어져야 한다고 본다. 자기 통제가 자신의 기질에 대한 내면적 훈련의 과정이라면, 자기 검속은 그러한 통제를 실현하기 위한 실천적 행위라고 볼 수 있다.

282 주자는 의지와 기질의 관계를 덕성과 기품의 승부관계로 보았다. 즉 덕성으로 기질을 이겨야 한다는 것이다. 자신의 삶의 태도와 생활 습관을 단정하게 유지하면서, 습관화를 통해 자신의 기질과 성향을 바꾸어 나가는 수련(修練, 修鍊)이다. 수련의 '련'은 익히고 훈련하고 녹이고(金) 분간하고 가리고(束) 고르는 세미한(糸) 과정이다. 또한 검속(鈐束)은 수련과 자기 통제 이후 오만과 위험에 빠지지 않기 위한 절제의 행위이다. 처음에는 노력해야겠지만, 성숙함의 단계에 이르게 되면, 의도함이나 노력이 없이도, 그냥 그러한 삶과 생활 태도가 나타난다.

서는 '체화(體化)' 즉 embodiment(體現), impersonation(具體化), personification(人格化) 라고 말한다.

5. 인지체계

이상과 같은 단계에 도달하기 위해서 우리의 인지 체계를 개선해야 한다. 인지체계는 밖으로부터 들어오는 정보에 대한 선택, 분석, 해석, 추론을 통해 종합적으로 판단하는 기능이다. 그러므로 사물(事物) 및 사리(事理)에 대한 이해력, 분석력, 해석력, 판단력을 계발[283]해야 한다. 우리가 살아가면서 마주하는 모든 사태 앞에서, 자신에게 가장 적합한 인지체계를 선택함으로 기질의 영향에서 벗어나, 자신을 완성시켜 나가는 일이다. 즉 인격주체가 사물을 바라보는 관점과 사물에 대한 이해력을 증진시키는 일이 '인지체계의 개선'이다. 이것은 심리치료의 한 분과인 인지치료(cognitive therapy) 또는 실존치료(logotherapy)로 연결된다. 상담을 통해, 내담자에게 왜곡된 정서를 유발시킨 잘못된 인지체계를 개선시킴으로, 그릇된 신념과 정보처리 과정에서 발생한 오류를 수정한다. 이러한 치료기법은 심리치료보다는 철학치료에 가까우며, 죽음학에서는 인문치료라고 명명한다.[284] 결국 이러한 과정을 통해 품수된 기질의 변화를

283　한자로 개발과 계발은 開發과 啓發이라고 쓴다. 여기에 개발(改發)과 계발(繼發)을 추가하고자 한다. 開發과 啓發은 주로 자신의 능력을 발전시키는데 초점을 둔 단어라며, 改發과 繼發은 자신을 변화시켜 지속적인 정진을 통해 심신의 수양을 포함한 개념이라는 새로운 의미를 부여해 보고자 한다.

284　성리학에서 말하는 독서를 통한 '격물궁리'(格物窮理) 즉 사물의 이치를 깊이 공부하여, 그 이치를 깨닫는 과정이다. 현대에서는 독서치료(bibliotherapy)라고 한다. 독서치료는 정보제공, 독서상담, 자기조력, 시

가능하게 하는 것이다. 죽음학자 임병식은 데이비드 흄의 처벌과 보상, 칭찬과 비난을 통해 인간의 기질을 교정하는 방식보다는, 성리학이 말하는 인격체의 주체적 질문과 자기 도약(跳躍)의 희구(希求)에서 나오는 자발성과 자율성의 방식이 인문학으로서의 죽음학과 더 가깝다고 해석한다.

6. 음(音)과 악(樂), 성(聲)과 청(聽)

음(音)과 악(樂)은 소리(聲)를 통해 인간의 감정에 영향을 미친다. 음과 악은 인간의 본능적 정서와 연결되어 있다. 태아는 어머니의 태(胎) 속에서 어머니의 심장 소리를 듣는다. 슬픈 음악을 들으면 슬퍼지고, 신나는 음악을 들으면 기분이 올라간다. 순자(荀子)는 악(樂)이 인간의 감정에 영향을 미칠 수 있는 이유에 대해, 음악의 소리가 인간 내면의 기(氣)에 영향을 미치기 때문이라고 말한다. 즉 그 소리가 지닌 음향적 특성으로 인해 인간 체내의 기와 감응(感應)하게 된다는 것이다. 그러므로 바른 악(樂)을 들어, 순하고 바른 인간성을 만들어 가야한다. 또한 귀로 듣지만(聽) 인간의 정서와 신체 모두에 영향을 미친다. 지속적인 음과 악의 자극을 통해 인간적이고 사회적인 가치를 내면화할 수 있으며, 내면의 감정을 신체를 통해 해소할 수 있다고 본다.[285] 예를 들어, 사회적 참사(慘事)로 가족

(詩)음미, 글쓰기 등을 통해, 내담자의 정서적 장애와 심리적 문제를 치료하고자 하는 임상학문이다.
285 『죽음학교본』 p397. 『荀子』「악론」에 의하면, 올바른 음악(正聲)은 사람을 감동시켜, 순조로운 기운(順氣)이 호응해 생겨난다. 순조로운 기운이 형상을 이루면, 다스림이 생겨(治生)난다. 그러므로 군자는 음악에 대해 거취를 신

을 잃은 유족들에게, 사회적이고 국가적인[286] 장례를 통해, 음악을 연주하는 것은 그들의 슬픔과 아픔을 애도하기 위한 매우 중요한 절차이다. 비탄과 애도는 관념이 아니라, 몸 전체의 반응으로 울결(鬱結)을 풀어내야 하는 과정이기 때문이다.[287] 풀지 못하면 해리(解離, dissociation)되어 멈춰진 상태로, 봉쇄·분리·차단되어 침묵 속에 갇힌다. 즉 외상(트라우마)으로 남는다.

7. 죽음공부

현대사회는 중독과 분열의 사회가 되어가고 있다. 중독은 결핍과 외로움을 채우기 위해 작동하고 있으며, 분열은 억압과 외상의 결과로 만들어진다. 그래서 현대인들은 자아를 잃어버리고, 방황하고 있다. 죽음학을 왜 공부해야 하는가? 의 질문이 곧 대답이다. 죽음학은 타고난 기질을 극복하고, 인문정신을 통해 도야(陶冶)된 인격성을 획득하는데 그 목적이 있다. 결핍과 외로움, 억압과 외상은 단지 약물

중히 하는 것이다. 여기에서 다스림이 생겨난다는 말은 결국 자신의 내면에 대한 '상태의 균형성(均衡性)'이라고 볼 수 있다. 내면의 평정성(平靜性)을 얻으면, 그 사람의 말과 행동 그리고 신체와 행위가 달라진다.

286 『예기』 권오돈 역해, 홍신문화사, 1982년, p357-p358. 「악기」에 의하면, 무릇 음이라는 것은 사람의 마음에서 일어나는 것이다. 정치가 화평한 시대의 음은 편안하면서도 즐겁고(安而樂), 어지러운 시대의 음은 원망으로 인해 분노(怨而怒)에 차 있다. 그러므로 성(聲)과 음(音)의 도(道)는 정치와 통한다. 국민들이 피곤하고 괴로운(其民困) 정치를 해서는 안 된다.

287 『감정치료』 임병식, 가리온, 2018년, p478-p512. 저자는 외상을 회피하거나 억압하기 보다는, 외상과 함께 살아가기를 제시한다. 상실의 한계상황 속에서, 슬퍼하는 법을 배우므로, 슬픔의 감정이 해소된 후에 깃드는 생명의 지향성 즉 생리적 안정성을 얻게 된다고 말한다. 그것이 대성통곡(大聲痛哭)을 통해 울결(鬱結)을 해소함으로 얻게 되는 후련하고 시원한 감정이다.

치료를 통해서만 해결될 수 없다.[288] 나는 누구인가에 대한 자아상을 확립하고, 지속적인 자기 검속과 조절을 통해 의지력을 강화시켜서, 자신을 단단하게 만들어 가야 한다. 그것이 인지체계 개선의 과정이다. 그 과정은 도요(陶窯)에서 도자기를 굽기 위해 뜨거운 불로 자신을 태우는 것이며, 대장간에서 농기구를 만들기 위해 끊임없이 자신을 두드리는 것이다. 즉 지속적인 반복과 훈련을 통해 만들어 가는 과정이다. 그것은 타자와 외재적 요인으로 만들어 가는 것이 아니라, 고유한 인격체인 자신 스스로 만들어 가는 것이다. 자율성과 자발성, 주체성과 자기결정의 중심에 죽음학을 공부하는 여러분의 자리가 있는 것이다.

---

288 현대 신경정신의학에서 정서장애와 성격장애의 치료를 위해 주로 사용하는 약물치료는 일시적인 호전을 얻을 수 있는 치료의 방법이다. 정신분석 치료에서의 무의식 분석과 상담을 통한 내담자의 자기발견은 자신의 문제를 파악하여, 현상유지의 차원에서 도움을 준다. 그러나 성리학의 심신수양론은 인격체 자신의 인문적 인지체계 개선을 통해, 이상(理想)적인 인격의 단계로 자아를 고양시키는데 목적이 있다. 그러므로 타자에 의해 만들어지는(self-made by other) 방법이라기보다는, 자기 힘으로 만드는 자아(self-made self)의 방법이라고 말할 수 있다.

제10강

자살담론에 대하여

죽음학 수업

제10강 자살담론에 대하여

1. 증상으로서의 자살, 재귀적 몸부림[289]

1) 자살이란 무엇인가?

인간은 다른 생물종(種)과 달리 고유한 점을 가지고 있다. 그 중에 하나가 '인간은 자살을 한다'는 것이다. 물론 동물들에게도 집단적인 죽음의 현상이 나타나기도 한다. 하지만 그러한 현상을 '자살'이라고 규정할 수 없다. 왜냐하면 자살은 언어를 사용하는 인간만이 행위 할 수 있기 때문이다. 그러면 자살은 무엇인가? 자살(自殺) 즉 suicide는 스스로 자신의 목숨을 끊는 행위를 말한다. 특히 현대인들의 사망 원인 중 자살은 높은 순위에 기록된다. 자살에 대한 사람들의 평가는 대체적으로 나뉜다. 자기 목숨의 주인이 자기 자신이니, 자살에 대한 선택의 권리도 자신에게 있으며, 자기결정권이라고 주장하기도 한다. 반면에 생명은 소중한 것이며, 신이 인간에게 부여한 고유한 가치이니, 자살을 하는 것은 잘못된 것이라고 생각하기도 한다.

자살을 선택하는 사람들의 자살 직전의 모습은 대부분 '매우 힘들다.'는 것이다. 그것이 심리적·경제적·신체적 또는 사회적·문화적[290]

---

[289] 이 글은 필자가 한국싸나톨로지협회에서 발간한 『죽음교육교과서』에 공동 저자로 참여하면서 「외상론」에 게재한 글이다.

[290] 『죽음을 선택할 권리』 M. 스캇 펙, 조종상 역, 율리시즈, 2018년, p154. 스캇 펙은 자살(자기 살해)과 살인(타인 살해)을 구별하는 것이 불가능할 때가 있다고 말한다. 또한 자살과 살인은 문화와도 관련이 있어서, 대체로 자살률이 높은 나라는 살인 발생률이 낮고, 살인 발생률이 높은 나라는 자살률이 낮다는 것이다. 그러므로 자살과 살인은 상호 관계를 가지고 있다고 본다. 스캇

배경이든 간에, 공통적인 특징은 고통을 호소한다는 것이다. 이러한 부분은 자살을 선택하는 사람들에 대해 '이해의 관점'에서 바라볼 수 있는 부분이다. 물론 세상의 모든 사람들이 행복하게만 사는 것도 아니다. 또한 자살을 선택하는 사람들이 느끼는 고통의 크기와 비슷한 상황에 처해 있는 모든 사람들이 자살하지 않는다. 그러므로 자살에 대한 접근은 매우 복잡하고 복합적이며 그 형태 또한 다양하다.[291]

에밀 뒤르켐의 『자살론』은 자살에 대한 학문적 연구의 고전이다.[292] 1897년에 나온 책이지만 오늘날에도 자살을 연구하는데 있어서 많이 언급된다. 그는 자살의 보편적 상황에 대해 보편론을 통해서만 설명할 수 있는 것이 아니라, 그 보편적 상황도 특수한 원인과 관련이 있을 수 있다고 주장한다. 그러므로 현대사회의 자살은 현대인이 겪고 있는 집단적 질환의 한 형태이며, 그 자살을 연구함으로써 집단적 질환을 이해할 수 있다고 말한다. 자살에 대한 사회학적 관점을 반영한 것이다. 또한 인간의 자살 행동은 적극적이고 직접적인 유형과 소극적이고 간접적인 유형을 모두 포함한다고 본다. 즉 자살이라는 용어는 희생자 자신의 적극적 또는 소극적 행위의 직접적 또는 간접적 결과로 인한 모든 죽음을 가리킨다.[293] 즉, 죽음에 이

펙의 주장은 자살을 문학·사회적 측면으로 이해한 것이라고 본다.
291 「한국의 자살실태와 대책」 박형민, 한국형사정책연구원, 2007년, p84-p92. 저자는 자살의 동기를 다음과 같이 정리하였다. 정신이상, 질병, 빈곤, 비관, 치정, 가정불화, 사업실패 등이다.
292 뒤르캠은 자살과 사회적 관계에 대한 연구를 통해 이기적 자살, 이타적 자살, 아노미적 자살, 운명적 자살로 구분하였다.
293 『자살론』 에밀 뒤르켐(Emile Durkheim), 황보종우 역, 청아출판사, 2019

르기를 결심하는 자신의 선택이 자신의 생명을 희생시키는 결과로 초래된다면, 그것은 자살이라는 것이다. 해석해 본다면, 자살 동기의 다양성과 그 사람의 자살에 대한 해석의 다양성에도 불구하고 그 행위의 결과로써, 자신의 생명이 희생된다는 것을 알고 있는 모든 죽음은 자살이다.

2) 인간은 왜 자살을 하는가?

이 질문에 대한 대답은 정확하게 확인할 수 없다. 왜냐하면 그 대답을 들려줄 사람이 이미 사망했기 때문이다. 물론 자살자의 대답이 가장 정확할 것이다. 그러나 때로는 자살자 본인도 그 이유를 정확하게 설명하기 어려운 복잡한 배경과 심리를 가지고 있다.[294] 그러므로 자살자가 왜 자살을 선택했는지에 대한 대답을 100% 맞추는 것은 쉽지 않다. 하지만 가장 근접하게 그 이유를 찾아내는 것은 중요하다. 왜냐하면, 그렇게라도 해야 우리는 자살한 사람을 이해할 수 있고, 그 유가족을 도울 수 있으며, 자살을 예방할 수 있기 때문이다. 자살자의 자살 이유에 대한 이해는 사망자의 유가족에게도 큰 의미를 갖는다. 심리부검이 밝혀주는 진실이 유가족의 마음 가장 깊

년. p16-p34. 어떠한 내재적 원인으로 인해 자신의 목숨을 스스로 희생시키는 행위뿐만 아니라, 소극적인 회피의 방법으로 먹기를 거부하는 행위, 종교적 순교자가 되는 과정에서의 죽음을 받아들이는 행위, 정치적 이유로 죽음을 선택하는 모든 행위도 포괄적 의미에서 자살이라고 뒤르켐은 보고 있다.

294 『자살의 이해와 예방』이홍식 외, 학지사, 2008년, p15-p28. 자살은 수많은 유기적 요소가 결합된 복합적인 산물이므로 그 실체를 파악하는 것이 쉽지 않다. 하지만 몇 가지 측면으로 분류해 본다면, 생물학적, 심리적, 사회적, 국가적, 문화적, 영적·가치관적 측면으로 분류할 수 있다. 그러므로 자살에 대한 개인, 가정, 학교, 사회, 국가, 종교 등 다양한 분야의 통합적 이해와 노력을 통해 접근해야 한다고 보는 것이다.

은 곳에 있는 의문을 풀어줄 뿐 아니라, 이러한 진행 과정도 유가족에게 치료적 효과를 발휘한다.

또한 자살자는 무언가 흔적을 남기고 사망한다. 그 흔적은 그의 유서, 자살 장소, 실행방법, 주변인들과의 관계와 소통 속에 남아있다. 그러나 이러한 과정을 통해 자살현상에 대한 유형을 만들어 내고, 패턴을 분석한다 해도, 그러한 결과물이 반드시 모든 사람에게 적용되거나, 예측되지는 않는다. 그것은 자살현상이 그만큼 복잡하고, 다양하기 때문이다. 그러므로 자살자에 대한 이해에 있어서 '확증편향'된 편견을 갖는 것은 바람직하지 않다. 최대한 객관적인 과정을 통해 자살자의 심리(마음)에 접근해야 한다.

그렇다면 다음과 같은 질문을 해볼 수 있다. 자살자가 자신의 '예측 가능한 죽음에 대한 공포와 두려움을 극복하면서까지 왜 자살을 실행했는가?' 죽기보다는 살고자 하는 것이 일반적인 인간의 본능인데, 그 '생존본능을 넘어 왜 죽음을 선택했는가?'의 질문이다. 즉 자살자의 마음과 의도를 바라보는 것이다. 자살자의 의도는 증상과 고통이다. 자살은 끝이 아니라 증상이다. 증상은 반복되는 과정이다. 그리고 고통은 견딜 수 없는 아픔이며 통증이다. 그러므로 자살자의 의도 즉 그의 마음을 바라봄으로써 우리는 그가 왜 자살에 대해 생각했는지? 와 자살을 시도하고자 하는 배경에 '증상'과 '고통'이 존재한다는 것을 발견한다. 증상은 돌아가고자 하는 몸부림이며, 고통은 육체적 반응으로써의 고통뿐만 아니라, 정신적인 폭력에 대한 반응이기도 하다.

미국의 심리학 교수인 토마스 조이너(T. Joiner)는 사람들이 자살을 실행하는 세 가지 심리조건을 연구했다. 첫째는 사회적으로 고립되었다고 느끼는 마음(상실감), 둘째는 스스로 타인에게 짐이 된다고 생각하는 무능감(無能感), 셋째는 죽음의 고통을 받아들일 만한 부상(육체적·심리적)의 경험이다.[295] 즉 지속적으로 그러한 고통이 계속된다면 자신의 고통이 죽음을 통해서만 끝낼 수 있다고 생각하는 것이다. 이 세 가지 조건이 충족되지 아니하면 사람들은 자살하지 않는다는 것이다.

3) 자살 생각 : 심리부검

인간은 자살을 생각한다. 자살의 실행 여부와 상관없이 생각한다. 자살 실행의 첫 단계는 '자살 생각'(suiciadal ideation)이다. 그 생각의 정도에 차이는 있을 수 있으나, 자살을 생각하는 사람들은 있다.[296] '자살생각→자살계획→자살시도→자살실행'의 전 과정을 개념적으로 '자살행위'(suicidal behavior)라고 규정한다. 이것은 복합적인 개념이다.

예를 들어, 청소년의 자살 생각에 영향을 미치는 요인은 '심리적 변인(變因, psychological variables)'이 가장 크다. 즉 심리적 고

---

295 『왜 사람들은 자살하는가?』 토마스 조이너, 김재성 역, 황소자리, 2012년, p118-p165.
296 2023년 자살예방백서에 의하면 우리나라의 연간 자살 사망자 수는 13,352명이며, 전체 사망원인 중 5위이다. OECD 평균 11.1명이고 우리나라는 24.1명으로 1위를 기록하고 있다. 보건복지부 2016년 정신질환실태 역학조사에 따르면 지난 1년간 한 번 이상 심각하게 자살을 생각한 성인의 비율은 2.9%, 자살을 계획한 비율은 0.4%, 자살을 시도한 비율은 0.1%로 나타났다.

통을 겪는 과정 중에 '자살 생각'을 갖게 되었다는 것이다. 그것은 우울감, 무망감(hopelessness), 생활 스트레스(daily stress), 소외감(alienation)을 포함하는 개념이다.[297] 이러한 심리적 요인은 복합적이다. 자살 생각이 자살 실행에 이르는 과정에는 선행요인과 촉발요인이 작용한다. 심리적 요인은 사회적·경제적·문화적·신체적 요인과 서로 밀접하게 연결되어 있다. 결국 심리부검을 통해 자살자의 마음을 알아가고자 노력하는 것이다.[298]

한국보건복지인력개발원에서 발행한 「자살예방 기본교육」에 따르면 자살의 위험 요인을 다음과 같이 정리하고 있다.

---

297 『자살예방커뮤니케이션』 김호경, 커뮤니케이션북스, 2015년, p38.
298 『심리부검』, 서종한, 시간여행, 2019년. 15p, 23p. 심리부검(psychological autopsy)에 대해 현대 자살학의 선구자 에드윈 슈나이드먼(Edwin Shneidman)은 "사망자의 삶, 생활 형태와 환경, 죽음에 이르게 한 사건과 행동을 재구성하기 위한 사후 조사 과정"이라고 정의했다. 즉 자살한 사람이 남긴 증거와 자료, 유가족 등 주변인과의 면담 내용을 과학적으로 분석하여 자살 사망자의 심리를 규명하는 것을 말한다. 심리부검의 중요성을 정리해 보자면, 첫째, 자살자의 삶을 폭 넓게 이해하자는 것이다. 그것은 자살을 정당화하거나, 권장하자는 측면에서의 이해보다는 자살을 실행하기까지 고민했던 한 인간으로서의 고통을 이해하자는 것이다. 둘째는 유가족을 돕는 일이다. 유가족은 깊은 죄책감을 느끼는 경우가 많다. 자살자의 죽음이 남아 있는 유가족의 잘못이라고 생각하여, 오랜 시간 죄책감에 시달리기도 한다. 자살의 원인을 밝힘으로써 유가족의 지나친 죄책감을 덜어주는 노력 또한 중요하다. 그리고 이 일에 유가족을 참여시킴으로써 이타적이고, 의미 있는 일에 참여한다는 동기를 제공해 줄 수 있다. 더 나아가 유가족이 가족을 잃은 상실의 아픔을 치유하고, 다른 유가족을 지원하고, 보호하는 일들로 연결될 수 있다. 셋째, 자살 생존자들을 돕는 일이다. 자살을 시도했다가 생존하는 사람들은 사회적인 낙인(烙印,stigma)을 받는 경우가 많다. 결국 다시 자살을 시도하게 만들기도 한다. 사회적인 고립은 자살 시도의 중요한 원인 중 하나이기 때문이다. 즉 자살 생존자들에 대한 관심과 상담을 통해 그들의 고립을 완화시키는 일에 기여할 수 있다. 마지막으로, 자살 예방에 도움이 된다. 자살에 대한 심리부검의 결과물들은 자살 현상에 대한 객관적인 자료들을 만들어 내고, 그 자료들은 자살을 예방하는데 있어서 중요한 근거가 된다.

첫째, 정신과적 질병의 문제이다. 2023년 「자살예방백서」에 따르면 '동기별 자살현황' 분석에서 정신과적 질병문제는 39.8%로 나타났다. 자살과 정신과적 질환은 밀접한 연관이 있다. 특히 우울과 자살의 관계는 우울증 환자의 자살 위험성이 일반인에 비해 매우 높다는 것을 통해 알 수 있다. 우울증에 대한 사회적 편견은 치료가능한 시기와 기회를 놓치게 한다. 우울증과 술 문제가 동반되는 경우 자살 위험성은 더 높아진다. 그밖에 조현병, 양극성정동장애(조울증) 등과 같은 정신과적 질병도 자살 위험도를 높이는 요인이기도 하다. 물론 모든 우울증, 조현병 등의 환자들이 자살을 실행하는 것은 아니다. 그러므로 그러한 환자들에 대해 편견을 가질 필요는 없다. 하지만 자살 위험도가 높은 것은 사실이다. 정신과적 문제는 자살 위험의 유일한 요인으로 보기보다는, '선행요인과 촉발요인'의 관점으로 보아야 한다.

둘째는 경제적 빈곤의 문제이다. 우리나라는 경제 규모로 보면 세계 10위(2024년)의 국가이다. 하지만 빈부격차의 크기로 인해 국민들이 느끼는 상대적 빈곤에 대한 체감은 매우 높은 편이다. OECD 국가 중 여전히 우리나라는 노인 빈곤율 1위이다. '동기별 자살현황' 분석에서 경제생활 문제로 인한 자살은 23.4%를 차지했다. 이와 같이 실업, 파산, 부채 등 경제적 어려움으로 인한 자살 문제는 향후 노인 자살율의 최대 변수로 작용할 것이라고 전망했다.

셋째, 신체적 질환의 문제이다. 노인 자살 사망자의 경우 약 72%가 만성신체질환을 가지고 있는 것으로 나타났다. 신체적 질환은

'동기별 자살현황'에서 21.3%를 기록했다.

넷째, 관계적 갈등의 문제이다. 자살자의 경우 가정, 학교, 직장 등에서 다양한 관계적 갈등과 불화를 겪고 있는 것으로 나타났다. 가정문제·남녀문제·직장문제 등은 16.1%로 나타났다. 특히 이러한 문제들이 술과 연관될 때 자살을 실행할 확률이 높아진다. 응급실에 내원한 자살시도자의 약40%는 음주상태였으며, 평상시에도 음주로 인한 문제를 경험한 경우가 많았다.

다섯째는 생물학적 취약성의 문제이다. 생물학적 요인들은 주로 우울증이나 불안장애 등과 관련이 있는데, 세로토닌(serotonin), 노르아드레날린(noradrenalin), 도파민(dopamine) 등의 신경전달물질과 관련된 연구가 많다.[299] 특히 세로토닌과 관련이 깊은 것으로 나타났다. 자살을 시도하거나 자살로 죽은 사람에 대한 생물학적 연구에서 일관적으로 발견된 사실은 그들의 뇌 척수액에서 낮은 5-HIAA(5-hydroxyindoleacetic acid: 5-하이드록시인돌초산) 수준을 보인다는 것이다.[300] 즉 뇌의 생물학적 시스템의 문제는 자살을 시행하고 자살 가능성을 높이는데 영향을 주는 것으로 이해할 수 있다. 그러한 원인에 대한 연구는 계속되고 있다.

---

[299] 세로토닌은 행복을 느끼는데 기여하는 신경전달물질로 자살시도자들의 혈소판에서 세로토닌 수용체의 수 및 기능저하가 관찰되었다. 쾌락이나 긍정적인 마음과 관련이 있는 도파민, 불안과 스트레스반응 등을 관장하는 노르아드레날린 등은 스트레스와 우울증, 불안장애 등과 관련이 있는 물질이다.

[300] 『노인자살 위기개입』 육성필 외, 학지사, 2011년, p24.

4) 종교는 자살을 어떻게 보는가?

대부분의 일반적인 종교의 세계는 인간의 생명을 소중하게 여기는 교리와 윤리를 가지고 있다. 그러므로 자살에 대해 관대한 태도를 취하지 않는다. 기독교는 창조주 유일신의 신앙을 가지고 있고, 인간은 창조주에 의해 창조된 소중한 존재이므로 함부로 자신의 목숨을 끊어서는 안 된다고 가르치고 있다.[301] 십계명의 '살인하지 말라'는 내용은 타인의 생명을 해치는 것을 금(禁)하는 것일 뿐만 아니라, 자신의 생명도 '하나님의 형상(Imago Dei)'[302]을 닮은 존재이므로, 자살하는 것은 하나님 앞에 죄를 짓는 것으로 해석하고 있다. 물론 성경에서 직접적으로 '자살하지 말라'라고 언급하지는 않았으나, 기독교 교리는 자살을 부정적으로 보고 있다고 말할 수 있다. 부정적으로 해석한다는 개념은 자살한 사람들을 저주하기 위한 것이 아니라, 하나님의 구원 역사에 참여해야 한다는 의미이며, 자살을 예방하고자 하는 뜻으로 해석하고자 한다.[303]

---

301 『자살과 목회상담』 김충열, 학지사, 2010년, p23-p58. 저자는 기독교인의 자살에 대해 교회가 가지고 있었던 부정적 견해 즉 '자살하면 지옥 간다'는 개념을 수정할 필요가 있다고 본다. 자살을 예방하고 목회적 돌봄을 강화하는 점을 강조하면서도, 연예인들을 포함해서 기독교인들의 자살 사망이 증가하고 있는 현실을 지적한다. 특히 모범적인 신앙생활을 하고 있는 교회 중직 즉 장로와 권사 등이 자살하는 행위가 부정적으로 작용하면서 모방심리를 불러올 수 있는 위험성이 있다고 말한다.

302 라틴어로 'IMAGO DEI' 는 '하나님의 형상' 이라는 뜻으로 인간이 하나님의 모양으로 창조되었다는 의미이다. 이 개념은 유대교, 기독교, 이슬람교 수피파의 신학적 개념이자 교리이다. 구약성서의 창세기 1:26-28, 5:1-3, 9:6에 근거한다.

303 『자살의 이해와 예방』 p29-p38. 자살에 대한 찬성과 반대 의견은 고대 철학자들로부터 있어왔다. 아리스토텔레스는 자살 행위를 불법적인 범죄의 행위로 본 것에 반해, 스토아 철학자들은 정당화될 수 있다고 보았다. 기독교 세계에서는 아우구스티누스, 토마스 아퀴나스 등 교부 시대, 중세 시대에는 자

반면에 불교에서는 창조주 유일신의 신앙이 없기 때문에 자살하는 것을 용서 받을 수 없는 죄로 여기지는 않는다. 즉 인과응보(因果應報)의 관점에서 인간을 바라보기 때문에 자살에 대해 업보(業報)와 연결하여 생각한다.[304] 물론 그렇다 하더라도 자살을 권유하거나, 권장하는 것은 결코 아니다. 현재의 고통에서 벗어나기 위해 자살을 선택하는 것을 수행자의 길로 보지 않는다. 왜냐하면 고통의 근본 원인은 사라지지 않고, 윤회(輪回)의 굴레에서 그 고통이 계속되기 때문이다. 인간을 포함한 모든 만물은 연기(緣起)적 존재이기 때문에, 인(因)과 연(緣)에 의해 생겨났다가 그것이 다하면 소멸하는 존재로 본다는 것이다. 즉 생성(生成)과 소멸(消滅)을 자연적인 이치(理致)로 바라보며, 판단하거나 정죄하지 않는다는 것이다. 불교에서도 역시 생명의 소중함을 강조하고 있다.

유교의 세계관인 천명관(天命觀)은 생명과 죽음의 문제가 인간의 의지가 아닌 천명에 의한 것으로 본다. 인간의 존재가 하늘의 명(命)과 부모의 신(身)로부터 부여된 소중한 가치를 지닌 존재로 본다는 것이다. 그러므로 자살은 천명을 거스르는 행위이며, 부모가 물려준 생명과 신체를 훼손하는[305] 부도덕한 행위이다. 부모 생전에 자식이

살을 도덕적이고 종교적인 죄악으로 보았으며, 칼뱅 등 종교개혁자들도 자살자들을 비난하였다. 하지만 계몽주의의 발전과 함께 자살을 과학과 심리학 그리고 철학적 관점으로 바라보면서 기독교적 시각에 대해 비판적인 의견들이 발전하였다.

304 불교철학의 핵심적인 사상 중 하나이다. 윤회의 작동 원리와 업보의 관계성 속에서 행위에 대한 결과로 해석하는 개념이다.

305 <신체발부(身體髮膚) 수지부모(受之父母)>는 공자가 제자인 증자(曾子)에게 가르친 것으로, "무릇 효(孝)란 사람의 신체와 터럭과 살갗은 부모에게 받은 것이니, 이것을 손상시키지 않는 것이다." 라는 뜻이다.

먼저 죽는 것은 불효(不孝)이다. 또한 개인 보다는 '가족(부모와 자식)과 국가(군주와 신하)'라는 공동체적 의식이 중요하기 때문에 개인이 자신 만의 이해관계로 자살을 하는 행위는 수신제가(修身齊家)의 이념에 위배되는 것이다. 한 개인의 생명은 부모와 조상으로부터 물려받은 공동체의 존재이며, 그러므로 제의(祭儀)를 통해 조상을 섬기며 조상에게 감사하는 것이다. 물론 천명에 따라 비의지(悲意志)적 죽음을 선택하거나, 도의(道義)를 실천하기 위해 의지(意志)적 죽음을 선택하는 사상이 있으나, 기본적으로 유교는 생(生)의 중요성을 강조하고 있다고 볼 수 있다.

　이상과 같이 기독교와 불교 그리고 유교에서 말하는 자살에 대한 관점을 간단히 살펴보았다. 세 종교에서 공통적으로 이야기하는 것은 인간의 생명에 대한 소중함이다. 인간의 생명이 하나님에 의해 창조되었든, 연기(緣起)에 의해 생성되었든, 천명과 부모에 의해 태어났든지 간에 인간 고유의 소중한 가치를 가지고 있다. 또한 그 소중한 가치는 가족, 사회, 공동체에서 서로 연관되고 관계되어 있다. 그러므로 종교는 자살에 대해 정죄하거나, 비난하기 보다는 자살한 사람들을 이해하고, 그 유가족을 위로하며, 자살을 예방하려는 노력을 하는 것이다. 종교가 자살을 예방하고자 노력하는 것은 그 종교가 가지고 있는 '초월, 내세, 윤회, 업보, 천명, 제의' 등의 교리를 넘어 인간과 사회에 대한 사랑과 깊은 관련이 있다.

5) 자살에 대한 질문

첫째, 인간은 주체적 존재인가? 인간은 주체적 존재로서 자기 결정의 권리를 가지고 있다. 자살자의 자살 결정은 오롯이 '자신의 결정'에 관한 영역이다. 그것이 이 세상의 모든 동물들과 다른 인간의 모습이며, 인간만이 자살을 한다는 논리에 대한 증명이다. 그래서 셸리 케이건은 자살자가 충분한 과정을 거쳐 자살을 결정하고 실행했다면, 개인의 이익이라는 관점에서 충분히 도덕적이고 합리적일 수 있다고 말한다.[306] 고통에 대한 자신의 상황을 객관적으로 판단한다면 자살에 대한 선택도 합리적일 수 있다는 논리이다. 하지만 인간에게 있어서 완전한 객관적인 판단이 과연 가능한가?

둘째, 자살한 사람들을 사회적으로 비난할 것인가? 자살을 실행한 사람이나 자살을 시도했다가 생존한 사람들, 그리고 그 유가족들에게 '자살'의 문제는 사회적인 낙인(烙印, stigma)과 상처로 오래 남는다. 유럽 지성계와 문학계로부터 높은 평가를 받고 있는 「자유 죽음」의 저자인 프랑스의 작가 장 아메리는 66세의 나이에 스스로 자신의 목숨을 끊었다. 그의 책 「늙어감에 대하여」[307]에서 고통의 두려움으로 인해 그 고통에서 구원 받기 원하는 인간의 마음과 자신의 인생을 사랑하기 때문에 죽음을 선택한 인간의 마음에 대해 언급한다. 그렇다면 그의 철학과 선택을 '능동적인 죽음으로의 전회'라고

---

306 『죽음이란 무엇인가』, 셸리 케이건, 박세연 역, 엘도라도, 2013년, p448-p504. 지금의 고통을 미래의 고통과 비교할 때 자신의 예상처럼 더 고통스러울 수 있다고 생각한다면 그것은 자신의 이익과 부합된다는 측면에서 합리적인 것이라고 말한다.

307 『늙어감에 대하여』장 아메리, 김희상 역, 돌베게, 2014년, p198-p209.

평가할 수 있는가?

셋째, 과연 인간은 명확한 경계선 안에 존재하는가? 라틴어로 '문턱'(limen)에서 유래한 'liminality'는 통과 의례의 중간 단계에서 발생하는 경계를 의미한다. 문화인류학자 빅터 터너에 의해 널리 알려진 이 개념은 '이전에 무엇이었는가?'와 '다음에 어떻게 될 것인가?'의 중간 지점을 말한다. 자살자는 그 중간 지점에서 방황한다(서성인다). 인간의 죽음 역시 그 중간 지점에 있기도 하다. 삶과 죽음의 경계선이 명확하지 않다. 그러므로 인간은 삶과 죽음의 경계선 사이에 존재한다. 살아 있으나 이미 죽은 자도 있고, 이미 죽었으나 여전히 산 자도 있다. 넷째, 그 죽음의 '의도'를 정확하게 파악하기 어렵다는 '의도의 모호성'이다.[308] 100세의 노인이 스스로 곡기(穀氣)를 끊는 행위[309]와 암 환자가 모든 의료적 치료행위를 스스로 중단하는 행위는 '자살'이라고 규정할 수 있는가?[310] 어쩌면 자살자 스

---

308 『죽음교육교과서』임병식, 손주완 외, 한국싸나톨로지협회, 2025년. 「자살, 개별성과 당혹」글에서 임병식은 죽음에 이르고자 하는 ,의도(intention)'의 중요성을 강조한다. 하지만 그 의도조차도 모호하며, 개별적이며, 당혹스러우며, 양가적인 행위일 수 있다. 그러므로 자살자에게 나타나는 의도와 모호성을 충분히 이해해야 한다. '개별성'은 자살과 자살자에 대한 단일한 설명이나 규정이 반드시 일치하지 않는다는 의미이다. 즉 모든 자살자의 원인과 과정 그리고 그 유형은 다르다. 그것이 인간의 마음이다. 그러므로 단일한 원인과 유형으로 분석할 수 없다. '당혹스러움'은 복잡성을 의미한다.

309 시설에서 생활하셨던 98세의 문OO 어르신은 '이제는 집에 가서 마무리를 해야 한다'고 말씀하셔서 가족들이 집으로 모셨다. 그 후 어르신은 스스로 곡기를 끊으시고 약 열흘 후에 죽음을 맞이하셨다.

310 『집에서 혼자 죽기를 권하다』우에노 지즈코, 이주희 역, 동양북스, 2022년, p149-p152. 2018년 8월 16일 신장병으로 인공투석 치료를 받던 44세의 여성이 투석을 받지 못해 사망했다. 그녀는 투석을 중지하면 사망한다는 사실을 분명히 인식하고 있었으나, 사망 일주일 전에 투석 치료를 받지 않겠다는 확인서를 병원에 제출했다. 만약 투석 치료를 계속 받았다면 적어도 수년에서 십 수 년을 살 수 있었을 것이다. 일본에서는 이 사건을 '투석 중지 자기

스로도 자신의 심리를 정확하게 표현할 수 없을지도 모른다. 그 미묘한 복잡성 속에 인간의 마음이 있다.[311]

6) 자살의 시작은 고통이며, 은유이다.

결국 "자살의 시작은 고통이다." 물론 존재론적 생각에 의한 자살도 있을 수 있다.[312] 하지만 대부분의 자살자들은 자살하기 전에 자신의 고통을 호소한다. 그래서 자살자의 심리부검을 통해 그 사람이 '왜 자살을 하게 되었는가?'에 대해 알아간다. 그리고 그 심원(深遠)에 인간의 고통이 있음을 발견한다. 인간의 고통을 이해하는 것은 인간을 이해하는 것과 같다. 고통을 이해하지 못하면 타인을 이해할 수 없다. 물론 타인을 이해한다고 하더라도, 자신의 기준과 관점으로 타인을 판단해서는 안 된다. '내가 너의 마음을 다 이해 한다.'라고 함부로 말할 수 없다.

자살학의 권위자 에드윈 슈나이드먼은 자살의 원인에 대해 "거의 모든 경우에 자살은 특정 종류의 고통, 즉 '심리통(psychache)'이라고 부르는 심리적 고통의 결과로 발생한다. 또한 이 심리통은 좌

결정' 사건이라고 말한다.
311 『자살에 관한 모든 것』 마르탱 모네스티엥, 한명희 역, 새움출판사, 2022년. p14. 인간의 마음을 숫자로만 표현할 수 없다. 인간의 마음은 매우 복잡하나. 자살자의 마음을 정확히 표현하기 어렵다.
312 『하이데거 VS 레비나스』 최상욱, 세창출판사, 2019년, p86-p102. 인간의 욕구는 또 다른 욕구를 불러오고, 그 욕구 때문에 괴로워한다. 그래서 인간은 고독하다. 또한 인간은 존재 자체가 염려이기 때문에 끊임없이 염려하면서 살아간다. 염려는 근심과 걱정을 불러온다. 이러한 생각의 시작은 역시 자신의 존재에 대한 '고통 인식'이다. '존재(存在)'에 대한 '인식(認識)'은 '고통'으로부터 출발한다.

절되거나 왜곡된 심리적 욕구에서 유래한다."라고 썼다. 그는 심리통(참을 수 없는 강도에 이른 심리적·감정적 고통 전반을 의미한다)을 자살의 근본적 원인으로 본다. 고조되는 심리통은 자살 위험을 증가시킨다. 또한 그는 심리통 외에 치사성(致死性)을 심각한 자살 요인의 하나로 제시했다.[313]

그러므로 자살은 재귀적 몸부림이다. '재귀적'이란 본래의 상태 즉 상실 이전의 상태로 돌아가고자 하는 생명체의 반응이다. 고통과 상실 이전의 상태로 가고 싶다는 의미이다.[314] 이것은 죽음을 통해서라도 자아를 강화하고 '본래의 자기성(自己性)'으로 이행하고자 하는 요청이다. 그러므로 자살자는 자살을 시도하기 전에 여러 가지 형태의 신호를 보낸다. 가족에게, 친구에게 Sign을 보낸다. 그 신호를 통해 자신이 아파하고 있으며, 고통 속에 있다는 것을 알린다. 자신이 지금 매우 아파하고 있으며, 고통 속에서 힘들어하고 있으므로 제발 나를 좀 살려달라고 표현하는 것이다.

결국 자살은 자기 자신에게 돌아가려고 하는 증상이다. 자신을 대상화해서 죽이는 방식을 통해 재귀적(再歸的) 행동을 하는 것이다.

---

313 『자살하려는 마음』 에드윈 슈나이드먼, 한울. 2019년, p21-p54. 그러면 심리통을 겪는 수많은 사람 중에 왜 소수만이 자살을 하는가? 즉 심리통은 자살의 필요조건이지만 충분조건은 아님을 암시하는 말이다. 그러므로 심리통을 겪으면서도 자살하는 사람과 그렇지 않은 사람 사이를 구별 짓는 추가적인 요소가 있는데 그것은 바로 '치사성'이다.

314 『죽음교육교과서』「자살을 바라보는 몇 가지 시선과 제언」에서 다음과 같이 말한다. "자살은 본래적 자기로 돌아가고자 하는 (찾으려는/ 원래의 자리로 회복하려는) 증상이라고 했다. 증상과 심리통의 관계를 연결해 본다면 증상은 고통이 표현된 방식이다." 즉 자신의 내면으로부터 발생하는 심리적 통증은 다양한 형태의 증상으로 나타나게 되고 그 증상은 도움과 치료를 해달라는 호소이기도 하다. 그러므로 자살을 생각하는 사람에게 나타나는 마음의 진실을 알아내야 한다.

자신을 죽이는 방식의 증상은 실체가 아니다. 증상은 은유이며, 자살도 은유이다. 그러므로 실체가 아닌 은유(隱喩, metaphor)를 버리고, 대체할 은유 즉 환유(換喩, metonymy)를 찾아야 한다. 또 다른 대체물을 찾는 것은 회피와 중독만 가져온다. 대체할 환유는 자살을 결심한 자신이 아니라, 재귀적으로 돌아가고 싶었던 자신이어야 한다. 끊임없는 반복을 통해 자살을 생각한 사람의 주체가 회복되어야 한다. 왜냐하면 자살자는 가해자이면서 동시에 피해자이기 때문이다. 가해자의 사물표상을, 회복해야할 피해자의 단어표상으로 바꿔야 한다. 과거와 현재와 미래의 시간성 속에서 사후성과 지향성을 체화함으로 의미화가 이루어져야 한다.[315] 사후적 과정은 과거의 사물 표상을 현재의 언어표상으로 바꾸어 새롭게 다가올 자신 즉 미래에 대한 예기를 통해 지향성을 발견해 나가는 것이다. 자살 생각의 시점에 있었던 외부의 충격적인 사건은 문신처럼 신체에 새겨진다. 그것은 은유이며 억압이다. 즉 무의식에 남게 되는 사물표상(S1)이다. 간뇌에 깊이 새겨진 감정의 신체화이다. 이 사물표상을 다른 것으로 대체해야 한다. 대체는 대체물을 만드는 것이 아니다. 즉 환유와 방어를 통해 해소해야 한다. 자신의 의식 속에서 언어표상(S2)으로 바꾸어야 한다. 비록 그러한 언어표상이 또 다시 사물표

---

315 『죽음학교본』 임병식, 손주완 외, 한국싸나돌로시협회, 2023년, p361-p371. 임병식은 자살을 언어-기호적 관점으로 해석한다. 그러므로 자아가 약한 사람이나, 치매환자는 자살하지 않는다고 본다. 본능적 이미지만 있는 사람도 자살하지 않는다. 동물이 자살을 하지 않는 것과 같은 논리이다. 오히려 자아가 강한 사람, 불안신경증, 우울증을 가지고 있는 사람이 자살을 한다. 내 안에서 들리는 타자의 목소리에 의해 강제로 자살을 결정하기 때문이다. 그러므로 자신의 목소리로 대체하도록 도와야 한다. 증상으로서의 자살자를 이해하되 자살의 정당성을 주장하지 않는다.

상으로 반복되고, (S1, S2, S3...Sn) 미끄러지고, 언어가 다시 억압적 기제로 작동하더라도, 회상과 재현을 통해 재구성해야 한다. 즉 신체의 언어화이다. 그것은 자신의 언어를 말함으로써 실현된다. 언어가 의미가 되는 것이다. 비로소 인과적 이해가 이루어지고, 의미적 이해를 얻게 되는 것이다.

2. 자살에 대한 예방적 접근

1) 베르테르 효과와 파파게노 효과

'베르테르 효과'[316]라는 말은 유명인의 자살이 일반인들에게 영향을 주는 현상을 말한다. 즉 '모방 자살(copycat suicide)' 또는 '동조 자살'이라고 할 수 있다. 즉 미디어의 영향으로 자살 현상이 증가한다는 것이다. 요즘에도 유명인의 자살 사건이 보도되면, 비슷한 연령층의 자살자가 일시적으로 증가하는 것을 볼 수 있다.[317] 이것은 심리학적으로 자신의 행동에 대한 근거를 유명인, 미디어, 소설 등과 같은 매체를 통해 정당화하고자 하는 심리이다. 그러므로 유명인의 자살과 미디어의 역할은 자살을 예방하는데 있어서 매우 중요한 주제이다.

---

316 미국의 사회학자인 David P. Phillips 가 명명한 것이다. 괴테(Goethe, 1749-1832)가 1774년에 출간한 「젊은 베르테르의 슬픔」에서 실연당한 주인공이 권총으로 자살한 이야기인데, 당시 유럽에서 소설의 내용처럼 정장과 부츠와 파란코트를 입고 권총 자살하는 사건이 증가했던 현상이다. 괴테는 자제를 호소했으나 큰 효과가 없었다고 한다.

317 한국의 경우 2005년 배우 이은주의 자살이 일반인의 자살 통계에 미친 영향을 보면, 이전 달에 736명에서 1,309명으로 1.8배로 증가했고, 2008년 최진실의 자살은 이전 달에 비해 1.7배 증가한 양상을 보였다.

파파게노 효과[318]는 미디어의 긍정적인 역할을 말한다. 자살과 관련한 미디어의 보도는 부정적인 역할을 하기도 하고, 긍정적인 역할을 하기도 한다. 절망을 희망으로 바꿀 수 있도록 언론을 통해 자살을 예방할 수 있다. 자살을 방지하기 위해 자살관련 보도를 자제하고, 자살충동을 예방할 수 있다는 것이다. 주요 선진국들의 경우를 보면 미디어가 적극적으로 예방을 위한 노력을 한 경우 자살률이 줄어들고 있음을 알 수 있다. 자살공화국의 대표적 국가였던 핀란드의 경우 자살과 관련된 언론보도를 금지하는 사회적 노력으로 자살을 획기적으로 줄이는 효과를 얻었다. 언론보도, 드라마, 포털사이트, 웹툰, SNS 등은 자살을 증가시키기도 하고, 감소시키기도 한다. 그러므로 그러한 미디어들의 사회적 책임은 중요하다.

중앙자살예방센터에서는 자살보도의 사회적 책임을 인식하고, 언론과 개인이 자살예방에 동참할 것을 권유하고자 "자살예방보도준칙 4.0"(2024년)을 발표했다. 5가지 원칙은 다음과 같다. ① 기사 제목에 '자살'이나 '자살을 의미하는 표현' 대신 '사망' '숨지다' 등의 표현을 사용한다. ② 구체적인 자살방법, 도구, 장소, 동기 등을 보도하지 않는다. ③ 자살과 관련된 사진이나 동영상은 모방 자살을 부추길 수 있으므로 유의해서 사용한다. ④ 자살을 미화하거나 합리화하지 말고, 자살로 발생하는 부정적인 결과와 자살예방 정보를 제공한다. ⑤ 자살 사건을 보도할 때에는 고인의 인격과 유가족의 사

---

318 파파게노 효과(Papageno Effect)는 모차르트의 오페라 '마술피리'에서 파파게노가 사랑한 여인을 잃고 목을 매려고 할 때 요정(소년) 셋이 나타나 그를 말리게 되고, 요정의 도움으로 죽음의 유혹에서 벗어날 수 있었던 희망을 말한다.

생활을 존중한다.

2) 예방을 위한 다양한 노력들

① 심리학적 접근과 상담을 통한 자살예방

자살을 예방하려면 전문적인 개입이 필요하다. '이상 징후'를 조기에 발견하여, 조기 개입(early intervention)하는 것이 중요하다. 그 과정 중에 하나가 자살 생각과 우울을 검진(Screening for Depression and Thoughts of Suicide)하는 도구를 활용하는 것이다. 또한 소셜 네트워크를 활용하는 것이다. 자살을 시도하는 사람은 유서, 기록, 구두 등으로 주변에 있는 사람들에게 암시를 보낸다.[319] 이러한 암시는 SNS 등에서 감지할 수 있다. 가족이나 주변인들이 그러한 징후를 알게 되었을 때 개입을 빨리 할 수 있는 것이다. 온라인과 오프라인을 통해 상담을 적극적으로 시행해야 한다. 상담은 그들을 감정적으로 지지하고, 스스로 도움을 요청할 수 있도록 독려하며, 위기 개입의 서비스를 즉각 실행할 수 있는 것이다.[320]

② 의료적 치료와 자살예방

우울증 환자나 조현병 환자의 자살위험성은 일반적인 경우에 비

---

[319] 『자살예방커뮤니케이션』 p96-p97. 자살과 관련된 빅데이터 분석에 따르면 성인의 자살 검색은 음주검색이 많을수록, 청소년의 자살 검색은 스트레스 검색이 많을수록 자살검색이 증가했다. 언어네트워크 분석(language network analysis) 방법을 활용한 결과, 자살과 관련된 검색 단어들은 '자살, 자살방법, 자살장소' 등 또는 '투신, 목, 손목, 옥상, 칼, 동반자살' 등 과 같은 단어의 검색이 많았고, 예방과 관련한 검색 단어들은 '종교, 대화, 도움, 상담, 위로' 등의 단어들과 연결이 되어 있었다.

[320] 『자살예방커뮤니케이션』 p91-p95.

해 높다. 특히 남성 조현병 환자의 경우 자살 실행이 많은 것도 사실이다. 그러므로 의료적 치료와 자살예방은 중요하다. 하지만 정신과 치료에 대한 부정적인 인식, 의사나 병원에 대한 불신, 약의 오남용에 따른 부작용 등의 이유로 인해 정신과적 예방을 회피하거나 지연하는 경우가 많다. 물론 이러한 문제는 단지 환자나 보호자의 책임으로만 돌릴 수 없는 문제이다. 이것은 사람들의 인식을 바꾸기 위해 의료계와 의사들의 노력이 전제되어야 하는 문제이기도 하다. 그럼에도 불구하고 정신과적 문제와 연결된 자살을 예방하려는 노력으로써 의료적 치료가 중요하다. 또한 만성적인 신체적 질환을 앓고 있는 사람들의 자살생각 경험은 매우 높다. 특히 노년층으로 갈수록 증가한다. 병의 치료와 함께 최소한의 증상의 완화를 위한 조치들을 취해야 한다.

③ 사회적 고립과 상실 그리고 자살예방

자살을 시도하는 사람들의 특징 중 하나는 자신의 고통에 대해 이해해 주고 공감해 줄 수 있는 사람이 자신의 주변에 아무도 없다고 느끼는 '고립감'이다. 이러한 고립감은 자살 시점에 가족, 친척, 친구들로부터 고립되어 있을 때 더 증가한다. 자신이 의지하던 중요한 관계에서 고립될 때 자살의 위험은 더 높아진다. 에밀 뒤르켐의 '사회통합모델'에 따르면 의미 있는 관계가 많을수록 자살률은 낮아진다고 한다. 또한 자신의 인생에 있어서 중요한 인물의 상실은 공허감과 허무감을 높여 자살로 연결되기도 한다. 일반적으로 독신, 별거, 이혼, 사별 등의 사유가 발생하게 되면 심리적 상실감을 느끼게 되는 경우가 많으므로 주의 깊게 관찰해야 한다. 그러므로 가족이나 친구, 직장과 학교 등의 관계 속에서 고립과 상실을 느끼고 있는 사람이 있는지 살펴보는 것은 매우 중요하다. 관계적 단절을 감소시키고 관심과 공감의 노력을 통해 자살을 예방하는 것은 공동체적으로 살아가야하는 현대인의 의무이기도 하다.

④ 경제적 문제와 자살예방

경제적 빈곤의 문제는 자살 실행의 원인 중 하나이다. 2023년 자살예방백서에 따르면 동기별 자살현황에서 경제적 문제는 23.4%로 나타난다. 자살 사망자들에게 있어서 자살 실행 전에 부채, 수입 감소, 실업, 파산 등의 경제적 문제가 있었다. 그러므로 국가적이고 사회적인 안전망이 중요하다. 자살을 예방하기 위해서는 경제적으로 어려움을 겪는 계층들에게 국가와 사회가 '복지와 고용' 등의 과정을 통해 지원하는 것이 중요하다. 특히 금융제도를 통해 경제적 위기에 처한 개인과 가족을 지원하는 것은 자살을 예방하기 위한 노력 중에 하나이다.

⑤ 법적문제와 자살예방

자살은 한 개인만의 문제는 아니다. 하지만 자살을 실행하는 과정에서 개인의 선택여부는 철저하게 개인의 영역에 있는 것도 사실이다. 국가와 사회는 이러한 개인의 영역에 과도하게 개입하기 어려운 부분이 있다. 그러나 자살은 한 개인의 문제에서 끝나지 않고 그 가족과 이웃, 더 나아가 사회와 연결되어 있기 때문에 국가의 역할에 있어서 개입이 필요한 불가피한 측면이 있다. 대부분의 국가에서 자살을 범죄로 간주하고 있지는 않다. 자살에 대해 법적으로 처벌하는 것은 불가능하다. 왜냐하면 자살은 타인의 법익이나 공공의 이익을 침해하지 않으므로 처벌될 수 없고, 그럴 수 있다고 하더라도 당사자가 이미 사망했기에 처벌할 수도 없기 때문이다.[321] 하지만 개인의 생명에 대한 권리가 개인에게 있기 때문에 국가가 법적으로 개입할 수 없다 하더라도, 국가는 국민이 행복을 추구할 권리를 보장해 주어야 한다. 자살에 대한 사회적인 요인을 제거하고, 자살을 예방하는 일에 개입해야할 의무가 있다고 본다.[322] 우리나라도 〈자살예방 및 생명존중문화 조성을 위한 법률〉을 제정하여 자살예방에 관한 국가의 책임을 명시하고 있다. 이 법에 따르면 국민은 자살 위험에 노출되거나 스스로 노출되었다고 판단될 때 국가에 도움을 요청할 '권

---

321 『13가지 죽음, 어느 법학자의 죽음에 관한 사유』 이준일, 지식프레임, 2015년, p125-p129. 자살 자체에 대해 법적으로 처벌할 수 없음에도 불구하고 자살의 교사(敎唆)나 방조(傍助)는 자살관여죄로 처벌받을 수 있다. 그러므로 자살 사건이 일어나면, 경찰의 검시절차와 의사의 사체검안 절차를 거치고, 유서 확보와 가족들의 조사를 통해 자살의 원인을 확인해야 한다. 특히 최근 자살사이트에서 자살을 부추기는 행위는 처벌받을 수 있다.

322 『자살예방, 해법은 있다』 오진탁, 교보문고, 2013년, p244-p259. 저자는 자살 예방을 위해 다음과 같이 제언한다. 1) 국가는 자살 예방을 위한 컨트롤 타워 역할을 해야 한다. 국가는 지속적인 지원과 함께 통합된 역할과 정책 등을 실행해야 한다. 2) 사회적으로 죽음의 질을 높여야 한다. 죽음의 질을 높이는 것이 곧 삶의 질을 높이는 것이다. 3) 지자체와 지역사회는 자살과 관련한 통계들을 공개함으로 예방 대책을 세우는데 참여해야 한다. 4) 건강한 사회, 건강한 학교를 통해 건강한 커뮤니티를 만들고 생명교육을 통해 자살을 예방해야 한다. 이상과 같은 저자의 해법에 대해 죽음학은 학문적 토대위에서 죽음교육을 실천함으로 건강한 주체적 자아를 만들어 가는 것이 자살 예방을 위한 노력이라고 본다.

리'가 있고, 국가는 자살의 위험이 높은 국민에 대해 구조조치를 취할 '의무'가 있다. 또한 국가는 자살예방 정책을 수립·시행함에 있어 적극 협조해야 한다.

⑥ 자살을 암시하는 징후들과 자살예방

자살을 생각하는 사람들은 '자살생각'의 첫 과정에서부터 여러 가지 징후(자살위험 징후 또는 자살위험 신호 Warning Sign)를 보여주기 시작한다.[323] 하지만 주변에 있는 사람들이 그러한 신호를 알아차리지 못하는 경우도 많다. 자살을 예방하기 위해서는 가족, 친구, 동료, 교사 등이 이러한 징후들을 발견하고 개입하는 것이 중요하다. 물론 개입의 과정은 매우 조심스럽고 적절하게 진행되어야 한다.

그러면 자살시도가 임박했을 때 보여주는 징후들은 무엇인지 살펴보자.[324] ① 극도로 우울해 하고 불안해하면서 지쳐있을 때 ② 치명적인 자살방법에 대한 접근이 용이하거나 자살의 여건이 마련되어 있는 경우 ③ 자신의 죽음이 가족이나 주위에 미칠 영향에 관하여 관심을 보일 때 ④ 자살에 관한 이야기를 자주할 때 ⑤ 우울해하고 초조해 하다가 갑자기 편안하고 차분해 질 때 ⑥ 죽은 가족에 대한

---

323 언어로 나타나는 자살위험 징후는 죽음, 사망, 사후세계 등을 자주 언급하거나, 신체적, 정신적 고통에 대해 토로하거나, 자살수단에 관한 내용을 질문하거나, 갑자기 고마움이나 미안함을 표현하면서 연락을 하기도 한다. 감정과 행동으로 나타나는 자살 위험 징후는 우울, 분노, 슬픔 등을 조절하지 못하거나, 개인적인 물품을 정리하거나, 행사나 모임에 참석하지 않으며 관계를 단절하거나, 식욕저하나 불면증 등 일상생활에 부적응을 보이기도 한다.
324 한국보건복지인력개발원의 자살예방기본교육의 자료를 참고함.

죄의식이나 재결합에 관한 이야기를 할 때 ⑦ 수면, 식욕, 성욕 등이 현저히 감소한 경우 ⑧ 타인의 도움을 거절하는 경우 ⑨ 갑작스레 성직자나 의사를 찾는 경우 ⑩ 평소 소중히 여기던 물건을 주변 사람들에게 나누어 주는 경우 ⑪ 장기여행을 떠나는 것처럼 주변을 정리하는 경우이다. 결국 복합적이고 다양한 자살의 위험요인을 이해하는 것은 매우 중요하며, 그러한 요인들이 개인에게 어떻게 작용하는지를 이해하는 것 또한 중요하다. 이러한 이해를 바탕으로 자살을 예방해야 하기 때문이다. 가족이나 주변 사람들에게 자살위험 징후가 나타나면, 다른 가족, 교사, 동료, 친구들과 함께 위험 상황을 인식하고 공유하여 적극적인 해결방법을 찾기 위해 노력해야 한다. 전문가의 도움을 요청하는 것이 무엇보다 중요하다.[325]

3. 자살유가족의 아픔이해

1) 자살로 인한 외상과 애도과정

인간이 느끼는 심리적 외상(外傷) 중 가족의 자살은 최고의 스트레스로 남게 된다. 질병이나 사고로 인해 가족을 잃는 것도 매우 큰 슬픔이지만, 자살로 가족을 잃는 경우는 더 복합적이다. 그런 의미에서 자살 유가족들은 다양한 외상의 감정을 갖게 된다. 자살유가족은 자살자 주변의 가족, 친지 등을 포함하는 개념이다. 그들은 상실감, 절망감, 무력감 그리고 원망과 분노, 죄책감, 사회적 편견으로

---

325 자살문제에 도움을 받을 수 있는 전문기관은 중앙자살예방센터(02-2203-0053), 자살예방핫라인(정신건강위기상담센터 1577-0199), 중앙심리부검센터(02-555-1095), 희망의 전화(129) 등이 있다.

인한 고립감 등을 경험하게 된다. 또한 유가족들은 다양한 신체·정신적 고통을 겪으며, 2차 자살로 이어지기도 한다.[326] 그러므로 유가족을 이해하고 돕는 과정이 매우 중요하다.

그 과정의 시작은 애도(哀悼)과정이다. 애도는 상실을 경험한 사람들에게 반드시 필요한 과정이다. 상실로 인한 슬픔을 충분히 슬퍼하고, 그 슬픔으로부터 벗어나는 전(全)과정을 말한다. 유가족 개인에 따라 그 과정의 시간과 방법이 조금씩 다를 수는 있으나, 애도과정이 있어야 슬픔을 이겨내고 자신의 삶으로 돌아올 수 있다. 즉 상실과 회복(복구)의 과정이 충족되어야 한다. 애도과정에 대한 이론들은 여러 가지가 있다. 사별대처에 대한 상실중심과 복구중심의 상호과정을 통해 애도하는 이중과정모델은 대표적인 이론이다. 또한 슬픔의 수레바퀴이론에서는 상실을 경험한 유가족이 충격단계와 저항단계, 혼란단계, 재정의 단계를 통해 회복되는 과정을 말한다.[327] 이러한 이론들을 바탕으로 『자살유가족매뉴얼』에서는 '충격시기', '직면시기', '조정시기'로 개념을 정리하였다.

자살유가족을 돕는 출발점은 자살자의 죽음을 인지한 순간에서

---

[326] 『자살유가족매뉴얼』 장창민 외, 학지사, 2018년, p20. 자살유가족들이 겪는 부적응의 유형에는 정신적으로 41.4%가 불면증을, 37.9%가 알코올의존을, 24.2%가 니코틴 의존의 문제로 나타났으며, 정신과 치료를 받은 경우가 25.3%에 달했다. 유가족이 자살을 시도한 경우가 7.4%, 자살자가 발생한 경우가 2.1%로 보고되고 있다.

[327] 『죽음학교본』 p277-p289. 상실·비탄·애도 이론의 역사에 대한 글에서 다양한 이론들을 소개하고 있다. 이중과정모델은 스트로베와 셧(Stroebe & Schut, 1999)의 이론으로 사별에 적응해가는 과정에서 상실중심대처(loss orientation)와 복구중심대처(restoration orientation) 과정을 통해 슬픔에 대처하는 모델이다. 슬픔의 수레바퀴이론은 스팽글러와 데미(Spangler & Demi, 1988)의 이론으로 상실, 충격, 저항, 혼란, 재정의, 회복, 악화의 7단계를 말한다.

부터 시작된다. 가족의 죽음을 경험한 후에 슬퍼하는 과정은 당연한 일이지만, 자살의 경우 슬퍼하는 과정은 질병이나 사고로 인한 죽음에 대해 슬퍼하는 경우와 다르게 나타난다. 왜냐하면 아직까지도 자살을 바라보는 사회적인 인식이 부정적이기 때문이다. 하지만 자살유가족도 일반유가족과 같은 상실을 경험한 사람들이다. 죽음을 인지한 순간은 엄청난 충격의 단계이다. 충격의 단계는 장례의 과정과 겹친다. 그러므로 애도기간 동안에 자살자의 가족이나 친지, 친구들이 함께 만나 감정을 공유하면서 유가족을 돕는 과정이 시작된다. 먼저, 유가족을 도울 수 있는 시작은 가족이다. 가족은 지지와 도움의 중요한 원천이다. 가족은 슬픔을 공유할 수 있으므로 상실을 극복하는 중요한 요소이다. 비난하거나 원망하기보다는 슬픔을 자유롭게 표현하며, 유대감을 높여야 한다. 그리고 유가족이나 자살자와 가까이 지냈던 친구와 직장동료, 이웃, 학교교사 등의 지지와 위로는 매우 중요하다. 자살자와 유가족에 대해 이해의 감정을 가지고 위로해야 한다. 많은 말이 필요한 것이 아니라, 정서적인 공감의 언어와 몸짓으로도 도움을 줄 수 있다. 더 나아가 전문가 그룹의 도움과 지지가 필요하다. 의료진, 상담사, 사회복지사 등 의료적이고 심리적인 전문적 접근을 통해 유가족을 돕는 일이다.

2) 자살유가족을 돕기 위한 매뉴얼

『자살유가족매뉴얼』에서 저자는 자살유가족을 돕는 이를 위한 치료적 지침에서 다음 네 가지 요소를 제시했다.[328] 첫째, 아무런 이유를 붙이지 말고 지지(支持)해 주어야 한다. 자살로 사망한 가족에 대한 사랑과 기억을 간직할 수 있도록 해 주어야 한다. 그리고 자살에 이르기 까지 겪었을 자살자의 아픔과 고통을 충분히 이해할 수 있도록 해주어야 한다. 자살유가족의 이야기를 들어주고, 울 수 있도록 해주며, 죽은 사람에 대해 자유롭게 이야기할 수 있도록 기회를 주어야 한다. 작지만 친절한 행동으로 필요한 만큼의 시간동안 지지를 제공하는 것이다. 둘째, 어떠한 도움을 청하더라도 도와 줄 수 있는 의지(依支)의 대상이 되어야 한다. 의지는 자살유가족이 언제든지 도움을 요청하면 들어줄 수 있다는 마음을 갖게 해 주는 것이다. 즉 누군가에게 의지할 수 있다는 점은 유가족에게 큰 힘과 용기를 주는 것이다. 의지의 대상은 가족 간에도, 친구나 동료 간에도, 전문가에게도 해당된다. 셋째, 도움을 주는 사람과 도움을 받는 사람 모두 애도에 대한 충분한 지식(知識)을 갖추어야 한다. 비록 슬픔에 처한 사람이 당장은 경황이 없을지라도 그 슬픔을 겪으면서 알고 배워나가는 교육의 과정은 치유의 핵심이 될 수 있다. 또한 자살의 복잡성에 대해 아는 것도 자살유가족을 괴롭히는 많은 질문들에 대해 해답을 제공한다. 가장 흔한 질문 중에 하나가 "왜?"이다. 이 질문이 해소되지 않는 한 앞으로 나아갈 수 없다. 자살에 대해 전문가들과 대화

---

[328] 『자살유가족매뉴얼』 p43-p48. 원문의 내용을 필자의 방식으로 정리하였다. 특히 자살 유가족들은 다른 사람이나 신(神)에 대한 분노, 자기 자신을 향한 분노, 죽은 사람에 대한 분노 등을 느끼기도 한다. 분노를 느끼고 표현하는 것은 정상적인 애도의 과정으로 이해해야 한다. 분노의 감정을 표현하는 것은 분노에 직면하는 것이며, 필요한 과정이다. 또한 자살에 대한 표현에 있어서 '자살성공'이나 '자살실패' 등의 표현은 적절하지 않다.

를 나눔으로 자살한 가족을 이해하고, 그 고통을 조금이라고 공감할 수 있다. 넷째, 충분한 시간(時間)이 필요하다. 시간이 슬픔을 완벽하게 치유할 수는 없으나 지지와 의지 그리고 지식을 통해 유가족이 잘 견디고 있다고 깨닫기까지 시간이 필요하다. 그 시간동안 상실과 복구가 반복되고, 혼란과 재정의(의미부여)가 뒤섞인다 해도 충분한 시간을 주어야 한다. 필요한 만큼 오랫동안 슬픔을 느끼고 자신의 감정을 정리할 수 있도록 도와주는 시간이 필요하다.

자살유가족을 돕는 전문가(정신과 의사와 상담사, 싸나톨로지스트)들은 유가족들이 자신의 가치를 유지하고, 의미를 탐색할 수 있도록 도와야 한다. 수용적인 분위기에서 상담을 진행하며, 죽은 이가 없는 미래의 삶을 계획할 수 있도록 격려해야 한다. 특히 유가족들이 자살생각을 하는지 지속적으로 관찰해야 한다. 내담자의 가족과 지지그룹 그리고 같은 경험을 겪은 이들과의 자조(自助)모임을 통해 자살을 이해하고, 상실을 위로하고, 죄책감에서 벗어나 사회적 고립이 아닌 사회적 연대 안에서 다시 살아갈 수 있도록 도와야 한다.

4. 어느 노인의 자살 이야기

1) 인적사항 : 강OO, 76세(남), 종교/기독교

2) 건강상태 : 우울증약 복용 중, 경미한 심혈관 질환, 내체석으로 건강한 편. 심장이 크게 뛰고 약간의 통증이 있음을 호소함. 밤에 거의 잠을 자지 못한다고 말함.

3) 가족사항 : 결혼을 3번함. 첫 번째 부인과 20년 정도 살다가 이

혼함. (이혼사유는 종교 문제) 아들 2명이 있음. 두 번째 부인과 10년 정도 살다가 이혼함. (이혼사유는 성격차이) 아들과 딸이 2명 있음. 세 번째 부인과는 60대에 만나서 10년 정도 동거함. 세 번째 부인에게는 전남편의 아들과 딸이 있었음. 첫 번째와 두 번째 부인에게서 낳은 4명의 자녀들은 아버지에 대한 원망과 미움이 있음. 큰아들이 기본적인 도리로써 사회복지시설에 입소의뢰. 입소 전 버림받은 상태에서 혼자 여관에 방치되어 있었음.

4) 첫인상 및 행동특성 : 우울한 표정과 자포자기(自暴自棄)한 심정을 보임. 본인이 시설에 입소한다는 것을 흔쾌히 인정하지 않음. 생활에 대한 적극적 태도를 보이지 않음.

5) 심리적·사회적 문제 : 배신에 대한 분노와 억울함이 겹쳐있음. 세 번째 부인으로부터 버림당함에 대한 절망감 보임. 그동안 모았던 재산을 세 번째 부인과 그녀의 자녀들에게 다 빼앗겼다는 분노가 큼. 재산을 다시 찾을 수 있는지 물어봄. 주변에 친구가 없음. 큰아들이 교회를 나갔기 때문에 교회와의 미미한 관계망 있음. 결국 가족과 사회로부터 고립되어 있음.

6) 경제력 : 재산을 다 잃어버렸으나 생활력은 강한 분임. (건축 노동자로 돈을 벌었음)

7) 입소 후 대처 : 라포 형성을 위해 시설 종사자들이 친절한 태도를 보여줌. 심리적 안정을 위해 본인의 이야기를 충분히 들어줌. 억울함이나 분노의 감정을 이해해 줌. 입소절차를 밟아 햇빛이 잘 드는 방을 배치해 줌. 법률적으로 재산을 찾는 일이 쉽지 않다는 점을

설명함. (집 명의 문제와 도박 빚을 갚아 준 문제) 종교 활동에 관심을 갖도록 유도함. (매일 성경을 읽고 기도를 하도록 안내) 시설 내에서 작은 일들이지만 일정의 역할을 부여함.

  8) 입소 이후 평가 : 시간이 지남에 따라 차츰 안정적인 모습을 보임. 분노의 감정은 많이 해소되는 듯함. 매일의 종교 활동에서 본인 스스로 위안을 얻는다고 말함. 시설 내의 타(他)입소자와 원만한 관계를 유지함. 시설의 여성 종사자들과 대화도 잘하고 농담도 건네며 좋은 관계를 유지함. 하지만 마음이 늘 불안하고 죽을 것 같은 두려움을 느낀다고 말함. 삶에 대한 회한 즉 자신이 인생을 잘못 산 것 같다는 후회의 모습을 보임. 월 2회의 정기적인 진료를 통해 심장관련 약과 정신과적 약을 복용하게 함. 결과적으로 안정적 모습을 보임에 대해 시설 직원들이 매우 흡족해 함.

  9) 자살실행 : 어느 날 전혀 예기치 못한 상황 (예상적 징후를 발견하지 못한)에서 산에 올라가 나무에 줄을 걸고 스스로 목숨을 끊음. 유서를 남김. 유서에는 자식들에게 미안하다는 말만 있음.

  10) 분석 : 자살연구 스터디(고려대학교 죽음교육연구센터)에서 이 사례를 토의한 후 다음과 같은 의견들이 제시됨. ① 노인이 겪게 되는 상실 중 '배우자와의 이별' 뿐만 아니라, '자녀와의 관계 단절'도 중요한 요인이라고 본다. ② 대상자가 '예상적 징후'를 보여주지 않은 상황에서, 급성적 자살을 선택한 원인은 만성적인 심장관련 질병에 대한 두려움과 밤에 불안감을 지속적으로 느끼는 고통이었다고 본다. ③ 시설 내에서 적응하면서 이러한 문제를 극복하기 위

해 노력했으나, '자아통합감'을 형성하지 못하고, 또한 절망감을 극복하지 못한 점이 있다고 본다. 그것은 실패한 자신의 삶에 대한 자책감이 원인일 수 있다. ④ 깊은 우울의 단계에서는 자살을 시행하기 어려울 수 있는 무기력이 있었다면, 오히려 우울에서 벗어나면서 자살 시도를 실행했을 수 있다고 본다.[329] 그러므로 자살을 생각하는 노인의 상담에서 우울을 벗어나는 모든 과정을 주의 깊게 살펴볼 필요가 있다.

11) 죽음학에서의 단상(斷想) : 이 세상에 태어나 약 80여년을 산 그는 인생의 마지막 순간에 어디로 돌아가고 싶었을까? 그가 겪은 절망과 고통은 자신의 삶을 송두리째 무너트린 사건이었을 것이다. 버려졌다는 절망감, 잘못 살아왔다는 죄책감, 재산을 비롯해 자신이 쌓아 온 모든 것을 빼앗겼다는 분노의 감정은 자신이 자신을 죽임으로 끝내고 싶었을 것이다. 하지만 그 모든 것은 원래 없었던 것이다. 본래적 자신으로 돌아가고 싶었으나, 돌아갈 수 없다는 절망감이 그를 괴롭혔다. 자신의 모든 것을 상실했다고 규정했던 그것은, 그저 실체가 아닌 이미지이었을 뿐이다. 그는 실체가 아니었던 사물표상을 자신의 언어표상으로 바꾸지 못했다. 왜곡된 이미지의 은유를 새로운 환유로 대체하지 못했다. 외형과 외피로 형성된 것들이 모두 아무것도 아님(歪像)을 그는 몰랐을까? 진정한 자기 자신을 대면하고자 하는 열망과 욕구는 왜 의미화 되지 못했을까? 다시 돌아옴 즉

---

[329] 『자살과 목회상담』 p28. 우울증은 자살 유발과 깊은 관련이 있으며, 특히 우울에서 회복되는 기간에 자살 유발 위험성이 가장 높다고 말한다. 강OO님의 사례에서 일상생활이 안정되고 우울감이 감소했던 시기에 발생한 급성적 자살 사례라고 볼 수 있다.

재귀(再歸)적 삶을 선택할 수 없었을까? 그의 시선은 마지막까지 밖을 향해 있었던 것 같다. 내면으로 향한 시선을 알아차릴 수 있었다면, 그는 지금도 살아서 하루의 일상을 살고 있었을 것이다. 나무에 걸려있던 그의 몸을 바닥에 누이고, 그의 슬픈 얼굴을 조용히 바라보았다.

제11강

죽음에 대한 사회적 이해

죽음학 수업

제11강 죽음에 대한 사회적 이해

1. 21세기는 외로움(Loneliness)의 시대이다.

인류 역사상 인간의 존재론적 외로움이 없었던 적은 없었을 것이다. 그러나 원시 사회와 고대 사회는 지금보다 훨씬 더 공동체적인 사회였다. 가족과 부족을 중심으로 집단적인 삶을 살았다. 동서양 모두 중세 사회에서 살았던 사람들은 '종교와 윤리'의 이데올로기로 인해 억압의 시대를 살았지만, 그래도 기본적인 공동체성은 덜 해체되었다. 하지만 현대 사회는 과거에 비해 훨씬 더 많이 단절되고 파편화된 삶을 살고 있다. 오늘날 외로움은 전 세계적인 인간 실존의 문제이다.[330] 특히 한국 사회는 가장 외로운 나라로 평가받고 있기도 하다. 지난 10여 년간 10대와 청년층을 중심으로 외로움의 현상이 급속도로 확대되었다. 기성세대는 그나마 가족 중심과 사회 중심의 삶을 경험하거나 추구하였다. 그에 비해 지금의 청년 세대는 극심한 외로움과 고립감을 호소하는 경향이 더 많아지고 있다.

외로움은 무엇인가? 외로움의 느낌은 홀로 있다고 느낄 때 경험하는 주관적인 정서이다. 또한 사회적 고립(social isolation)은 타인과의 접촉에 대한 자발적 또는 비자발적 결여(缺如)를 의미하는

---

330 미국 갤럽(Gallup)과 메타(Meta)의 조사에 의하면 전 세계 인구의 4분의 1 또는 10억 명 이상이 외로움으로 인해 고통을 겪고 있다고 말한다. 미국 요양원에 사는 사람 중 60%가 방문객이 한 명도 없으며, 독일, 네덜란드, 스웨덴, 스위스 등 북유럽의 복지 선진국들도 인구의 1/4에서 2/3 정도가 외로움을 느끼고 있으며, 심각한 외로움에 직면했다는 조사 보고서가 있다.(고립의 시대)

신체적 상태를 말한다. 그것은 내면적인 상태인 동시에 개인적, 사회적, 경제적, 정치적인 실존의 상태를 정의하기도 한다. 즉 외로움의 정서는 '연결의 단절'을 알리는 증상이다. 이렇듯 외로움을 느끼는 사람은 인간 본연의 감정을 경험하는 것이다. 나를 도와줄 누군가가 아무도 없다고 느끼는 극단의 두려움을 내포하고 있는 감정이라고 볼 수 있다. 극단적인 외로움을 경험하는 사람들은 자기 자신을 상실하고, 타자를 상실하고, 세계를 상실하는 '자기중심적 비통함(self-centered-bitterness)'의 감정을 가지고 있다. 즉 깊은 '상실의 경험'이다. 그러므로 외로움은 죽음과 상실에 대한 실존적 고뇌와 고통에 연결되어 있다. 죽음학의 대(大)전제인 인간의 한계상황으로부터 출발한다고 볼 수 있다.

또한 외로움 즉 고독은 물리적이며, 사회적인 고립을 통해, 자신의 존재가 인정받지 못하고 있으며, 사람들의 지지와 관심에서 소외되어 있다고 느끼는 감정이다. 이러한 감정은 사회적으로 많은 증상들을 만들어 낸다. 은둔형 외톨이, 고립사, 무연사, 자살과 자해, 묻지마 폭력 등 사회적 사건들로 나타나기도 한다. 이러한 세계적 문제에 대해 영국은 2018년 '외로움부'(Minister for Loneliness)를 만들었으며, 일본은 2021년 '고독·고립 담당장관'을 신설하였고, 한국도 2021년 '고독사 예방 및 관리에 관한 법률'을 제정[331]하였다.

---

331 2024년 7월 1일, 보건복지부는 39개 시군구가 시행하던 '고독사 예방관리 시범 사업'을 전국으로 확대하였다. 전국 229개 모든 시군구에서 시행하기로 한 것이다. 그 내용은 고독사 위험자 조기 발견, 안부 확인, 생활개선 지원, 공동체 공간 및 사회적 관계망 형성 프로그램 운영, 사후관리(유품 정리, 특수청소) 등의 영역이다. 특히 '고독사 위험자 판단 도구 권고안'을 마련해 식사·음주·타인과 소통 빈도, 어려울 때 도와줄 사람 유무, 일정한 소득 유무,

『고립의 시대』 저자인 노리나 허츠(Noreena Hertz)에 의하면 외로움과 고립감은 더 이상 개인의 문제로 끝나지 않고, 이 사회를 소외와 배제, 양극화와 정치적 극단주의로 내몬다고 주장한다. 인간은 혼자 있을 때 경계심이 높아지고, 생리적으로나 심리적으로 불쾌감을 느끼며, 이웃과 연결되어 있지 못하다고 느끼는 감정은 공격적인 성향으로 나타나기도 한다는 것이다. 또한 외로움은 혼자 있을 때만 찾아오는 것이 아니다. 도시의 군중 속에서도, 나이가 젊을수록, 더 많이 온라인에 연결될수록, 그 위력이 더 강해지기도 한다. 더 나아가 사회적으로 강요된 고립은 인간으로 하여금 '진화의 동인(動因)'인 '소통 본능'을 잃게 한 채, 소외감과 무력감으로 살아가도록 몰아간다. 21세기의 외로움은 소셜 미디어를 통해 연결되면 연결될수록 더 고립되는 특징을 가지고 있다.[332] 그러므로 우리는 일상 속에서 언어의 소통과 감정의 교환을 통해 '함께하고 있음', '고립되지 않았음'을 느끼고 경험해야 하는 것이다. 인간은 어딘가에 소속된 공동체적 존재로 살아가고 싶은 욕망을 가지고 있기 때문이다.[333] 그러므

임대료·공과금 체납, 신체적·정신적 건강관리, 청결 유지, 외로움, 자살 생각 등의 문항을 제공하였다.

332 『고립의 시대』 노리나 허츠, 홍정인 역, 웅진지식하우스, 2021년, p15-p33. 저자는 고립과 외로움의 문제를 개인의 문제로만 보지 않고, 사회적이고 정치적인 문제로 연결시켜 논리를 전개한다. "나(저자)는 외로움을 내면적 상태인 동시에(개인적, 사회적, 경제적 그리고 정치적인) 실존적 상태로 정의한다." 결국 인간은 사회적인 존재로 살아갈 수밖에 없는 진화론적 특성을 지니고 있음을 강조하며, 팬데믹과 디지털, AI, 초연결성의 4차 산업혁명으로 대변되는 현대 사회 속에서 인간의 외로움의 문제를 진단하고 그 해법을 제시하고 있다. 포용, 돌봄, 공동체, 공유, 인간적, 온정 등의 단어들이 필요한 시대가 되었다.

333 심리학자 A.H. 매슬로우의 '인간의 욕구 단계'에 의하면 생리적 욕구과 안전의 욕구를 충족하면 인간은 '사랑과 소속의 욕구'를 갖는다고 말한다. 이러

로 손을 잡아주는 작은 신체적 접촉, 친절한 말투, 나를 생각해 주고 있다는 온정(溫情)의 마음 그리고 우리는 '서로가 서로'를 돕고, 보살핌을 주고받고 있다는 정서적 공감[334]의 경험이 더 절실히 필요한 시대가 된 것이다.

2. 죽음은 개인적 사건인가? 사회적 사건인가?

'죽는다'는 것은 인류 보편적 사건이다. 이 보편성은 개인에게 일어나는 사건인 동시에, 관계망을 통해 영향을 주고받는 사회적 사건이기도 하다. '죽음'의 문제는 철저하게 개인의 영역 즉 1인칭의 죽음(나의 죽음)이지만, 그 죽음은 타자에게 영향(2인칭, 3인칭)을 주는 사건이기도 하다. 그러므로 죽음은 보편성과 개인성과 사회성을 동시에 가지고 있다고 볼 수 있다. 즉 죽음은 개인성을 넘어 그 사회와 연결되어 있다. 그러므로 죽음의 사건을 대하는 그 사회와 사람들의 태도를 보면 그 사회를 짐작해 볼 수 있다.

죽음과 상실의 사건들은 사람들의 삶에 영향을 준다. 그리고 그 사건들로 인해 나타나는 사회적인 증상을 제대로 해결하지 못하면 그 사회는 병든 사회가 된다. 이 말은 사회적 죽음에 대해 금기의 방

한 욕구는 카페에서 바리스타와 나누는 대화, 기차에서 옆에 앉은 사람과 주고받는 인사, 체육시설과 공원에서 스쳐 지나가는 사람들과의 짧은 만남에서 조차도 경험할 수 있다. 즉 노리나 헌츠는 이러한 '미세 상호작용(micro-interactions)'만으로도 우리는 더 높은 수준의 행복감과 연결감을 느끼게 된다고 말한다.

334 『행복은 뇌 안에』 장동선 외, 글항아리, 2023년, p73. 사람들은 제대로 된 공감을 경험했을 때, 내면의 불안과 증오가 사라지고, 자기 자신을 사랑하게 되었다고 말한다.

식으로 대처하는 것이 아니라, 사회적 이해와 애도를 통해 대처할 때 건강한 사회로 발전해 나갈 수 있다는 의미이다. 금기는 중독을 만들어 내고, 애도할 권리가 박탈된다. 박탈된 비탄과 슬픔은 정신·병리적 문제를 만들어 낸다.

3. 사회적 죽음이란?

'사회적 죽음'이라는 말은 우리가 살아가고 있는 사회 즉 공동체 속에서 일어나는 죽음의 사건들을 말한다. 만약 어느 한 개인이 평생을 건강하게 살다가, 소위 천수(天壽)를 다 누리고, 죽음에 이르렀다면 그것을 '사회적 죽음'이라고 말하지 않는다. 물론 그 죽음도 사회와 연결되어 있으나, 사회적 죽음으로 분류하지 않는다. 사회적 죽음은 개인의 문제를 넘어서 사회 즉 이웃과 타자에게 영향을 미치는 사건으로서의 죽음이다.[335] 특히 삶과 죽음이 단일한 패턴으로 정형화되었던, 원시사회와 전통사회에서는 대부분의 죽음이 그 공동체 내에서 이해되고, 수용되고, 의례화 되었다. 하지만 복잡한 현대 사회에서는 죽음이 다양한 형태의 사건으로 발생되고, 사회적으로 알려지며, 많은 사람들에게 영향을 주게 되었다. 물론 고대사회

---

335 『현대 사회학』 앤서니 기든스, 김미숙 외 역, 을유문화사, 1992년, p32, p43. 인간의 삶은 개인적인 사건이며, 동시에 사회적인 사건이다. 인간에게 자연적으로 주어진 본성이나 감정이라고 보여 지는 것들이 실제로는 사회적 요소들에 의해 크게 영향을 받고 있기 때문이다. 사회학에서 인간을 연구한다는 것은 물리적 세계에서 일어나는 사건들을 관찰하는 것과 다르며, 인간의 삶과 행위가 어떻게 의미 있는(meaningful) 행위로 연결되는가를 관찰하는 것이다. 왜냐하면 인간은 자각적인 존재이며, 자신의 행위에 대해 의미와 목적을 부여하는 존재이기 때문이다. 그러므로 사회학에서 말하는 자각과 의미의 관점으로 볼 때, 죽음은 개인적 사건을 넘어 사회적 사건으로 관계되어 있다고 본다.

와 전통사회에서도, 자연재해나 전쟁 등과 같은 사건으로 인해 집단적이고 사회적인 죽음의 사건들이 일어났다. 그러나 그러한 사건들에 대한 이해와 해석은 보다 더 운명론적 관점에 있었다고 볼 수 있다.[336] 운명론적 해석은 이해의 패턴이 단일하다. 대부분 그냥 신의 뜻으로, 아니면 자신의 팔자와 운명의 관점으로 이해하고 받아들인다. 그렇다고 해서 그 사회에서 외상적 충격이나, 상실의 고통이 발생하지 않았다고 말하는 것은 아니다. 오늘날의 현대 사회에 비해 덜 복잡하고, 덜 충격적이라는 의미이다. 하지만 현대 사회와 같이 다변화된 사회에서는 죽음의 담론(談論)들이 더 복잡해지고, 더 충격적인 관점으로 회자(膾炙)된다. 특히 미디어의 발전은 죽음에 대한 사회적 이해를 더 확대해 왔다고 볼 수 있다. 지금 우리는 수천, 수만 킬로미터 떨어진 지구의 반대편에서 일어나는 죽음의 사건을 실시간으로 접하고 있으며, 그 충격적인 장면들을 우리의 시각 속에 고스란히 각인(刻印)시키고 있다.

　그러면 우리 사회는 왜 이러한 사회적 죽음이 더 많이 발생하는 사회가 되었을까? 그것은 우리 사회가 상실과 외로움이 만연된 사회로 변화되고 있기 때문이다. 인간의 삶에 있어서 상실과 외로움은 상존(常存)하는 전제(前提)이다. 하지만 상실과 외로움이 금기화·파편화·개인화됨으로써, 그 사회가 건강한 방식과 공동체적 방식으

---

336 『죽음의 역사』 필립 아리에스, 이종민역, 동문선, 2016년, p30-p56. 이러한 죽음 이해를 아리에스는 '길들여진 죽음'이라고 말한다. 즉 일상 속에서 경험하는 죽음이다. 인간의 삶과 죽음을 자연으로부터 분리하지 않고, 자연의 질서 속으로 수용하는 태도이다. 이것은 죽음과의 친밀성을 의미한다. 죽음에 대한 태도에 대해 종(種)의 집단적 운명으로써 익숙한 체념을 보여주는 것으로 이해했다는 것이다.

로 그것을 해소하지 못하고 있는 것이다. 즉 권리박탈적 사회, 위험사회, 과잉사회[337]로 나아간다는 것이다. 특히 한국 사회는 혼자 사는 사회, 중독된 사회, 고립된 사회가 되고 있다. 우울증, 왕따, 단절, 고립, 빈곤, 중독 등과 같은 단어들은 줄어들 기미를 보이지 않고 있다. 즉 위기사회이다. 사람들은 점점 더 극한의 상황에 내몰리고 있으며, 언제 터질지 모르는 폭탄을 안고 사는 것과 같은 불안한 사회에 살고 있다.[338] 이러한 사회에서는 사회적 죽음이 더 많이 발생하게 된다. 그러므로 사회적 죽음이 발생하지 않도록 국가와 사회는 노력해야 하며, 그럼에도 불구하고 그러한 죽음이 발생했을 경우 사회적 애도를 통해 해결해 나가야 한다.

4. 외로운 죽음을 예방하자! 고립사와 무연고사

"모든 죽음은 고독하다!" 하지만 죽음을 맞이할 때 우리는 따뜻한

---

[337] 『피로사회』 한병철, 김태환 역, 문학과지성사, 2012년, p17-p36. 현대 사회가 갖는 특징 중에 하나가 '과잉'이다. 과잉이 주는 긍정성의 폭력이다. 같은 것의 과다, 과잉 생산, 사회적 비만, 정보의 과잉 등은 인간을 소진시키고 질식시키며 피로사회로 만든다. 긍정성의 과잉은 면역 저항이 아니라, 소화 신경적 해소 내지 거부 반응으로 나타난다. 긍정성의 과잉은 성과 사회에서 사람들을 성과 주체로 만든다. 성과를 향한 압박은 탈진과 우울을 만든다. 푸코의 규율사회는 사람들을 복종 주체로 만들어 광인(狂人)과 범죄자를 만들었지만, 성과 사회는 우울증 환자와 낙오자를 만든다.

[338] 2023년 발생한 신림역 살인사건과 분당 서현역 살인사건은 한국도 이제 선진국 등에서 발생하는 무차별적이고, 증오(憎惡)적이며, 정신·병리적 사회로 진입하고 있음을 보여주는 상징적인 사건이 되었다. 이러한 사건은 사회에 영향을 주었다. 지하철 내에서 단순 오인 신고나 개인의 돌출적 행동이 발생했을 때 사람들이 대피하는 과정에서 집단적인 부상이 있었다. 즉 사람들에게 집단적인 공포를 예감하게 하고, 불안하게 하여 실제로 발생의 원인이 없음에도 불구하고 집단적인 부상으로 연결된 외상적 사건이다. 그러므로 사람들은 국가와 사회 시스템을 신뢰하지 않고, 각자도생의 사회에서 살아야 한다는 인식을 강화하였다.

시선과 손길 속에서 맞이할 수 있어야 한다. 우리나라보다 초고령 사회를 먼저 경험한 일본은 이미 20여 년 전부터 고독사의 문제가 중요한 사회적인 주제로 등장하였다. 고독사에 대한 용어는 다양하게 사용된다. '고독사(孤獨死)'는 말 그대로 홀로 외로이 살다가 아무도 모르는 상태에서 죽음을 맞이하는 것을 말한다. (일본에서는 '절연사(絶緣死)'라는 용어로 사용) 이 용어는 죽음을 맞이한 사람이 살아온 삶의 내용과 태도에 원인을 두는 의미로 사용된다. 즉 그 사람이 고독하게 외로이 살면서, 마치 혼자 스스로 자신의 삶을 외롭게 만들어 나간다는 자기 책임성의 의미로 해석될 수도 있다. 그러므로 용어를 '고립사'로 바꾸어 보자. '고립사(孤立死)'는 죽음을 맞이한 사람이 맺어 온 사회적 관계에 초점을 둔다고 볼 수 있다. 고립의 원인[339]을 사회적 관계에서 찾는 방식이다. 즉 개인의 문제를 넘어 사회적인 문제로 시각을 넓힌다고 볼 수 있다. 그것은 사회적이고 국가적인 책임성의 문제로 연결 된다.[340] 고립사는 가족, 친척 등 주변

---

339 서울시 고립·은둔 청년 실태 조사(중복 응답)에 따르면, 고립과 은둔 생활을 하게 된 계기로 45.5%가 실직과 취업의 어려움을 꼽았고, 40.9%가 심리적·정신적 어려움, 40.3%가 인간관계를 맺는 것에 대한 어려움을 꼽았다. 또한 정보의 고립, 공간의 고립, 돌봄 부담의 어려움, 사회적 고립, 사회 부적응, 만성 질환, 알콜 의존, 정신적 문제 등 다양한 원인이 있다. 즉 고립은 단지 개인의 책임성 문제에만 국한되지 않는다. 서울시는 2023년 사회적 고립지원센터를 만들었다.

340 「고독사 위험군 유형화 및 영향 요인에 관한 탐색적 연구」정순둘 외, 『한국사회복지학』제75권, 제3호, 2023년, p397-p420. 고독사는 가족구조의 변화, 1인 가구의 증가, 지역 공동체의 해체, 사회적 고립의 심화 등이 원인이다. 최근의 연구 자료에 의하면, 상시근로자 아닌 경우, 배우자나 연인이 없는 경우, 질병에 시달릴 경우, 40대와 50대일 경우 고독사의 위험성이 증가할 것으로 보았다. 결국 고독사의 문제는 단지 연령의 문제만은 아니다. 그러므로 모든 국민은 고립된 상황에 처해 있을 때, 국가에 도움을 요청할 수 있는 권리가 있으며, 국가는 그러한 국민을 지원하고 돌볼 의무가 있음을 법에서 명시하고 있다. 보건복지부의 자료에서도 고독사의 위험층으로 남성은

사람들과 단절된 채 사회적 고립 상태로 생활하던 사람이 자살, 병사 등으로 임종을 맞고, 시신이 일정한 시간이 흐른 뒤에 발견되는 죽음을 말한다. (고독사 예방 및 관리에 관한 법률) 또한 무연고사는 이미 사망한 후 발견되는 상태에서 연고자가 없는 시신, 연고자를 알 수 없는 시신, 연고자가 있으나 시신 인수를 거부·기피하는 시신을 말한다. (보건복지부의 무연고 시신에 대한 장사매뉴얼) 즉 사망이후 장례를 진행하는 과정에서 '장례의 주관자가 없음'으로 지방자치단체가 개입하는 죽음을 말한다.[341]

현재 법률에 의하면, 고독사에 대한 예방을 위해 국가와 지방자치단체는 예방 활동을 하고 있으며, 무연고 사망자에 대한 장례의 처리는 경찰과 지자체의 공조를 통해 '공영 장례'의 형식으로 진행하고 있다. 즉 행정망을 통해 연고자를 확인하고, 시신의 인도 여부를 물은 후 무연고자일 경우 공고 등을 통해 무연고자 확정을 한다. 무연고자로 확정이 되면 지자체는 장례를 대행해 줄 단체와 연계하

55세-69세, 여성은 80세 이상에서 가장 높게 나타났다.

[341] 『각자도사 사회』 송병기, 어크로스, 2023년, p161-p173. 이 책에서 저자는 고독사와 무연고사의 밀접한 관계를 말하고 있다. 두 개념은 각각의 법에 의해 정의되고 있는데, '무연고사'는 '장사(葬事) 등에 관한 법률'에 의거 '장례 시점'에 연고자가 없음을 기준으로 정의하고 있으며, '고독사'는 '고독사 예방 및 관리에 관한 법률'에 의거 '사망 시점'에 홀로 사망한 상태를 기준으로 정의하고 있다. 저자는 무연고사에 대한 국가의 행정과 의료에 있어서, 시신의 처리에만 국한된 태도를 벗어 나야 한다고 주장하고 있다. 또한 변화된 사회에 맞추어 연고자의 범위를 확대하고, 연고와 무연고의 분류를 재고하고, 더 나아가 '사회적 친족'의 개념으로 발전해야 한다고 말한다.

여 빈소 없이 '직장(直葬)'[342]의 방식으로 장례를 진행한다.[343] 고독사와 무연고 사망의 사례는 해마다 증가하고 있다. 2023년 보건복지부의 무연고 사망자 통계는 5,324명이다. (고독사 통계는 2021년 3,378명이다) 무연고 사망은 고독사 중 대표적인 사망이므로 실제로 고독사 즉 사망 후 일정 기간이 지난 후 발견된 모든 죽음의 통계는 이보다 훨씬 많을 것이라고 본다.[344] 현재 정부 부처와 지자체는 고독사 통계를 정확히 내기 위해 정책을 수립해 나가고 있다. 무연고 사망자 중 70대가 41.7%이며, 남성이 75.7%이다. 서울시의 경우 2018년 공영장례에 대한 조례 제정과 그 후 개정을 통해, 단순한 시신의 처리를 넘어 사망자의 종교 존중 등 존엄한 삶의 마무리가 되도록 장례 지원을 제도화해 왔다. 2022년 서울시 무연고 사망자는 총 1,102명이었으며, 민간과의 협력을 통해 '서울시 공영장례 상

---

[342] 직장(直葬)은 장례식 없이 시신을 화장 또는 매장하는 방식을 말한다. 즉 장례식을 주관하거나 또는 장례식에 참여할 조문객들이 없는 경우 바로 진행하는 장례이다. 1990년대 일본에서 연고자가 없는 사망이 증가하면서 생겨난 용어(조쿠소, 直葬)로 그 이후 폭 넓게 쓰이게 되었다.

[343] 대한민국 최초의 유품정리사 김석중 '키퍼스코리아' 대표는 유품 정리에 대해 물건을 치우는 개념이 아니라, 고인의 삶을 존중해 주고 마무리하는 개념으로 발전해야 한다고 말한다. 즉 좋은 물건들은 잘 사용하도록 하고 또 기부할 수 있도록 하며, 디지털 아카이브를 만들어 삶의 내용을 남기는 노력을 하고 있다. 그가 이 일을 하게 된 계기는 '천국으로의 이사를 도와 드립니다'라는 캐치프레이즈를 표방한 일본의 유품전문회사 '키퍼스'의 요시다 다이치(吉田太一)를 만나면서부터 시작되었다고 말한다. (동아일보, 부산, 2023.6.4.)

[344] 병원에서 사망한 무연고자의 경우 해당 지자체를 통해 연고자를 확인하고 연고자가 없는 경우 무연고자로 확정한다. 만약 연고자가 있는 경우, 공고와 우편물 등을 통해 연락을 하고 시신 인수를 거부하거나, 응답이 없으면 무연고자로 확정한 후 장례를 진행한다. 병원이 아닌 장소에서의 사망인 경우 경찰에 연락하여 연고자 확인 및 범죄 혐의 등을 수사한 후 무연고자로 확정한다. 국가는 무연고자실태조사 및 예방대책을 수립할 의무를 가지고 있다.

담지원센터'를 운영하고 있다. 이제는 죽음과 장례의 문제를 개인이나 가족에게만 맡길 수 없는 시대[345]가 도래되었다고 볼 수 있다. 1인 가구의 증가[346], 경제적 빈곤, 사회적 관계의 단절 등의 사회변화로 인해, 향후 고독사와 무연고사가 증가할 것으로 예상된다. 또한 고독사를 경험한 가족들은 PTSD를 겪고, 권리 박탈적 비탄이 발생하게 될 가능성이 높다. 그러므로 국가와 지자체는 민간과 협력하여 고립사를 예방하고, 무연고 사망자를 위한 공영 장례[347]의 정책을 확대해 나가야 한다.

5. 마지막 한계상황에서의 돌봄과 간병 살인

전통사회에서 노인에 대한 돌봄의 영역은 가족 중심으로 이루어졌다. 가족 중심의 돌봄이 가능했던 이유는 대가족 형태의 농경사회에서 노인 부양을 장자(長子)와 큰며느리에게 위탁할 수 있는 구조였

---

345 이러한 논의는 국가인권위원회의 권고와 용혜인, 장혜영 의원의 발의를 통해 제기된 '생활동반자법'과 관련이 있다고 볼 수 있다. 물론 이 법안이 혼인이나 가정을 중심으로 그 개념을 확대하자는 법률안이지만, 고독사와 무연고사가 증가하고 있는 이 시대에 친족과 혈연 중심인 관계를 사회적인 관계망으로 확대하여 1인 가구의 구성원들이 마지막 돌봄과 임종 그리고 장례에 이르기까지 '무연고'라는 사회적인 낙인을 제거하는 방향으로 발전할 수 있다고 볼 수 있다. 하지만 국회 내 보수적인 의원들과 기독교계의 반발로 인해 아직 '생활동반자법'조차 제정되지 못하고 있다.

346 통계청의 <장래인구추계>에 의하면 2025년 이후 1인 가구가 37%를 넘어설 것으로 예상하고 있다. 보건복지부의 제1차 고독사 예방 기본계획(2023-2027년)에 의하면 2021년 기준 전체 가구 중 1인 가구는 33.4%이며, 이 중 고독사 위험군을 154만명으로 추산하고 있다. (뉴스1코리아, 2023.5.18.)

347 '장사 등에 관한 법률 제12조 무연고 시신 등의 처리'는 무연고 사망자에 대한 공영 장례의 법적인 근거이다. '장례 의식' 없이 시신이 '처리'되지 않도록 공공(公共)이 검소한 장례의식을 직접 제공하여, 고인이 인간의 존엄성을 유지하고 고인을 애도할 수 있도록 시간과 공간을 지원하는 제도이다.

기 때문이다. 이러한 사회적 구조는 며느리에서 며느리로 이어지는 여성의 희생과 수고가 있었기 때문에 가능했다. 노인을 돌보고 부양한다는 것은 경제적인 비용이 필요하기도 하지만, 부양과 돌봄에 대한 노동력의 필요성이 동시에 발생한다. 특히 신체적·정신적 의존도가 높아지는 단계에서의 돌봄 노동은 여성의 일반적인 가사 노동의 강도를 능가한다.[348] 현재 한국 사회는 산업사회, 도시 생활, 핵가족 중심, 맞벌이 가정의 형태로 변화되었고, 그로 인해 노인 부양의 부담을 가족들에게 요구하기 어려운 상황이 되었다. 독립적이고 자립적인 생활이 가능했던 노인이 신체적·인지적 문제로 인해 일상생활을 혼자서 수행하기 어려운 단계가 되면, 돌봄과 부양에 필요한 인력과 노동력을 제공해야 한다. 물론 가족들이 노인을 돌보는 정서적인 의미는 매우 중요하다.[349] 이미 형성된 친밀감과 신뢰감이 있고, 대상자의 사생활을 존중하고, 대상자의 욕구를 충족시켜 줄 수 있는

---

[348] 「요양보호사의 감정노동이 이직 의도에 미치는 영향」임채영 외, 사회과학연구 제28권 3호, 2017년, p229-p241. 요양보호사들이 치매 노인을 돌보는 경우 신체적인 질환에 대한 호소와 더불어 감정노동(emotion labor)에서 발생하는 정신건강의 문제를 호소하기도 한다. 특히 치매 노인이 보여주는 문제행동(폭언, 폭력, 성적 행동 등)은 가족이나 돌봄 노동자에게 육체적·정서적 탈진 및 우울, 스트레스, 소진 등을 발생시킨다. 감정노동이 높아질수록 소진도 높아진다. 이러한 소진은 이직 의도에 영향을 준다. 그러므로 감정노동에서 발생하는 스트레스를 줄이고, 정신건강을 유지할 수 있는 지원과 대책이 필요하다. 또한(한국일보 2022.7.1. 보도자료) 2022년 3월 공공운수노조 서울시사회서비스원지부가 소속 요양보호사 152명을 대상으로 실시한 온라인 설문조사에서 84.2%가 요양보호사 일을 시작하고 근골격계 질환이 발생했다고 대답했다. 통증 호소 부위는 손목·어깨가 67.8%, 허리가 37.5%로 나타났다.

[349] 『죽음의 인문학』「죽음으로 가는 시간」최성민, 모시는사람들, 2022년, p71. 저자는 이 글에서 박완서의 소설을 통해 간병의 서사들과 간병이라는 문제에 대한 사회적인 접근을 시도한다. 그러므로 간병을 제공하는 사람들 즉 가족들과 전문 간병인에 대한 관심이 필요함을 주장한다.

장점이 있다. 하지만 이러한 가족 돌봄은 대부분 보상이 없다. 결국 독립적 노년기를 지나 의존기에 접어들면, 가족들은 노인을 돌보는 문제에 봉착하게 된다. 경제적으로 부유한 사람들은 고비용을 지불하고 자신의 집에서 또는 전문화된 시설에서 돌봄의 문제를 해결한다. 하지만 가족 중에 누군가가 돌봄을 전담하게 되거나, 비용을 지불하기 어려운 사람들은 소위 '독박 돌봄'을 선택하게 된다.[350] 이러한 노동은 돌봄 제공자에게 신체적, 정신적 부담을 가중시킨다. 그들은 육체적인 피로, 만성적인 수면 부족, 정신적인 스트레스에 직면하게 된다. 독박 돌봄 제공자는 자신의 일상이 파괴되고, 우울증을 겪게 된다.

인간은 한계를 가진 존재이다. 영화에서처럼 수퍼맨은 존재하지 않는다. 고통과 힘듦의 한계치에 도달하면 자기 파괴적 상태에 접어들게 된다. 자기 파괴는 심각한 질병으로 나타난다. 그리고 그 한계를 넘어서게 되면 '간병 살인'이라는 비극적 행동으로 발전하기도 한다. 한국보다 먼저 이러한 사회적 문제를 경험했던 일본에서는 '개호(介護) 살인'이라는 용어로 이미 사회적 담론이 형성되었다. 일본 마이니치 신문의 취재에 따르면 개호 살인의 방아쇠는 '심각한

---

[350] 100kg의 남편을 10년간 홀로 간병한 아내는 폐렴과 류마티스 관절염으로 입원을 하며, 더 이상 자신이 남편을 돌볼 수 없게 되자, 자녀들에게 '미안하다'는 말밖에 할 수 없었다고 인터뷰했다. 또한 자녀들은 입주 간병비 월 450만원을 마련하기 위해 경제적 어려움에 봉착했다고 말한다.(뉴스1코리아, 2023.5.28.) 현재 입주 간병비는 월 400-450만 원정도 비용이 들어가고 있으며, 일반 가정에서 그 비용을 감당하는 것은 매우 어려운 실정이다. 노인장기요양보험에서의 가정방문 돌봄은 1일 3-4시간만 인정해 주고 있으며, 가족 요양의 경우 1일 1시간-1시간 30분만 인정되고 있다. 그것도 공휴일은 대부분 서비스를 제공하고 있지 않다.

불면'이라고 보도하고 있다.[351] 한국 사회에서도 간병 살인의 사건은 꾸준히 일어나고 있다. 서울 신문 탐사팀은 이 주제에 관심을 가지고 2006년부터 10년 동안 발생한 간병 살인 관련 판결문을 분석하고 154명의 가해자와 213명의 피해자들의 삶을 추적했다.[352] '가해'와 '피해'라는 도식적 구분이 의미 없음을 발견할 수 있었다. 가해자로 분류되는 대부분의 사람들은 헌신적이고 희생적인 부모이거나, 효자 효부였던 사람들이었다. 끝을 알 수 없는 간병의 고통은 경제적 어려움의 가중과 한 가족의 몰락으로 귀결되었다. 결국 이러한 사회적 문제를 해결하기 위해서는 '돌봄'에 대한 사회적 개입이 필요하다. 사회적 개입과 사회적 자본이 많을수록 사람들은 건강하게 살 확률이 높아진다.[353] 물론 한국에서도 노인장기요양보험이나 장애인을 지원하는 제도가 있다. 하지만 돌봄의 문제는 더 많은 시간과 노동을 필요로 하게 된다. 가족에게만 그 부담을 지울 수 없다. 돌봄이 필요한 사람과 그 가족들의 삶에 의료와 돌봄 그리고 정서적 안정과 삶의 치유가 종합적으로 이루어져야 한다. 국가와 사회가 제

---

351 『죽음의 인문학』 최성민, p86.

352 『간병 살인, 154인의 고백』 서울신문 취재팀, 2019년, p24-p30. 이 책에서 발표한 사례분석 결과, 간병 살인의 가해자 중 남성이 74.1%였으며, 아들과 남편의 비율이 압도적으로 많았다. 피해자의 노인성 질환은 치매가 53.7%, 뇌혈관 질환이 14.8%였으며, 기타 교통사고 후유증과 지체 장애 등이 있었다. 간병 살인에 이르기까지의 평균 간병 기간은 6년 5개월이었으며, 가족 내에서 혼자 환자를 돌봐야 하는 소위 독박 간병은 59.3%였다.

353 「노년기 사회적 자본과 건강 간의 관계: 사회적 자본이 노쇠에 미치는 영향에서 우울의 매개효과」 오유라 외, 『한국노년학』 제42권, 제6호, 2022년, p1165-p1181. 이 글에서는 사회적 자본이 많을수록 건강한 상태일 확률이 높고, 사회적 자본이 적을수록 우울할 확률이 높게 나타났다고 말한다. 결국 인간은 사회적 관계망 속에서 살아갈 때, 고립과 외로움으로 부터 벗어나 건강한 삶을 영위할 수 있다.

도를 통해 만들어 가야 하는 것이다.

6. 죽음의 장소로서의 병원사와 재택사(Dying In Place)

전통적으로 대부분의 사람들은 집에서 태어나고 집에서 죽었다. 그것은 대가족 중심의 마을에서 살았기 때문에 가능했다. 죽음과 관련된 모든 절차와 의례가 가족과 마을 중심으로 진행되었다. 물론 그 당시는 요즘처럼 의료가 전문화되고 의료 인프라가 확충되지 못한 사회였다. 하지만 현대 한국 사회의 노인들 대부분은 집에서 태어났지만, 집에서 죽음을 맞이하지 못하는 세대가 되었다. 물론 물리적 공간으로써의 '집'과 정서적으로 친숙한 공간으로써의 '집'의 개념이 다를 수 있다. '시설'은 물리적 공간으로써의 집은 아니지만, 정서적으로 친숙한 공간이 될 수도 있기 때문이다. 그러므로 집에서 사망하는 것이 '최선'이라는 당위(當爲)를 전제하고, 친숙한 공간으로써의 개념으로 이해해 보고자 한다.

요즘 노인들의 이야기를 들어보면 100년쯤 건강하게 살다가 2-3일 정도 아프면서 마지막으로 가족들을 다 만나보고, 가족들이 보는 가운데서 작별 인사를 하고, 고통 없이 편안하게 죽음을 맞이하고 싶어 한다. 즉 자신이 살던 집에서 가족들이 지켜보는 가운데 품위 있고 아름다운 죽음을 맞이하기를 원한다.[354] 하지만 현실은 그와

---

354 『집에서 혼자 죽기를 권한다』우에노 지즈코, 이주희 역, 동양북스, 2022년, p36-p92. 저자는 고립과 혼자 사는 것을 구분해야 하며, 혼자 사는 것의 만족도는 경제적 수준과 관계가 있다고 말한다. 또한 '재택사'라는 신조어를 만들었으며, 재택사가 가능하기 위해서는 24시간 가동하는 지역사회 간호스테이션이 필요하다고 주장한다.

정반대이다. 2021년 전체 사망자의 74.8%가 요양병원을 포함한 의료기관에서 사망했다. 노인장기요양기관인 요양원 등 공동시설에서 사망하는 경우(8.7%)를 포함하면 83%가 넘는 사람들이 집이 아닌 다른 곳에서 사망하고 있다.[355] 자신이 살던 친숙한 공간(Aging In Place)에서 가족들에게 부담을 주지 않으며 존엄한 죽음을 맞이하고 싶어 하지만, 현실은 집에서 생활하다가도 임종기가 되면 병원으로 이송하는 경우가 많다. 요양시설과 같은 공동주거시설에서 생활하는 경우에도 그곳에서 임종을 맞이하는 경우가 아니면 병원으로 이송한다. 죽음을 맞이하는 순간에 우리는 대부분 병원의 중환자실이나 응급실 또는 요양원에 누워있으며, 가족들은 연락을 받고 달려오지만 임종의 순간을 함께하지 못하는 경우가 많다. 그러면 왜 한국 사회의 임종기 노인들은 자신의 집이 아닌 '병원에서 주로 사망하는가?'에 대해 논의해 보고자 한다.

첫째, 가족들이 갖는 인식의 문제이다. 임종기가 되면 사실상 아무런 의료적 행위를 할 수 없음에도 불구하고, 또는 의료적 행위가 무의미함에도 불구하고 대부분의 가족들은 임종기 노인들을 병원으로 모신다. 그리고 이러한 과정에서 죽음을 맞이하는 당사자가 그것을 결정하는 것이 아니라, 주로 가족들이 결정한다. 만약에 집에 그냥 계시면 자연스럽게 죽음을 맞이할 수 있음에도 불구하고, 죽음을

---

[355] 병원과 공동시설에서 사망하는 83%를 제외한 17%의 사람들이 모두 집에서 사망하는 것은 아니다. 자살, 사고사, 장소 미상 등이 포함되어 있으므로 실제로 집에서 사망하는 경우는 7% 이내이다.

맞이하는 당사자의 입장이 전혀 고려되지 않는다. 오히려 가족들의 도덕적 책임감, 주변의 시선[356], 가족들 간의 의견 차이 등의 이유로 인해 병원으로 이송하는 경우가 많다.

둘째. 사망진단서 작성에서 의료인의 권한에 대한 문제이다. 통계청의 자료에 따르면 2021년 한국인의 사망 연령은 84.5%가 60세 이상의 고령층이었으며, 사망 원인의 1-4위가 악성신생물(암)과 심장질환 그리고 폐렴, 뇌혈관 질환이다. 즉 임종기에 나타나는 사망의 현상이 자연적인 노화의 과정보다는 질병과 관련된 경우가 많기 때문에 응급 의료적 처치를 필요로 하게 된다. 그러므로 일단은 병원으로 이송하여 전문적인 의료적 처치와 판단을 구하게 된다. 뿐만 아니라 사망의 확인 즉 사망진단은 의료인(의사)만 할 수 있으므로 병원으로 이송하는 것이 훨씬 편리한 구조이다. 만약 집에서 자연스럽게 임종을 맞이했을 경우 의사의 사망진단서를 발부 받기까지는 그 절차가 복잡하고 번거롭다.

셋째, 사망 장소에 따른 법적인 절차의 문제이다. 노화에 의한 죽음의 경우, 단지 집에서 사망하였다는 이유만으로도 경찰에 통보된다. 이러한 절차는 사망한 당사자에게 뿐만 아니라 유족들에게도 상처와 고통을 주는 행위이다. 물론 집에서 노인학대나 유기, 방임과 같은 의심스러운 행위들에 의해 발생할 수 있는 특별한 경우도 있을

---

356 H 요양병원에서 15년째 근무하고 있는 김계숙 간호사의 말에 의하면, 보호자들은 주변 사람들의 시선과 자신들의 체면을 위해 '요양원에서 돌아가셨다'라는 말보다는 '병원에서 돌아가셨다'라는 말을 선호한다고 한다. 또한 병원에 가족을 모시는 것이 훨씬 편리한 구조로 인식하고 있다는 것이다. 물론 개인마다 차이가 있을 수 있으며, 사람들의 인식이 바뀌고 있음을 전제했다.

것이다. 그러한 사례는 별도의 법적인 과정을 거쳐 진행하면 된다.

집에서 사망하는 경우라도 가족 또는 이웃과 지속적인 관계를 형성할 수도 있고, 노인장기요양보험제도와 지자체의 사회복지 프로그램에 의해 돌봄 노동자가 평상시 방문하기도 한다.[357] 가족들과 동거하는 경우는 사망에 이르는 과정에 있어서 충분한 진술을 들을 수도 있다. 즉 사회적인 안전과 보호의 망(網)을 통해 임종의 과정을 확인할 수 있는 것이다. 그렇게 해야 당사자도 자신이 생활했던 친숙한 환경에서 임종을 맞이할 수 있고 가족들도 임종 환자가 마음 편히 집에서 죽음을 맞이할 수 있도록 도울 수 있다. 결국 의료적 절차의 구축과 법적 절차의 복잡성은 마지막 죽음의 순간에 자신의 집을 떠나 덜컹거리는 응급차를 타고, 처음 보는 여러 사람들이 몸을 이리저리 뒤엎고, 의복을 벗기고, 온갖 기계장치를 붙이고, 가족들과 충분한 시간(면회 시간의 제한)도 갖지 못하게 한 후 기계의 부속처럼 마지막 순간을 맞이하게 한 것이다. 죽음을 맞이하는 한 인간으로서의 존엄성은 상실되고 오직 절차와 법규 그리고 경제적 이유만 남게 된 것이다.

7. 위기의 사회에서 우리는 죽음학을 어떻게 실천할 것인가?

위기와 고립은 결국 상실의 또 다른 이름이다. 위기와 고립은 상실이 사회적 사건이다. 고독사, 고립사, 무연고사, 간병사, 병원사는

---

[357] 『치매 때문에 불안하지 않으면 좋겠습니다』 강현숙, 유노라이프, 2024년, p203-p230. 치매국가책임제, 지역사회돌봄, 생활지원사 등의 제도에 대해 설명하고 있다.

개인의 차원을 넘어서는 사회적 사건이며, 사회적 죽음이다. 그 책임과 원인을 개인에게만 돌려서는 안 된다. 어떤 인간도 고독한 죽음을 맞이해서는 안 되며, 모든 관계가 단절된 채 살아가서도 안 된다. 가족의 아픔과 부담을 짊어지기 위해, 누군가 오롯이 혼자서 감당해서도 안 된다. 인간은 공동체적 존재이며, 사회적 존재이다. 상실과 고통의 사건을 함께 나눔으로 우리가 더불어 살아가고 있음을 경험해야 한다. 소외와 고립 속에서 살아가는 사람들과 소통하고, 손을 내밀어 우리가 '살아있는 인간'임을 증명해야 하는 것이다. 원초적 질문인 '인간이란 무엇인가?' '우리의 인간다움은 무엇인가?'에 대한 대답을 얻는 것이다. 죽음을 통해 삶의 의미를 찾아내고, 고통에 대한 직면과 대면을 통해 진정한 나를 발견하는 것처럼, 우리는 상실의 시대에 사랑과 배려, 환대와 따스함의 인류 정신을 실천하고자 하는 것이다.[358] 그렇게 함으로써 우리 사회는 공감과 온정(溫情)의 사회, 공동체(共同體)와 책임의 사회로 진화(進化)해 나가는 것이다.

---

[358] 『죽음학교본』임병식, 손주완 외, 한국싸나톨로지협회, 2023년, p261-p262. '인간다움'에 대한 질문의 출발은 외로움과 슬픔이다. 외로움과 슬픔을 느낄 수 없다면 사람이 아니다. 그러므로 죽음학은 인간의 실존을 회복하는데 중점을 둔다. 우리가 '사랑' '환대' '배려' '화해' '용서'라는 용어들로 함께 살아갈 때, 우리는 비로소 '인간다움'을 회복할 수 있다.

제12강

죽음교육상담전문가(Thanatologist)의 자세와 역할

제12강 죽음교육상담전문가(Thanatologist)의 자세와 역할

1. 평가와 개입

죽음학(Thanatology)은 1960년대에 시작된 '죽음인식운동'(death-awareness movement)에서 출발하였다. 그래서 죽음학은 '죽음인식', '죽음의 준비', '죽어가는 사람의 돌봄', '죽어가는 자와 돌보는 자들의 관계 정립', '못다 해결한 인간관계의 해결', '직면한 죽음 앞에서의 희망 찾기', '죽음을 맞이하는 방법 등에 관한 학문', 즉 '죽음과 죽어감에 관한 학문'으로 개념화된다.[359] 그러면 죽음교육상담전문가인 우리가 만나고 맞이하는 사람들은 누구인가? 바로 위의 정의에 의해 죽음의 문제를 생각하고, 당면하고, 관심을 갖는 사람들이다. 우리의 주변에는 상실과 고통 속에서 자신의 존재에 대한 질문을 던지는 많은 사람들이 있다. 암 환자, 임종 환자, 온갖 질병으로 인해 고통 중에 있는 사람, 가족을 잃고 슬퍼하는 사람, 외상적 아픔을 경험하는 사람, 장애를 안고 살아가는 사람, 절망과 좌절 속에서 몸부림치는 사람, 고통 속에서 자살을 생각하는 사람들이다. 그러므로 그들을 대하는 시선을 준비해야 한다. 나의 고통과 아픔 그리고 실존적 죽음을 넘어 그들의 아픔과 고통 그리고 실존적 죽음을 이해해야 한다. 그것이 우리가 죽음교육상담전문가가 되는 이유이다.

---

359 『죽음학교본』 임병식, 손주완 외, 한국싸나톨로지협회, 2023년, p480.

죽음교육상담전문가(분석가)는 타자를 대할 때 도덕적 판단이나 편견을 가지고 대해서는 안 된다. 인간의 인식과 관점은 이미 자신만의 방식으로 선(先)이해되어 있다. 그러므로 전문가라고 하더라도 주관적 이해의 한계를 가지고 있음을 인정해야 한다. 또한 자신의 이해와 판단조차도 고유한 자신의 것이 아니다. 고유한 것이라고 생각하는 이해조차도 이미 타자의 언어와 문법 또는 사회적으로 형성된 인식과 판단의 범주 안에 있다. 그러므로 내담자를 대하는 태도에 있어서 중요한 것은 '판단중지'의 상태에서 내담자의 이야기를 듣는 것이다. 분석가가 자신의 우월한 지위에서 내담자를 평가하거나, 정죄하는 태도는 위험하다. 왜냐하면 내담자가 자신의 주체성을 통해 문제에 대한 답을 찾아야하기 때문이다. 분석가의 태도가 내담자를 위축시키거나, 수동적 존재로 만들어가서는 안 된다.[360] 내담자가 주체적 존재로 자신의 자리를 찾아간다는 것은 자신 안에 내재된 무의식과 억압, 불안과 공포 등의 상태로부터 벗어나도록 하는 일이다.[361]

---

360 『사랑의 기술』에리히 프롬, 황문수 역, 문예출판사, 2024년(5판), p41-p42. 사랑에 대한 인간의 실존에 있어서, 인간은 능동적 감정과 수동적 감정을 갖는다고 한다. 능동적 감정을 가질 때 인간은 자유롭게 되며 자기감정의 주인이 된다. 능동적 감정은 참여하는 것이다. 즉 인간은 능동성을 회복할 때 비로소 자신의 주체성을 행사할 수 있다. 능동적 참여는 앙가주망(engagement)과 같다고 볼 수 있다. 내담자가 자신의 문제에 대해 주체적이고 능동적으로 참여하게 될 때, 그는 자신 안에 내재된 억압과 불안으로부터 벗어날 수 있게 된다.

361 『죽음교육교과서』「제2부 문화사회론, 차이와 다름의 고유성」임병식, 손주완 외, 한국싸나톨로지협회, 2025년. 분석가는 내담자에게 감정이입(empathy)보다는 공감(sympathy)의 자세를 갖는 것이 중요하다. 감정이입은 분석가의 판단을 흐리게 할 수 있다. 분석가는 내담자를 환자의 측면으로만 보는 것이 아니라, 상호 대등한 인격적 관계를 형성하여, 내담자의 아픔이나 고통을 이해하고 공감하되, 내담자 스스로 자신의 존재를 강화할 수 있도

그러므로 죽음학에서의 평가와 개입은 죽음학의 지식체계를 바탕으로 인간이 갖는 유한성, 한계상황, 고통, 상실 속에서 어떻게 인간다움을 회복하고 실천할 것인가에 초점을 맞추어야 한다. 인간에게 일어나는 모든 상실과 고통의 한계 상황 속에서 그 고통이 누구의 고통인가? 를 질문하는 것이다. 평가와 개입은 고통에 대한 계열화와 범주화를 전제하고 있다. 계열화는 개인의 실존적 고통에 대해 묻는 것이고, 범주화는 시간의 변이에 따라 나타나는 고통의 전변을 살피는 것이다. 즉 공간성과 시간성의 관계 속에서 내담자의 비탄이 '무엇'의 상실에서 나타난 것인가를 유념하는 것이다.[362] 또한 죽음학에서의 평가와 개입은 유가족뿐 아니라, 죽음을 맞이하는 임종환자, 상실의 아픔을 안고 살아가는 사람들 즉 실존적 고통에 처해 있는 모든 사람들을 대상으로 한다. 무엇이 그들로 하여금 비탄하게 하는가? 에 대한 질문의 답을 찾아가는 과정이다. 그러므로 평가는 분석이고, 개입은 실천이다.

2. 분석가와 분석주체

라캉은 분석가와 내담자의 관계에서 내담자를 '의뢰인'이라는 용어로 지칭하지 않고, '분석주체'라는 용어로 사용한다. 이 말은 분

록 역할을 수행하는 것이다. 즉 분석가와 내담자는 상호 이해를 통해 내담자가 자신의 의지를 효과적으로 활용할 수 있도록 분석을 통해 수단을 제공하는 것이다.

362 『죽음교육교과서』「제5부 애도론, 평가와 개입」. 결국 평가와 개입은 내담자가 비탄을 재구성하는 주체로 설 수 있도록 안내하는 것이며, 상실된 기억을 재해석하고 번역하는 애도의 과정을 자신의 언어(말, 이야기)를 통해 의미화하도록 하는 것이다.

석 작업을 수행하는 자는 분석가가 아니라, 내담자 자신이라는 의미이다. 그러므로 분석가는 내담자로 하여금 분석에 대한 욕망을 통해 그의 관심을 자극하고 그를 지속적으로 분석에 참여시켜야 한다. 분석에 대한 욕망은 내담자에게 자기 책임성을 부여하는 행위이다. 내담자가 게을러지거나, 회피하려고 할 때, 경제적 책임성(예를 들어 약속을 어긴 경우에도 진료비를 부담하게 하는 등)을 부여해서라도 분석과정이 중요함을 일깨워 주어야 한다는 것이다. 그렇게 함으로써 분석가는 분석주체 즉 내담자 자신으로 하여금 무의식의 모든 형성물들에 주목하게 하여, 프로이트의 말처럼 내담자가 모든 것을 충분히 말하도록 의도적인 질문들을 던져야 한다는 것이다.[363]

분석가는 분석의 주체가 아니다. 분석의 주체는 내담자이다. 내담자는 자신의 욕망을 실현하지 못해 흔들린다. 실현될 수 없는 욕망에 사로잡혀 끊임없이 미끄러진다. 그 욕망으로부터 벗어나야 비로소 고유한 자신의 모습을 볼 수 있게 되는데, 내담자는 자신의 모습을 보지 못하고, 불만족한 상태에서 자신의 문제를 계속해서 타자에게 전이한다. 그들은 타자를 비난하면서 만족감을 느낀다. 그것은 자신의 고통 속에서 쾌락을 느끼는 것과 같다. 하지만 그 쾌락은 진정한 쾌락이 아니다. 회피와 외면, 가학과 자학 속에서 만들어진 거짓된 쾌락이다. 쾌락을 가장한 자기 학대이다.

그러므로 실현될 수 없는 욕망의 실체를 발견하고 인정해야 한

---

[363] 『라캉과 정신의학』 브루스 핑크, 맹정현 역, 민음사, 2002년, p17-p37. 분석의 초기 단계에서 분석가의 자세와 분석으로의 유도에 대해 분석가와 분석주체의 욕망이라는 관점으로 설명하고 있다.

다. 즉 욕망은 구조적으로 만족 불가능한 것임을 인식해야 한다. 욕구(need)는 충족될 수 있으나, 욕망(desire)은 충족되지 않는다. 욕망은 항상 다른 욕망할 것을 찾고, 욕망은 계속 남아있게 된다. 라캉은 욕망이란 본질적으로 충족될 수 없는 것이라고 말한다. 히스테리의 특징은 만족되지 않는 욕망인 반면, 강박증의 특징은 불가능한 욕망이라고 설명한다. 타자의 욕망을 자극하고자 끊임없이 노력하는 일은 영원히 끝날 수 없는 과업이다.[364] 그것은 전치(轉置) 즉 계속 옮기기만 할 뿐이다. 미끄러지는 대상을 잡으려고 하는 즉 해결되지 않는 시도일 뿐이다. 그러므로 우리가 싸나톨로지스트(분석가)로서 정신분석을 공부하는 것은 인간의 욕망을 아는 것이며, 그 실체를 파악하는 과정이다. 그 욕망이 실현되지 않음을 분석가도 분석주체도 알아야 한다. 그 행위는 정(靜)적인 것이 아니라, 동(動)적인 행위이다. 그래서 죽음학은 명사가 아니라 동사이다. 동적인 행위란 이론을 넘어 그 삶을 실천하는 행위이다. 분석가로서 먼저 자신의 삶의 변화를 이끌어 내야 한다. 자신의 삶이 실천되지 않는 사람의 이론과 말들은 남을 변화시킬 수 없다. 나 자신을 그리고 분석주체인 타자를 믿어주고 사랑해 주고 이해해 주었을 때, 즉 그것을 실천하게 되었을 때 우리는 진정한 싸나톨로지스트(죽음교육상담전문가)가 된다.

---

364 『에크리 읽기』 브루스 핑크, 김서영 역, 도서출판b, 2007년, p55.

3. 싸나톨로지스트가 된다는 것

싸나톨로지스트를 우리말로 번역하면 다양한 명칭으로 사용할 수 있다. 죽음교육전문가. 죽음교육상담전문가, 임종의학전문가, 임종치유전문가[365], 그리고 학문을 연구하는 사람인 죽음학자, 죽음교육학자 등으로 불린다. 결국 싸나톨로지스트는 인간의 삶과 죽음 그리고 마지막 임종의 순간에 함께 하는 전문가이다. 싸나톨로지스트가 되기 전에 그들은 이미 의료인, 심리학자, 상담전문가, 종교인, 성직자, 사회복지사, 철학자, 장례전문가, 교육자 등으로 자신의 삶을 살아왔다. 그들의 삶의 이력은 인간에 대한 관심과 애정에 기반하고 있었다. 그러한 관심과 애정이 있었기 때문에 죽음을 공부하게 되었고 죽음교육상담전문가의 길을 걷게 된 것이다. 이제 전문가로서의 윤리를 실천해야 할 것이다.

죽음교육상담전문가는 '사람'을 대하는 '존재'이다. 우리는 '사람'의 네트워크 속에 있다. '사람과 사람'이 연결되어 있는 것이다. 이 연결은 깊은 유기적 연결망이다. '유기적(有機的)'[366]이라는 말은 서로 밀접하게 연결되어 있는 관계망이다. 물론 인간은 '사람'에게 상

---

[365] 『죽음학과 임종의학개론』 김달수, 한국죽음준비교육학회, 2020년, p21-p23. 싸나톨로지스트를 임종의학전문가, 임종치유전문가라고 번역한다. 의료인(의사)으로서 임종과 치유의 관점으로 본 것이나. 하지만 한국싸나톨로지협회에서는 죽음교육전문가, 죽음교육상담전문가, 죽음학자, 죽음교육학자 등으로 명칭을 부여한다. 죽음의 문제를 의료적 관점인 임종의 문제만으로 보지 않고, 인간의 삶과 죽음 그리고 실존적이고 인문학적인 관점으로 보기 때문이다.

[366] '유기(有機)'는 '생명'을 전제로 한다. 유기(organic)는 서로 긴밀하게 연관되어 있는 생명체의 상태이다. 그러므로 '생명'에 대한 '존중'을 바탕으로 한다.

처받고, '사람'을 통해 고통을 받기도 한다. 우리가 만나는 많은 사람들은 그렇게 상처받고 고통당하는 사람들이다. 그러나 결국 그 상처와 상실은 '사람'을 통해 '치유'되고, '회복'된다.

특히 임종환자를 대하는 죽음교육상담전문가는 다음과 같은 자세(attitude)를 유지해야 한다. 첫째, 가장 중요한 점은 죽음교육상담전문가와 내담자(또는 임종환자) 사이에 "신뢰와 사랑"이 전제되어야 한다는 것이다. 사랑은 인간에게 마음의 평화를 가져다주며, 임종환자에게 고요 속에서도 평안과 영적 안정을 느끼게 해 준다. 내담자의 영적 평화와 마음의 고요는 아픔과 상실 그리고 고통 가운데에서도 빛을 보게 한다. 그러므로 죽음교육상담전문가는 죽어가는 임종환자에게, 그리고 고통과 아픔을 경험하는 내담자에게 '신뢰와 사랑'을 충분히 전달해 주어야 한다. '나는 지금 당신의 말을 듣고 있다. 나는 당신을 충분히 사랑하고 있다'라는 감정을 공유해야 한다. 그리고 그들이 갖고 있는 삶의 의미, 종교적 신념, 영적 믿음을 유지할 수 있도록 지지하고 격려하여야 한다. 인간은 전원을 꺼버리면 더 이상 작동하지 않는 컴퓨터나 기계가 아니다.

둘째, 죽음교육상담전문가는 "진실한 언어"를 구사(驅使)할 수 있어야 한다. 내담자나 임종환자에게 허위와 위장, 거짓이나 조롱이 아닌 상대방에게 진심을 전달할 수 있는 언어를 사용하여야 한다. 경제적 이득을 위한 속임수의 언어가 아니라, 내담자가 자신의 인간

다움을 성취할 수 있도록 그들과 교감할 수 있는 언어이다.[367]

셋째, "배려와 환대"속에서 그들이 살고 있음을 느끼게 해 주어야 한다. 특히 임종환자의 경우 치료가 목적이 아니라, 따뜻한 돌봄이 우선시 되어야 한다. '업무, 활동, 일, 직업'의 관점을 넘어, '사람과 생명'에 대한 존중의 가치를 먼저 생각해야 한다.

이야기1. 62세(여)의 파킨슨 환자가 입소(2023년)해 있다. 그녀는 평생 독신으로 살았으며, 피아노 학원을 운영하며 많은 제자들을 가르쳤다. 어려서부터 신앙생활을 하였고, 자신이 가진 것들을 주변에 나누는 삶을 실천하며 살았다. 하지만 약 4년 전부터 파킨슨이 발병하여, 병원 치료와 입원에도 불구하고 상태가 점점 악화되었다. 현재는 의사 표현을 거의 못하는 상태이며, 몸의 근육은 많이 위축되어 있다. 음식 섭취는 매우 제한적인 상태이며, 아직 임종기에 도달하지는 않았다. 우리는 그녀가 삶의 마지막을 준비할 수 있도록 가족, 친지, 지인들이 방문할 것을 권유하였다. 비록 말은 제대로 할 수 없었지만, 그래도 그녀는 방문자들의 손길과 음성을 느끼고 있었

---

[367] 『죽음교육교과서』「제2부 문화사회론, 차이와 다름의 고유성」. 분석가와 내담자에게 적용되는 평가와 개입은 내담자가 사용하는 언어 구조(문법체계-담화구조)를 통해 살펴 볼 수 있다. 첫째, 내담자는 자신을 보호하고자 하는 보호본능으로 언어를 사용한다. 그것은 인간의 정형화된 인지패턴이다. 둘째, 언어구조는 개인을 지배하고 있는 억압과 방어체계를 보여준다. 셋째, 억압과 방어체계 속에서 성충동(삶의 리비도, 의지, 生意)이 발현하는 구조다. 넷째, 언어구조는 주체가 어떤 대상에 대해서 '관계를 맺는 방식'을 의미한다. 그러므로 분석가(죽음교육상담전문가)는 내담자로 하여금 능동적 반응, 주체적 결단, 관념(인지, 생각)을 넘어선 실천과 지속적인 전회의 과정을 경험하도록 안내해야 한다. 즉 평가와 개입은 타자의 언어를 차단하고 오직 그 자신의 언어로 대처할 수 있도록 하는 것이다. 그것은 억압과 방어로부터 인과적 이해와 의미적 이해로 연결하는 과정이다.

다. 방문자들은 그녀의 손을 잡고, 그녀의 귀에 대고, '사랑한다'는 말을 하였다. 그녀와 눈을 맞추며, 눈물을 흘리기도 하였으며, 성경을 읽어 주기도 하였다. 그녀에게 피아노를 배웠던 한 제자는 악기를 가지고 와서 찬송가를 연주해 주었다. 그들의 눈물 속에 진정한 사랑이 있었고, 그들의 언어 속에 참된 평화와 안식이 있었다.

4. 임종환자가 진정으로 바라는 것들

『죽음학 교본』은 죽음교육상담전문가인 크리스틴 롱가커(Christine Longaker)의 글을 인용해 임종환자가 진정으로 바라는 것을 소개하고 있다. 그중에서 우리에게 중요한 도전을 주는 내용을 우리들의 언어로 몇 가지 정리해 보고자 한다.

1) 그들은 자신이 어떠한 물질적 대상이 아닌 온전한 인간으로 대우받기를 바란다.

2) 그들은 죽음교육전문가들이 자신들에게 솔직한 감정과 마음으로 대해 주기를 바란다.

3) 그들은 자신들과 자신들의 가족들이 과거의 일들, 특히 잘못된 일들을 들추어내고 그것의 시시비비(是是非非)를 가리기를 원하지 않는다.

4) 그들은 자신들이 사랑하고 사랑했던 사람들이 찾아와 주기를 바란다.

5) 그들은 자신들의 마지막 모습이 가족들에게 부담을 주거나 고

통을 주기를 원하지 않는다.

6) 그들은 이 세상을 떠날 때 무겁고 힘든 마음, 생명을 연장하고자 하는 마음이 아니라, 격려와 축복 속에서 따스한 마음으로 떠나기를 원한다.[368]

7) 그들의 고통과 아픔은 직접 경험해 보지 않고서는 알 수 없다. 그러므로 쉽게, 함부로 이야기하는 것을 불편해한다.

8) 그들은 병원이나 요양시설과 같은 공간에서 죽음을 맞이하기보다는 자신의 집에서 가족과 함께 있으면서 죽음을 맞이하기를 원한다. 가능하다면 임종 직전이라도 집에서 죽음을 맞이할 수 있도록 도와주기를 원한다. 하지만 그럴 수 없는 사정이라면 가능한 가정과 같은 분위기에서 임종을 맞이할 수 있도록 도와주기를 원한다.

9) 그들은 인생과 존재의 의미, 관계와 만남의 의미, 생명의 의미를 알고 싶어 한다.

10) 그들은 임종시 죽음에 대한 두려움을 넘어 평온한 상태, 사랑이 충만한 상태, 죽음 이후의 소망에 대한 영적 상태를 느끼면서 죽음을 맞이하기를 원한다.

이야기2. 인간이 100년을 산다는 것은 위대한 일이다. '100'이라는 숫자의 상징적인 의미도 있지만 100년을 넘게 살아온, 한 사람의 인생 궤적과 이야기는 모두 소중하며, 매우 가치 있는 것들이

---

[368] 임종 환자를 대하는 태도 중에 임종 환자가 가벼운 마음, 기쁜 마음으로 이 세상을 떠날 수 있도록 친절한 신체접촉, 시선 마주하기, 유머, 음악이나 노래, 기도와 영적 지지 등의 행위를 통해 서로 교감하고 공감하는 것은 매우 중요하다.

다. A 어르신은 100세(2022년)가 되었다. 옛날의 어머니들이 대부분 그랬듯이, 그녀는 평생 가족들을 위해 헌신하면서 살았다. 다섯 명의 자녀들을 모두 잘 키워내셨다. 90세 정도까지는 그래도 독립적인 노년기를 보냈다. 하지만 초기 의존기가 시작되면서 자녀들의 집을 번갈아 가며 거주하였고, 요양시설을 전전하였다. 나이 든 노인을 돌보는 자녀들의 나이도 이미 70대를 넘었다. 노인 돌봄의 부담은 가족들에게 갈등의 요인으로 작용하였다. 결국 약 5년 전 현재의 시설로 입소하였다. 말기 의존기에 나타난 치매(인지장애) 증상으로 인해 인지능력이 저하되었고, 신체적인 기능의 유지만 가능한 상태가 되었다. 하지만 기억의 상실에도 불구하고 자녀들이 찾아오면 매우 기뻐하였고, 그 시간을 즐겁게 보냈다. 만 나이로 100세가 되던 해에 우리는 자녀들에게 본 시설에서 100세의 생일잔치를 해드리라고 권유하였다. 자녀들과 손자녀들은 예쁜 한복, 떡과 음식, 케익, 꽃을 준비하여 시설을 방문하였다. 자녀들은 한복을 입혀드리고, 노래를 불러드리고, 음식을 나누고 사진을 찍으며 즐거운 시간을 가졌다. 그리고 약 한 달 뒤 어르신은 주무시다가 조용히 임종하였다. 어르신의 장례는 그동안에 있었던 가족들 간의 갈등이 해결되고, 화해가 이루어지는 자리가 되었다.

5. 죽음교육상담전문가는 무엇을 보고, 무엇을 듣고, 무엇을 말할 것인가?

죽음교육상담전문가와 의료인의 차이는 무엇일까? 의료인은 의학에 기반(基盤)하여 환자를 돌본다. 의료인은 환자의 질병을 치료하는 것을 목적으로 한다. 그래서 의료인은 질병만을 보게 되는 경우가 많다. 과학적이고 의료적 관점으로 환자를 보게 된다. 물론 의료인이 객관적이고 과학적인 관점을 벗어나서는 안 된다. 하지만 인간은 물질적 질료로만 구성된 존재가 아니다. 희랍적 세계관 속에서 철학적 영향을 주고받았던 신약성서의 바울서신은 다양한 인간학적 개념의 용어들을 사용한다. 대표적인 단어가 '$\sigma\omega\mu\alpha$(소마)' 이다. 소마는 육, 영, 혼, 나, 마음 등의 용어와는 다르게 사용된다. 이 말을 '몸'으로 번역하였으며, 인간 전체를 가리키는 용어로 보았다. 이에 대해 현대 신학자 불트만(R. Bultmann)은 다음과 같은 말을 했다. "인간은 '$\sigma\omega\mu\alpha$'를 가지고 있는 것이 아니라 '$\sigma\omega\mu\alpha$' 이다." 즉 몸은 인간의 일부이거나 인간을 구성하는 하나의 요소가 아니라 인간 그 자체이다. 몸은 물질적인 질료가 아니라, 물질과 영, 혼과 마음 등을 내포하고 있는 통전적(holistic) 용어이다.[369] 즉 의료인이 진료를 통해 치료하고자 하는 인간의 몸은 물화(物化)의 대상이 아니라 존재, 영혼, 마음, 자신, 관계 등을 모두 포함하는 통합의 존재이다.

그러므로 죽음교육상담전문가는 첫째, 통전적(統全的) 시각으로 내담자와 임종 환자를 보아야 한다. 그들의 마음과 영, 육체 그리고 그들이 맺고 있는 관계망까지 볼 수 있어야 한다. 그들이 살아온 삶의 내용과 궤적(軌跡), 그리고 그들의 이야기와 그들이 맺고 있는 다양한 관계망을 이해할 수 있어야 한다. 둘째, 그들의 언어를 통해,

---

[369] 『죽음의 인문학』 김재현 외, 도서출판 모시는 사람들, 2022년, p142-p143.

그들의 대답을 들을 준비가 되어 있어야 한다. 고통과 상실, 아픔과 질병을 통해 그들은 무엇을 생각하고 있는지, 그리고 그러한 고통을 영적, 의미적 내용으로 스스로 승화시키고 있는지에 대해 귀를 열어야 한다. 그들 스스로[370] 발견하고 있는 깨달음, 믿음, 자각(自覺), 성찰의 이야기를 할 수 있도록 자리를 만들어 주고, 질문을 던지며, 말하게 해야 한다. 스스로 획득하는 의미의 발견과 영적 성장의 기회는 죽음교육상담전문가가 특별한 답을 주지 않아도 자신만의 답을 얻을 수 있게 된다. 셋째, 내담자나 임종 환자가 스스로 그 길을 찾지 못하고 있을 때, 죽음교육상담전문가는 전문적 지식과 경험을 바탕으로, 그들이 스스로 답을 찾아낼 수 있도록 안내해야 한다. 혼란, 방황과 거부, 분노와 우울감에 빠져있는 그들에게, '항상성'으로 회복될 수 있도록 도와주어야 한다. 그들과의 공감 그리고 그들에게 전해지는 감동을 통해 감사와 사랑의 언어로 전회(轉回)될 수 있도록 하는 것이다. 우리가 들려주어야 하는 언어와 말은 싸나톨로지스트로서 준비된 '전문가'의 것이어야 한다.

정리해 보면, 우리는 죽음교육상담전문가로서 내담자와 임종환

---

[370] 『에피쿠로스 쾌락』 에피쿠로스, 박문재 역, 현대지성, 2022년, p38-p39, p68-p71, p110-119. 스스로 발견한다는 의미는 자율적 주체성을 말한다. 그들이 주체적이고 자율적인 과정을 통해 '쾌락(快樂)'의 상태로 나아가도록 도와야 한다. 그것은 마음과 영혼, 의식과 정신이 쾌적한 상태로 마지막 순간을 맞이하는 것이다. 즉 에피쿠로스의 아타락시아(Ataraxia/ 평온한 상태, 평정심을 얻는 상태)와 퀘렌시아(Querencia/ 피난처와 안식처에서 진정한 쉼을 얻는 상태)의 경지이다. 인생의 목적은 행복이고, 행복은 아타락시아에 있다. 결국 행복하기 위해 지혜를 얻어야 하며, 지혜가 마련해야할 것 중 가장 중요한 것은 사랑을 얻는 것이다.

자의 자율적 주체성을 강화하도록 돕고, 제3자가 아닌 내담자의 입장이 되어야 한다는 것이다. 그리고 그들이 직면해 있는 돌봄의 현실, 의례(儀禮)의 필요성, 정서적 상태, 삶의 내용을 충분히 이해하고 알 수 있는 탁월한 능력자가 되어야 한다. 또한 싸나톨로지스트로서 먼저 우리 자신을 돌볼 줄 아는 '전문가적인 돌봄 제공자'(Professional Caregiver)가 되어야 한다.

이야기3. A는 사회복지사이며, B는 간호사이다. 그들은 오랜 시간 노인복지의 현장과 병원에서 일해 왔다. 그들은 모든 일에 있어서 최선을 다한다. 특히 어르신들과 상담을 하거나, 요구 사항을 들어줄 때, 처리해야 할 업무로 접근하지 않는다. 어르신들의 이야기에 귀를 기울이고, 그 문제를 해결해 주기 위해 노력한다. 진정성을 가지고 대하며, 어르신들의 남은 삶에 대해 폐기 해야 할 잔여물로 바라보지 않는다. 임종의 순간을 맞이하는 사람들에게는 따스한 스킨쉽과 친절한 언어로 그들의 귀에 속삭인다. 그동안 고생 많으셨다고 말하고, 편히 쉼을 얻으시라고 말한다.

『중용(中庸)』에서는 인간이 자신에게 품수(稟受)된 명(命)을 파악하고, 본성에 따라 주어진 길을 걸어가며, 그 본성의 도(道)를 꾸준히 다듬는 것을 교육(教育, 가르침)이라고 하였다. 그리고 이 가르침의 내용은 먼저 자신이 그 목표에 도달하고, 이웃의 존재까지 그 본성에 이르게 하는 성기(成己), 성물(成物)의 실천이다.[371] 죽음교육상담전문가는 바로 이러한 삶을 실천하는 자이다. 먼저 나 자신을 인격적인 전문가로 세워나가며, 타자와 이웃을 향한 기여와 봉사를 실천하는 자로 만드는 것이다. 즉 인간다움의 실천이다.

6. 죽음교육상담전문가의 윤리적 실천들

한국싸나톨로지협회는 미국의 ADEC(미국죽음교육상담협회)[372] 과 MOU를 통해 국제죽음교육전문가(C.T, F.T)과정을 진행하고 있다. 죽음학교본에 있는 ADEC의 윤리강령을 기준으로 우리의 상황에 맞게, 우리의 언어로 죽음교육(상담)전문가의 윤리적 지침을 설명해 보고자 한다.

1) 죽음교육상담전문가는 죽음학의 이론적인 지식과 방법에 기초하여 활동한다.
2) 죽음교육상담전문가는 내담자와 임종 환자의 죽음과 관련된 감정과 경험을 이해한다.
3) 죽음교육상담전문가는 내담자와 임종 환자의 문화적 배경, 성장발달단계, 성격과 개인적 차이들 그리고 그들의 욕구를 존중한다.
4) 죽음교육상담전문가는 타인을 이용하거나 속이지 않으며, 사

---

371 『죽음학교본』 p479.
372 ADEC(The Association for Death Education and Counseling)은 다학제적인 전문 국제조직이다. 그 목적은 죽음 교육, 죽어가는 사람에 대한 돌봄, 사별 상담 분야에 대한 연구와 이론 및 임상 실천의 우수성을 증진시키는데 있다.

회에 기여하도록 노력한다.

5) 죽음교육상담전문가는 상대방에게 다양한 관점을 제시할 수는 있으나, 상담가의 가치 기준을 강요하지 않으며, 그들의 의견을 존중하고, 지지한다.

6) 죽음교육상담전문가는 내담자와 임종 환자의 개인정보와 사생활에 대한 비밀을 유지하고, 그들의 관계망 속에서 이해가 충돌하지 않도록 노력한다.

7) 죽음교육상담전문가는 자신의 능력과 한계에 대해 겸손한 태도를 가지며, 그 권한과 한계를 넘어서지 않도록 노력한다. 만약 자신이 잘못된 태도를 취한 경우, 타상담가를 통해 자신의 태도를 수정한다.

8) 죽음교육상담전문가는 이론과 실천의 조화로운 능력을 함양함으로써, 내담자와 임종 환자로 하여금 죽음의 문제를 수용할 수 있도록 검증된 서비스와 기술을 제공한다.

9) 죽음교육상담전문가는 자신의 역량을 강화하고, 보다 더 높은 수준의 능력을 발휘할 수 있도록 협회 활동, 계속 교육, 심화학습, 전문적 자격인증 등 최선의 노력을 수행한다.

10) 한국싸나톨로지협회에 소속된 죽음교육상담전문가는 다음과 같은 죽음학의 지식체계를 바탕으로 인격적인 성숙, 전문가로시의 지식, 상담가로서의 탁월한 능력을 발휘할 수 있도록 노력한다. ① 죽음과 죽음을 맞이함 ② 존엄한 임종 결정 ③ 상실·비탄·애도 ④ 외상적 죽음과 대처 ⑤ 평가와 개입 ⑥ 죽음 교육 ⑦ 죽음학-임상-실

천이다.

 이상과 같은 윤리적 지침의 실천을 통해 죽음교육상담전문가가 내담자와 임종환자에게 최선의 노력을 기울이게 될 때, 죽음교육상담의 효과는 다음과 같이 나타날 수 있다.

 1) 내담자, 임종 환자, 교육대상자가 느끼는 죽음에 대한 두려움, 자신의 삶과 존재에 대한 근본적인 불안을 크게 줄일 수 있다.
 2) 특히 노년기의 돌봄 및 부양과 관련된 문제, 마지막 임종 장소로써의 병원·요양시설·집과 관련된 문제, 사전연명의료의향서 작성과 호스피스 문제, 유언·유산상속·기부 등 자신의 삶과 유산을 남기는 문제 등 품위 있고 아름다운 Well-Dying을 실천하고 준비할 수 있도록 도움을 줄 수 있다.
 3) 자신의 삶을 의미 있게 마무리하고, 현재의 삶이 소중함을 깨달을 수 있으며, 자신과 가족 그리고 사랑하는 사람들과의 관계를 보다 더 성숙하게 만들어 가며 자아를 실현할 수 있다.

 우리는 '죽음교육상담전문가'(Thanatologist)이다. 이 말 속에는 '죽음-교육-상담-전문가' 라는 각각의 의미를 포함하고 있다. 우리는 '죽음'의 문제에 천착(穿鑿)하여 '삶'의 문제를 생각하는 것이며, 우리는 '교육'을 통해 나 자신과 이웃을 변화시키는 것이며, 우리는 '상담'을 통해 타인을 위로하고 지지하고 사랑하는 것이며, '전문가'를 통해 사회에 기여하는 것이다. 자율적이고 주체적인 인간성을 지향하며, 인간에 대한 존중의 원칙을 세워나가는 것이며, 타인에게 해를 입히지 않으면서 가능한 그들의 이익을 극대화하고, 선행의 원칙을 통해 보호가 필요한 타인들을 돕는 것이다. 그 누구도 차별하거나 혐오하지 않으며, 정의의 원칙을 통해 공정한 사회를 만들어 가도록 노력하는 존재이다.

제13강

동물의 죽음에 대한 죽음학적 관점
- 동물의 죽음과 죽음에 대한 인식의 문제를 중심으로 -

죽음학 수업

제13강 동물의 죽음에 대한 죽음학적 관점
- 동물의 죽음과 죽음에 대한 인식의 문제를 중심으로 -

1. 전제(前提)와 한계(限界)[373]

인간과 동물이 맺어 온 유대의 역사는 인류의 역사만큼이나 길고 각별하다. 아마도 인간 곁에 동물이 없고 식물만 있었다면, 인간의 삶은 지금의 모습과 많이 달라졌을 수도 있다. 인간과 동물은 가족이나 친구와 같은 관계에서 생존을 위한 먹이사슬의 관계에 이르기까지 밀접하다. 그리고 인간의 죽음과 의례 그리고 종교의 영역에서도 동물들은 등장한다. 또한 동물의 죽음에 대해 인간은 다양한 방법과 해석으로 관여(involve)되어 오기도 했다. 그러므로 우리는 동물의 죽음과 죽음에 대한 인식의 문제에도 관심을 갖는 것이다.

이 주제에 대한 중요성을 먼저 전제하면서 동시에 한계성을 인정하고자 한다. 죽음과 죽어감의 주제는 인간과 동물 모두에게 해당되는 내용이다. 하지만 이 주제에 대한 교육은 인간에게만 가능하다. 왜냐하면 우리는 동물들과 죽음에 대해 형이상학적이고 철학적인 교육과 대화를 할 수 없다. 만약에 우리가 언어를 통해 동물과 의사소통을 할 수 있다면, 우리는 집에서 함께 살아가고 있는 반려동물들과 죽음의 문제에 대해 공유할 수 있을 것이다. 하지만 그럴 수 없다.

물론 이 주제에 동물들은 주체적으로 참여하기 어렵다. 그러나 동물 주체가 동의하지 않고, 참여할 수 없기 때문에 인간이 말할 수 없

---

[373] 이 글은 필자가 제10회 한국죽음교육학회 학술대회(2024년 12월 28일)에 특별기고문으로 게재한 내용이다.

다고 주장할 수 없다. 왜냐하면 이 논의는 인간에게만 한정된 논의이기 때문이다. 인간은 객체에 대해 논의할 수 있는 존재이다. 그것은 인간만이 우월하다는 의미가 아니라, 인간이기 때문에 가능하다는 의미이다. 그러므로 이 주제에 대한 논의와 교육은 인간에게만 한정된다. 인간이 주체가 되고 동물이 객체가 되는 교육과 논의가 될 수밖에 없다. 그러한 한계에도 불구하고 우리는 인간과 동물의 죽음 문제를 고민하고 생각하며, 우리와 함께 살고 있는 동물들에게 적용시켜 보고자 하는 것이다.

2. '죽음'에 대한 일반적인 이해

죽음에 대한 사유의 시작은 타자의 죽음이 아닌 자신의 죽음에 대한 질문이다.[374] 하지만 자신의 죽음은 아직 일어나지 않은 사건이다. 또한 만약 자신의 죽음이 일어났다면, 자신의 죽음에 대해 질문을 할 수 없게 된다. 그러므로 인간은 타자의 죽음을 통해 자신의 죽음을 생각한다. 우리가 생각하는 '타자' 속에는 인간, 동물, 식물 그리고 모든 사물이 포함되어 있다. 즉 모든 존재의 죽음을 통해 자신의 죽음을 생각하는 것이다. 그런 의미에서 죽음에 대한 이해와 공부는 결국 자신의 존재에 대한 공부가 될 수밖에 없다. 그 첫 번째 이해가 '죽음과 죽어감'에 대한 개념이다. 즉 죽음(Death)은 명사

---

374 『죽음의 인문학』 조태구 외, 모시는 사람들, 2022년, p13-p43. 1인칭의 죽음 즉 나의 죽음은 '죽음을 경험하는 것'이지만, 2인칭과 3인칭의 죽음 즉 타자의 죽음은 '죽음에 대해 경험하는 것'이다. 프랑스 현상학자 미셸 앙리의 말을 통해 죽음은 결국 '관념'임을 말한다. 죽음을 맞이하기 전에는 죽음은 없는 것이며, 죽은 후에는 자신의 죽음을 인식할 존재가 없기 때문에 '죽음은 없다'고 선언한다.

형이며, 죽어감(Dying)은 동사형이다. 명사형으로의 '죽음'이라는 단어는 고정된 개념이다. 바로 신체·생물학적 죽음이다. 한자로 표현하자면 死이다. 死의 임상적 의미는 생명 활동의 중지이다. 중지로서의 죽음은 세포의 소멸을 말한다. 세포는 그렇게 예정되어 있다. 그것이 세포예정사(細胞豫定死, apoptosis, programmed cell death, PCD)이다. 즉 죽음 이후 세포는 모든 기능을 중지하고 분해를 시작한다. 분해는 소멸을 향한다. 물론 소멸은 원자의 순환[375]을 전제한다. 이렇게 인간과 동물 그리고 모든 사물은 동일하다. 그러므로 명사적 의미에서 '죽음'은 수동적이며, 피동적이며, 불가항력적 사건이다. 동물에게도 '죽음'은 피동적인 개념이다. 하지만 동사형으로서의 '죽어감'은 고정된 개념이 아니다. 변화의 가능성이며, 해석의 확장성이다. 즉 죽음을 단지 고정된 실체의 중지로 보지 않는다는 의미이다. 얼마든지 의미적 사건으로 받아들일 수 있다. 한자로 표현하면 終이다. 終은 '주체적 마침'을 말한다. 능동적 '받아들임'으로 해석된다. 그러므로 죽음학은 수동을 능동으로, 객체를 주체로, 불가항력적 사건을 의미적 사건으로 전회(轉回)하는 것이다.[376]

---

[375] 『하늘과 바람과 별과 인간』 김상욱, 바다출판사, 2023년, p21-p23. p48. "물리학적 관점에서 보면 세상은 원자와 진공으로 이루어져 있다. 원자라는 입자들이 모여 만물을 이룬다. 원자는 모였다가 흩어지기를 반복한다. 인간도 죽음을 통해 자신의 원자를 자연으로 그대로 돌려보낸다. 그 원자들은 다시 다른 형태로 모여 다른 사물을 이룬다. 결국 '나'라는 원자들의 '집합'은 죽음과 함께 사라지겠지만, '나'를 이루던 원자들은 다른 '집합'의 부분이 될 것이다."

[376] 『죽음학교본』 임병식 외, 한국싸나톨로지협회, 2023년, p83-p84. 죽음학에서는 대상화되고 수동적인 죽음을 넘어 능동적이고 주체적인 동사형의 죽어감 즉 죽음을 맞이함(臨終)의 개념을 강조한다.

3. 동물신학의 근거

1) 후설의 현상학, 지향성

현상학은 '현상'을 사유의 사태로 삼는다. 즉 우리의 사유에 대한 숙고이다. 후설은 인간의 사유에 대해 현상을 구성하는 '의식'으로 보고 고찰한다. 인간의 의식, 인식, 사유를 현상의 대상으로 삼는다. 그래서 후설의 현상학은 인식론적 현상학이다. 또한 현상학적 이해는 외부에 나타난 현상에 대한 이해뿐만 아니라, 우리의 생각이 갖는 실질적 의미에 대한 현상도 해당된다. 그리고 후설의 현상학이 보여주는 핵심 개념 중 하나가 바로 '지향성'이다. 지향성은 우리의 의식이 항상 어딘가를 향해 있다는 것이고, 그것은 단지 우리의 머릿속에 만 있는 것이 아니라, 외부 세계에 대한 생각과 바라봄과 느낌에 연결된다. 지향성은 주체와 객체의 상관관계에 대한 이해이다. 그러므로 지향성은 그 대상들을 포함하는 개념이다. 그것이 인식론적 현상학의 개념이다. 후설의 지향성은 수학적 자연주의가 주장하는 객관주의에 맞서는 개념이다. 객관주의는 주관과 객관을 분리한다.[377] 즉 인간이 경험하는 경험 대상의 일반이 우리의 의식과 관계없는 별개의 실체성을 가지고 있는 것이 아니라는 것이다. 우리의 의식과 관계없는 별개의 실체성을 가진 분리된 개념이 아니라, 우리

---

377 「현상학이 사태에 대한 후설과 하이데거의 다른 이해」 박현성, 한국현상학회, 『현상학과 현대철학』 제98집, 2023년, p1-p11. 후설의 관심은 철두철미 '자아가 이성의 지향성 속에서 즉 이성 작용에 의해 객관적 인식을 어떻게 성립시키는가?' 하는 문제이다. '지향성'의 개념을 통해 의식과 대상의 관계에 대한 혁신적 이해를 도입했다. 이러한 후설의 현상학에 대한 비판으로 하이데거는 '존재'를 현상의 대상으로 삼는다. 하이데거는 전통적인 존재론과는 다르게 인간을 '유한한 존재' 즉 '생성하는 존재'로 숙고한다. 그래서 하이데거의 현상학을 존재론적 현상학이라고 말한다.

에게 주어지는 인식과 사유의 방식에 따라서 대상과 외부 세계는 우리에게 존재로 다가온다고 볼 수 있다. 현상 안에서 우리에게 주어지는 사유의 방식에 따라 존재한다는 것이다. 이러한 지향성의 개념을 통해 인간의 의식과 대상의 관계에 대해 이해할 수 있다.

동물의 죽음에 대한 이해 역시 이러한 현상학적 이해의 범위 안에서 추론 될 수 있다. 인간의 사유와 의식은 외부세계 즉 객체로서의 대상과 전혀 별개의 사태로 존재하지 않는다. 그러므로 동물의 죽음에 대한 인간의 사유는 인간의 의식이 지향성을 통해 동물을 이해하고, 바라보고, 느끼는 것으로도 그 가능성이 있다. 즉 동물의 죽음은 인간의 의식과 인식의 범위 밖에 있다고 말할 수 없다. 물론 동물은 인간의 사유와 관계없이 존재한다. 하지만 그 존재는 우리의 사유와 연결된다. 인간이 인식하는 사유의 범위 내에서 동물과의 관계에 대한 경험을 통해 표현되는 실질적 의미에 대한 현상으로 해석할 수 있기 때문이다.

그러므로 이 논문은 우리와 함께 살아가고 있는 동물들의 죽음을 바라보는 인간의 의식, 인식, 사유를 통해, 논급(論及)의 과정[378]으로 전개되는 동물의 죽음에 대한 유추적 추론(推論)이다. 인간의 인식이 대상과의 관계 즉 동물과의 관계로 어떻게 연결되는가를 논하는 것

---

378 인간의 사고 체계 속에서, 원인과 결과의 명확한 관계적 지식을 사용하여, 사고의 흐름을 더듬어 나가는 과정을 논리적 추론(logical inference)이라고 한다. 논리적 추론과 같은 형식을 갖추지 못한 일상적인 추론은 유추(analogy)라고 한다. 논리적 추론은 연역적, 귀납적, 유추적 추론으로 나뉜다. 특히 유추(類推)적 추론은 두 사물이 몇 가지 성질이나 관계를 공유하고 있는 경우, 한쪽 사물의 성질이나 관계를 통해, 즉 미루어 생각하는 과정을 거쳐, 다른 한쪽도 같을 것이라고 보는 방식이다. 즉 동물의 죽음 인식에 대한 생각의 전개는 유추적 추론의 방식으로 진행된다.

이다. 추론과 논급은 어떤 주제에 대해 논하면서 그에 관련되는 다른 문제까지 이야기하는 것이다. 인간의 죽음과 죽음인식을 논하면서 우리는 동물의 죽음과 죽음인식을 말할 수 있다.

2) 화이트헤드의 과정사상에 기초한 과정-관계적 신학

기독교는 전통적으로 신과 인간의 관계를 중심에 두고 신학을 발전시켰으며, 이러한 관점이 신앙의 형태와 의례, 교리와 성서해석 분야에서 두드러지게 나타나고 있다. 하지만 20세기 이후 생태론적 관점과 환경론적 관점 등의 학문이 발전하고, 인문학과 자연과학 분야에서 기독교적 세계관에 도전하는 주장들이 나타나면서, 동물의 문제를 전혀 새로운 관점으로 바라보는 시각이 형성되었다. 대표적인 철학과 신학이 바로 화이트헤드의 과정철학[379]과 존 캅의 과정신학 그리고 앤드류 린지의 동물신학(Animal Theology)이다. 과정철학에 기반한 과정신학은 기본적으로 인간중심주의를 극복하고자 한다. 즉 신과 인간 그리고 신과 창조 세계는 과정-관계적 생명의 원리에 의해 끊임없이 변화하고, 관계를 형성하고, 상호 영향을 주고받

---

[379] 『화이트헤드 과정철학의 이해』 문창옥, 통나무, 1999년, p37-p53. "화이트헤드에게 있어서 존재한다는 것의 근원적 의미는 생성과 소멸의 과정 중에 있다는 것이다. 그러므로 인간의 사유와 관념은 추상적 관념에 그치지 않고, 구체적인 경험에서 생성되는 것이리고 본다. 즉 현실적 존재는 그것의 경험, 곧 '생성' 가운데 존립한다. 현실적 존재의 '있음'은 그 '생성'에 의해 구성된다고 말한다." 이것이 "과정의 원리"(principle of process)이다. 이러한 화이트헤드의 철학은 영원과 절대를 지향하는 기독교적 사상에 균열을 제공한다. 고정된 개념이 아니라, 움직이는 개념이다. 움직임 즉 생성과 경험은 새로운 것을 파생한다. 그러기에 과정신학이나 동물신학이 등장할 수 있게 한다. 그리고 동양-사상적이고, 타-종교적이고, 제3세계-적인 신학들이 만들어진다.

는다는 것이다. 즉 고정된 실체와 정형화된 관계에 머물러 있지 않다는 개념이다. 그러므로 신은 인간과만 관계를 맺는 것이 아니라, 모든 동·식물과 관계를 맺고 있으며, 그들의 생과 사에 신이 참여하고 있다는 것이다.

이러한 신학적 주장은 화이트헤드의 형이상학인 '유기체 철학(有機體 哲學, Philosophy of Organism)에 기반하고 있다.[380] 즉 생태·윤리적 실재관(實在觀)이다. 모든 사물은 실재와 개별로 존재하지만, 공재적(共在的, Togetherness) 관계로 서로 연결되어 있다는 것이다. 세계는 신의 몸이 형상화된 실체이며, 신은 모든 피조물과 관계적 범재신론(凡在神論, Relational Panentheism)으로 관계 맺고 있다는 것이다. 그러므로 인간만이 독특하고 고유한 가치를 지닌 절대적 피조물로 해석해서는 안 된다는 것이다.[381]

---

380 『과정과 실재』 알프레드 N. 화이트헤드, 오영환 역, 민음사, 1991년, p6-p7. p255. p289. p593. 유기체 철학에 있어서 '유기체'라는 개념은 서로 연결되어 있지만, 이해의 차원에서 분리될 수 있는 두 가지의 미시적이고 거시적인 의미를 가지고 있다. 또한 현실적 존재를 구성하는 네 단계는 여건(datum), 과정(process), 만족(satisfaction), 결단(decision)이며, 새로운 현실적 존재로 이행해 간다는 의미에서 생성(becoming)과 관계가 있다. 그것은 근본적인 상호 관계성 즉 상대성을 갖는다. 그러므로 존재하는 것은 자족적으로 고립해서 존재하지 않는다. 존재하는 모든 것은 서로 연관되어 있다. 이러한 연관성에 대해 화이트헤드는 변화와 유동의 한 복판에 있는 '과정'을 대상으로 그의 철학을 기술한다. 또한 그에게 있어서 신은 원초적일 뿐만 아니라, 결과적이다. 신은 처음이자 끝이다. 신은 모든 창조적 행위와의 생성의 일치(unison of becoming)가운데 있는 현실태이다. 신은 자신의 현실 세계를 모든 새로운 창조와 공유하고 있다. 그러므로 신은 고정된 것이 아니라 끊임없이 변화하고, 생성하고, 유동적이며, 상대적인 유기적 연관성의 '과정' 중에 있는 것이라고 해석할 수 있다. 이러한 개념은 신-인간 중심주의적 개념에 대항해 새로운 시각을 제공한다고 볼 수 있다.

381 『관계와 책임』이승갑, 여울목, 2018년, p22-p30, p97-p137. 화이트헤드에게 영향을 받은 신학자인 존 캅(J. Cobb)의 과정 신학(Process Theology)은 '과정-관계적 신학'이라고 말하기도 한다. "과정신학의 신관은 모든 세계가 하나님 안에 있으면서, 또한 하나님도 모든 사물들 속에(자연의 모든 부분에)

성공회 사제이며, 기독교 채식주의자인 신학자 앤드류 린지는 매우 진보적 주장들을 한다. 그는 동물 신학(Animal Theology), 동물 목회(Animal Ministry), 동물 의례(Animal Rites), 동물 성서(Animal Bible) 등의 용어를 사용하면서, 적극적으로 동물에게도 종교적 행위가 필요하다고 주장한다. 동물도 신의 창조물이며, 신으로부터 축복을 받았다고 전제하면서, 동물들을 대상, 기계, 상품들과 같이 도구적으로 보아서는 안 된다고 주장한다. 동물에게도 사고와 언어 능력이 있으며, 동물에 대한 기독교 윤리의 측면에서 동물을 위한 예전(禮典)을 실시할 것을 주장한다. 기독교는 성육신의 종교이므로 동물을 위해 경축(慶祝, 축복의 기도)하고, 동물을 위한 장례 예배와 기도문 등을 사용해야 한다는 것이다. 린지는 동물도 개별적으로 구원을 받는다고 주장하고 있다. 물론 자신도 동물의 정신(Psyche)을 들여다볼 수 없으므로 확신할 수는 없으나, 신이 모든 피조물을 사랑하시고, 모든 피조물이 구원 받기를 원하시기 때문에 동물에게도 구원의 역사가 있을 수 있다는 주장이다.[382]

침투하여 내재해 있을 뿐만 아니라, 모든 것을 넘어선다는 주장이다. 과정신학이 말하는 '실재관'의 핵심은 '관계성'(relation-ship or connectivity)이다. 모든 존재들(entities)은 관계되어 있고 서로에게 영향을 미친다는 것이다." 이러한 사상은 불교의 연기론(緣起論)적 관점과 연결된다고 볼 수 있다. 인연(因緣)에 의해 발생하는 연기적 관계를 통해 신과 인간, 모든 피조 세계는 시간성과 공간성 속에서 진화한다고 해석할 수 있다. 이러한 해석은 탈-인간중심주의, 생명-생태 중심주의, 관계적-생태 영성으로의 전환으로 강조된다.

382 『동물신학의 탐구』 앤드류 린지, 장윤재 역, 대장간, 2014년, p169-p194. "창조주는 모든 창조물에게 축복하였으며, 그들이 살고 번성할 공간을 제공하였다. 또한 그들의 생명, 즉 히브리어로 '네페쉬'(nepesh)는 창조주 하나님이 주신 것이며, 창조주는 모든 살아있는 것들과 계약관계를 맺었다. 그러므로 동물은 인간에게 있어서 중요한 타자(significant other)이다."

4. 동물의 '죽음'과 '죽음인식'에 대한 관점들

인간은 죽음을 생각한다. 그러면 동물도 죽음을 생각하고 인식할 수 있을까? 라는 질문으로부터 출발한다. 하지만 동물은 우리에게 정확하게 그 대답을 들려주지 못한다. 왜냐하면 동물과 인간 사이에서는 소통을 위한 체계가 다르기 때문이다. 결론부터 말하자면 동물도 죽음을 인식한다는 주장과 동물은 죽음을 인식하지 못한다는 주장으로 나뉜다. 그래서 필자는 ① 동물과 인간을 바라보는 두 가지의 시선 ② 언어의 관점으로 본 죽음 인식 ③ 동물의 죽음 인식과 애도 가능성 ④ '동물인지'와 '진화인지'에 대한 의견 ⑤ 동물을 위한 종교적 의례에 대한 논쟁을 다루어 보았다.

1) 두 가지의 시선

첫째, '같다'와 '다르다'의 시선이다. 이 명제는 동일성과 차이성의 개념이다. 예를 들어 인간과 동물은 같은가? 인간과 개는 생물학적으로 동물계(Animalia), 척삭동물문(Chordata), 포유강(哺乳綱, Mammalia)에 속해 있다. 그러므로 '같다'. 생물학적으로 같은 동물이며, 척추 형태를 가지고 있고, 새끼를 자궁에 임신하고 낳아서 젖을 먹인다. 음식을 먹고 교미를 하고 자손을 낳다가, 나이가 들면 죽는다. 죽을 때의 신체적·임상적 반응은 동일하며, 죽은 후에는 미생물에 의해 분해되어, 원자로 돌아간다. 고양이도 마찬가지이다. 그러므로 인간과 개·고양이는 같다는 주장이다.

하지만 인간과 동물은 다르다는 시선이다. 인간은 언어를 사용하고 있으며, 종교를 가지고 있고, 문화를 만들어 내고, 과학기술을 발전시킨다. 하지만 개와 고양이는 언어가 아닌 신호를 주고받는 것이고, 종교가 없으며, 약간의 사회성을 가지고는 있으나, 문화를 만들어 내지 못한다. 간단한 도구를 사용할 수(예를 들어, 침팬지나 수달처럼)는 있으나, 과학기술을 발전시킬 수 없다. 그러므로 인간과 동물은 다르다는 주장이다.

둘째, '있음'과 '없음'의 시선이다. 이 명제는 '유신(有神)'과 '무신(無神)'의 개념이다. 인간은 이성(理性)이 있으며, 영(靈)이 있는 존재이다. 즉 눈에 보이지 않는 세계를 가지고 있다. 이러한 인간의 '있음'은 형이상학을 만들어 내고, 상상(想像)을 하며, 신을 믿는다.

하지만 동물은 이성이 없으며, 영혼을 상상하지 못하고, 그 결과물로 무언가를 만들어 내지 못한다. 물론 동물에게도 혼이 있다는 정령숭배(精靈崇拜, spiritism)사상[383]이 있으나, 그것은 인간이 만들어 낸 개념이지, 동물이 스스로 그러한 개념을 실현하지 못한다고 주장한다. 그러므로 인간에게는 '있음'이나 동물에게는 '없음'이라는 주장이다.

2) 언어의 관점으로 본 죽음 인식

인간이 죽음에 대해 갖는 감정이 두려움과 불안이다. 두려움은 자신의 존재가 사라질 것이라는 공포며, 불안은 보다 더 근본적인

---

[383] 자연의 모든 존재 속에 정령이라고 불리는 영혼이 깃들어 있다는 신앙이다. 그러므로 동물에게도 영(靈)이 있다는 주장은 원시종교와 민간신앙 그리고 인도의 힌두교적 주장에 가깝다. 즉 범신론(汎神論)의 개념에 근거한다.

존재론적 정서이다. 주로 실존주의 철학자들은 두려움과 불안에 대해 인간만이 갖는 감정이라고 말한다. 하지만 동물들도 죽음을 앞두고 두려움과 불안을 갖는다고 주장하는 학자들도 있다. 그렇다면 두려움과 불안은 어떻게 다른가? 두려움과 불안은 서로 연결되어 있으나 다른 개념이다. 두려움을 경험한다는 것은 대상을 전제로 한다. 즉 대상이 있기 때문에 두려움을 경험한다. 대상이 없다면 두려움은 없다. 아주 쉬운 예로, '귀신'이 있다고 인식하기 때문에 두려움의 감정이 발생한다. 아주 캄캄한 밤에 길을 걸어갈 때, 눈에 보이지 않는 그 어두움 속에 무언가 있어서 나타날지도 모른다고 인식하기 때문에 갑자기 두려움과 공포의 감정이 찾아오는 것이다. 그러므로 대상은 인간의 감정이 향하는 인식 앞에 있다. 즉 우리가 죽음에 대해 두렵다고 말하는 것은 우리의 인식이 '내가 죽는구나!'라고 대상을 상정했기 때문이다. 인식의 대상은 '죽는다!'는 것이다. 그리고 우리의 인식은 언어가 있기 때문에 가능하다. 언어가 없다면 대상은 그저 외적 환경일 뿐이다. 언어로 규정된 개념이 있기 때문에 죽음을 두려워하게 된다고 본다. 인간은 암묵적으로 이해되고 용인된 약속체계의 전제하에 언어를 사용한다. 그렇게 사용되고 형성된 언어의 체계가 있기 때문에 인간은 자신의 존재를 인식하고, 죽음을 생각하며, 그 죽음이 자신에게 가져올 다양한 국면을 예기(豫期)하게 된다. 그것은 인간이 수 만년의 진화과정을 통해 형성해 온 인지적 체계이다. 그러므로 인간은 죽음 앞에서 두려움의 감정을 갖는다.

하지만 불안은 대상이 없는 근본정서(Grund stimmung)이다. 불안은 본능적인 방어 행위이며, 안정성을 찾고자 하는 행위이다. 방어적인 안정성을 지향한다는 것은 존재가 본래적으로 원하는 쾌(快)와 항상성(恒常性)의 상태를 말한다. 모든 존재, 인간과 동물 그리고 모든 사물은 자신이 원하는 안정성의 상태로 돌아가고자 한다. 하지만 존재한다는 것 자체가 불안을 가져온다. 왜냐하면 존재는 이 세계와 관련되어 있기 때문이다. 그러므로 불안은 대상이 없어도 느끼는 근본적인 경험이다. 존재론적 정서이다. 인간과 동물은 이 세상에 태어나면서부터 불안을 갖는다. 즉 이 세계에 던져진 존재가 되면서부터 갖게 된 정서이다.

그렇다면 언어를 잃어버린 치매환자들이나 인지장애를 가지고 있는 사람들은 두려움과 불안을 어떻게 경험할까? 만약 언어를 잃어버린 사람들이 두려움은 경험하지 않고, 불안만 경험한다면 언어와의 인과관계를 더 정확히 확인할 수 있을 것이다. 왜냐하면 두려움은 대상을 전제로 하는 감정(emotion)이기 때문에 대상에 대한 인지적이고 언어적인 이해가 선행되어야 생긴다고 본다. 하지만 불안은 본능적인 근본 정서이기 때문에 언어가 전제되지 않아도 느끼는 근본적이고 존재론적인 정서(feeling)이다.

결국 언어체계가 있기에 사물에 대한 관점이 생기고 사유가 생긴다. 이에 대해 죽음학자 임병식은 다음과 같이 기술한다. "존재는 사유(생각함)에서 드러난다. 사물은 사유하는 데로 보인다. 사유는 언어체계의 작동으로 이루어진다."[384] 그러므로 죽음에 대한 인식은 사

---

384 『죽음교육교과서』 임병식, 손주완 외, 「제3부 상실론」 한국싸나톨로지협회, 2025년. "관찰자인 '나'와 대상화된 '나'를 구분해야 '간극'을 발견할 수 있

물표상-단어표상의 관계 속에서 인식된다고 볼 수 있다. 사물표상이 단어표상으로 반복되어 나타났기 때문에 '죽음'이라는 사건의 사물표상을 '내가 지금 죽어간다'라는 단어표상으로 받아들이게 되었다고 본다. 그러므로 '죽음과 죽어감'은 언어가 있기 때문에 인식하게 된 것이다.

현대 인지과학의 관점에서 보면 '상분(相分)'에서 '증증자증분(證證自證分)'에 이르는 과정이다. '상분'은 사물(존재) 그 자체이다. 그런데 인간은 그 사물(객관 대상)을 바라보는 주체 즉 '견분(見分)'을 경험한다. 그리고 인간은 '자증분(自證分)' 즉 그 주체를 느끼고 인식한다. 객관 대상을 바라보는 자신을 인식한다는 것이다. 그 대상이 자신의 인식 체계 안으로 들어온다. 반성과 성찰이 가능한 주체 의식이다. 그리고 '증자증분(證自證分)'은 객관 대상이 자신에게 어떻게 느껴지는지 그 느끼는 나를 주시하는 나이다. 그리고 마지막으로 '증증자증분'은 느끼는 나를 주시하는 나를 다시 주시하는 나이다. 즉 인간은 인식하는 나 자신을 객관화하여 인식 대상으로 삼을 수 있기 때문이다. 후설은 의식의 지향성 개념인 시간의식으로 의식

다. 이 간극이 우리의 의식이 작동하는 공간이다. 이 공간이 없다면 의식은 작동되지 않으며, 프로이트는 이 공간을 언어가 작동되는 공간, 즉 무의식의 공간으로 본다." 그러므로 인간은 언어를 통해 '의식' '인식'을 경험하게 된다. 동물은 주체적 '나' 즉 관찰자인 '나'와 객체적 '나' 즉 대상화된 '나'를 구분(분리)할 수 없다. '나'가 분리되어야 '죽음'에 대한 '인식'이 생겨난다. 다시 말하면 동물은 그 '간극'이 없이 그냥 관찰자와 대상자가 일체이다. 즉 본능과 주체(굳이 동물 자신을 주체라고 말한다면)가 하나이다. 그러므로 동물은 죽음 앞에서 두려워하지 않을 수 있다. 그냥 '정서적 편안함'만을 찾을지도 모른다. 왜냐하면 죽음에 대한 두려움은 철저하게 주체와 대상이 분리된 인식과 관련이 있기 때문이다. 어쩌면 인간도 죽음의 마지막 순간에 비로소 언어를 잃어버림으로 진정한 평안을 얻을 수 있을지도 모른다.

을 탐색한다고 말한다.[385] 그것은 인간이 시간에 대한 의식을 가지고 있고 그 간극에서 언어를 사용하기 때문에 가능하다고 보는 것이다. 그러므로 인간은 죽음에 대한 두려움을 갖는 것이다.

하지만 반론도 있을 수 있다. 모든 것이 언어를 통해 형성된 것이라면, 언어가 발달하기 이전의 인류는 죽음에 대해 어떻게 인식하고 있었을까? 언어 이전에 마음을 가지고 있지 않았을까? 마음은 인간의 감정과 정서를 포괄한다. 또한 인간은 언어 너머의 세계를 동경한다. 언어가 중지된 그 세계에서 경험하는 마음의 세계이다. 아마도 언어로 소통할 수 없는 동물과 인간의 유대를 강조하는 사람들은 언어 너머의 마음 즉 정서적 소통을 주장할 것이다.

3) 동물의 죽음 인식과 애도 가능성

동물도 죽음을 인지하고 애도한다는 주장이 있다. 대표적인 사례로 네덜란드의 로얄 버거 동물원의 침팬지인 마마의 사례가 있다. 마마는 죽기 전 자신을 돌봐주었던 사람과 '인간적인' 마지막 포옹을 통해, 자신의 죽음을 알고 인사를 했다는 주장이다. 이 주장은 '마마의 마지막 포옹(Mama's last hug)'이라는 유튜브로 폭발적인 조회수를 기록했다. 그 밖에도 죽음을 애도하는 침팬지, 돌고래(Grieving Dolphin), 코끼리(Elephant Funeral) 등에 대한 영상

---

385 『죽음교육교과서』「제2부 문화사회론」. "우리는 언제나 바깥 세계를 인식 대상으로만 삼는 게 아니라, 그렇게 인식하는 나 자신을 객관화하여 인식 대상으로 삼을 수 있다." 즉 상분, 견분, 자증분, 증자증분, 증증자증분의 관계에서, 그렇게 인식하는 '나' 사이에 시간적 간격이 있다는 것이다. 기억하는 나와 현재의 나 사이에 매개되는 시간성이다.

은 사람들에게 동물도 죽음을 인식하고, 애도한다는 확신을 심어주고 있다. 물론 가까운 개체의 상실에 대해 동물들이 보여주는 행동이 죽음에 대한 인식과 애도인지, 아니면 오랜 시간 경험한 정서적 친밀감에 대한 반응인지에 대해 의견이 분분하다. 또한 침팬지 마마의 행동이 죽음을 인지하고 작별을 고하는 행동이 아니라, 마마를 찾아온 사람이 두려워하지 않도록 위로하는 행동이라고 주장하기도 한다. 하지만 옹호론자들은 동물이 자신의 죽음이나 상대의 죽음에 대해 슬픔을 느끼고, 애도하는 것이 동물의 보편적인 정서라고 주장한다.[386]

4) 동물인지와 진화인지

동물의 감정과 인지(認知, cognition)에 대해 가장 급진적으로 주장하는 학자는 세계적인 영장류학자 '프란스 드 발'이다. 그는 수십 년 동안 동물을 연구하면서 동물도 지능과 감정을 가지고 있으며, 인간과 마찬가지로 협력하고, 유머러스하며, 정의와 이타심을 갖고 수치심과 미움, 죄책감, 사랑, 두려움, 혐오, 공감 등의 감정을 가지고 있다고 주장한다. 즉 동물과 인간은 진화적으로 감정을 공유하

---

[386] 『펫로스, 반려동물의 죽음』 리타 레이놀즈, 조은경 역, 책공장더불어, 2009년, p6-p9. 저자는 서문에서 동물의 죽음은 '옮아가는 것'임을 말하며, 동물과의 유대와 사랑을 전한다. 다양한 동물이 죽어가는 과정을 함께 하면서, 동물들에게서 얻은 지혜를 피력한다. 인간은 반려동물이 죽지 않고 영원히 인간 곁을 지켜주기 원하지만, 동물의 죽음은 자연스러운 일이고, 그렇기 때문에 삶이 소중하다는 것을 역설한다. 그러므로 '지금 행복 하라!'고, '항상 사랑하라!'고 말한다. 또한 반려동물들도 자신이 떠나야하는 때와 방법을 알고 받아들이므로, 인간 또한 놓아주고 받아들이는 법을 배워야 한다는 것이다. 세상에 죽어 마땅한 존재란 없고, 모든 생명은 고통을 느끼고 죽음을 두려워한다고 강조한다.

며, 인간 감정의 기원은 다른 동물에게서 시작되었다고 말한다. 드 발은 동물도 인지[387]와 감정을 가지고 자신의 생존을 위해 최선의 행동을 하는 것이지, 본능에 따라 기계적으로 반응하는 자동장치가 아니므로, 인간이 동물에 대해 갖는 편견을 변화시키라고 요청한다.

더 나아가, 동물도 미래를 대비할 수 있다는 것이다. 즉 시간에 대한 개념을 갖는다는 주장이다. 시간 속에서의 자기 인식(autonoesis)을 말한다. 그래서 동물은 만날 때 반갑게 인사를 하기도 한다. 하지만 헤어질 때 작별 인사를 하는 동물은 거의 드물다. 동물에게도 의도와 감정이 있으므로 단지 보상을 원하거나, 처벌을 피하는 단순한 자극과 반응이 아니라는 것이다. 인간이 추상적 사고와 언어를 통해 생존의 방식을 선택하는 것처럼, 동물도 진화의 연속성 속에서 그들만의 인지를 통해 생존을 선택해 가고 있다는 것이다.

또한, 동물인지(Animal Cognition) 문제이다. 동물도 인지를 통해 감각 입력 정보를 환경에 맞는 지식으로 변환하는 정신 능력을 가지고 있다는 것이다. 왜냐하면 어떤 영역에서 동물은 인간보다 훨씬 더 뛰어난 능력을 발휘한다. 이러한 주장은 아리스토텔레스의 '자연의 사닥다리'(Scala Naturae)에 반대한다. 이 사닥다리는 맨

---

387 『동물의 생각에 관한 생각』 프란스 드 발, 이충호 역, 세종서적, 2019년, p193-p260. 저자는 1948년 네덜란드에서 태어났으며, 『침팬지 폴리틱스』와 『동물의 감정에 관한 생각』, 『차이에 관한 생각』 등의 책을 저술하였다. 그는 1.35kg인 인간의 뇌보다 더 큰 뇌를 가진 돌고래(1.5kg), 코끼리(4kg), 향유고래(8kg)는 인간보다 더 많은 신경세포(코끼리 2,750억개)를 가지고 있으므로, 인간과 같은 인지를 가지고 있다고 주장한다. 그들도 고도의 지능을 가지고 도구를 사용하고 있으며, 정치적인 행위를 한다는 것이다. 더 나아가 동물들도 자의식을 가지고 있으며, 문화를 형성하거나, 미래를 상상하고, 얼굴을 인식한다는 것이다.

위에 신과 천사가 있고, 그 아래에 인간, 그 아래에 포유류, 그 아래에 조류, 어류, 곤충 등으로 이루어진 계층적 구조를 말한다. 아리스토텔레스의 개념은 그리스-로마 철학을 거쳐 중세 기독교에까지 영향을 주었으며, 동물을 인간이 다스려야 하는 하등의 존재로 인식하게 했다는 주장이다.

하지만 인간의 실존에 중심을 둔 철학자들은 동물의 인지와 죽음 인식에 대해 '지나친 의인화'라고 비판한다. '진화인지(Evolutionaly Cognition)'라는 관점으로 볼 때, 동물에게도 진화의 과정상 충분히 형성될 수 있는 '인지와 인식'이 있다는 동물행동학자들이나 생태론자들의 주장에 대해, 그것은 진화의 기본 개념 즉 인간 종이 돌연변이를 통해 진화의 다른 가지인 인간이라는 고유한 종으로 진화한 것이지, 지금의 유인원이 앞으로 수만 년이 지난다고 해도 인간처럼 진화되는 것은 아니라는 것이다. 동물도 종에 따라 차이는 있을 수 있으나, 인지와 지능을 가지고 있다. 그러나 그것은 자신의 몸을 보호하고, 종족을 보존하며, 먹이를 획득하려는 차원의 인지와 지능이지, 인간처럼 언어와 종교, 문화를 만들어 나가는 영역은 아니라는 것이다. 그러므로 동물은 죽음을 인식하지 못한다는 주장이다. 죽을 때에 자신의 몸을 숨기는 행위나 보호자에게 특별한 행동을 하는 이유는 자신의 죽음을 인식하였기 때문이 아니라, 몸의 기운이 없어지고, 눕고 싶고, 조용하고 안락한 공간으로 들어가 쉬고자 하는 본능 행동이라는 것이다. 즉 자신의 몸이 보여주는 반응에 대해 대응하고자 하는 유전적이고 본능적인 행동이라는 것이다.

그러므로 유튜브의 동영상을 인간의 시선으로 해석해서 의인화한 것이라고 주장한다. 즉 인간이 동물을 대할 때 다름에 대한 '적정한 균형(Well Ballance)'를 유지해야 한다고 주장한다.[388] 물론 차이와 다름은 우열을 의미하는 것은 아니라고 전제한다.[389]

5) 동물을 위한 종교적 의례

동물도 추론적 사고가 가능하기 때문에, 동물에게도 종교적 의례가 필요하다는 주장이 있다. 옹호론자들은 신경과학과 뇌의 메커니즘에 의해 동물에게도 충분히 추론적 사고가 있을 수 있다고 본다. 그러므로 동물에게도 문화적 형태의 행위를 제공하다 보면, 정서적·인지적 영향을 줄 수 있다는 것이다. 많은 실험의 결과물로 동물의 자기 인식, 문화 형성, 추론적 사고의 가능성을 주장한다. 드 발에 의하면, 인간과 동물의 관계에서 인간은 동물에 대해 ① 살해자 ② 회의론자 ③ 지지자의 단계로 발전되어 간다는 주장이다. 살해자는 동물을 인간과 같은 존재로 인정하지 않거나, 동물에게는 그러한 사

---

388 필자의 친구인 임주성(의학박사)은 현재 고양이 4마리를 집에서 키우고 있다. 그와의 대담을 통해 정리한 것이다. 그는 자신의 집 근처에 찾아오는 길고양이들에게도 관심을 가지고 먹이를 주며, 중성화 수술을 돕고 있으나, 기본적인 자연의 생태계의 원리를 훼손하는 적극적 행위까지는 하지 않는다고 말한다. 즉 인간과 동물의 적절한 관계의 균형을 말한다.

389 『개는 개고 사람은 사람이다』이웅종, 쌤앤파커스, 2017년, p14, p37. 이러한 주장은 연암대학교 교수이며, 애견훈련소를 운영하는 이웅종 소장의 주장과도 맞닿아 있다. 이 소장도 그의 책에서 동물에 대한 인간의 태도를 유대와 공감의 차원에서 주장하면서도, 동시에 인간과 동물의 '다름'에 대해 말하고 있다. 즉 동물은 동물의 관점으로 보아야 하며, 인간의 관점으로 보아서는 안 된다는 주장이다. 반려동물을 인간과 함께 사는 불완전한 존재로 이해하고, 인간과 구분되는 존재로 제대로 이해했을 때, 오래도록 함께 공존할 수 있다는 것이다. 즉 인간의 외로움을 달래기 위해 동물을 키우는 태도는 바람직하지 않다는 주장이다.

고와 인지가 없다는 부류이며, 회의론자는 '혹시 또는 과연 있을 수도 있나?' 라고 질문하는 부류이다. 또한 지지자는 동물에게도 인간과 똑같은 인지와 정서, 문화와 추론 등의 개념을 가지고 있다고 주장하는 사람들이다. 그리고 현재의 세계는 지지자의 방향으로 발전해 나간다는 주장이다. 마치 존 스튜어트 밀의 조롱하기→토론하기→받아들이기를 통해 모든 개혁 운동이 발전된다는 논리와 같다.[390] 하지만 아직도 인문학과 사회과학 분야에서 많은 학자들에 의해, 이 주제는 동의되지 않거나 적어도 논쟁적이다.

동물 의례에 동조하는 두 개의 글을 소개한다. '종교와 반려동물의 죽음'(Religion and the Death of Pets)이라는 주제로 쓰여 진 글로 동물과 종교의 관계를 설명하고 있다. Rabbi(랍비) Balfour Brickner는 먼저 구약성서가 동물에 대해 매우 인도적인 관점에서 기록하고 있다고 말한다. 즉 음식을 위해서 동물을 죽이는 것을 금지하지는 않으나, 고통을 최소화하고 인도적인 돌봄을 제공할 것을 하느님의 명령을 통해 정하고 있음을 주장한다. 그것은 동물들도 하나님의 선하신 창조물이기 때문이다. (신5:14, 욘4:11) 하느님은 모든 생명체에게 연민의 마음을 갖도록 한다고 강조한다.[391] 또한 Reverend Canon(성공회 사제) Joel A. Gibson는 동물의 안락

---

390 『동물신학의 탐구』 p61-p76. 첫째, 윤리적 도전들이다. 인간의 우월과 식량으로서의 동물의 위치에 대한 관점이다. 둘째, 신학적 도전들이다. 창조주는 모든 피조물과 피조 세계를 구원한다는 관점이다. 셋째, 영적 도전들이다. 하느님의 형상으로 창조된 인간의 지배권이 폭력이 아니라, 평화와 사랑과 공의로 실현되어야 한다는 관점이다.

391 「Religion and the Death of Pets」 Rabbi Balfour Brickner, 김경숙 역, Senior Rabbi Emeritus, The Stephen Wise Free Synagogue, New York City.

사는 피할 수 없는 고통과 통증을 예방함으로 하느님의 사랑을 표현하는 강력한 사랑의 행위로 해석한다. 또한 동물들에게도 천국이 있으며, 천국은 하느님과 이 세상의 모든 생명들이 영원한 통합을 이루는 곳이라고 주장한다. 그러므로 반려동물을 키우는 사람들이 나중에 천국에서 다시 만나기를 바라는 것은 이치에 맞는다고 말한다. 비록 동물에 대한 교리나 예배가 여전히 허락되지 않지만 수많은 사제들이 동물을 위한 의례를 행하고 있다고 주장한다. 그리고 동물을 상실하고 슬퍼하거나 애도하는 것은 너무도 당연하고 옳은 일이라고 말한다. 왜냐하면 하느님께서는 자신이 창조한 피조물들이 더 이상이 살아있지 않을 때 슬퍼하신다고 해석한다.[392] 이에 대해 많은 기독교 신학자들은 비판을 한다. 장례 예식에 동물을 포함하는 것은 의례의 품위를 떨어트리는 것이며, 우리가 동물을 학대해서는 안 된다는 점을 인정하는 것과 동물에게도 영혼이 있다는 주장은 다르다는 것이다. 하지만 세계는 변해가고 있는 중이다.

결국 동물에게도 영혼이 있으며, 동물도 죽음을 인식하고, 죽음 이후의 세계를 소망한다는 것은 아직까지 입증되지 않고 있다. 물론 죽음 이후의 세계는 철저히 종교의 세계이며, 믿음의 영역인 것은 사실이다. 하지만 지금까지의 논의의 결과로 볼 때, 동물도 인지와 지능을 가지고 있다는 점을 인정할 수는 있다. 그러나 동물이 인간과 같은 문화를 형성하고, 정신적인 활동을 하고, 영적인 세계를 추구한

---

392 「Religion and the Death of Pets」 Reverend Canon Joel A. Gibson, 김경숙 역, Suhdean, The Cathedral Church of St. John the Divine, New York City.

다는 증거는 매우 희박하다. 물론 우리는 인간중심주의를 극복하고 생태적 세계관으로 우리와 다른 타자로서의 동물과 식물 그리고 자연을 바라보는 것은 매우 중요하다. 또한 인간의 번성과 생존을 위해 무분별하게 동물을 학대하고, 학살하는 것에도 반대한다.[393] 심층 생태학적(Deep Ecology) 관점으로 인간 중심적 사고를 벗어나, 생태계 전체를 하나의 유기체로 접근하는 생각의 틀은 매우 중요하다. 결국 인간과 동물은 공존과 유대의 관점으로 서로의 영역을 존중하면서, 인간은 인간답게, 동물은 동물답게, 함께 살아가는 'Well Ballance'를 통해 적절한 '거리두기'가 필요한 시대라고 생각한다.

5. 마치는 글 - 죽음학과 동물의 죽음, 그 상관관계

1) 모든 존재는 변한다.

"한 승려가 선사에게 물었다. '변하지 않는 기본적인 원칙은 무엇입니까?' 선사는 '변하는 것이다.'라고 대답하였다." 이 세상의 모든 만물은 변한다. 변화의 기본 원리는 생로병사(生老病死)이다. 태어난 모든 생명은 결국 죽음을 맞이한다. 사는 동안 삶의 도전 속에서 치열하게 살다가 마지막 평온한 죽음을 맞이한다. 인간도 동물도 식물도 동일하다. 사는 것이 힘들어도 마지막 죽음의 순간에 모든 존재

---

[393] 『동물을 위한 정의』 마사 너스바움, 이영래 역, 알레, 2023년, p330-p370. 저자는 인간이 야생이라는 낭만적 용어로 동물을 보호하고, 관리하는 방식에 대해서도 비판을 가하고 있다. 이미 이 지구는 인간의 통제와 감독을 받지 않는 공간은 존재하지 않기 때문이다. 그러므로 야생동물을 마치 반려동물처럼 대하는 태도에 대해 이의를 제기하고 있으며, 동물과 인간의 공존이라는 개념으로 보기보다는 그냥 동물은 동물답게 살아가도록 존중하는 해법을 찾아야 한다고 주장한다.

는 참된 평안을 얻을 것이다. 죽음 앞에서 숨을 거칠게 쉬는 인간도, 죽음 앞에서 그르렁거리는 고양이도, 죽음 앞에서 마지막으로 꼬리를 흔드는 개도 모두 마지막 평온한 안식을 희구하며 숨을 거둔다. 오히려 우리의 고통은 내가 가진 것을 놓지 않으려할 때 그리고 죽음 앞에서도 잃어버리지 않으려할 때 더 커진다. Geoffrey Shugen Arnold는 말한다. "죽음에 있어서, 우리가 보존하려 했던 것을 잃어버리는 것은 피할 수 없다. 죽음 속에서, 우리 자신을 포함한 삶의 연약함과 본성이 우리의 의식 앞에 엄연히 다가옴을 깨달아야 한다."[394] 그러므로 인간과 동물은 그것을 받아들이기만 하면 된다. 동물은 아마도 그것을 오롯이 그대로 받아들일 것이다. 인간도 동물의 죽음에 대해서 그렇게 받아들여야 한다. 인간 자신의 죽음도 마찬가지이다.

죽음학은 인간의 죽음을 통해 삶의 의미를 찾아가는 학문이다. 죽음에게 질문함으로 살아있음의 의미를 발견하는 것이다. 변하지 않는 세계는 없다. 모든 것은 변한다. 그러므로 우리는 '지금, 여기'에서 함께 살아가는 모든 존재의 소중함을 깨닫고, 사랑하고 위로하고 함께하는 것이다.

2) 생명의 동근원성과 나누어져 다름

유학(儒學)은 생태계를 하나의 커다란 가정으로 간주하는 공동체적 입장을 갖는다. 그것은 모든 존재가 하나의 '온 생명' 체

---

394 「Religion and the Death of Pets」 Geoffrey Shugen Arnold, 김경숙 역, Zen Mountain Monastery Mount Tremper, New York City.

계 안에 있다는 의미이다. 즉 생명의 동근원성(同根源性)이다.(co-organization of life) 이러한 사상은 생태계를 가정 공동체와 유비적 관계로 파악하려는 장횡거(張橫渠)의 「西銘」에 나타난다. '理一分殊'를 주자는 다음과 같이 말한다. "처음부터 끝까지 모든 理는 하나이지만 나누어져 다르다. 나누어져 다르지만 하나이다."[395] 그러므로 인간과 동물의 관계에서도 '같음과 다름'의 개념으로 이해해 볼 수 있다. 하나이지만 나누어져 다름이 있다는 것이고, 인간과 동물은 자연의 유기적인 생태계의 망(network) 속에서 서로 하나가 되어 있다는 것이다. 즉 함께 살아가고 있으나, 각 개체가 갖는 다름을 이해해야 한다. 다름은 거리와 경계를 의미한다. 인간은 인간으로서, 동물은 동물로서 자신의 고유한 생태적 본성이 있음을 인정해야 한다. 그래야 인간 중심주의를 극복할 수 있고, 인간과 동물, 인간과 자연이 공존할 수 있다. 공존의 원칙이 갖는 같음과 다름의 원리를 실천적으로 적용할 필요가 있다.

3) 죽음 앞에서 두려워할 필요가 없다.

결국 동물과 인간은 죽음 앞에서 두려움을 가질 필요가 없다. 동물도 고유한 생태적 원리와 본능 속에서 살다가 죽음을 맞는다. 두려움은 언어가 있기 때문에 생성된다. 언어조차도 중지되고 사라진

---

395 「생명윤리와 동물복지」 임병식, 한국싸나톨로지협회 반려동물상실애도전문가과정, 2024년, p3. "주자는 다음과 같이 해석한다. 건(乾)을 아버지라 하고, 곤(坤)을 어머니라 하니, 리(理)는 하나이지만 나누어져 다르다. 또한 나누어져 다르지만 리(理)는 하나이다. 이것을 점점 미루어 가면 모두 그렇지 않은 것이 없다." 인간과 동물, 자연과 우주는 하나이지만 나누어져 다르다. 또한 나누어져 다르지만 모든 존재는 하나이다. 라고 해석할 수 있다.

곳에는 고요와 평온만 존재한다. 하버드 대학 뇌신경학자 질 볼트 테일러는 뇌졸중으로 인해 좌뇌의 기능이 멈추어졌을 때 평화와 희열을 경험했다고 고백한다.[396] 죽음학은 인간의 죽음을 다루며, 죽음 앞에서 경험하는 인간다움과 삶의 진리를 탐구한다. 그것은 실존적이며, 실천적이다. 죽음을 사유함으로 주체적 인간을 발견하고 본래적 자아로 돌아가는 과정이다. 그것을 깨닫게 되었을 때(自覺) 비로소 두려움과 불안은 사라진다. 이러한 시각으로 우리와 함께 살아가고 있는 동물들을 바라본다. 동물들도 자신만의 고유한 인지체계 속에서 생과 사를 경험한다. 어쩌면 그들도 그것을 아는지도 모른다. 우리가 비록 그들과 언어로 소통할 수 없으나, 인간은 그들의 몸짓과 눈빛을 통해 느낀다. 느낀다는 것은 정서적 행위이다. 인간이 인간다울 수 있는 것처럼, 동물도 동물다움으로 살아가야 한다. 그것이 인간과 동물의 상관관계이다. 그리고 인간과 동물은 그 거리를 서로 지키며, 느끼며, 살아가는 것이다.

---

[396] 질 볼트 테일러(2019). 뇌졸중이 내게 안겨준 통찰(My Stroke of Insight). 서울: 윌북. 장호연 역.p22-p52. 저자는 뇌졸중으로 좌뇌의 기능이 정지됨을 경험했다. 좌뇌의 정지는 언어외 인지능력 그리고 시간 감각의 상실을 가져왔다. 하지만 저자는 그 순간 평온과 안락, 축복과 행복, 충만의 감정을 경험했다고 고백한다. 인지적 뇌가 신체 작동을 통제하던 연결의 끈이 끊어지자, 시각과 소리, 감각과 냄새, 맛, 두려움이 자신의 안에서 사라짐을 느꼈다고 한다. 결국 언어가 지배하던 인간의 의식과 무의식의 억압에서 해방되었다고 해석할 수 있다. 한국에서는『나는 내가 죽었다고 생각했습니다』의 제목으로 출판되었다.

제14강

예레미야 애가에 대한 상실과 비탄의 죽음학적 관점
- 영성과 의미를 중심으로 -

죽음학 수업

제14강 예레미야 애가에 대한 상실과 비탄의 죽음학적 관점
- 영성과 의미를 중심으로 -

1. 비탄과 영성

비탄(悲嘆)은 깊고 큰 슬픔이다. 그런데 그 슬픔이 영성(靈性)과 연결되어 있다고 말한다. 슬픔은 그냥 슬픔일 뿐인데, 그리고 견딜 수 없는 상실에 대한 아픔의 표현 일뿐인데 그것이 왜 영성과 연결되는가? 의 질문이다. 우리는 흔히 '종교'와 '영성'을 혼용하여 사용한다. 종교적이라는 말과 영적이라는 말은 일반인들에게는 그리 중요한 구분은 안 된다. 하지만 죽음학에서는 다른 개념으로 구분한다. 예를 들어, D. Klass는 그의 글에서 다음과 같이 인용한다. "종교는 부정적인 의미로써, 기독교의 외적, 권위주의적 강령과 연관된 반면, 영성은 긍정적인 의미로 진리와 의미, 진정성을 향한 개개인의 탐구와 연관된다."[397] 물론 이 말에 전적으로 동의하지 않는다 하더라도,[398] 즉 종교를 제의(祭儀)적이고 교조(敎條)적이고 의례(儀禮)

---

397 『The Handbook of Thanatology』 ADEC, 임병식 역, 2019년, p143.

398 정형화되고 공식화된 종교가 가지는 교조적이고 율법적인 해석이 비탄에 빠진 사람들에게 상실과 고통의 문제를 해석하는데 있어서 오히려 방해가 될 수 있다는 가능성을 염두해야 한다. 하지만 종교는 D. Klass의 견해처럼 그 경계가 모호해질 수 있기 때문에 (D. Klass는 종교가 인생의 경계에 있는 걸 다룬다고 말한다. 즉 희망과 절망, 인생과 죽음의 경계 등이다.) 「모호함」의 혼돈 속에서 신앙적 해답을 바라는 상실 경험의 사별자들에게 종교가 주는 '위로와 해답'으로써의 기능은 여전히 유효하다고 생각한다. 필자가 사는 마을에서 교회에 다니던 한 성도가 말기 암에 걸렸다. 환자 자신은 의료적 치료과정을 선택하지 않고 종교적 기적을 바라며 신앙에 매진했다. 그런데 그 환자를 계속해서 힘들게 했던 종교의 대답(출석하던 교회의 목회자)은 '당신이 젊어서 지은 죄 때문에 암에 걸렸다'는 것이다. 그 죄는 결혼 전에 성관계를 했으며, 또 낙태를 했다는 것이다. 이것이 종교가 갖는 부정성이다. 하지

적인 뜻으로 본다면, 영성은 의미적이고 가치적이고 체험적이라고 볼 수 있다.

그러므로 비탄과 영성의 관계는 매우 밀접하다. 상실을 경험한 사람의 깊고 큰 슬픔은 그 개인에게 있어서 의미적인 해석이며, 자신에게 가치 있는 기억이며, 누구도 대신해 줄 수 없는 경험이기 때문이다. 이러한 비탄과 영성의 관계는 넓은 의미로 종교에 포함된다고도 볼 수 있다. 왜냐하면 비탄을 겪는 일반적인 사람들에게 있어서의 영성은 광의(廣義)적 개념으로 종교적 행위에 포함되어 있기 때문이다.

2. 예레미야와 비탄

비탄(Grief)은 상실과 죽음에 대한 반응이다. 반응한다는 것은 살아있는 의지의 표현이다. 이 반응은 심리적이며, 신체적인 즉 전인적(全人的)인 표현이다. 임병식 교수는 그의 강의에서 비탄을 치유의 과정 즉 애도(哀悼)의 과정으로 설명했다. 애도는 슬픔을 해결하는 과정이라고 말한다. 그리고 그 과정 속에 감정적 애도와 의례적 애도, 집단적 애도(나눔 애도)가 포함되어 있다고 설명했다. 이 논문의 주제인 예레미야 애가를 연구하면서 '애가(哀歌)' 속에 이 세 가지의 애도가 있음을 발견했다. 예레미야 애가가 결국은 ① 고통을 경험한

만 이러한 부정성은 틀렸다. 즉 이러한 종교적 대답은 바람직하지 않다. 폭력적인 곡해(曲解)이다. 하나님에 대한 편협한 무지(無知)에서 나온 대답이다. 신은 인간을 억압하는 존재가 아니라, 인간을 사랑하고, 용서하고, 구원하고, 해방시키는 존재이다. 그러므로 필자는 '이미 하나님은 당신을 용서하셨다'고 선언해 줌으로써 그 성도로 하여금 그 죄책감으로부터 벗어나게 하였다.

사람들의 탄식과 ② 그 탄식의 과정에 나타났던 제의와 ③ 그리고 그것을 집단적[399]으로 표현하고 있다는 것을 알 수 있다. 우리는 예레미야 애가를 읽으며 그 안에서 많은 사람들의 슬픔과 비탄의 목소리 그리고 끝없는 종교적 외침을 들을 수 있다.

비탄은 우리를 질문의 세계로 이끈다. '도대체 왜 나에게 이런 일이 일어났을까?' '과연 신은 존재하는가?' '정말 정의는 있기나 한 건가?' 이러한 질문은 종교 그리고 영성과 연결되어 있다. D. Klass가 그린 '죽음과 종교적 전통의 관계'에 대한 그림[400]에서 'How the Universe works?' 'Place and power of the self?' 라고 질문을 던진다. 이러한 질문은 '하나님은 실제로 존재하는가?' '도대체 인간은 무엇인가?' 의 질문이다. 이 질문은 비탄에 빠진 사람들에게 그들의 종교적, 문화적 양태에 따라 다양하게 나타난다. 특히 '신(神)'의 존재를 명확하게 하는 유신론(有神論, theism)의 종교에서는 더욱 더 분명하다. 그래서 상실의 경험과 비탄의 반응을 통해 신의 존재를 깨닫고 그것을 신의 뜻(섭리, 攝理)으로 받아들이는 사람들과 오히려 신을 거부하고 종교를 떠나는 사람들로 나뉜다. 예레미야 애가에서의 외침은 철저히 신에게 질문하고 또 그 대답을 얻는 과정으로 이어진다. 예레미야는 예루살렘의 멸망으로 완전히 파괴되었던 백성(민중)들의 삶의 고통 속에서 '신'(야훼 하나님)을 통해 그들의 육

---

399 예레미야 애가는 제1차, 제2차 예루살렘 성전 파괴를 기억하는 단식일 티샤 바브(Tisha B'Av)에 읽는다. 그 날은 아브 제9일이며 태양력으로 7월말 또는 8월초에 해당한다. 이 날에는 성전파괴를 슬퍼하고 금식하며 극기를 통한 속죄를 행하는 수많은 규율들을 행한다. 지금도 '통곡의 벽'에서 낭독한다. (이스라엘 문화원)

400 『The Handbook of Thanatology』 p147.

체적, 정신적 고통의 의미를 제시하고 또한 찾고자 한다.[401]

3. 예레미야 애가에 대하여

예레미야 애가(The Lamentations of Jeremiah)는 히브리 성서의 제3부인 케투빔[402](성문서)에 속하는 책이다. 히브리어로 '에카(איכה)'라고 부른다. 이 말은 '슬프다… 어찌하여'의 의미이다.[403] 이 책의 저자에 대해 전통적으로 유대교와 기독교에서는 '예레미야'로 본다. 현대의 비평학자들은 예레미야가 저자인지에 대해 의심해 왔다. 그것은 성서 어디에도 예레미야가 애가를 기록했다는 특별한 언급이 없다는 점, 예레미야의 다른 저술들과 문체의 성격에 있어서 다른 부분이 있다는 점들을 근거로 주장했다. 프린스턴 신학교 구약학 교수인 Allsopp은 애가에 있는 시(詩)들을 예레미야와 연결시킬

---

401 ADEC의 국제싸나톨로지 과정 7기생들의 워크숍(2019년 11월 22-23일)에서 발제를 한 권선향 박사의 '종교 간의 대화' 중 불교의 사성제(四聖諦) 담론을 통해 고통에 대한 해석의 과정을 기독교와 비교하여 토론하였다. 즉 고집멸도(苦集滅道)이다. 고통은 무엇인가? 고통은 왜 일어나는가? 고통은 어떻게 없애는가? 고통을 통해 무엇을 얻으려 하는가? 이다. 그리고 팔정도(八正道)를 수행함으로 열반(涅槃)에 이르는 길을 이야기 하였다. 예레미야 애가의 고통에 대한 해석과 야훼하나님에 대한 구원의 열망은 불교의 사성제와 비교했을 때 그 과정은 다르지만 고통에 대한 의미를 제시하고자 하는 측면에서 공통점이 있다고 볼 수 있다.

402 케투빔(ketuvim, 聖文書)은 유대교의 경전인 히브리성서 즉 타나크의 제3부(第三部)이다. 제1부는 토라(Torah) 즉 오경(율법서)이고, 제2부는 네비임(Neviim) 즉 예언서이다. 타나크(Tanakh, 토라, 네비임, 케투빔의 첫 글자를 따서 명명하였다)는 총 24권으로 구성되어 있으며, 기독교의 구약성서(39권)에 포함되어 있다.

403 히브리성서의 명칭은 '애가' 이다. '애가'는 케투빔의 다섯 권의 책 중 하나이다. 다섯 권은 아가, 룻기, 애가, 전도서, 에스더 이다. 구약성서의 '예레미야 애가'라는 명칭은 라틴어역(Vulgata AD 5세기초) 성경의 전통에 따른 것이다. 70인역(그리스어번역 BC 2세기-3세기)에서는 '트레노이(Trenoi)' 즉 "비탄, 애가, 슬픔의 노래"로 명명하였다.

만한 분명한 증거가 없다고 말한다. 하지만 어떤 단일의 저자이든 어떤 지적인 편집자이든 결국 거의 차이가 없는 문제라고 말한다.[404] 타당한 지적이라고 본다.

4. 역사적 배경

'애가'의 역사적 배경은 BC 586년에 있었던 바벨론의 예루살렘 침공에 있다. 앗수르(아시리아) 제국의 수도 니느웨(니네베)가 바벨론(바빌론)에 의해 함락되자 신흥강대국 바벨론을 견제하려던 전통적인 강대국 애굽(이집트)은 앗수르 제국까지 영토를 넓히려고 바벨론과 전쟁을 했다. 하지만 애굽은 패하게 되었고(갈그미스 전투) 애굽의 편에 있었던 유다왕국도 결국 세 차례에 걸친 바벨론의 공격을 받아 멸망했다.[405]

예레미야 애가는 유대 민족의 아름답고 영화로웠던 예루살렘 멸망에 관한 슬프고도 처절한 눈물의 노래이며, 다섯 장의 시(詩) 형식으로 된 비탄(悲嘆)의 외침이다. 시온 즉 예루살렘에 대한 애가(제1장, 위로가 없다!), 하나님의 심판에 대한 질문들(제2장, 진노의 날), 슬픔과 탄원 속에서 희망하기(제3장, '만인'의 대리자), 백성들의 고난과 몰락(제4장, 끝이 없는 고난), 하나님의 침묵과 기대(제5장, 마치는 기도)로 구성되어 있다. 각 장의 내용에 대한 전체적인 구성과

---

404 『예레미야 애가, 현대성서주석』 F.W. 답스-알샵, 이승갑 역, 한국장로교출판사, 2012년, p33-p34.
405 예레미야 애가의 원형은 메소포타미아 지역의 '도시 애가'(city-lament)에 있다. 즉 도시 파괴의 경험은 역사적으로 공통적인 부분이기 때문이다.

제목은 신학적인 입장에 따라 조금씩 다르게 표현된다.[406] 결국은 예루살렘의 함락과 그것에 대한 공식적인 애도의 과정으로 보는 견해도 있다. '그 도시가 함락된 직후에 파괴된 성전 터에서 애도가 시작되었다는 것(렘 41:5)과, 함락을 기념하는 연례적인 단식일 들이(아마 1년에 4번 정도) 포로기 동안 내내 지켜졌고, 그 이후에도 적어도 성전 재건 시 까지 지켜졌다는 증거가 있다.(슥8:19)'[407]이러한 비탄과 애도의 과정은 '국가의 성전 상실, 대량학살과 파괴에서 받은 심적 충격이 너무 컸기 때문에... 중략... 백성들을 한걸음씩 인도하여 슬픔을 토로하고 죄책감을 표현하며 적절한 희망을 가지도록 하는 것에 목표를 둔다.[408]'는 점에서 의미가 있다.

예레미야는 다음과 같이 탄식한다. '나의 기쁨이 사라졌다. 나의 슬픔은 나을 길이 없고, 이 가슴은 멍들었다.'(렘8:18) 예레미야서와 예레미야 애가서에서 '슬픔', '눈물', '울부짖음', '고통' 등의 단어가 약63회 나온다. 이것은 예레미야가 '눈물의 예언자' 즉 '비탄의 예언자' 라는 호칭을 들을 만한 근거이다. 약간의 과장은 있을 수 있으나, 후대 전승들은 예레미야를 비탄(jeremiad)[409]의 예언자로 보

---

406 신학적으로 보수적인 입장과 비평적인 입장의 문단구성을 필자가 정리해 보았다.
407 『히브리 성서2, 사회 문학적 연구』노만 K. 갓월드, 김상기 역, 한국신학연구소, 1987년, p226, p231. 특히 파괴된 성전 터에서 약화된 형태이지만, 계속된 제의에 접근할 수 있었던 한 사람 또는 여러 사람들에 의해 이러한 탄식(歎息)의 시(詩)들이 집필되고 편집되었다고 본다.
408 『히브리 성서2, 사회 문학적 연구』 p228.
409 예레미야의 이름에서 유래한 단어인 'jeremiad'는 '한탄, 비탄, 넋두리'라는 뜻으로 쓰인다.

는 경향이 있다. '수심(愁心)에 잠긴 비애와 불평을 증언한 덕망 있는 사람'[410]으로 묘사하고 있다. 예레미야의 예언활동은 남왕국 유다의 격동기인 약 40여년에 걸쳐있다. (BC 626-586) 그러므로 그의 삶은 예루살렘의 비극과 직결되어 있으며, 이스라엘 백성들의 고통과 연결되어 있다. 그리고 그 고통과 비극을 자신의 예언을 통해 쏟아내고 있다. B.W. 앤더슨은 다음과 같이 말한다. "예레미야의 생애는 하나의 비애(悲哀)였다. 그리고 아마 그 당시의 어떤 사람들이 예수를 '제2의 예레미야'라고 생각한 것은 당연한 것이다."[411] 이것은 예수가 당시 팔레스타인에서 살았던 민중들의 비애와 고통을 보고 함께 슬퍼했던 모습에 대한 해석이라고 본다.[412] 이러한 해석에 대해 앤더슨은 "하나님의 파토스(pathos)"라는 표현으로 설명하고 있다. "유대인 철학자가 말했듯이 선지자들의 근본적인 경험은 하나님의 감성과의 교류, 즉 신의 파토스(특히 비애의 감정)와의 공감이다. 근본적인 의미에 있어서 예레미야의 고통은 하나님의 관심이 예레미야의 관심이 되었다는 뜻이고, 하나님의 파토스(특히 분노 또는 연민의 감정)가 예레미야의 전(全)생애와 사상을 통하여 흐름으로 인해 하나님의 고통에 참여한다는 뜻이다."[413]

---

410 『구약성서의 역사와 이해』 B. W. 앤더슨, 이군호역, 창학사, 1982년, p446.
411 『구약성서의 역사와 이해』 p446.
412 죽음학자 임병식은 2019년 국제싸나톨로지 과정의 강의 중 자신의 삶에 흐르는 정서는 '슬픔'이라고 표현하였다. 이것은 자신의 지나온 삶에 대한 해석이며, 동시에 고통 속에 사는 사람들의 세상에 대한 연민의 해석이라고 본다.
413 『구약성서의 역사와 이해』 p465-p466. 번역본의 표현이 매끄럽지 못하여 필자가 번역의 일부를 수정하였다.

5. 비탄과 영성의 관점에서 본 예레미야 애가

상실에 대한 비탄의 방식에 대해 K. J Doka는 직관적 비탄방식과 도구적 비탄방식으로 구분한다.[414] 하지만 비탄은 어떤 방식이든 모든 감정의 표현이다. 즉 철저하게 슬퍼하고 눈물을 흘릴 때에 비로소 치유가 시작된다. 예레미야에게 있어서 그토록 처절한 슬픔의 표현은 그 슬픔을 통해 해결하고자 하는 무언가가 있었기 때문이다. 그 슬픔은 때로는 직관적이기도 했고, 도구적이기도 했다. "아 슬프다"로 시작하면서 서러움과 통곡의 모습을 묘사하는 것은 직관적 비탄방식이며(1:1-2), "주님께서"와 "주님께"를 반복적으로 표현하는 것은 자신들의 슬픔과 고통의 원인과 해결의 모습을 말하고자 하는 도구적 비탄방식이다(2:2,18).

E. Lindermann의 비탄과업(grief work)이란 상실을 경험한 사람들이 일상으로 돌아가고자 하는 반응이라고 한다. 그러므로 비탄의 경험에 관련된 격렬한 고통을 '회피, 연기, 억압, 왜곡' 하는 것은 건강하지 못한 비탄을 만들어 낸다고 지적한다.[415] 이러한 지적을 예레미야에게 적용해 보면 다음과 같다. 현대적 개념의 비탄과 애도의 형식이 예레미야 애가에게도 있다. 예레미야 애가의 비탄 표현들은

1) 일어난 슬픔과 고통의 현실을 적나라하게 표현하고 있으며 (1:4,5 이렇게 쓸쓸하다니, 탄식하고 슬픔에 잠겼구나, 아이들마저

---

414 『죽음교육교본』임병식, 신경원, 가리온, 2017년, p263.
415 『죽음교육교본』 p266.

사로잡혀 끌려갔구나),

　　2) 고통의 문제를 현재의 문제로 지적하고 있으며(2:20 주님께서 예전에 사람을 이렇게 다루신 적이 있으십니까?),

　　3) 슬픔을 참으라고 억누르지 않으며(2:18 밤낮으로 눈물을 강물처럼 흘려라. 쉬지 말고 울부짖어라, 네 눈에서 눈물이 그치게 하지 마라),

　　4) 슬픔의 문제를 왜곡하지 않는다(3:18 나오느니 탄식뿐이다. 이제 내게서 찬란함도 사라지고, 주님께 두었던 마지막 희망마저 사라졌다)[416].

즉 예레미야 애가의 슬픈 시들은 비탄과업의 관점에서 보았을 때 치유의 시작을 위한 과정이다. 즉 예레미야의 비탄의 방식과 표현은 이 슬픔과 고통의 현실을 통해서 어떻게 영적 의미를 찾을 것인가? 고통의 의미에 대한 영적 탐구를 어떻게 할 것인가?에 대한 대답을 이끌어내고 있다.

6. 예레미야 애가를 통해 영성 그리고 의미 찾기

상실에 대한 비탄은 다양한 형태로 표현된다. 예레미야 애가에서 말하는 비탄의 표현들은 절제된 표현(이제는 이 도성이 어찌 이리 적막한가? 1:1)에서부터 격렬한 표현(나의 눈이 눈물로 상하고, 창

---

[416] '희망마저 사라졌다'는 표현은 희망을 기대하는 역설의 표현이다. 애가 3:19 이하에서 곧바로 희망을 기대한다. '그러나 마음속으로 곰곰이 생각하며 오히려 희망을 가지는 것은'이라고 표현한다.

자가 들끓으며, 간이 땅에 쏟아진다 2:11)에 이르기 까지 다양하다. 이것은 예레미야의 비탄 감정이 매우 복합적이고, 격렬하다는 뜻이다. 그만큼 예레미야와 당시의 민중들이 겪었을 고통은 매우 컸다는 것이다. 하지만 예레미야는 거기에 절망하지 않고 그 고통으로부터 희망을 찾고자 했다. 비탄으로 나타나는 현상들에 대해 다음과 같이 정리한다.[417]

① 공복감, 답답함과 같은 물리적 감각 현상
② 분노, 죄책감, 불안, 외로움과 같은 감정적 현상
③ 불신, 혼동, 몰두와 같은 사고와 인식의 현상
④ 수면장애, 식욕장애와 같은 행위적 현상
⑤ 조직이나 사회에 적응하지 못하는 사회적 어려움의 현상
⑥ 그리고 의미에 대한 영적 탐구와 신에 대한 적대 등 영성적 현상 등으로 나타난다. 여기에서 여섯 번째의 현상을 예레미야와 연결해 보고자 한다.

첫째, 공동체적 영성이다.

예레미야는 애가를 통해 인간에 대한 존엄성을 표현하고자 했으며, 인간이 겪는 고통에 대해 의미를 부여하고자 했다. 또한 공동체를 통해 그 비탄을 극복하는 것이 가치 있는 일임을 말하고 싶었다. "먼저 공포와 슬픔, 그리고 분노의 느낌들을 명확하게 설명하고, 다음으로 그것들을 평가하면서 그들이 솔직하고 잔인하게 하나님과

---

417 『죽음교육교본』 p267-p268.

하나님의 행위들, 하나님의 침묵, 그리고 하나님의 부재에 직면하면서, 새로운 종류의 공동체를 실현하고자 한다."[418] 이러한 새로운 공동체에 대한 실현의 기대는 비탄을 극복하는 과정이다. 특히 종교와 영성을 통해 비탄을 극복할 때 새로운 해석과 새로운 삶에 대한 기대를 동반한다. 새로운 공동체에 대한 기대는 비탄을 극복하는 집단적인 양식이다. 예레미야는 각 개인들이 한 공동체 내에서 '회복'이나 '구원'을 경험해야 한다고 말한다. 그리고 그 경험의 목적은 '새로운 공동체'이다.

종교의 영역에 있어서 유용한 세 가지 요소 중 하나는 '공동체'이다. D. Klass는 다음과 같이 표현한다. "첫째는, 초월적인 실재와의 만남 혹은 융합, 둘째는, 세계관, 즉 우리의 삶의 사건들과 '관계적 의미'를 부여해 주는 상위의 지성, 목적, 혹은 질서이며, 셋째는, 초월적 실재와 세계관을 타당하게 만들어 주는 공동체이다. 즉 초월의 의미와 목적의 발견, 공동체의 소속감 모두는 종교와 영적 삶의 필연적인 요소이다."[419] 비탄 속에서 영성의 의미를 찾고자하는 이러한 요소들이 예레미야 애가에도 여실히 나타난다. 애가는 신과의 만남과 기대 그리고 자신들의 삶에 대한 반성과 삶의 지향성을 곳곳에서 표현하고 있으며, 동시에 그 희망을 '우리'라는 개념으로 공동체적 영성을 통해 표현하고 있다.[420] 자책과 절망, 그리고 희망의 기대에 대한 시(詩)들의 주어가 '우리'이다. 즉 공동체 안에서 질문하고, 공

---

418 『예레미야 애가, 현대성서주석』 p31.
419 『The Handbook of Thanatology』 p146.
420 '우리'라는 표현은 예레미야서에 100회, 애가서에 28회 등장한다.

동체 안에서 기대하고, 공동체 안에서 회복된다.

둘째, bottom up과 top down, 소통으로서의 영성이다.

종교에 대한 오해 중 하나는 종교가 신에 의해 인간을 지배하는 방식의 형태를 가지고 있다는 것이다. 즉 위에서부터 아래로 계시(啓示)되거나 억압되는 구조로만 이해하고 있는 것이다. 그래서 신에 대해 절대적인 복종과 헌신만을 요구하는 것이 종교의 본질이라고 생각한다. 하지만 이러한 Top Down(하향식)의 종교는 종교의 한 측면만을 이해하는 것이다. 종교는 신과 인간 사이의 소통과 교류를 통해 존재한다. 그러므로 신의 계시와 뜻을 듣고 깨닫는 방식과 인간의 고통과 삶의 문제에 대해 질문하는(호소하는) 방식으로 이루어져 있다. 예레미야 애가의 비탄 방식은 민중들의 고통을 신에게 호소하고, 전달하는 과정으로 이루어져 있다. 예루살렘 민중들의 고통은 격렬한 비탄(Acute Grief), 집단적 비탄, 박탈적 비탄을 모두 포함하고 있다. "몸소 겪는 현실의 상처와 고통을 가지고 하나님을 만나고, 그분을 향해 돌봄과 양육이라는 과거의 약속들을 상기시키며, 슬픔, 분노, 그리고 버려짐의 느낌을 표현한다."[421] 즉 자신들의 고통을 신에게 끊임없이 호소하고자 한다. "주님, 원수들이 우쭐댑니다. 나의 이 고통을 살펴주십시오."(1:9) 비애와 아픔 속에서도 하나님을 부르고 있다. 예레미야가 애가를 통해 하나님에게 토로하고자 하는 것은 슬픔과 불평과 분노이다. 슬픔을 억압하지 않고 표현함으

---

421 『예레미야 애가, 현대성서주석』 p63.

써 위로를 받는다. "그 위로의 사역에서 슬픔은 제의적인 것이 되며, 그럼으로써 참고 견딜 수 있는 것이 된다."[422] 결국 인간의 슬픔 속에 신은 함께 참여함으로 대답한다.

이러한 하나님과의 슬픔과 분노의 대면에 대해 Allsopp은 다음과 같이 정리한다. "예루살렘의 상처받고 찢긴 사람들을 보는 것만으로도 하나님을 침묵과 무기력으로부터 다시 깨어나시게 하고, 하나님을 책임과 용서, 그리고 긍휼로 움직이시도록 하기에 충분하다는 것이다. '타자'와의 '얼굴을 대면한' 만남에서 드러나는 신비하고 근원적인 도덕적 힘에 대한 하나의 비슷한 확신이 철학자 레비나스(Emmanuel Levinas)의 사상에도 나타난다."[423] 즉 예루살렘 민중들의 비탄을 통해 하나님을 대면하는 것은 신을 자극하는 것이고, 그 대면의 자극을 통해 신이 인간의 고통에 개입하시도록 요청하는 것이다.

셋째, 희망의 영성이다.

예레미야의 '희망의 영성'은 고통 속에서도 삶에 대한 기대를 놓지 않는다는 것이다. 그것은 고통에 대해 삶의 끝이 아니라 '새로운 시작'으로 본다는 것이다. "애가는 고집스럽게도 삶을 놓지 않으며, 미래에 대한 믿음으로부터 오는 삶의 의지를 명백히 드러낸다. 그것들은 대부분이 삶의 끝으로써가 아니라 '기억의 시작'으로 나타난

---

422 『예레미야 애가, 현대성서주석』 p83.
423 『예레미야 애가, 현대성서주석』 p91-p92.

다."[424] 이것이 예레미야의 영성이다. 즉 슬픔과 고통을 치열하게 표현하면서, 신에 대한 원망과 절망 그리고 동시에 희망과 기대를 표현한다는 것이다. 이것이 예레미야가 비탄 속에서 보여주는 영성이다. 비탄은 처절한 고통에 대한 인식, 고통 속에서 신의 존재에 대한 질문, 그리고 그럼에도 불구하고 기대할 수밖에 없는 신에 대한 희망을 포함한다. 희망은 고통과 비탄 속에서 의미를 형성하며, 의미의 재구축을 만들어 낸다. "비슷한 방식으로, Neimeyer는 사람들이 삶의 의미를 재구축하는 과정에 참여할 필요성에 대해서 광범위하게 글을 썼으며, '상실에 대한 대응에서「의미의 재구축」은 비탄에 있어 중심적인 과정이다.'라고 주장하였다."[425] 그런 의미에서 예레미야에게 있어서 '의미의 재구축'은 곧 희망의 노래이다. 그 희망은 신을 다시 만나는 것이며, 그 하나님이 자신들의 삶을 다시 회복시켜줄 것이라는 기대이다.

비탄을 경험한 예레미야 애가에서 초반부에서는 신에 대한 원망과 자신들의 죄에 대한 좌절 등이 나타나다가, 중반부에는 신에 대한 타협의 표현을 보이더니, 후반부에는 신에 대한 희망을 노래하고 있다. 첫 번째 부분의 내용은 다음과 같이 표현된다. "예루살렘이 그렇게 죄를 짓더니, 마침내 조롱거리가 되었구나, 그렇게 비참해져도 아무도 위로하는 이가 없구나, 주님께서 나를 폐인으로 만드시고, 주님께서 나를 내가 감당할 수 없는 사람의 손에 넘기셨다."(1장) 즉 자신에 대한 자책과 신에 대한 원망이 교차된다. 중반부에서

---

424 『예레미야 애가, 현대성서주석』 p30.
425 『The Handbook of Thanatology』 p153.

는 타협을 시도한다. "나오느니 탄식뿐이다. 주님께 두었던 마지막 희망마저 사라졌다. 그러나 마음속으로 곰곰이 생각하며 희망을 가지는 것은 주님의 한결같은 사랑이 다함이 없고 그 긍휼이 끝이 없기 때문이다. 우리를 괴롭히거나 근심하게 하는 것은 그분의 본심이 아니다."(3장) 즉 희망이 사라졌다고 표현 하면서도 신의 사랑이 한결같고 끝이 없다는 표현으로 자신들의 고통에 신이 개입하기를 요청하고 있다. 그리고 후반부에 가면 희망을 노래한다. "도성 시온아, 이제 네가 지은 죄의 형벌을 다 받았으니 주님께서는 다시는 네가 사로잡혀 가지 않게 하실 것이다. 주님, 우리를 주님께로 돌이켜 주십시오. 우리가 주님께로 돌아가겠습니다. 우리의 날을 다시 새롭게 하셔서, 옛날과 같게 하여 주십시오."(4장, 5장) 즉 형벌로써의 고통이 끝나고, 다시 회복되기를 간절히 염원(희망)하고 있다. 이러한 '자책, 원망, 타협, 희망'의 표현들은 순차적이면서 동시에 혼재되어 있다. 고통에 대한 끝은 '희망'으로 연결된다. '희망'을 전제(前提)하지 않는다면, '고통'은 너무나 고통스럽다.[426]

---

[426] 사성제(四聖諦)의 고집멸도(苦集滅道)는 고(苦)에 대한 질문으로 시작하지만, 결국은 도(道)에 대한 희망으로 이어진다고 볼 수 있다. 예레미야의 질문 역시 '하나님은 왜 침묵하시는가?' '우리에게 이 고통은 왜 일어났는가?'로 시작하지만 결국은 '하나님의 구원하심에 대한 기대와 희망'으로 마무리 한다. 예수를 제2의 예레미야로 보는 견해는 예수가 당시 팔레스타인에 살았던 민중들의 고통과 비탄에 대해 공감하고, 그들의 문제를 자신의 문제로 받아들이고(내재화, internalize), 그래서 신의 개입과 회복을 기대하는 측면에 있어서 닮아있기 때문이다. 예수는 '인간의 고통'에 대한 질문을 '하나님 나라의 임재'라는 대답으로 희망을 이야기했다고 해석할 수 있다.

7. 오늘날에도 예레미야 애가는 계속 된다

비탄과 영성의 관점에서 예레미야 애가를 읽어보았다. 강대국에 의한 예루살렘의 파괴는 '건물과 도시의 파괴' 뿐만 아니라 '인간의 육체에 대한 파괴', '인간성에 대한 파괴', '인간의 삶 전체에 대한 파괴'로 이어졌다. 예레미야는 자신을 포함하여, 그 고통과 비탄 속에서 절규하는 민중들의 울부짖음을 보았고, 경험했고, 내재화했다. 그리고 그 비탄 속에서 하나님을 원망하기도 했고, 기대하기도 했다. 이러한 예레미야의 '원망과 기대'가 '영성(spirituality)'이다.

역설적이게도(ironical) 예레미야가 울부짖던 팔레스타인의 그 자리에서 여전히 많은 팔레스타인 사람들이 가족을 잃고, 삶의 터전을 잃고 고통과 비탄 속에서 울부짖고 있다. 약 2,600년 전의 유대인들은 바벨론에 의해 울었다면, 오늘의 팔레스타인 사람들은 이스라엘과 강대국에 의해 울고 있다. 역시 유대인들도 아우슈비츠에서, 아르메니아 사람들은 그들의 땅에서, 캄보디아인들은 킬링필드에서, 그리고 우리나라의 제주(4.3)와 광주(5.18)에서 아직도 많은 사람들이 고통과 비탄을 경험하였고, 기억하고 있다.[427] 그 경험과 기억은 '끝'이 아니라 '시작'이어야 한다. 그 '시작'은 새로운 공동체를 기대하고, '구원의 희망'을 노래하는 것이어야 한다. 그런 의미에서 예레미야 애가는 오늘날에도 계속되며, 계속 읽어야 하며, 계속 해석되어야 한다.

---

[427] 2024년 노벨문학상을 받은 작가 한강은 그의 작품 『작별하지 않는다』에서는 제주 4.3의 고통과 상처 그리고 그 치유의 과정을, 『소년이 온다』에서는 광주 5.18에서 죽임을 당한 사람들, 남겨진 사람들의 아픔을 이야기 하고 있다. 예레미야 애가의 비탄과 슬픔 그리고 희망의 영성은 오늘날에도 계속되고 있는 것이다.

참고문헌

참고문헌

〈단행본〉

강명구, 손주완, 김경숙, 이석주, 한수연, 윤서희, 정영숙 외, 『준비하는 죽음, 웰다잉 동향』 (사)웰다잉문화운동, 2023년.

강미라, 『몸·주체·권력』 부제: 메를로퐁티와 푸코의 몸 개념, 이학사, 2011년.

강치원, 『저항과 복종』 호모레겐스, 2021년.

강현숙, 『치매 때문에 불안하지 않으면 좋겠습니다』 유노라이프, 2024년.

구인회, 『죽음에 관한 철학적 고찰』 한길사, 2015년.

김균진, 『죽음의 신학』 대한기독교서회, 2002년.

김달수, 『죽음학과 임종의학 개론』 한국죽음준비교육학회, 인간사랑, 2020년.

김상욱, 『하늘과 바람과 별과 인간』 바다출판사, 2023년.

김중영, 『불교의 죽음관에 대한 기독교 철학적 연구』 백석대학교 기독교철학전공박사학위논문, 2010년.

김충열, 『자살과 목회상담』 학지사, 2010년.

김호경, 『예수가 하려던 말들』 뜰힘, 2022년.

김호경, 『자살예방커뮤니케이션』, 커뮤니케이션북스, 2015년.

문창옥, 『화이트헤드 과정철학의 이해』 통나무, 1999년.

박민철 외, 『사회적 재난의 인문학적 이해』 건국대학교출판부, 2023년

백미화, 『죽음교육의 본질에 관한 연구』 고려대학교대학원 교육학과박사학위논문, 2024년.

서울신문 취재팀, 『간병 살인, 154인의 고백』 2019년.

서종한, 『심리부검』, 시간여행, 2019년.

송병기, 『각자도사 사회』 어크로스, 2023년.

장동선 외, 『행복은 뇌 안에』 글항아리, 2023년.

장창민 외, 『자살유가족매뉴얼』, 학지사, 2018년.

정현채, 『우리는 왜 죽음을 두려워할 필요가 없는가』 비아북, 2023년.

조태구 외, 『죽음의 인문학』 모시는 사람들, 2022년.

오진탁, 『자살예방, 해법은 있다』 교보문고, 2013년.

육성필 외, 『노인자살 위기개입』 학지사, 2011년.

이승갑, 『관계와 책임』 여울목, 2018년.

이승구, 『광장의 신학』 합신대학원출판부, 2010년.

이웅종, 『개는 개고 사람은 사람이다』 쌤앤파커스, 2017년.

이이정, 『죽음학총론』 학지사, 2011년.

이준일, 『13가지 죽음, 어느 법학자의 죽음에 관한 사유』 지식프레임, 2015년.

이홍식 외, 『자살의 이해와 예방』 학지사, 2008년.

임병식, 『감정치료』 가리온, 2018년.

임병식, 신경원, 박미연, 손주완, 김경숙, 이대준, 박재연, 심흥식, 백미화, 전효선, 이석주, 이예종, 정연희, 『죽음학교본』 한국싸나톨로지협회, 2023년.

임병식, 신경원, 박미연, 손주완, 김경숙, 이대준, 박재연, 김기란, 이윤주, 성정은, 『죽음교육교과서』 한국싸나톨로지협회, 2025년.

임병식, 신경원, 『죽음교육교본』 가리온, 2017년.

최상욱, 『하이데거 vs 레비나스』 세창출판사, 2019년.

한자경, 『동서양의 인간이해』 서광사, 2001년.

EBS〈데스〉제작팀, 『좋은 죽음 나쁜 죽음』 책낭, 2019년.

〈번역본〉

갓월드, K. 노만. 『히브리성서2, 사회문학적 연구』 김상기 역, 한국신학연구소, 1987년.
기든스, 앤서니. 『현대 사회학』 김미숙 외 역, 을유문화사, 1992년.
길, 로빈. 『교회, 안락사를 말하다』 김승호 역, 한국장로교출판사, 2011년.
너스바움, 마사 C. 『동물을 위한 정의』 이영래 역, 알레, 2023년.
니마이어, R. A. 『애도와 상실』 육성필, 조윤정 공역, 박영스토리, 2023년.
다우비긴, 이안. 『안락사의 역사』 신윤경 역, 섬돌, 2007년.
도킨스, 리처드. 『만들어진 신』 이한음 역, 김영사, 2007년.
뒤르켐, 에밀. 『자살론』 황보종우 역, 청아출판사, 2019년.
라너, 칼. 『죽음의 신학』 김수복 역, 가톨릭출판사, 1982년.
레이놀즈, 리타. 『펫로스, 반려동물의 죽음』 조은경 역, 책공장더불어, 2009년.
로버트슨, 이안. 『승자의 뇌』 이경식 역, RHK, 2013년.
린지, 앤드류 『동물신학의 탐구』 장윤재 역, 대장간, 2014년.
립스키, L. D. 외. 『트라우마 관리하기』 김덕일 역, 학지사, 2021년.
모네스티엥, 마르탱. 『자살에 관한 모든 것』 한명희 역, 새움출판사, 2022년.
발, 프란스 드. 『동물의 생각에 관한 생각』 이충호 역, 세종서적, 2019년.
베커, 어네스트. 『죽음의 부정』 노승영 역, 한빛비즈, 2019년.
브라이어, 존 N. 외. 『트라우마 상담 및 심리치료의 원칙』 이동훈 역, 시그마프레스, 2020년.
비류잉. 『단식존엄사』 채안나 역, 글항아리, 2024년.
빅터, 터너. 『의례의 과정』 박근원 역, 한국심리치료연구소, 2005년.
빙켈, 에르나 반 드. 『융의 심리학과 기독교 영성』 김성민 역, 한국심리치료연구소, 2010년.

셸드레이크, 필립.『영성이란 무엇인가』한윤정 역, 불광출판사, 2023년.

쇼펜하우어.『쇼펜하우어의 인생수업』이상희 역, 메이트북스, 2023년.

슈나이드먼, 에드윈.『자살하려는 마음』서청희 외 역, 한울. 2019년.

스윗쳐, David K.『모든 상실에 대한 치유, 애도』최혜란 역, 학지사, 2011년.

아리에스, 필립.『죽음의 역사』이종민 역, 동문선, 1998년.

아메리, 장.『늙어감에 대하여』김희상 역, 돌베게, 2014년.

알샵, 답스.F.『예레미야 애가, 현대성서주석』이승갑 역, 한국장로교출판사, 2012년.

앤더슨, B.W.『구약성서의 역사와 이해』이군호 역, 창학사, 1982년.

애들러, 수잔-케벌러.『애도: 대상관계 정신분석의 관점』이재훈 역, 한국심리치료연구소, 2009년.

야스퍼스, 칼.『정신병리학 총론1』송지영 역, 아카넷, 2014년.

에피쿠로스.『에피쿠로스 쾌락』박문재 역, 현대지성, 2022년.

엔도 슈사꾸.『침묵(沈默)』공문혜 역, 홍성사, 2005년.

엘리아스, 노르베르트.『죽어가는 자의 고독』김수정 역, 문학동네, 2022년.

오코너, 메리-프랜시스.『사랑과 상실의 뇌 과학』이한음 역, 학고재, 2023년.

우에노 지즈코.『집에서 혼자 죽기를 권하다』이주희 역, 동양북스, 2022년.

우치다 타츠루 외.『인구 감소 사회는 위험하다는 착각』김영주 역, 위즈덤하우스, 2019년.

조이너, 토마스.『왜 사람들은 자살하는가?』김재성 역, 황소자리, 2012년.

케슬러, 데이비드.『의미수업』박여진 역, 한경BP, 2020년.

케이건, 셸리.『죽음이란 무엇인가』박세연 역, 엘도라도, 2012년.
퀴블러로스, 엘리자베스.『죽음과 죽어감』이진 역, 청미, 2018년.
_____.『사후생』최준식 역, 대화문화아카데미, 1996년.
큉, 한스.『안락사 논쟁의 새 지평』원당희 역, 세창미디어, 2010년.
테이트, 니키.『삶을 선택할 것인가, 죽음을 선택할 것인가』유은실 역, 허원북스, 2020년.
테일러, 질 볼트.『나를 알고 싶을 때 뇌 과학을 공부합니다』진영인 역, 윌북, 2022년.
_____.『뇌졸중이 나에게 안겨준 통찰』장호연 역, 윌북, 2019년.
틸리히, 폴.『존재의 용기』차성구 역, 예영커뮤니케이션, 2006년.
페시나, 아드리아노.『안락사, 죽음과 그 밖의 것들』박은호 역, 가톨릭대학교출판부, 2023년.
펙, M. 스캇.『죽음을 선택할 권리』조종상 역, 율리시즈, 2018년.
프랭클, 빅터.『죽음의 수용소에서』, 이시형 역, 청아출판사, 2017년.
프롬, 에리히.『사랑의 기술』황문수 역, 문예출판사, 2024년(5판).
핑크, 브루스.『에크리 읽기』김서영 역, 도서출판b, 2007년.
_____.『라캉과 정신의학』맹정현 역, 민음사, 2002년.
하라리, 유발.『사피엔스』조현욱 역, 김영사, 2015년.
_____.『호모 데우스』김명주 역, 김영사, 2023년.
하이데거, 마르틴.『존재와 시간』전양범 역, 세계사상전집, 동서문화사, 1992년.
한병철.『피로사회』김태환 역, 문학과지성사, 2012년.
허먼, 주디스.『트라우마』최현정 역, 플래닛, 2007년.
허츠, 노리나.『고립의 시대』홍정인 역, 웅진지식하우스, 2021년.
호킹, 스티븐.『호킹의 빅퀘스천에 대한 간결한 대답』배지은 역, 까치, 2019년.
화이트헤드, 알프레드 N.『과정과 실재』오영환 역, 민음사, 1991년.

ADEC. 『Handbook of Thanatology』 임병식 역, 한국싸나톨로지협회, 2019년.

〈논문〉

김경선, 「사회적 재난 유가족을 위한 사회정의 상담과 죽음교육의 필요성」 한국죽음교육학회 제10회 학술대회, 2024년.

김성정 외, 「소방공무원의 외상 후 스트레스가 자살생각에 미치는 영향」 한국화재소방학회, 『논문지』 제32권, 2018년.

박현정, 「현상학의 사태에 대한 후설과 하이데거의 다른 이해」 한국현상학회, 『현상학과 현대철학』

제98집, 2023년.

박형민, 「한국의 자살 실태와 대책」 한국형사정책연구원, 『연구총서』 07-17, 2007년.

반신환, 「전통적 위기상담으로서 오구굿」 한국실천신학회, 『신학과 실천』 제13호, 2007년.

손주완, 「동물의 죽음에 관한 죽음학적 관점」 한국죽음교육학회 제10회 학술대회, 2024년.

_____, 「비탄과 영성, 예레미야 애가를 중심으로」 한국죽음교육학회 제9회 학술대회, 2019년.

오유라 외, 「노년기 사회적 자본과 건강 간의 관계: 사회적 자본이 노쇠에 미치는 영향에서 우울의 매개 효과」 『한국노년학』 제42권, 제6호, 2022년.

임병식, 「생명윤리와 동물복지」 한국싸나톨로지협회, 반려동물상실애도전문가과정. 2024년.

_____, 「주자는 어떻게 죽음의 불안을 극복했는가?」 『동양철학』 제43집, 2015년.

_____, 「고통의 의미화 연구」 한국싸나톨로지협회, 2023년.

_____, 「야스퍼스의 한계상황과 영성, 그리고 의미치료」 한국싸나톨로

지협회, 2023년.

_____, 「'상처를 받는다는 것'이 왜 '인간다움'의 가능성일까?」 한국싸나톨로지협회, 2024년.

_____, 「영성의학 Ⅲ」 '고통의 본질' 한국싸나톨로지협회, 2024년.

_____, 「영성의학 Ⅵ」 '의미-연결-초월성' 한국싸나톨로지협회, 2024년.

_____, 「한계상황과 실존의식, '종말의식'에 대한 융겔의 해석학적 사유를 중심으로」 한국죽음교육학회 제10회 학술대회, 2024년.

임정선, 「재난과 심리적 외상-세월호 사건을 중심으로」 『입법정책』 제10권, 제1호, 2016년.

임채영 외, 「요양보호사의 감정노동이 이직 의도에 미치는 영향」 충남대학교 사회과학연구소, 『사회과학 연구』 제28권, 제3호, 2017년.

전황수, 「뇌-컴퓨터 인터페이스(BCI) 기술 및 개발 동향」 한국전자통신연구원, 『전자통신동향분석』 제26권. 2011년.

정순둘 외, 「고독사 위험군 유형화 및 영향 요인에 관한 탐색적 연구」 『한국사회복지학』 제75권, 제3호, 2023년.

〈고전〉

『장자』 기세춘 역, 바이북스, 2020년.
『논어』 김영 편역, 청아출판사, 2018년.
『논어』 박기봉 역주, 비봉출판사, 2003년.
『논어』 미야자키 이치사다 해석, 박영철 역, 이산, 2001년.
『예기』 권오돈 역해, 홍신문화사, 1982년.
『우파니샤드』 이재숙 풀어씀, 풀빛, 2005년.
『바가바드기타』 홀리, 잭. 이지수 역, 도서출판ITC, 2007년.
『서경』 김학주 역, 명문당, 2023년.